# Wirtschafts- und Sozialgeschichte kompakt

von
Hartmut Kiehling

Oldenbourg Verlag München

Bibliografische Information der Deutschen Nationalbibliothek

Die Deutsche Nationalbibliothek verzeichnet diese Publikation in der Deutschen
Nationalbibliografie; detaillierte bibliografische Daten sind im Internet über
<http://dnb.d-nb.de> abrufbar.


© 2009  Oldenbourg Wissenschaftsverlag GmbH
Rosenheimer Straße 145, D-81671 München
Telefon: (089) 45051-0
oldenbourg.de

Lektorat: Wirtschafts- und Sozialwissenschaften, wiso@oldenbourg.de
Herstellung: Anna Grosser
Coverentwurf: Kochan & Partner, München
Cover-Illustration: Hyde & Hyde, München
Gedruckt auf säure- und chlorfreiem Papier
Gesamtherstellung: Grafik + Druck, München


ISBN 978-3-486-58423-3

*Meinen Enkeln Janik und Laurin*

# Inhalt

# Vorwort

Das vorliegende Lehrbuch führt in die Wirtschaftsgeschichte Deutschlands der letzten 1500 Jahre ein. Jeder der drei zeitlichen Abschnitte (500-1350, 1350-1800, 19. und 20. Jh.) behandelt die wesentlichen Faktoren (Soziales, Bildung und Kultur, Bevölkerung und Umwelt sowie Technik) und Sektoren (Private Haushalte, Staat, Unternehmen) in eigenen Kapiteln. Sie fußen auf Ausführungen zu den Rahmenbedingungen (Geographie und Klima) und münden in einen zusammenfassenden Teil (Vielfalt, Wandel, Zyklizität und Innovationsfähigkeit). Als Zäsuren sind die Einschnitte der Großen Pest und des Napoleonischen Umbruchs gewählt, die beide in umfassender Hinsicht neue Zeiten einläuteten. Die Darstellung wird ausführlicher, je näher die Gegenwart rückt. Dennoch kommen auch ferne Zeiten wie Früh- und Hochmittelalter zu ihrem Recht; die Gewichte sind nicht so stark auf die Moderne hin verschoben, wie dies in der Wirtschaftgeschichte vielfach üblich ist. Deutschland versteht sich in diesem Buch nach dem jeweiligen Gebietsstand, also bis 1806 als Hl. Römisches Reich deutscher Nation und bis 1866 als Deutscher Bund. Die Darstellung schließt also bis dahin Deutsch-Österreich, die böhmischen Länder, Slowenien, das Trentino und weitere Länder ein.

Die Aufteilung der Kapitel innerhalb der Epocheabschnitte ist bewusst einheitlich, damit kausale und Branchenstränge besser erkennbar werden und ggf. durch weiterführende Lektüre erschlossen werden können. Das gilt im Allgemeinen sogar für die Abschnitte innerhalb der einzelnen Kapitel. So ist es beispielsweise möglich, die Sozialgeschichte der Frauen oder der Familien, die Technikgeschichte des Bergbaus oder der Architektur, die Geschichte der Banken oder der Kommunikation über die Jahrhunderte hinweg konzentriert zu verfolgen. Um Überschneidungen zu vermeiden, sind allerdings einzelne Abstriche von diesem Konzept notwendig. So ist die Landwirtschaftstechnik nur in Mittelalter und Früher Neuzeit in eigenen Abschnitten zusammengefasst; für das 19. und 20. Jh. finden sich die betreffenden Ausführungen im Kapitel des Unternehmenssektors. Einzelne Zusammenhänge sind im Laufe der Jahrhunderte „gewandert". So finden sich die Ausführungen zur gesellschaftlichen Gliederung im Früh- und Hochmittelalter im Kapitel der weltlichen Herrschaft, mit der Bildung des modernen Staates jedoch im Kapitel Gesellschaft.

Das Werk soll Entwicklungsstränge aufzeigen sowie Interdependenzen zwischen Wirtschaft, Gesellschaft, Recht, Technik und Kultur. Es trägt damit der Tatsache Rechnung, dass die Zusammenhänge der Wirtschafts- und Sozialgeschichte ohne den Wandel der wesentlichen Grundströmungen und Rahmenbedingungen unverständlich bleiben. Das gilt besonders auf lange Sicht. Die Breite von Fach und Darstellung spiegelt sich in der Vielfalt der zu Grunde liegenden wissenschaftlichen Ansätze; das Buch bezieht cliometrische, unternehmens- und rechtshistorische Methoden ebenso ein wie kulturwissenschaftliche und psychohistorische.

Dies erschließt weitere Zusammenhänge wie die zwischen der Einstellung zu Arbeit und zum Reichtum und ihren rechts- und innovationshistorischen Implikationen. Der Ansatz des Lehrbuchs ist also bei aller Prägnanz umfassend. Es ist einerseits für den ersten Einstieg, andererseits für die Rekapitulation vor wichtigen Prüfungen konzipiert und kann nur in zweiter Linie der Vermittlung von Detailwissen dienen. Im Rahmen eines Kompaktlehrbuchs kann das Fach nicht gleichzeitig in voller Breite und allen Einzelheiten dargestellt werden. Diese Form des Lehrbuches hat mehrere Konsequenzen. So werden Fachausdrücke im Zeitalter der Ubiquität brauchbarer Glossare nicht in jedem Fall erläutert. Das Literaturverzeichnis enthält fast ausschließlich grundlegende Literatur für vertiefendes Studium. Auf Belege aus den dort verzeichneten Quellen wird meist verzichtet. Außerdem sind angesichts der Stringenz der Gliederung nur kapitelübergreifende Stichwörter in den Index aufgenommen. Beim Stil wurde bei aller Dichte bewusst auf Lesbarkeit geachtet.

Der Autor dankt seinem Lektor Dr. Jürgen Schächler für die verständnisvolle Begleitung. Der Verfasser hat die Konzeption dieses Lehrbuchs mit mehreren ihm nahe stehenden Personen diskutiert, denen er von Herzen dankt. Fehler, die sich eingeschlichen haben, gehen natürlich allein zu seinen Lasten. Der Verfasser widmet dieses Buch seinen beiden Enkeln Jannik und Laurin voll Dankbarkeit für den Sonnenschein, den sie verbreiten und voller Andacht vor den intelligenten und lieben Persönlichkeiten, die sich vor seinen Augen entwickeln.

Hartmut Kiehling                                              München, August 2009

# 1 Die Rahmenbedingungen: Deutschland als Herz Europas

## 1.1 Geographie: Landschaft, Nachbarn, Grenzen

Deutschland ist heute nur das sechstgrößte Land Europas, nach Russland aber das volkreichste. Darin spiegelt sich unter anderem die alte *territoriale Größe*. Bis zum Hochmittelalter sorgten zunächst das Lotharingische Erbe und später die Expansion nach Osten für starke Gebietszuwächse, so dass das Deutsche Reich am Ende dieser Epoche das bei weitem größte Staatsgebilde Europas war. Seit dem Hochmittelalter jedoch hat das Land mehr oder weniger kontinuierlich Gebiete verloren. Lange Zeit war diese Entwicklung der Schwäche seiner Zentralgewalt geschuldet, die Gebietsverluste an Nachbarn ebenso bedingte wie Abspaltungen sich emanzipierender Teile. Im letzten Jahrhundert jedoch bewirkte die Hybris der Regierenden zwei verlorene Weltkriege und jeweils die Einbuße großer Teile des bisherigen Staatsgebiets. Deutschland war also über viele Jahrhunderte hindurch vergleichsweise sehr groß. Das gilt besonders im Verhältnis zu einer ganzen Anzahl benachbarter kleiner Staaten – den skandinavischen Ländern, Ungarn, Polen, Kroatien, später auch den Niederlanden, der Schweiz und zuletzt Belgien, Österreich und der Tschechoslowakei bzw. Tschechien. Diese relative Größe zeitigte eine ganze Reihe von Folgen. So war Deutschland bei Invasionen aus dem Osten und Südosten der letzte große Puffer und brachte etliche Angriffe zum Stehen. Beispiele sind der Sieg über die Ungarn 955 auf dem Lechfeld und die erfolglosen Belagerungen Wiens 1529 und 1683 durch die Türken. Auch bei der Niederlage 1241 gegen die Mongolen bei Liegnitz war Deutschland das westlichste angegriffene Land. Durch die Länge seiner Landgrenzen und die Vielzahl europäischer Klein- und Mittelstaaten hatte und hat Deutschland so viele Nachbarn wie sonst nur ungleich größere Länder. Derzeit sind es neun; nur Brasilien (10) Russland und China (je 14) haben mehr Nachbarn mit gemeinsamen Landgrenzen. Die Folgen waren sowohl eine Potenzierung der Konfliktherde als auch ein besonderes Maß kultureller und wirtschaftlicher Anregungen. Man denke nur an die große Offenheit der deutschen Sprache für fremde Einflüsse, die außerordentlich hohe Zahl an Übersetzungen fremdsprachiger Bücher oder auch die für ein Land dieser Größe ungewöhnlich starke außenwirtschaftliche Verflechtung. Dabei orientieren sich die einzelnen deutschsprachigen Landschaften traditionell in unterschiedliche Richtungen – das Rheinland und der alemannische Raum nach Frankreich, Bayern und Westösterreich nach Italien, Westfalen und das westliche Niedersachsen in die Niederlande, Schleswig-Holstein und Mecklenburg

nach Skandinavien, Brandenburg, Pommern und Schlesien nach Polen, die Oberpfalz und
Sachsen nach Tschechien, Ostpreußen ins Baltikum, Ostösterreich nach Ungarn sowie Kärnten und die Steiermark nach Slowenien. Andererseits hat der deutschsprachige Raum durchaus selbst kulturelle und wirtschaftliche Impulse gegeben, die naturgemäß nach Norden und
vor allem nach Osten und Südosten stärker ausfielen als in den vitaleren Süden und Westen.

Deutschland war und ist also durch besondere *Vielgestaltigkeit* gekennzeichnet (und darin
mit den anderen großen europäischen Ländern vergleichbar). Geographisch ist das Land in
drei Großräume gegliedert, die jeweils unterschiedliche Wirtschaftsweisen und Mentalitäten
hervorgebracht haben - die Alpen, einen breiten Mittelgebirgsgürtel und die norddeutsche
Tiefebene. Der deutschsprachige Raum ist also im Süden und in der Mitte durch eine Vielzahl an Gebirgen und Tälern stark unterteilt, deren Bodenbeschaffenheit und Kleinklima oft
deutlich differierten, so dass sich über die Jahrhunderte unterschiedliche Wirtschaftsweisen,
Siedlungsstrukturen, Dialekte und Mentalitäten ausbildet haben. Im Alten Reich entstanden
während des Territorialisierungsprozesses des 13. und 14. Jh.s gerade im Mittelgebirgsgürtel
unabhängige kleine politische Einheiten. Dies zog nach dem Augsburger Religionsfrieden
vielfach eine starke konfessionelle Aufsplitterung nach sich, die die Unterschiede nochmals
verstärkte und erst durch die Ansiedlung ostdeutscher Flüchtlinge nach dem 2. Weltkrieg
durchbrochen wurde. Dagegen konnten sich die bisherigen Stammesherzöge in Alpenraum,
Alpenvorland und Tiefebene größere zusammenhängende Territorien sichern. Hier sind denn
auch geringere sprachliche, kulturelle und ökonomische Unterschiede zwischen den einzelnen Landesteilen festzustellen. Die Geographie hat letztendlich eine außerordentliche Vielzahl von Regionen hervorgebracht mit jeweils eigener Identität, so dass ein Deutscher typischerweise mehrere Identitäten hat. Er fühlt sich z.B. als Passauer, Niederbayer, Bayer,
Deutscher und Europäer. Diese vielfache regionale Identität teilt er traditionell mit den Ita-
lienern, die eine politisch ähnlich zersplitterte Geografie und Geschichte haben, und allenfalls noch mit regionalen Minoritäten wie Korsen, Basken, Katalanen, Walisern oder Schot-
ten, nicht aber mit den typischen Engländern, Franzosen, Russen oder Spaniern. Die Bänder
der Alpen, der Mittelgebirge und der Tiefebene ziehen sich quer durch halb Europa.
Deutschland hat abgesehen von Küste und Alpen, allenfalls noch vom Rhein, keine natürlichen Grenzen. Auch das war einer der Gründe für die außerordentliche Häufigkeit von
Grenzänderungen und den Schrumpfungsprozess nach der hochmittelalterlichen Blütephase.

Die kleinteilige geografische Gliederung Deutschlands wirkte sich naturgemäß hinderlich auf
die *Verkehrsverbindungen* aus. Als solche Verkehrsbarrieren sind im Binnenland Gebirge
wie die Böhmischen Randgebirge, Schwarzwald, Schwäbische Alb, Spessart, Odenwald,
Westerwald oder Harz zu nennen. Sie bildeten aber keine ausgeprägten Riegel, sondern waren mit einer gewissen Mühe zu überwinden. Immerhin war die Schwierigkeit des Geländes
teilweise dafür verantwortlich, dass die Straßenverhältnisse bis ins 19. Jh. hinein ausgesprochen schlecht waren. Auch die Flüsse stellten vielfach keine Alternative dar, wenn sie quer
zu vorherrschenden Verkehrsströmen verliefen. So fließen die großen Flüsse in Nord-, West-
und Ostdeutschland in Süd-Nord-Richtung, während die Handelsströme dringend leistungsfähige Ost-West-Verbindungen benötigt hätten, weil die Waren zu einem großen Teil aus
Massengütern wie Getreide und Holz aus dem Osten bestanden. In Süddeutschland dominieren Donau und Main mit ihrer West-Ost- bzw. Ost-West-Ausrichtung, während der haupt-
sächliche Handelsstrom von Italien nach Norden führte. Die rühmliche Ausnahme eines

perfekt gelegenen Stroms stellt der Rhein dar, der daher bereits im Frühmittelalter ein Rückgrat des deutschen Handelsverkehrs war. Natürlich gibt es darüber hinaus partiell günstig gelegene Flüsse: Auf der Weichsel wurde polnisches Getreide transportiert, die Oder trug schlesische und die Elbe böhmische und sächsische Gewerbeprodukte und die Weser Baumaterial und Nahrungsmittel aus den Mittelgebirgen ans Meer. Überhaupt wurden mit dem Aufblühen des Atlantikhandels ab dem 17. Jh. die Süd-Nord-Verbindungen vor allem der in die Nordsee entwässernden Flüsse wichtiger. Insgesamt jedoch muss man konstatieren, dass die deutschen Flüsse die Kleinteiligkeit des Landes lange Zeit nicht überwinden konnten, zumal viele von ihnen ohne wasserbauliche Maßnahmen voller Verkehrshindernisse steckten. Dies gelang erst der Eisenbahn in den 1830er bis 50er Jahren. Obwohl Deutschland an zwei Meeren liegt und lange Zeit auch an das Mittelmeer grenzte, ist sein Zugang zu den Ozeanen eher schwierig. Seine Nordseeküste ist relativ kurz und war lange Zeit stark gefährdet. Wegen der geringen Zahl guter Naturhäfen konnten sich hier nur zwei Häfen von Bedeutung etablieren – Hamburg und Bremen. Daneben gab und gibt es nur kleinere Häfen von regionaler oder partieller Bedeutung wie Husum, Wilhelmshaven und Emden. Die vergleichsweise lange Ostseeküste hat mehr gute Häfen und den Anrainern dadurch eine Zeitlang zu großer Blüte verholfen. Sobald sich die Handelsströme allerdings auf den Atlantik verlagerten, wurde das dänische Nadelöhr immer hinderlicher und die alte Pracht versank langsam. Die Folge dieses insgesamt eher schwierigen Zugangs zu den Ozeanen war und ist eine größere kontinentale Ausrichtung als bei anderen Meeresanrainern.

Die natürliche Ausstattung mit *Rohstoffen*, weniger die *Bodenbeschaffenheit*, ist dagegen relativ günstig – zumindest wenn man die Maßstäbe anlegt, die bis zur Industriellen Revolution galten. Vor allem gibt es eine Reihe bedeutender Eisen- und Silbererzvorkommen (Harz, Erzgebirge, Elsass, Lothringen, Luxemburg, Oberpfalz, Obersteiermark, Ostkärnten, Tiroler Inntal, Böhmen, Sauerland etc.). Sie bildeten Jahrhunderte lang die Basis für Gewerbereichtum und Wohlstand in Oberdeutschland. Hinzu kamen ausreichende, fast regelmäßig verteilte Salzquellen und -stöcke, Kupfervorkommen wie bei Mansfeld, in Schlesien und bei Mitterberg und vor allem ausgedehnte Wälder, die allerdings bis zur planmäßigen Aufforstung in der Industrialisierung stark dezimiert wurden. Wichtig für Heizzwecke waren auch Torfvorkommen, deren ausgedehnteste im Alpenvorland und in der Tiefebene liegen. Selbst Fundstellen weniger häufiger Rohstoffen finden sich in Deutschland oder zumindest an seinen Grenzen wie Quarz in den Urgebirgen des Bayer-, Böhmer- und Schwarzwaldes, Grafit bei Passau und in Niederösterreich, Blei in Ramsbeck in Westfalen, Kuttenberg in Böhmen, Bleiberg in Kärnten und in Oberschlesien, Nickel im Glatzer Land, Quecksilber in Idrija in Slowenien und Gold bei Pardibitz in Böhmen sowie in verschiedenen Lagerstätten in den Alpen und als Flussgold in den dort entspringenden Flüssen. Im Zuge der Industrialisierung wurden die Vorkommen an Kalisalz in Hessen, Thüringen und dem südlichen Niedersachsen, an Steinkohle an Ruhr und Saar und in Oberschlesien sowie an Braunkohle bei Aachen, Leipzig und Cottbus interessant. In der Neuzeit hat sich eine gewisse Rohstoffarmut breit gemacht – einerseits weil die alten Lagerstätten erschöpft oder nicht mehr wirtschaftlich abbaubar waren, andererseits weil das Spektrum der benötigten Rohstoffe breiter geworden war und immer weniger aus heimischen Lagerstätten abgedeckt werden konnte. So vielfältig wie Landschaft und Klima ist auch die Bodenbeschaffenheit. Allerdings gibt es nur wenige Regionen mit sehr guten Böden. Zu nennen sind im Westen Kölner Bucht, Soester Börde und Rheinpfalz, im Osten Schlesien links der Oder, das nördliche Sachsen und die Magdeburger Börde, das Kulmer Land, der Pommersche und Mecklenburgische Moränengürtel, in Bayern Maindreieck, Gäuboden, Rott- und Vilstal, in den ehemals habsburgischen Landen Weinviertel, Florianer Land, südliches Mähren und böhmisches Elbtal. In großen Teilen Norddeutschlands, der Mittelgebirge und der Alpen dominieren jedoch arme Böden – oftmals einhergehend mit rauem Klima.

## 1.2 Klima: regionale Differenzen und Schwankungen

Deutschland hat durch den Golfstrom für seinen Breitengrad ein sehr mildes Klima. Es ist im Prinzip ein *atlantisches Klima* mit nicht zu kalten, relativ trockenen Wintern und nicht zu warmen, feuchten Sommern. Milde Winter sind typischerweise durch Islandstiefs bestimmt, die atlantische Luft heranführen, kalte Winter durch Norwegenhochs mit Eismeerwinden. Die Sommer sind durch Azorenhochs und Skandinatientiefs geprägt, die je nach Lage warme oder kalte Luft herbeiführen. Insgesamt herrschen also Westwinde vor. Je weiter östlich und höher man kommt, desto kontinentaler wird das Klima, desto relativ wärmer und trockener werden also die Sommer und desto härter die Winter. Man kann daher deutliche *Klimaräume* unterscheiden. Die norddeutsche Tiefebene ist in ihrem Westen durch sehr milde Winter gekennzeichnet. Je weiter östlich man kommt, desto kälter werden diese, so dass sie im östlichen Ostpreußen nur noch mit den Hochlagen von Thüringer und Böhmerwald, Erzgebirge und Sudeten sowie mittleren Alpenlagen vergleichbar sind. Dabei differiert die durchschnittliche Januartemperatur um 10°C oder mehr. Ganz allgemein kann man konstatieren, dass die Januartemperaturen vom Nordwesten an stetig absinken, wobei die Nullgrad-Isotherme einer Linie zwischen Aachen und Rostock entspricht. Ausreißer nach oben bilden die großen Flusstäler von Rhein, Main, Donau, Elbe und Oder, Ausreißer nach unten die hohen Mittelgebirge. Die Vegetationsperiode differiert daher extrem. So liegt der Frühlingsanfang zwischen Mitte April im Oberrheingraben und Anfang Juni in den höheren Mittelgebirgen und Alpentälern. Ähnliche Unterschiede gibt es im Sommer. Die großen Flusstäler sind wärmer, Gebirgslandschaften kälter als der Durchschnitt. Die Extrema liegen ähnlich weit auseinander wie im Winter. Die durchschnittlichen Julitemperaturen erreichen in manchen Hochlagen der Mittelgebirge und am Alpenhauptkamm noch nicht einmal 10°C, im östlichen Niederösterreich und in Mähren jedoch über 20°C. In den Hauptsiedlungsgebieten sind die Temperaturunterschiede im Sommer dennoch deutlich geringer als im Winter, obwohl die Sonnenscheindauer von Norden nach Süden spürbar zunimmt. Auch die *Niederschlagsmenge* ist sehr unterschiedlich. Tallagen und Ebenen sind generell durch feuchte Sommer und eher trockene Winter gekennzeichnet, während sich die Niederschläge in höheren Lagen im Jahresverlauf gleichmäßiger verteilen. Ein breites Band zieht sich in der norddeutschen Tiefebene mit Ausnahme Pommerns und Ostpreußens ab Magdeburg und Erfurt nach Osten, in dem das langjährige Niederschlagsmittel unter 600, teilweise sogar unter 500 mm liegt. Dasselbe gilt für den nördlichen Oberrheingraben, das südliche Elsass, das Maindreieck und das Weinviertel. Andererseits weisen die Alpenregionen außerhalb der großen Tallandschaften und die Höhen des Hotzenwaldes und der südlichen Vogesen Niederschlagsmittel von über 2000 mm auf. Insgesamt ist der deutschsprachige Raum mit Ausnahme der östlichen norddeutschen Tiefebene relativ niederschlagsreich, wobei eine leichte Zunahme an Niederschlägen nach Süden hin zu beobachten ist und gebirgige Landstriche naturgemäß besonders begünstigt sind. Diese Niederschlagsintensität führt zu einer Fülle von Oberflächengewässern und ermöglichte zumindest in gebirgigen Gegenden einen Mühlenreichtum, der seit dem Hochmittelalter die Voraussetzung für deren Gewerbeintensität war.

Im Einzelfall gibt es allerdings deutliche, manchmal sogar extreme Abweichungen von dieser kursorischen Charakterisierung, da das *Kleinklima* gegebenenfalls stark differiert. So verschiebt sich der Frühlingsbeginn zwischen Kölner Bucht und Bergischem bzw. Sauerland um mehrere Wochen, obwohl dazwischen nur wenige Dutzend Kilometer Luftlinie liegen. Im Kessel des Berchtesgadener Landes und im benachbarten Salzburg werden die von Westen heranrückenden Wolken regelrecht gefangen und regnen sich entsprechend ab. Der Chiemgau kurz davor ist durch diese Staulage in Verbindung mit seinem Seenreichtum extrem hagelgefährdet. Im Süden von Vogesen und Elsass differiert die durchschnittliche Niederschlagsmenge auf einigen Kilometern um 1500 mm pro Jahr. Noch extremer sind die Unterschiede vielfach in einzelnen Lagen. So wächst auch heute noch an optimalen Hängen des bayerischen Donautals Wein. Die Inseln Mainau und Reichenau im Bodensee genießen ein ungewöhnlich mildes Klima, das tropische Pflanzen und einen ungewöhnlich ertragreichen Gemüseanbau ermöglicht. Am nördlichen Oberrhein stehen in geschützten Lagen Esskastanien und am Katschberg wurde bis vor einigen Jahren auf rd. 1500 m Höhe Getreide angepflanzt. Wichtig bei solchen begünstigten Lagen sind immer die Ausrichtung nach Süden und ein effektiver Windschutz. Andererseits gibt es ausgesprochene Kälteinseln, wo Schatten und Windexposition eine Erwärmung nicht zulassen oder Kälte in eine Senke fällt und die Sonne keinen Ausgleich schafft. In einer solchen Senke liegt der Kältepol Deutschland am Funtensee, an dem oftmals mehr als 10°C tiefere Temperaturen verzeichnet werden als an der nur 6 km entfernten nächsten offiziellen Messstation St. Bartholomä am Königsee.

Das Klima in Deutschland unterlag in den letzten 1500 Jahren deutlichen *Schwankungen*. Insgesamt unterscheidet man vier Klimaperioden – das Pessimum der Völkerwanderungszeit (~400-~850), die mittelalterliche Warmzeit (~850-~1275), die kleine Eiszeit (~1275-~1650) und das moderne Wärmeoptimum (ab ~1650).[1] Die Jahresdurchschnittstemperatur schwankte im längerfristigen Schnitt um knapp 1,5°C. Das bedeutete eine Veränderung der Vegetationsperiode um bis zu einem Monat, beeinflusste entsprechend die landwirtschaftlichen Erträge und machte in Kaltzeiten die bisherige Bewirtschaftungsform von Grenzböden unmöglich. Die einzelnen Klimaperioden wiesen durchaus differierende Verläufe auf. Nach einer relativen Warmzeit („Römerzeitliches Optimum") sanken die Temperaturen ab dem 5. Jh. wieder. Für die M. d. 6., um 750 und 900 sind wechselhafte, kältere Klimata erkennbar. Außergewöhnlich harte Winter sind für 763/64, 859/60 und 1010/11 überliefert. Im 6. und 9. Jh. ist darüber hinaus eine erhöhte Feuchtigkeit zu konstatieren, so dass die Gletscher vorrückten und zwischen 600 und 700 und noch einmal um 850 bis zu den Endlagern der kleinen Eiszeit zwischen 1550 und 1850 vorstießen. Extreme Niederschlagsmengen sind vor allem in den 580er Jahren niedergegangen. Insgesamt scheint die Feuchtigkeit jedoch geringer gewesen zu sein als im letzten vorchristlichen Jahrtausend.[2] Bereits in der späten Karolingerzeit begannen die Temperaturen wieder zu steigen. Bis einschließlich des 11. Jh.s blieben allerdings die Winter meist noch streng, während die Sommer bereits sehr viel wärmer wurden. Ab 1081 häuften sich auch milde Winter bis hin zu einer der wärmsten Dekaden überhaupt 1181-90. Es schloss sich eine Periode großer Schwankungen an, die bis in die Neuzeit reichte. Die Sommer waren in der ersten Jahrtausendhälfte relativ warm und ab der M. d. 12. Jh.s vielfach trocken. Per saldo wurde die Verschlechterung der Durchschnittstemperatur von M. d. 13. bis M. d. 17. Jh.s überwiegend durch Veränderungen in Frühling und Herbst getragen, was die Vegetationsperiode naturgemäß besonders negativ beeinflusste. Dagegen blieben die Sommer warm und relativ trocken, während besonders die Winter, aber auch die Übergangszeiten feuchter wurden. Obwohl die Durchschnittstemperatur ab 1650 wieder anstieg, wichen die Wintertemperaturen bis zum Beg. d. 20. Jh.s weiterhin vom langfristigen Trend nach unten hin ab. Dasselbe galt bis M. d. 18. Jh.s für die Sommertemperaturen, während die Herbst-, vor allem aber die Frühlingstemperaturen seit M. d. 18. Jh.s deutlich über dem langjährigen Durchschnitt lagen. Im 20. Jh. galt das vor allem für die Winter- und Herbst-, während die Sommertemperaturen eher absanken.[3]

Die *saisonale Prägung* der Warm- und Kaltzeiten hat sich also im Laufe der Zeit deutlich geändert. Die mittelalterliche Warmzeit war durch heiße Sommer und eher kalte Winter geprägt, während die Temperatursteigerung der modernen Warmzeit durch milde Winter bei gemäßigten Sommern zu Stande kommt. In der Übergangszeit zur Kleinen Eiszeit sanken vor allem die Temperaturen in Frühling und Herbst. Die Temperaturunterschiede zwischen Winter und Sommer waren also in der mittelalterlichen Warmzeit am stärksten, in der kleinen Eiszeit am schwächsten. Diese Änderung des Saisonmusters weist darauf hin, dass sich die Zirkulationsverhältnisse in der Nordhemisphäre im letzten Jahrtausend mehrfach geändert haben. Darauf deutet angesichts unseres atlantischen Klimas auch hin, dass die einzelnen Phasen umso später einsetzten, je weiter östlich ein Ort liegt.[4] Langfristig nahmen die Niederschläge zunächst eine ähnliche Entwicklung wie die Temperaturen. Kältere Perioden waren dabei tendenziell niederschlagsreicher, wärmere -ärmer, wobei der Niederschlags- immer etwas früher kippte als der Temperaturtrend. Erst im 20. Jh. löst sich dieser inverse Zusammenhang, so dass wir heute ein historisch relativ warmes u n d feuchtes Klima haben. Die intertemporären Unterschiede waren und sind gering im Vergleich zu den regionalen. Während letztere bei den Niederschlägen 1000, ja bis zu 1500 mm betragen können, wichen die historischen Durchschnittszahlen allenfalls um 30 mm von einander ab. Allerdings fällt eine deutliche Zunahme der Schwankungsbreite auf, schwankte doch der mittelalterliche Trend allenfalls um 5 mm, heute aber um 30 mm. Immer wieder gab es jedoch Perioden starker *Abweichungen vom Trend*. Im Jahr 535 stand vermutlich die gewaltige Explosion eines Vulkans, der die große Sundastraße erst schuf, am Beginn einer Schlechtwetterperiode bis etwa 560.[5] Zu nennen sind auch eine extreme Gunstperiode zwischen 1181 und 1200 mit positiven Abweichungen in allen Jahreszeiten und das so genannte Maunder-Minimum – im Kern 1684-1700 – mit gravierenden Temperatureinbrüchen. Überhaupt waren große Temperatur- und Niederschlagssprünge innerhalb sehr kurzer Zeiträume häufig; die Ausnahme war sozusagen die Regel. Die Winter wiesen in der Tendenz eher negative, die Sommer eher positive Temperaturabweichungen auf. Frühling und Sommer wurden zunächst von feuchten und später von eher trockenen Phasen bestimmt. In Herbst und Winter überwogen dagegen feuchte Bedingungen. Im Vergleich zu anderen weltweiten Klimaten fällt jedenfalls die extreme Variabilität des mitteleuropäischen Klimas auf. Zwar ist dieser Raum von Naturkatastrophen relativ wenig betroffen, Schaden haben sie aber auch hier genug angerichtet. Wiederum fällt die periodische zeitliche Häufung sowohl der Stürme und Sturmfluten als auch der Hochwasserereignisse an Flüssen auf.

# 2 Langer Anlauf und erster Sprung: Frühes und Hohes Mittelalter (500-1350)

## 2.1 Gesellschaft und Soziales: Familia und „gerechter Preis"

Familie: Die Familie spielte  - meist zur *Sippe* erweitert –in Denken und Sozialgefüge der frühmittelalterlichen Menschen eine überragende Rolle. Der Umfang der Sippe war nicht ausschließlich durch Blutsbande bestimmt. Neu geborene Kinder, aber auch andere Personen, konnten rituell aufgenommen, ausgesetzt oder ausgestoßen werden. Im späteren Deutschland war die Einstellung zur Sippe noch lange Zeit weitgehend durch alte germanische Regeln bestimmt. Pflicht der Sippe war es, die Verstorbenen zu ehren und die Würde der Sippe zu verteidigen. Dies konnte gegebenenfalls im Wege der Blutrache geschehen. Je mehr sich das Lehnswesen unter den Merowingern und Karolingern ausbildete, desto öfter trat der Grundherr für die meisten Menschen an die Stelle des Sippenführers. Hörige und Unfreie durften (theoretisch) nicht aus dieser „Familia" „ausheiraten", weil dem Grundherrn sonst eine Arbeitskraft und die Aussicht auf dessen Kinder verloren gingen. Zu dieser speziellen Familia traten weitere *Gemeinschaften*, die meist ebenfalls mit diesem lateinischen Ausdruck bezeichnet wurden. Viele dieser Familiae waren mitgliederstark und umfassten z.T. mehrere hundert Mitglieder – wie der aus der germanischen Gefolgschaft entstandene Hofstaat eines Fürsten, die Angehörigen eines Klosters und gegen Ende des Früh- und im Hochmittelalter die Mitglieder einer Hanse, Schwurgemeinschaft, Gilde oder Zunft. Der Weg zur Kleinfamilie wurde bereits zuvor de facto wie in der Sicht der Menschen bei einsam gelegenen Einzelgehöften und Mühlen oder auch im gewerblichen Raum beschritten. Auch in einem solchen Fall gehörten jedoch ggf. einzelne weitere Personen wie Verwandte, Gesellen, Lehrlinge, Hausgesinde u.a. im Haushalt lebende Menschen zur Familia. Dieses Familienmodell traf vor allem auf die seit karolingischer Zeit häufiger werdenden nichtadeligen Gruppen mit Sonderstatus zu (Bergleute, Salzwerker, Glasmacher etc.) und verbreitete sich seit dem 12. Jh. mit der Lockerung der Grundherrschaft, der Entfaltung des Städtewesens und der Verselbständigung der Ministerialität. Man darf sich die engere Familie jedoch nicht als Großfamilie moderner Zeiten vorstellen; dazu war schon die Lebenserwartung zu gering.

<u>Frauen:</u> Die Stellung der *Frau* war im Frühmittelalter widersprüchlich: Einerseits war ihre Ungleichheit in den germanischen Volksrechten festgeschrieben – so etwa bei Sexualdelikten, Scheidung, Vielehe und Unterordnung unter männliche Familienmitglieder. Mit Ausnahme des letzten Punktes bekämpfte die Kirche all diese Institutionen. Erst im 10. Jh. konnte sie sich damit jedoch allgemein durchsetzen, wobei der Adel offensichtlich besonderen Widerstand leistete. Unter diesem offiziellen rechtlichen Firnis verbarg sich andererseits eine relativ große Bandbreite – wenn nicht allgemein, so doch gelegentlich – geduldeten Verhaltens. Richter und Pfarrer waren meist weit entfernt. Zudem waren die Männer auf die Frauen angewiesen. Durch die hohe Sterblichkeit der Gebärenden entstand Männerüberschuss. So kamen nach einem Inventar über die Besitzungen des Klosters Fulda 750-97 100 Frauen auf 115 Männer. Gegen Ende des Frühmittelalters sind daher erste Ansätze einer Emanzipation der Frauen zu beobachten. Das 12. Jh. leitete schließlich eine Periode relativer Selbständigkeit der Frauen bis gegen Ende des Mittelalters ein. Sie traf auf eine ganze Reihe von Ständen zu. Der Anstoß kam z.T. von äußeren Umständen. So waren adelige Frauen während der Kreuzzüge des 12. Jh.s oftmals gezwungen, neben ihren häuslichen Aufgaben wenigstens z.T. auch die ihrer Männer zu übernehmen und fällten dabei vielfach weittragende Entscheidungen alleine. Den gleichen Effekt hatten von M. d. 12. bis M. d. 14. Jh.s Landesausbau und Ostkolonisation. Ähnlich wie beim gleichzeitigen Aufbau zahlloser Städte im Altreich, in den Ostgebieten und einer Reihe angrenzender Länder (Böhmen und Mähren, Ungarn, Polen und Baltikum) waren die ersten Generationen neuer Siedler auf die eigenverantwortliche, eher auf Gleichberechtigung ausgerichtete Mithilfe der Frauen angewiesen. Diese veränderte gesellschaftliche Situation hatte allerdings bei der adligen Frau bei weitem keine rechtliche Gleichstellung zur Folge. Im Gegensatz zu Frankreich besaßen sie in Deutschland zunächst kein Erbfolgerecht an Lehen. Erst 1196 bot Kaiser Heinrich VI. den Fürsten die unbeschränkte Erblichkeit aller Reichslehen an. Dagegen brachten es die Frauen der Kaufleute zu einer gewissen rechtlichen Selbständigkeit. In den Patrizierfamilien vertraten Frauen ihre Männer bei zentralen Tätigkeiten – wie am Wechseltisch oder beim Warenein- und -ausgang. Häufig führten sie auch die Bücher. Gleichberechtigt und von vorne herein selbständig durften Frauen in einer Vielzahl von Städten auch Wechselstuben betreiben. Die hochmittelalterlichen Zünfte nahmen – wenigstens z.T. – Frauen als Mitglieder auf. Dies galt für ausgesprochene Frauenzünfte – wie die der Schneiderinnen in Köln – ebenso wie für gemischte Zünfte – wie die Schneiderzunft in Überlingen, die der Harnischmacher in Köln oder die der Brauer in Frankfurt/M. Im 14. Jh. dominierten Frauen den Kleinhandel in dieser Stadt ebenso wie sie einige selbständige Pächterinnen der städtischen Waage stellten.

<u>Die Lebensalter:</u> In den germanischen Gesellschaften spielte die Aussetzung ungewollten Nachwuchses eine wichtige Rolle. Von der Kirche wurde diese Sitte zwar bekämpft, de facto bot sie jedoch mit dem Angebot, diese Säuglinge vor der Kirchen- oder Klosterpforte abzulegen, und der Zusage, sich um diese Kinder zu kümmern, einen Ausweg an, der es den Menschen erlaubte, ihre hergebrachten Verhaltensweisen beizubehalten. Um den übrigen Nachwuchs kümmerte man sich im Frühmittelalter im Allgemeinen aufmerksam. Konnten die Kinder einmal laufen und nach und nach kleinere Tätigkeiten verrichten, so entwuchsen sie der Kinderstube offenbar schnell. Bezeichnend dafür war die Darstellung der Kinder in der Kunst als größenreduzierte Erwachsene. Erst gegen A. d. 13. Jh.s gab es erste Ansätze einer realistischeren Sichtweise. Zunächst stellte man das Jesuskind als Säugling dar und und

wenig später traten Engel mit kindlichem Aussehen hinzu. Ganz ähnlich wie lange Zeit den Kindern erging es den *alten Menschen*. Auch von ihnen wurde erwartet, dass sie arbeiteten, soweit dies irgend möglich war. Ein alter Mann hohen Standes verhielt sich nur solange akzeptabel, wie er sich würdig benahm und seine Gebrechen nicht in den Vordergrund rückten. Andernfalls wurde von ihm erwartet, dass er einem Kloster ein Geschenk machte, um dort für seinen Lebensabend aufgenommen zu werden. Ähnliche Einrichtungen standen ab dem 12. Jh. in speziellen Spitälern oder Beginenheimen auch dem Bürgertum zur Verfügung. Sie waren allerdings nur zum geringen Teil ausgesprochene Altersheime. Vermutlich bereits im Hochmittelalter gab es darüber hinaus die Unterstützung alter Menschen durch Zunftgenossen, auch wenn es erste schriftliche Hinweise auf eine geregelte Armen- und Altersunterstützung erst M. d. 14. Jh.s gibt.[6]

Bis ins 18. Jh. hinein trat der *Tod* meist unvermutet und nach einer sehr kurzen Leidenszeit ein. Seuchen, Hungersnöte und Kriegszüge ließen die Mortalität von Jahr zu Jahr stark schwanken. Die Folge war, dass die Menschen der vorindustriellen Zeit den Tod als plötzlichen, nicht vorher zu sehenden Einbruch in ihre Lebenssphäre empfanden. Dementsprechend war man im Tod meist nicht allein; Verwandte, Freunde und Nachbarn versammelten sich um den Sterbenden, um von ihm Abschied zu nehmen. Die Behandlung der Toten war im Laufe des Früh- und Hochmittelalters einem deutlichen Wandel unterzogen. Die heidnischen Menschen des Frühmittelalters legten ihre Friedhöfe deutlich abseits der Siedlungen an, um Abstand zur unheimlichen Welt der Toten zu wahren. Diese einheitlichen, west-ost-gerichteten „Reihengräber" waren im gesamten germanischen Raum von der 2. H. d. 5. bis zum E. d. 7. Jh.s verbreitet. Die weitgehende Christianisierung der später deutschen Stämme brachte eine deutliche Veränderung der Bestattungsform mit sich. Statt wie bisher außerhalb der Siedlung vor allem entlang der Straßen, begrub man seine Toten nun in oder um die neu entstandenen Kirchen. Besonders beliebt waren Orte, an denen Heilige ruhten. Diese Bestattung „ad Sanctos" sollte die Toten an der Aura des Heiligen teilnehmen lassen und ihnen einen leichteren Zugang zum Paradies ermöglichen. Wirtschaftlich von großer Relevanz war, dass christlichen Toten keine Dinge von materiellem Wert mitgegeben wurden. Stattdessen bot sich die Kirche nun an, fromme Schenkungen entgegen zu nehmen. Seit Beginn des Hochmittelalters wurde den Toten wieder größere Aufmerksamkeit zuteil. Ab dem 11. Jh. erhielten zunächst Adelige und hohe Geistliche, ab dem 13. Jh. auch wohlhabende Bürger sichtbare Grabmäler. Erstmals seit der Antike tauchte im 12. Jh. das Testament im Alltagsgebrauch wieder auf. Die nächsten zwei Jahrhunderte wurde es immer häufiger. Noch im 12. und 13. Jh. kauften sich alte Menschen vielfach ins Kloster ein. In der relativen Sicherheit der aufblühenden Städte stieg für sie jedoch der Anreiz, ihre ökonomische Aktivität und die Verwaltung ihres Besitzes nicht aus der Hand zu geben. Das Testament nahm nun vor allem die Aufteilung des Erbes zwischen den leiblichen Erben und den Stiftungen von Todes wegen vor. Dabei traten im 12. und 13. Jh. neben Seelenmessen zahlreiche mildtätige Stiftungen. Sie waren Ausdruck eines tiefgreifenden Wandels der Einstellung der Menschen zum Seelenheil. Während im Frühmittelalter die Gemeinschaft der Gläubigen den Eingang in das Paradies noch weitgehend sicherte, tauchte in der Oberschicht seit dem 12. Jh. die Vorstellung auf, dass jeder eine persönliche Biographie aus guten und bösen Taten habe. Diese Überzeugung setzte sich bis zum Ende des Mittelalters auch in anderen Schichten allgemein durch. Seit dem 13. Jh. vereinnahmte die Kirche den Tod auch stärker mit ihren Zeremonien.

So ist seitdem die feierliche Prozession des Totengeleits üblich. Unzählige niedrige Geistliche widmeten sich ausschließlich der Abhaltung gestifteter Messen. Dazu brauchten die Kirchen mehr Altäre, was wiederum Einfluss auf deren bauliche Gestaltung hatte. Der neue gotische Stil mit seinen kürzeren und häufigeren Langschiffjochen kam diesen Erfordernissen deutlich entgegen.

Die Macht: Die Gesellschaften und Menschen des Frühen und Hohen Mittelalters waren keineswegs auf einen einheitlichen *Herrschaftstyp* festgelegt. Vielmehr standen sich trotz der Kontinuität adeliger Herrschaft von germanischen Zeiten bis zur Ausbildung der Landesherrschaft (und darüber hinaus) zwei unvereinbare Auffassungen gegenüber. Die eine sah die Aufteilung der Gesellschaft in drei (Adel, Vollfreie und Halbfreie bzw. später Bauern, Adel und Klerus) oder zwei Stände (Arm und Reich) mit unterschiedlichen Privilegien als gottgegeben und -gewollt an. Diese Ungleichheit wurde im Christentum mit dem Sündenfall, der Ermordung Abels oder Noahs Fluch über seinen Sohn Ham begründet. Andererseits blieb der uralte Gedanke von der Gleichheit aller (freien) Menschen sowie die Überzeugung, dass alle Herrschaft Unrecht und Gewalt voraussetze, gerade bei den einfachen Leuten, aber auch in der Literatur lebendig. Auch die *Herrschaft des Königs* war im Ideal keineswegs unbeschränkt. Besonders aufschlussreich sind in dieser Hinsicht die Fürstenspiegel, die zumeist aus den praktischen Erfordernissen der Prinzenerziehung heraus entstanden sind. Die ersten deutschen Beispiele finden sich mit den Schriften des Abtes Engelbert von Admont um die Wende vom 13. zum 14. Jh. recht spät. Zu den christlichen Grundpflichten des Königs gehörte, dass dieser Gerechtigkeit üben müsse, niemanden ungerecht durch Gewalt bedrücken dürfe, ohne Ansehen der Person richte, Fremde, Waisen und Witwen verteidigen müsse etc. Daneben waren Friedenswahrung und Frömmigkeit wichtige Tugenden. Letztere schloss den Schutz der Kirche ein und das richtige Verhalten gegenüber Gott. Hinzu kam die Herrschertugend der Freigebigkeit, die sich im Almosenspenden, der Fürsorge für die Bedürftigen, kirchlichen Stiftungen sowie aufwändigen kaiserlichen Bewirtungen und Geschenken widerspiegelte. Tugend und Heil des Königs äußerten sich in seinem Glanz, der seinen Ausdruck einerseits in den Reichskleinodien, andererseits in seinem hoheitlichen und prunkvollen Auftreten fand. Glanz und Freigebigkeit des deutschen Königs trugen maßgeblich zu seinen ständigen Finanzproblemen bei. Seit dem 12. Jh. übernahmen die weltlichen Fürsten Deutschlands die traditionellen Attribute königlicher Vorbildlichkeit.

Reichtum, Armut und Arbeit: Im Gegensatz zum Herrscherideal machte die Einstellung der Menschen zur Arbeit und – damit eng zusammenhängend – zu Besitz, Armut und Reichtum während des Früh- und Hochmittelalters eine starke Wandlung durch. Während der Völkerwanderungszeit konnte *Reichtum* im Wesentlichen durch die Eroberung von Beute erworben werden. Im Krieg erlangter Reichtum bedeutete soziale Auszeichnung. Er wurde allerdings nicht aufgehäuft, sondern an Gefolgsleute, Freunde und Verwandte verteilt oder für üppige Gastmähler verwandt. Eine Vielzahl von Handlungen von der Heirat über Besuch und Leichenschmaus bis zum Abschluss von Handelsgeschäften oder Friedensverhandlungen waren mit dem Austausch von Gaben verbunden und sogar bestimmte „Steuern" der Merowinger waren in die Form (mehr oder weniger) freiwilliger Gaben gekleidet (Dona annualia).[7] Wie bei den Königen und Herzögen der Völkerwanderungszeit hing auch die Macht der merowingischen und karolingischen Könige wesentlich von ihrer Fähigkeit ab, Geschenke zu verteilen. Zwar nahm die Versuchung zu, größere Teile des Besitzes zu horten, je mehr sich die Strukturen staatlicher Macht verfestigten, dem althergebrachten Ideal der Großzügigkeit und dem gesellschaftlichen Gebot, Geschenke auszutauschen, tat dies beim Adel jedoch keinen Abbruch. Es überdauerte die karolingische und ottonische Periode und bestimmte noch die Einstellung des hochmittelalterlichen Rittertums zu Besitz und Reichtum.[8] In einem deutlichen Widerspruch zu dieser Einstellung des Adels zum irdischen Besitz stand die Lehre der Kirche. Ihr Verhältnis zum Reichtum wurde von dessen Verhältnis zum Seelenheil bestimmt. Der Besitz der Menschen wurde als ein Resultat ihrer Habsucht angesehen. Andererseits stand einer rigorosen Umverteilung gegen den Willen der Betroffenen das siebte Gebot entgegen. Die reichen Menschen sind vielmehr aus christlicher Sicht für die Erlösung der Armen geschaffen und die Armen für die Erlösung der Reichen.

Auch zur *Arbeit* hatte die Kirche ein anderes Verhältnis als der Adel. Für sie war Arbeit eine Folge des Sündenfalls. Sie war also einerseits eine Strafe, andererseits stellte sie den Normalzustand des Menschen dar. Die Theologen schätzten die Arbeit zudem als erzieherisches Mittel. Im Laufe der Zeit entwickelten sie eine regelrechte „Theologie der Arbeit". Die weltliche Einstellung zur Arbeit hatte andere Wurzeln. Bereits in germanischer Zeit war landwirtschaftliche oder handwerkliche Tätigkeit neben dem Beutemachen eine anerkannte und geschätzte Art den Lebensunterhalt zu sichern. Zwar sahen Bauern und Handwerker in ihrer Arbeit in christlicher Zeit vor allem eine harte Notwendigkeit, zumindest bei den städtischen Handwerkern des Hochmittelalters trat jedoch ein deutlicher Stolz auf ihre Tätigkeit hinzu. Sie arbeiteten meist auf Bestellung und unterlagen den hohen Qualitätsanforderungen ihrer Zünfte. Daraus resultierte eine Heroisierung der Zunfttätigkeit, die mit dem Bewusstsein der Würde ihrer Arbeit einherging. Die Qualität stand im Mittelpunkt, so dass es an sich unerheblich war, wie viel Zeit für die Herstellung eines Stückes benötigt wurde. Handwerkliche wie jede andere Tätigkeit sollte ja ausschließlich ein standesgemäßes Auskommen, nicht ungerechtfertigten Reichtum garantieren. Mit diesem Hochstilisieren „zünftiger" Tätigkeit wurde erstmals in der Geschichte eine positive Ideologie der Handarbeit entworfen. Sie dürfte eine der Triebfedern des ökonomischen Aufstiegs Kerneuropas ab dem Hochmittelalter gewesen sein. Besonders schwer tat sich die übrige Gesellschaft mit Tätigkeit und Reichtum der Kaufleute. Der Adel hatte für Reichtum, der nur als Betriebskapital und nicht der Repräsentation oder Großzügigkeit diente, nur Verachtung übrig. Die Handwerker wiederum stießen sich daran, dass die Kaufleute nicht mit ihren eigenen Händen arbeiteten und über ihre persönlichen Bedürfnisse hinaus Besitz erwarben. Auch die Kirche betrachtete Handel und Geldwechsel mit äußerstem Misstrauen. Sie ging bei diesen Überlegungen im Mittelalter insbesondere von zwei Idealprinzipien aus – dem Überwiegen des Gemeinsamen gegenüber dem Individuellen und der allgemeinen Herrschaft der Gerechtigkeit. Sie entwickelte daraus die Lehre vom „gerechten Preis" und das Verbot des Wuchereinkommens. Je mehr das Hochmittelalter fortschritt, desto weniger waren jedoch die alten Lehrmeinungen haltbar. Sah Papst Urban III. (1185-87) den Handelsgewinn noch generell als wucherisch an, so lehrten Thomas von Aquin und andere Theologen des 13. Jh.s, dass auch die Abgeltung von Arbeitsaufwendungen ein Akt der Gerechtigkeit sei. Sie umfassten beim Kaufmann Lagerung und Transport der Ware sowie eine Belohnung für seine Dienste.

# 2.2          Bildung und Kultur: Scholastik und Kirchenbau

Bildung: Für die Frühzeit des Frühmittelalters ist im Gebiet des späteren Ostfränkischen Reiches keine einzige Schule überliefert. Nur für die wenigen Bischofssitze und Klöster dieser Zeit ist wohl mit Schulen zu rechnen. Die Situation entschärfte sich mit den Kloster- und Bistumsgründungswellen des 8. und 9. Jh.s nur wenig, weil „äußere" – Laien offene – Schulen selten waren und der Niedergang der klösterlichen Disziplin in der 2. H. d. 9. und im 10. Jh. auch die Klosterschulen beeinträchtigte. Das Hochmittelalter änderte Vieles. Die massenhaften Klostergründungen der Hirsauer Reform läuteten kurz nach 1000 eine Wende ein und spätestens mit der schnellen Ausbreitung der Reformorden war ab dem 2. V. d. 13. Jh.s eine neue Dimension erreicht. 1215 schrieb das 4. Laterankonzil die Errichtung von Schulen bei möglichst jeder Kirche vor. Dies scheint zumindest in den mittleren und größeren Städten bereits gegen Ende des Hochmittelalters der Fall gewesen zu sein. Neben diese Lateinschulen traten vielfach „deutsche Schulen" mit muttersprachlichem Unterricht im Lesen, Schreiben und Rechnen, die sich insbesondere an Handwerkerkinder wandten. Gerade kleinere Städte gründeten mit „gemeinen" oder „vermengten Schulen" oftmals einen Mischtypus, in dem Deutsch und Latein zugleich gelehrt wurde. Universitäten dagegen gab es im Hochmittelalter in Deutschland nicht; deutsche Scholaren mussten nach Italien oder Frankreich ausweichen. In dieser und anderer Hinsicht war die *handwerkliche Berufsausbildung* wesentlich wichtiger, wie sie die freien oder in Zünften organisierten Meister ihren Lehrlingen während der Lehrzeit vermittelten. Ausdrückliche Ausbildungsbestimmungen – etwa über das Meisterstück oder die Lehr- und Wanderzeit – datieren allerdings erst aus dem 15. Jh.

Wissenschaft: Wissenschaftliche Betätigung war im Frühmittelalter und während des größten Teils des Hochmittelalters eng mit den Klöstern verbunden. Dies begann bereits mit der *iro-schottischen Mission*: In der geistigen Diskussion Irlands kam den Naturwissenschaften im 7. und 8. Jh. ein prominenter Stellenwert zu. Dabei nahm die Komputistik einen zentralen Platz ein, die einen möglichst sicheren und exakten Kalender schaffen sollte. Zur selben Zeit versammelte Karl d. Gr. eine Reihe hervorragender Wissenschaftler an seinem Hof. Für die *Renovatio* genannte Erneuerungsbewegung von Geistes- und Naturwissenschaften, bildender Kunst, Literatur und Kultur knüpften Gelehrte wie Alkuin (~730-804) und Einhard (~770-840) bewusst an spätantike Vorbilder an. Eine zweite Renovatio erlebte Deutschland unter Ks. Otto III. (994-1002). Die *Frühscholastik* des 11. und 12. Jh.s untersuchte das Verhältnis zwischen Glauben und Wissen und zwischen Realität und Begriffen. Hervorragender Vertreter war Anselm von Canterbury (~1088-1109). Diese Periode bildete die scholastische Methode aus, die durch Lectio (Lesung und Kommentierung überlieferter Texte), Disputatio und Questio (Disputation über ein wissenschaftliches Problem) die Gesamtheit des Wissens- und Glaubensstoffes abgrenzen, systematisieren und ergründen wollte. Im Kontakt mit der arabischen Wissenschaft übernahm man vom 10. bis zum 12. Jh. – wesentlich vermittelt durch jüdische Philosophen wie Maimonides (1135-1204) – neuplatonisches und aristotelisches Gedankengut. Sie führte im 13. und zu Beg. d. 14. Jh.s zu einem rational-systematischen Ausbau der christlichen Theologie. Diese *Hochscholastik* entstand in der Auseinandersetzung zwischen Wissenschaftlern der rivalisierenden Bettelorden. Während die Franziskanerschule – z.B. Bonaventura (1221-74) – weiterhin augustinisches, neuplato-

nisch angereichertes Gedankengut vertrat, gelang dem Dominikanerorden mit Denkern wie
Albertus Magnus (1193-1280) und Thomas von Aquin (1225-1274) die systematische Synthese von christlicher Lehre und Aristotelismus. Mit Albertus entstand ab 1269 in Köln erstmals in Deutschland ein wichtiges wissenschaftliches Zentrum. Aufbauend auf Thomas und
Aristoteles entwickelte Meister Eckhart (~1260-vor 1328) seine *Mystik*, die die größtmögli-
che Vereinigung der Seele mit Gott anstrebte.

Der Realismus des Thomismus fand eine Entsprechung in der Kombinatorik (Logik und
Sprachlogik) des Kastiliers Raimundus Lullus (~1235-1315) sowie der Intensivierung naturwissenschaftlicher Fragestellungen bei den Oxforder Professoren Robert Grosseteste (~1175-
1253) und Roger Bacon (~1214-1294). Grosseteste gründete seine Naturphilosophie auf
Mathematik und Lichtmetaphysik. Bacon suchte bereits in Erfahrung und Experiment die
Quellen der wahren Erkenntnis. Auf der Basis aristotelisch-arabischer Naturphilosophie
schuf er besonders zur Optik bedeutende mathematische und physikalische Arbeiten. Der
experimentellen Alchemie gelang es in Italien bereits im 11. Jh., reinen Alkohol durch
Weindestillation zu erzeugen. Von unmittelbarer praktischer Bedeutung war die Entdeckung
von Schwefel- und Salpetersäure, mit denen Gold und Silber erstmals verlustfrei getrennt
werden konnten.[9] Der Nominalismus der *Spätscholastik* verzichtete im 14. Jh. ganz auf den
thomistischen Universalienrealismus, auf spekulative Wesensmetaphysik und Ontologie und
bereitete so endgültig den Weg für naturwissenschaftliche Neuentwicklungen in der Neuzeit.
Im Gegensatz dazu bekämpfte die wissenschaftliche Theologie zur Zeit der Spätscholastik
insbesondere die Lehre von der inneren Zwangsläufigkeit der Natur, die Rückschlüsse von
der Wirkung auf die Ursachen nicht nur möglich, sondern sogar logisch notwendig machte.
Dies stand nach ihrer Ansicht im Widerspruch zur Allmacht Gottes. Die Möglichkeit einer
doppelten Wahrheit (duplex veritas), wie sie von den Averroisten[10] vertreten wurde und
heutigen Theologen geläufig ist, widersprach damals dem Universalitätsanspruch der christlichen Lehre. Bezeichnend genug für die neugierige, vorwärts drängende Stimmung des
späten Hochmittelalters, wurde jedoch auch diese Argumentation befruchtend für Philosophie und Naturwissenschaften: Wenn man über die Gültigkeit der aristotelischen und anderer
Lehren ohnehin nicht das letzte Wort sprechen konnte, so achtete man umso mehr darauf, in
der Argumentation widerspruchsfrei zu bleiben und klärte den tatsächlichen Realitätsgehalt
zunächst nicht ab.[11]

Religion: Obwohl in alten Römerstädten im Rheinland und in Süddeutschland mit Sicherheit Siedlungs- und Kultkontinuität, teilweise auch die der Bischofssitze bestanden, hatte
doch die stark dezimierte romanische Restbevölkerung nicht die Kraft, ihre neuen Herren zu
missionieren.[12] Die Christianisierung des größten Teils der Bevölkerung erfolgte vielmehr
von Außen. Sie verlief in den verschiedenen Regionen höchst unterschiedlich und zog sich
letztendlich bis M. d. 9. Jh.s hin – Rheinland und Moselfranken im 5., Hessen im 6. und
Mainfranken im 8. Jh. Unter den nichtfränkischen Bevölkerungsgruppen waren Bajuwaren
und Alemannen die Vorreiter (6.-8. bzw. 9. Jh.). Um eine breite Missionierung bemühten
sich vom E. d. 7. bis zum E. d. 8. Jh. angelsächsische bzw. iro-schottische Mission. Lediglich
Friesen und Sachsen widerstanden noch bis zu ihrer Unterwerfung durch die Franken um
800. Selbst nach der Christianisierung bestimmte der christliche Glaube zunächst kaum das
tägliche Leben der breiten Bevölkerung. Die Pfarrsprengel waren auf dem Lande vielfach so
groß, dass ein Kirchenbesuch nur an hohen Festtagen möglich war. Zudem genügten klöster-

liche Zucht, Ausbildung und Lebenswandel der Pfarrer oft kaum den kirchlichen Standards. Ab dem 10. Jh. ergriffen daher Wellen klösterlicher Reformbewegungen das Abendland. In Deutschland wurde seit 933 die *Gorzer Reform* einflussreich und erfasste bis ins 11. Jh. 160-170 Klöster. Ohne die straffe Organisation Clunys wurde die Bewegung allerdings zu keinem Machtfaktor im Reich.[13] Als erste wurden die Eliten von christlicher Religiosität erfasst. So griff zur Jahrtausendwende die Angst vor dem Weltuntergang um sich und führte zu einer Anzahl frühromanischer Großkirchen entlang des Rheins. Danach blühte die bereits seit dem 9. Jh. bestehende Wallfahrt zum Jakobus-Grab in Santiago de Compostela enorm auf. Überall entstanden auch in Deutschland Jakobskirchen als Stationen des Pilgerwegs. Daneben nahmen die Wallfahrten nach Rom und ins Hl. Land einen starken Aufschwung. M. d. 11. Jh.s erfassten die kirchlichen Reformbestrebungen die Weltpriester, als die Lateransynode von 1059 Laieninvestitur und Priesterehe verbot. Für eine weitere Anbindung der Gesellschaft an die Kirche sorgte im 11.-13. Jh. die Forcierung des Kirchenbaus.

Im 11. Jh. gestalteten neue Reformbewegungen die monastische Landschaft Deutschlands grundlegend um. So kam es zu einem Aufleben der Eremitenbewegung. Seit 1079 wurde mit den „Constitutiones Hirsaugienses" auch in Deutschland die *cluniazensische Reform* wirksam. Dies bedeutete einen wichtigen Emanzipationsschritt der Kirche vom Kaisertum. Bis ins 13. Jh. erfasste die Bewegung über 120 Klöster in Süd- und Mitteldeutschland. Ein neues Element waren die massenwirksamen Predigten ausgesandter Mönche. Durch ihre Parteinahme für den Papst spielte eine kirchliche Massenbewegung erstmals eine wichtige politische Rolle. Ab 1098 entwickelte sich in Burgund mit den Zisterziensern eine neue, strenge Kongregation. Besondere Schlagkraft erhielt dieser *Reformorden* durch die strikte Aufsicht der Mutterklöster bei voller Exemtion von bischöflicher Gewalt. Die drei deutschen Mutterklöster brachten innerhalb kurzer Zeit insgesamt 107 Tochter- und Enkelklöster hervor – weit überwiegend auf dem Land. Sie sollten wirtschaftlich unabhängig sein und errichteten landwirtschaftliche Mustergüter. Diese Grangien gaben dem Obst- und Weinbau, der Fisch- und Pferdezucht wesentliche Impulse und widmeten sich Wollhandel, Bergbau und Bankgeschäft. Damit spielten sie für Landesausbau und Ostsiedlung eine wichtige Rolle. Auch die *Prämonstratenser* als zweiter Orden regulierter Chorherren breitete er sich vor allem im 12. Jh. in Deutschland rasch aus. Nach dem Vordringen der Seldschuken in Kleinasien und einem Hilferuf Byzanz' forderte Papst Urban II die Christenheit 1095 auf, das Hl. Grab zu befreien. Er fand mit dem Ruf „Gott will es!" vor allem in Adel und Ministerialität ein begeistertes Echo. Bis 1270 wurden in insgesamt sieben *Kreuzzügen* Hunderttausende von Kämpfern mobilisiert. 1291 ging mit der Eroberung Akkons der letzte Kreuzfahrerstaat unter. Bis dahin hatte der zuvor kulturell und technisch weit überlegene Orient Europa vielfältige Anregungen gegeben. Mit den Kreuzzügen entstanden im Abendland die Ritterorden als neue Art des Mönchtums. 1190 wurde der Deutsche Orden gegründet. Sofort im Mittelmeerraum und Deutschland reich beschenkt, konzentrierte er sich ab 1225 auf Preußen und unterwarf dieses bis E. d. Jh.s vollständig. In der 1. H. d. 13. Jh.s entstanden zahlreiche Niederlassungen des Johanniterordens vor allem im deutschen Südwesten und Osten. Ebenfalls großen Anteil an der deutschen Ostsiedelung – vor allem in der Neumark – hatte der Templerorden, 1312 vom Konzil zu Vienne wegen Nutzlosigkeit und Ketzerei aufgehoben.

Erst das ausgehende Hochmittelalter zeigte Anzeichen einer beginnenden Volksfrömmigkeit. Im Laufe des 13. Jh.s hatten Zisterzienser und Prämonstratenser unter der Konkurrenz der *Bettelorden* zu leiden. Diese konzentrierten sich mit ihren Hauptanliegen von Predigt und Seelsorge auf die zahlreichen neu gegründeten Städte. Im Gegensatz zu den älteren Orden waren die Dominikaner ausgesprochen bürgerlich geprägt. Eines ihrer Hauptanliegen war die Ketzerbekämpfung, so dass sie wesentlicher Träger der Inquisition wurden. Der Orden verfügte in Deutschland bereits 1303 über 74 Klöster. Fast gleichzeitig etablierte sich in Mitteleuropa auch der Franziskanerorden. Er legte besonderen Wert auf das Armutsideal. Von den Städten gefördert und zu großer Popularität gekommen, war der Orden bald in allen großen und mittleren deutschen Städten vertreten und gewann von Fall zu Fall politischen Einfluss. Dominikaner wie Franziskaner beteiligten sich rege an der Ausbildung und der wissenschaftlichen Diskussion der Zeit. Dennoch wurde die christliche Lehre den Menschen nur schleppend vermittelt, so dass der größte Teil der Bevölkerung wohl nicht wirklich gläubig war. Die Priester waren zumeist schlecht ausgebildet. Nur wenige Menschen konnten Latein und deshalb der Messe folgen. Laien war es verboten, die Bibel zu lesen. Lediglich in bestimmten, meist höheren Schichten waren die Inhalte der christlichen Lehre bekannt. Vorchristliche Traditionen wurden an vielen Stellen fortgeführt. Dennoch gerieten religiöse Massenbewegungen gegen Ende des Hochmittelalters wiederholt außer Kontrolle. Ein Beispiel dafür war 1212 der Kinderkreuzzug. Unter der Führung einiger besonders wortgewandter Kinder zogen vermutlich weit über 10 000 von ihnen über die Alpen.[14] Eine religiöse Volksbewegung waren auch die Geißlerzüge, die in Oberdeutschland erstmals 1261 auftraten. In Scharen von 50 bis 200 Personen überwiegend der unteren Schichten zogen die Geißler meist unter einem charismatischen Führer von Stadt zu Stadt und fanden dort bis M. d. 14. Jh. großen Widerhall. Dabei verhielt sich die offizielle Kirche zunehmend skeptisch.[15]

Geißlerzüge spielten eine prominente Rolle bei den *Judenverfolgungen* während der Pest um 1350. Die ersten Judenprogrome des Mittelalters fanden jedoch bereits 1096 im Zusammenhang mit dem ersten Kreuzzug in mehreren rheinischen Städten statt. Im Mainzer Landfrieden nahm Ks. Heinrich IV. daher die Juden 1103 unter königlichen Schutz. Die Verfolgung und Beschränkung des Lebensraums der Juden bestanden dennoch fort. 1146 wurde erstmals der Vorwurf des Ritualmordes erhoben. Gegen Ende des Hochmittelalters verschlechterte sich ihre wirtschaftliche Situation zusehends. Juden durften im Allgemeinen keinen Grund und Boden mehr erwerben, konnten also auch keine Bauern und Winzer sein. In der Folge blieben ihnen bis zum Ende des Alten Reiches nur noch die typischen „Judenberufe" der Hausierer, Altwarenhändler und Geldverleiher.[16] Parallel zur Verankerung christlicher Frömmigkeit festigte das Papsttum seine Stellung. Dies ging mit einem Wandel wichtiger *Glaubensinhalte* einher – vor allem bei Sündenerlass und Buße. Während im Frühchristentum das öffentliche Schuldbekenntnis mit anschließender lang dauernder Buße üblich war, setzte sich im Frühmittelalter immer mehr die private Buße durch. Zudem entwickelte man bestimmte Regeln milderer und kürzerer Bußen. Mit dem Reformpapsttum des späten 11. und frühen 12. Jh.s schaltete sich Rom immer stärker in diesen Prozess ein. Die Fürbitte der Kirche wurde jetzt als genauso wirksam angesehen wie die persönliche Buße. In Ablässen sicherte die Kirche seit dem 11. Jh. den Gläubigen bei bestimmten Handlungen – etwa Wallfahrten oder Spenden – ihre Fürbitte zu. Die Ablasspraxis Roms, vor allem aber die der umher ziehenden Ablassprediger, waren zunehmender Kritik ausgesetzt. Parallel zur Bußpraxis und eng damit zusammenhängend entwickelte die Scholastik seit dem 12. Jh. die Idee des Fegefeuers – einer zeitlich befristeten, reinigenden Buße der Seelen. 1274 auf dem

2. Konzil von Lyon offiziell formuliert, setzte sich diese Vorstellung bereits gegen E. d. Jh.s allgemein durch.[17] Nun konnte auch nach dem Tod eines Menschen etwas für dessen Seelenheil getan werden – durch Legate des Verstorbenen selbst oder durch seine Angehörigen. Die Folge war ein enormes Anschwellen der Messstiftungen und damit der kirchlichen Einnahmen.[18]

Architektur und bildende Kunst: Den bis heute greifbarsten Ausdruck fanden die gesellschaftlichen Wandlungen in der Kunst. Obwohl es auch zu Beginn des Frühmittelalters einzelne Großbauten steinerner Kirchen gab (u.a. Trier, Worms),[19] begann die Entwicklung der eigentlichen Monumentalarchitektur mit der karolingischen Renaissance unter Karl d. Gr. vor allem mit Aachen, Lorsch, Fulda, Hildesheim, Paderborn und Corvey.[20] Auch die Buchmalerei erreichte zu dieser Zeit unter irischem und byzantinischem Einfluss einen hohen Stand. Die ottonische Baukunst intensivierte vor der Jahrtausendwende erneut den Großkirchenbau. Der neue romanische Stil verbreitete sich mit Magdeburg und Gernrode zunächst in Sachsen. Während die Baukunst in den ersten Blütephasen wesentlich vom politischen Willen der Herrscher abhing, intensivierten die Orden ihre Bautätigkeit mit der Gorzer Reform der Benediktinerklöster und dem Endzeitglauben vor dem Jahr 1000. Romanische und gotische Kirchengebäude waren immer auch symbolische Räume, standen sie doch für den himmlischen Thronsaal („himmlisches Jerusalem"). Während dabei für das romanische Kirchengebäude das Bild der Himmelsburg maßgeblich war, versinnbildlichte die gotische Kathedrale mit ihren in farbigem Glas aufgelösten Wänden Glanz und Pracht des Himmels. Die ersten echten Glasmalereien sind die Prophetenfenster des Augsburger Doms (~1140). Ihre höchste Blüte erreichte die Kunst im 13. Jh. Nunmehr erlaubte eine neue Technik, bei der dem farblosen, tragenden Glas eine dünne Farbglasschicht als Überfangglas vorgeblendet war, neue künstlerische Freiheiten beim Herausschneiden.[21] Die religiöse Unruhe der Zeit fand so in der Baukunst eine nahezu perfekte Entsprechung. Gleichzeitig mit der Großarchitektur nahmen auch die übrigen Künste einen enormen Aufschwung. So schuf man um die Jahrtausendwende die ersten großen Freiplastiken. Die Reichenauer Schule der Buchmalerei bestimmte mehr als ein halbes Jahrhundert bis in die 1020er Jahre hinein den Stil in Deutschland und darüber hinaus.[22] Im Rahmen der salischen Baukunst entstanden im 11. und 12. Jh. in Mainz, Worms, Bamberg, Naumburg, Würzburg, Basel, Köln, Maria Laach und Großkomburg einige der größten und reifsten Dome und Kirchen des deutschen Mittelalters.

Ab dem ausgehenden 12. Jh. traten auch die aufblühenden Städte als Bauherren auf. Ihre Kirchenbauten der nächsten 350 Jahre machen noch heute einen großen Teil der alten Bausubstanz in Deutschland aus. Die Plastik war auch im 12. Jh. durch Formgebundenheit und strengen architektonischen Bezug gekennzeichnet. Einzelne Stilmerkmale zeigten nun jedoch eine erhöhte „Anteilnahme" an den Dargestellten. So war der Gekreuzigte nicht mehr vollständig bekleidet. Eine Überwindung romanischer und die Hinwendung zur gotischen Baukunst erfolgten aus zwei Richtungen. Zum einen strebten Zisterzienser und Prämonstratenser weitgehende Vereinheitlichung und Simplizität an. Sie waren daher sehr früh offen für die seit etwa 1135 in Frankreich entstandenen klaren Formen der Frühgotik. Zum anderen nahmen auch städtische, bischöfliche und adelige Kirchenbauten den neuen Stil auf. Im Rahmen der Hochgotik steigerte man die ohnehin recht umfangreiche Bautätigkeit bis zur M. d. 14. Jh.s noch weiter. Nunmehr traten die Städte als Bauherren noch mehr in den Vordergrund. Die meisten ihrer Kirchen waren Hallenkirchen. Heiligkreuz in Schwäbisch-Gmünd leitete bereits den Übergang zur Spätgotik ein, die vor allem in Süddeutschland überaus produktiv war. Die Räume wurden im Verhältnis zur Breite nochmals höher, die Wände in Fensterflächen aufgelöst und der so entstehende Außenschub in einem Gewirr von Strebebögen und -pfeilern abgefangen. Gegen Ende des Hochmittelalters war ein neues Menschenbild entstanden, das durch eine sehr persönliche Anteilnahme am menschlichen Geschehen gekennzeichnet war. Um 1200 erschienen Heilandfiguren manchmal von Schmerzen gekrümmt.[23] Zum endgültigen Durchbruch gelangte diese Entwicklung in der beginnenden Gotik. Im 2. V. d. 13. Jh.s entstanden am Bamberger Dom die ersten gotischen Figuren Deutschlands. Während ihre frühe Rezeption an glatten, etwas idealisierten Formen festhielt, wurden die Ausdrucksmöglichkeiten nach 1300 vielfältiger. Der Gekreuzigte wies oftmals enorme Verrenkungen auf. Aus dem Geist der Mystik entstanden, sollte dieser krasse Realismus den Betrachter zum Mitleiden der Passion Christi führen.

Literatur: Seit 800 bildete sich im ostfränkischen Reich langsam eine gemeinsame germanische Sprache aus. In diesem „Theotisce" wurden unter Karl d. Gr. der gesamte Geschäftsverkehr der Laien, Rechtssetzung und -sprechung sowie die alten Heldenlieder ausgedrückt. Von ihnen ist nur das Hildebrandlied (um 800) erhalten geblieben. Unvergleichlich reichhaltiger war die mittellateinische Literatur. Erst nach fast zwei Jahrhunderten entstand mit Weltheilsgeschichten und Jenseits-Dichtungen wieder eine deutschsprachige Literatur – im 12. Jh. eine klerikale Buß-, Bibel- und Legendenliteratur und im letztem V. d. Jh.s eine höfische Dichtung von außerordentlicher Vielfalt und Bedeutung. Die erste klassische Zeit der höfischen deutschen Dichtung dauerte lediglich etwa von 1170-1230. In Reaktion auf ihre zuletzt erstarrenden Formen brachte das 13. Jh. eine Reihe von neuen Gattungen hervor wie die Groteske und Zeitsatire der „dörperlichen Dichtung". Nur wenig später verfassten Bettelordensmönche wie Meister Eckhart mystische Predigten und Traktate und erzielten damit erste literarische und mündliche Massenwirkung. Um die M. d. 13. Jh.s entstanden im Kloster Benediktbeuren auch die Carmina burana als bedeutendstes Zeugnis mittelalterlicher Vagantendichtung.

# 2.3 Bevölkerung und Umwelt: Kolonisation und Sturmflut

Bevölkerung: Die Lebensverhältnisse variierten im Laufe des Früh- und Hochmittelalters deutlich. Lebenserwartung, Körpergröße und noch feststellbare Krankheiten lassen vermuten, dass das 6. Jh. relativ günstige Bedingungen bot, die ersten V. d. 7. und des 8. Jh.s jedoch jeweils Rückschläge brachten. Englische Studien deuten darauf hin, dass die Lebenserwartung bei den bis zu 40-jährigen 1200-1350 schrittweise zurückgegangen ist. Die Sterbeziffer lag im Früh- und Hochmittelalter im Allgemeinen relativ stabil bei 3% p.a. Da die Geburtenziffer etwas höher ausfiel, wuchs die Bevölkerung etwas, so dass sich die Bevölkerungsdichte des deutschen Reiches von 4,5 oder 5 (um 800) über 12 oder 15 (um 1150) auf 25 Menschen je km$^2$ (um 1350) erhöhte und sich die Bevölkerung Altdeutschlands in den letzten zwei Jahrhunderten des Hochmittelalters von 3,5 auf 6,4 Mio nahezu verdoppelte.[24] Insbesondere in den Realteilungsgebieten nahm die Bevölkerung so schnell zu, dass erstmals eine bedeutende unterbäuerliche Schicht entstand, die ihr Auskommen nicht mehr vollständig durch landwirtschaftliche oder gewerbliche Tätigkeit finden konnte. Das Wachstum der Bevölkerung verlangsamte sich spätestens zu Beg. d. 14. Jh.s. In dieser Zeit scheinen Kontrollmechanismen wie das Verbot der Eheschließung ohne gesicherten Unterhalt erstmals eine gewisse Rolle gespielt zu haben.

Bis zum Ende des gebärfähigen Alters bewirkte die Kombination aus Geburten, schwerer Arbeit und Tuberkulose eine vergleichsweise hohe Frauensterblichkeit und einen Männerüberschuss von 20-30%. Soziale Spannungen blieben dennoch aus, da das Mittelalter das Zölibat verherrlichte und Ausweichmöglichkeiten wie städtische Bordelle schuf. Im Früh- und Hochmittelalter war die Heiratsmöglichkeit in gewissem Maße von Versorgungsmöglichkeiten und z.T. auch der Genehmigung durch den Lehnsherrn abhängig. Der Anteil der *Verheirateten* lag daher bei den Unfreien des Frühmittelalters allenfalls bei einem Drittel und stieg bei den Landbewohnern bis zur 2. H. d. 14. Jh.s auf rd. die Hälfte an. Adelige Frauen gingen oft bereits mit 12-14 Jahren in die Ehe und hatten daher eine relativ hohe Kinderzahl. Sie stieg nach der Jahrtausendwende noch einmal deutlich an – vermutlich weil die Verbreitung von Ammen die Abfolge von Schwangerschaften verkürzt hatte. Die Zunahme der Zahl jüngerer Adelssöhne trug in der Folge zur Schlagkraft der Kreuzfahrtbewegung bei. Nach der Justinianischen Pest, die ab 541 im späteren Deutschland vor allem entlang des Rheins ihre Opfer fand, verzeichneten die Chroniken bis gegen Ende des Hochmittelalters nur noch gelegentliche lokale *Seuchen*. Das änderte sich erst im 14. Jh. In den Jahren 1315/16 lösten lang anhaltende Regenfälle Hungersnot und Ruhrepidemie aus. Zu einem Bevölkerungseinbruch kam es während der großen Pest. Ihre erste, große Welle wütete in Deutschland 1348-51. Von 62,5 Mio Menschen, die zuvor in Europa gelebt hatten, starben in den nächsten Jahrzehnten vermutlich 32,5 Mio. Die Lebenserwartung der Greise und Kinder ging drastisch zurück,[25] die der 20-60jährigen blieb jedoch erstaunlich stabil, so dass die Seuche die Reproduktionsfähigkeit der Bevölkerung nicht beeinträchtigte und die danach spürbar verbesserte Ressourcenausstattung geradezu zu einer Bevölkerungsexplosion führte.

Binnenkolonisation: Bäuerliche Siedlungen im deutschsprachigen Raum waren in der ersten Hälfte des Frühmittelalters in aller Regel nur innerhalb einer Großflur stabil. Wirtschaftliche, kirchliche und staatliche Faktoren setzten die Ortsfestigkeit der Siedlungen erst im Laufe des 8. Jh.s weitgehend durch, so dass sie in die intensiver werdende Adelsherrschaft eingebunden werden konnten. Hinzu kam die Errichtung immer neuer, zunehmend aufwändig gestalteter Kirchen in oder bei den Dörfern. In der ersten Hälfte des Frühmittelalters wurden Flur und Siedlungsraum weit überwiegend durch Flurausbau erweitert. Allerdings kamen auch immer wieder Neugründungen in bislang unbesiedelten Landstrichen vor – so z.B. in Bayern im Rott- und Vilstal und später im Nordgau, der heutigen Oberpfalz. Bei dieser Binnenkolonisation überwogen zunächst Weiler und lockere Haufendörfer. Aus ihnen entwickelten sich bereits im Laufe des Frühmittelalters größere Siedlungen. Ab dem 10. Jh., vor allem aber im 12. und 13. Jh. wurde die Gründungstätigkeit intensiver („Landesausbau"). Hand in Hand mit Bevölkerungsdruck und Produktivitätsfortschritten ging die durchschnittliche Größe der neu geschaffenen Höfe vom 12. bis 14. Jh. in vielen Gegenden Deutschlands zurück. Neue Dörfer entstanden nun in Rodungsinseln und immer höheren Gebirgslagen. An die Stelle des Waldes trat intensiv genutztes Ackerland. Da im 14. Jh. auch ein Klimawandel einsetzte, wurde das Ökosystem anfälliger. Die Rodungen der hochmittelalterlichen Binnenkolonisation geschahen planmäßig auf Initiative der Grundherrschaft. Ein Organisator, Lokator oder Hagenmeister plante die Siedlung, warb die Siedler an, wies ihnen eine vorgegebene Zahl von Hufen zu, überwachte die Anlage des Dorfes und evt. notwendiger Wasserbauwerke und leitete die Rodungstätigkeit. Er erhielt dafür meist die doppelte Landausstattung, eine wesentlich geringere Belastung seines Hofes mit Abgaben, die niedere Gerichtsbarkeit und/ oder die Mühlengerechtigkeit, das Schankrecht etc. Bereits früh spielten Klöster beim Landesausbau eine wichtige Rolle. Ihre Siedlungstätigkeit erfuhr im 11. und 12. Jh. eine deutliche Belebung (Gorze, Hirsau, Reformorden). Vor allem die Zisterzienser gaben der Binnenkolonisation durch ihre zielstrebige landwirtschaftliche Tätigkeit wichtige Impulse.

An der Küste zog man bereits im 11. Jh. niedrige Sommerdeiche um die Wurtendörfer, um deren Ackerflur vor sommerlicher Überflutung zu schützen. Möglich war dies geworden, da der Bau größerer Schiffe nun Häfen benötigten und die Priele zwischen den Warften und Wurten nicht mehr benötigt wurden. Danach schützte man die zuvor unbesiedelten, relativ niedrig gelegenen Sietländer mit Deichen, um das Land gegen Überschwemmungen bei Süßwasserstau zu schützen. Bereits im 12. Jh. legte man dort in Holland Marschhufensiedlungen an. Nach seiner Trockenlegung wurde das Land wabenartig von Deichen umgeben. Dadurch wurde zusätzlicher landwirtschaftlich voll nutzbarer Boden geschaffen, und die Deiche mussten auch die Siedlungen der Menschen schützen. Nach und nach schlossen sich ganze Deichringe. Die Fläche, auf der sich das Meer bei Sturmfluten verlaufen konnte, verringerte sich innerhalb weniger Jahrzehnte dramatisch. Im 13. Jh. war der „Goldene Ring" um Nordfriesland, Budjadingen, Dithmarschen und Ostfriesland geschlossen und auch die Unterläufe der Flüsse mit Dämmen geschützt. Die primitiven, nur aus Erde aufgeschütteten Deiche brachen jedoch immer wieder. Je mehr das eingedeichte Land austrocknete, desto mehr sackte es zusammen. In den Sietländern baute man zudem großflächig Torf als Brennmaterial und zur Salzgewinnung ab. Dadurch entstanden bei Dammbrüchen z.T. riesige neue Buchten und forderten hohe Opferzahlen – 1164 der Jadebusen 40 000, 1281 der Zuiderzee 80 000 und 1362 der Dollart 100 000 Tote. In Holland ertranken 1219-51 140 000 und allein 1219 36 000 Menschen, 1277 versanken 50 Dörfer. 1287 waren in Ost- und Nordfriesland 50 000 Tote zu beklagen. Vor allem die Grote Mannsdränke 1362 schockierte die Menschen, zumal in ihre Periode auch die große Pest (1348-52), mehrere schwere Erdbeben wie 1348 in Villach mit 5 000 sowie 1356 in Basel mit 300 Toten und Erdrutsche fielen – vor allem 1248 der des Mont Granier in Frankreich mit 5 000 Toten. Im Jahr 1342 wurden die Einzugsgebiete von Rhein, Main, Donau, Weser und Elbe durch die größten Überschwemmungen des Jahrtausends heimgesucht. Allein im österreichischen Donautal kamen 6 000 Menschen um. Im Einzugsgebiet der Elbe entfiel knapp die Hälfte des Bodenabtrags des 2. Jahrtausends auf die drei Tage vom 19.-22.7.1342.[26]

Ostkolonisation: Bereits ab dem ausgehenden 6. Jh. kam es von *Bayern* aus zu Siedlungstätigkeit und politischer Landnahme außerhalb des ursprünglichen Sprachraums. Zunächst wurde den Präonen das Tiroler Inntal und einige große Nebentäler abgenommen und slawischen Völkern das Eisack- und Pustertal, evt. auch das Engadin und der Vinschgau. Vom 6.-8. Jh. besiedelten Bajuwaren zunehmend die Gebiete westlich der Enns. Im Zuge mehrerer Feldzüge gegen die Awaren schuf Karl d. Gr. schließlich 791 zwischen Enns und Leitha die Awarische Mark und die baierischen Siedlungstätigkeit intensivierte sich. In den Grenzmarken siedelten Königsfreie, die nur dem König oder seinem Grafen untertan waren und neben

Rodung und Erschließung militärische Aufgaben leisten mussten. Das Herzogtum Kärnten und die spätere Steiermark gerieten M. d. 8. Jh.s in die Abhängigkeit der bayerischen Herzöge und wurden ebenfalls von baierischen Siedlern kolonisiert. Im 12. und 13. Jh. begann auch im nördlichen Deutschland eine umfangreiche *Ostkolonisation*. Getragen von Franken, Thüringern und Niedersachsen, aber auch von Friesen und Flamen schob sich die deutsche Siedlungsgrenze bis E. d. 12. Jh.s an Oder und Neiße vor. Schätzungsweise 200 000 Menschen wanderten im 12. Jh. in das Land zwischen Elbe und Oder ab. Etwa dieselbe Anzahl kolonisierte im 13. Jh. Schlesien und Pommern. Die Siedlungsbewegung wurde begünstigt durch eine geringe slawische Bevölkerungsdichte und geschah durch die Bildung von Marken, die Eroberung von Westen oder den Ruf einheimischer Fürsten wie in Pommern, Schlesien, Siebenbürgen, der Zips und Ostpreußen. Die Motive der Siedler speisten sich im Wesentlichen aus zwei Quellen. Der Bevölkerungsdruck war in Altdeutschland stark angewachsen, so dass die Lebensverhältnisse für die einfache Landbevölkerung zunehmend kritisch wurden. Zudem boten die Werber attraktive Bedingungen an. Die Höfe waren reichlich mit Land ausgestattet und vererbbar, die Pflichten meist wesentlich geringer als im Westen. So trat in Preußen an die Stelle des Zehnt das „Pflugkorn" - eine Abgabe von einem Scheffel Weizen und Roggen je 3-4 Hufe. Hinzu kamen ein ein für alle Mal bestimmter Zins und einige weitere Leistungen. Die Reformorden spielten eine wichtige Rolle; Zisterzienser und Prämonstratenser fanden in der Christianisierung und deutschen Besiedelung der Gebiete östlich der Elbe ein neues umfangreiches Aufgabegebiet. Trotz vereinzelter kriegerischer Auseinandersetzungen wie dem großen Slawenaufstand 983 und der endgültige Eroberung Brandenburgs durch Albrecht den Bären 1157 geschah die deutsche Ostsiedelung im Allgemeinen im friedlichen Konsens mit der bisherigen slawischen Bevölkerung. Immerhin waren E. d. 14. Jh.s vermutlich rd. zwei Drittel der in den deutschen Ostgebieten Lebenden einheimischen Ursprungs. Die Verschmelzung ging oft außerordentlich langsam vonstatten. Sie dauerte vielfach bis ins 16. Jh. und darüber hinaus. Sie wurde durch frühzeitige Assimilation der Oberschicht gefördert, die schrittweise Gleichstellung der autochthonen Bevölkerung und die Einführung deutschen Rechts und deutscher Kirchenorganisation. Intensivierung der Landwirtschaft und Besiedelung von Grenzböden ermöglichten hohe Wachstumsraten der Bevölkerung. Vor Ausbruch der großen Pest lebten in den Neusiedelgebieten vermutlich bereits mehr als 4 Mio Neu- und Altsiedler.

Stadtgründungen: In der ersten Hälfte des Frühmittelalters gab es auf dem Gebiet des späteren Ostfränkischen Reiches nur wenige Städte, die alle entlang des Rheins und südlich der Donau lagen und an römische Vorgängerinnen anknüpften. Auch um 800 betrug die Zahl der Städte auf ostfränkischem Boden noch etwas weniger als 40. Sie stieg bis 1150 zwar auf fast 200 an, in ihnen lebten jedoch allenfalls 2% der Bevölkerung. Die meisten Städte hatten weniger als 800 Einwohner. Lediglich Köln kann man auch im heutigen Sinne als Stadt ansprechen mit einer stark arbeitsteiligen Wirtschaft und Verbindungen zu einer Vielzahl, z.T. weit entfernter Regionen. Die ökonomischen Aktivitäten der meisten anderen Städte konzentrierten sich auf die Landwirtschaft. An Handwerken waren Metallbearbeitung, Nahrungs- und Bekleidungsgewerbe vertreten. Seit Beginn, vor allem aber der M. d. 12. Jh.s kam es zu einer starken Beschleunigung der Gründungstätigkeit. Bis E. d. 13. Jh.s erhöhten sich Zahl und Bevölkerungsanteil der Städte sprunghaft. Am Ende des Hochmittelalters gab es knapp 3 000 Städte, in denen vermutlich rd. 11% der Gesamtbevölkerung lebten. In Deutschland gingen städtische Siedlungen also auf vier mögliche Ansatzpunkte zurück. (1) Die wenigen aus römischer Zeit rührenden Städte blieben mit ihren Bischöfen und Klöstern geistige Mittelpunkte eines bestimmten Gebietes und bewahrten handwerkliche Fähigkeiten, die zu Beginn des Frühmittelalters von provinzial-römischen Handwerkern tradiert worden waren. (2) Große grundherrliche Domänen und Villikationszentren bildeten mit dem dort konzentrierten Gewerbe nicht selten Handelsschwerpunkte. Es waren dies Kaiser- oder Herzogspfalzen wie Goslar und Würzburg, Bischofs- oder Klostersitze wie Bamberg, Freising, Paderborn, Fulda oder Quedlinburg etc. (3) Zum dritten Nukleus urbaner Ansiedlungen wurden ab dem 6., verstärkt jedoch ab dem 9. Jh. spezielle Kaufmannssiedlungen. Dieser Typ des Wik war typisch für die Küsten von Nord- und Ostsee, die Niederlassungen der Friesen rheinaufwärts bis Worms und östliche Grenzbereiche des Reiches. Die Fernhändler der Wike zogen Kunsthandwerker, Bronzegießer, Kammmacher etc. sowie für den lokalen oder regionalen Markt produzierende Handwerker an. (4) Ab dem 10. Jh. begannen Adel und Klerus auch in eigener Regie Märkte ins Leben zu rufen, die vielfach ab dem 12. zu Städten erhoben wurden. Die Staufer schufen mit ihren „Königstädten" ein dichtes Geflecht von Stützpunkten, das nahezu alle Städte des fränkisch-schwäbischen Grenzbereichs umfasste. Mit Hilfe solcher Stadtgründungen suchten auch regionale Dynastien wie Zähringer, Welfen, Askanier, Wettiner, Babenberger, Andechser und Wittelsbacher ihren unmittelbaren Herrschaftsbereich abzusichern. Im Gegensatz zu den Herrschaftssitzen waren die meisten Städte im Frühmittelalter zunächst offen. Ab dem 12. Jh. baute man um Neugründungen regelmäßig einen Ring von Stein- oder Ziegelmauern.

Die Städte des Hochmittelalters wurden meist von ihren Gründern mit *Rechten* ausgestattet, die einen großen Teil ihrer Attraktivität ausmachten. Neben dem Markt- und Stapelrecht für bestimmte Güter und der Gerichtsbarkeit waren dies das Recht der Selbstverwaltung, die persönliche Freiheit der Bürger und die Bannmeile. Gleichzeitig sprachen die Gründer meist für eine bestimmte Zeit Steuerfreiheit aus. Die bessere persönliche Rechtsstellung und die zunächst sehr viel attraktiveren wirtschaftlichen und sozialen Aussichten veranlassten ab 1150 viele Landbewohner, in die Städte überzusiedeln. Aus rechtlichen und praktischen Gründen kamen die neuen Stadtbewohner meist aus einem relativ kleinen Umkreis. Nur hier waren sichere Informationen gewährleistet und der bisherige Besitz konnte transferiert oder weiter verwaltet werden. Auch nach ihrer Gründungsphase blieben die Städte auf Zuzug angewiesen, konnten sie ihre Einwohnerschaft auf Grund niedriger Heirats- und Geburtsziffern und höherer Sterblichkeit doch nicht allein reproduzieren. Dennoch wuchsen sie bis zum Ende des Hochmittelalters mit beeindruckenden Raten und waren oftmals in der 2. H. d. 13. und im 14. Jh. bereits so gewachsen, dass man an eine Erweiterung des Mauerrings ging.[27]

Die Errichtung eines engmaschigen Netzes von Städten im Laufe des Hochmittelalters hing *volkswirtschaftlich* mit mehreren Faktoren zusammen. Durch die Bevölkerungszunahme war der Druck gestiegen effizient zu wirtschaften und bewirkte eine arbeitsteilige, städtische Wirtschaftsweise. Voraussetzung war der relativ rasche Übergang von der Tausch- zur Geldwirtschaft. Der technischer Fortschritt, vor allem beim Transportwesen, und die Ausdifferenzierung der Bedürfnisse der Menschen förderten den Handel und konzentrierten ihn auf zentrale Orte. Zur ökonomischen Effizienzsteigerung gehört die Arbeitsteilung auch zwischen den zentralen Orten. Überall in Europa ist daher im 11. bis 14. Jh. die Ausbildung einer Hierarchie von Orten zu beobachten – von den Weilern und Dörfern über Marktflecken und kleinere bis hin zu größeren und großen Städten. Jede dieser Siedlungsgrößen hatte ihre eigenen Funktionen auf kulturellem, politisch-administrativem und wirtschaftlichem Gebiet. Dazu gehörten etwa Filial-, Pfarr-, Wallfahrts- und Bischofskirchen, die niedere und hohe Gerichtsbarkeit, sowie ein gestaffeltes System von Märkten und Messen, Markt- und Stapelrechten unterschiedlicher Ausprägung und in den größeren und großen Städten oft hoch spezialisierte Handwerker und Fernhandelskaufleute. Städte lagen in Deutschland etwa eine Tagesreise auseinander. Meist scharten sich sechs kleinere um einen zentralen Ort. Die Großstädte des Mittelalters waren nicht so gleichmäßig verteilt. 50 000 und mehr Einwohner zählten gegen Ende des Hochmittelalters nur Köln, Gent und Brügge. Rd. 20 000 oder etwas mehr Einwohner hatten Nürnberg, Strassburg und einzelne große Hansestädte. Städte mit mehr als 5 000 Einwohnern mussten verkehrsgünstig gelegen sein, um ihre zentralen Funktionen wahrzunehmen und mit Lebensmitteln versorgt werden zu können.

Im 12. Jh. bildete sich in Mitteleuropa das gestaffelte System zentraler Orte heraus, das für Jahrhunderte typisch bleiben sollte.[28] Bei *Zentralität* und Größenentwicklung einer Stadt wirkten zwei Faktoren gegeneinander.[29] Je größer eine Stadt war, desto mehr konnte sich ihr Gewerbe spezialisieren, ihre Markt-, politische und militärische Macht entfalten, desto schwieriger war sie jedoch auch zu ernähren. Bereits kleine und mittlere Städte konnten sich oft nicht mehr aus ihrem unmittelbaren Umland heraus versorgen.[30] Indem die Städte eine Bannmeile errichteten und selbst oder durch ihre Bürger Grundbesitz oder ganze Dörfer in der Umgebung erwarben, sicherten sie ihre Funktion als Unterzentrum der Umgebung. Viele kleine Städte wuchsen über diese Funktion niemals hinaus. Ihre Bewohner arbeiteten zumeist als Ackerbürger nach wie vor in der Landwirtschaft.[31] Zu den typischen Einrichtungen von Unterzentren gehörten Wochenmärkte für Produkte des täglichen Bedarfes aus der Umgebung. Ihr Gewerbe arbeitete im Allgemeinen für den örtlichen Bedarf und den des unmittelbaren Einzugsbereichs und war wenig spezialisiert. In einzelnen Fällen konnten kleinere Städte aber auch hoch spezialisiert sein, so Laufen an der Salzach auf die Salzschifffahrt, Matrei auf den Verkehr über den Brenner, die südmärkischen Städte Iserlohn, Lüdenscheid, Kierspe und Halver auf die Produktion spezieller Metallprodukte.[32] Mittlere Städte nahmen im Regelfall die Funktion eines Mittelzentrums wahr. Dazu gehörte in den meisten Regionen Deutschlands ein fest gefügtes Muster aufeinander abgestimmter Jahrmärkte, die der Versorgung von Adel, Klerus und Patriziat mit Luxusgütern und von spezialisierten Handwerkern umliegender Städte mit besonderen Materialien dienten. Ihre Ausstrahlung – fassbar durch die Markteinladungen des Rates an interessierte Städte – reichte oft Hunderte von Kilometern weit. Zur Beschäftigung mehrerer tausend Menschen waren solche Städte meist spezialisiert. So konzentrierten sich Hall in Tirol, Hallein, Reichenhall, Schwäbisch Hall, Halle und Lüneburg auf die Salzgewinnung, München und Passau profitierten stark von Salzhandelsstraßen und Niederlagsrechten. Rothenburg o.d.T. hat die Produktion von Wolle und Getreide auf seinem großen Territorium gezielt zum Aufbau eigener Gewerbe genutzt und weit reichende Geschäftsverbindungen bis nach Polen und Italien aufgebaut. Mit dem Aufblühen des Leinengewerbes im Bodenseeraum und den angrenzenden oberschwäbischen Gebieten konzentrierten sich Ravensburg, Konstanz und Überlingen auf Verlag, Weberei und Handel dieser Produkte. Andere mittlere Städte konzentrierten sich auf Gewerbe, für die sie allenfalls geringe natürliche Vorteile genossen. So besaßen die Goldschmiede Schwäbisch

Gmünds überregionale Bedeutung. Das gleiche galt für die Tuch- und Gerbergewerbe Nördlingens und die Produktion Dinkelsbühls von Tuchen, Barchentgewebe und Sicheln.

Die Städte mit mehr als 10 000 Einwohnern waren groß genug, mehreren spezialisierten Gewerben Raum zu geben. So beherbergte Augsburg gegen Ende des Hochmittelalters bereits eine überregional bedeutende Tuch- und Leinenproduktion sowie Ansätze der später so wichtigen Metallverarbeitung wie Harnischmacher, Gold- und Messerschmiede. Hinzu kamen Bekleidungsgewerbe wie Gürtler, Hut- und Handschuhmacher sowie vor allem der Fernhandel. Augsburger Kaufleute waren in erster Linie im Zwischenhandel tätig. Sie verhandelten z.B. Reichenhaller Salz aus Friedberg weiter oder brachten flandrische Tuche nach Bozen. Daneben sind bereits für das 12. Jh. Beziehungen nach Köln und den Champagne-Messen bezeugt. Eine ähnliche Vielfalt exportorientierter Gewerbzweige konnte man bereits im ausgehenden Hochmittelalter in den anderen großen Städten des Reiches beobachten. Dies galt etwa für Köln, Nürnberg und Strassburg, vor allem aber für die flandrischen Städte wie Brügge und Gent. Über ihre Funktion als zentrale Produktions-, Verlags- und Handelsorte hinaus fehlten den mittelalterlichen *Großstädten* im deutschsprachigen Raum oft einige wesentliche Zentralitätsaspekte moderner Oberzentren. Schon die überregionalen Messen als zentrale Veranstaltungen des Produkthandels sowie des Zahlungsverkehrs lagen in Deutschland oft gerade nicht in solchen Zentren. So war von den drei süddeutschen Messen – Frankfurt, Nördlingen und Nürnberg – nur letztere in einer Großstadt beheimatet und auch im Alpenraum, wo im Hochmittelalter Messen in Zurzach, Wien, Enns und Bozen stattfanden, kann man allenfalls Wien als beginnende Großstadt ansehen. Andererseits gab es in den Großstädten Augsburg und Strassburg keine Messen. Im Nordwesten des Reiches war dies zunächst anders. Im 13. Jh. blühte Köln als Messestadt auf und zu Beg. d. 14. Jh.s konnten sich Brügge, Gent, aber auch Ypern als Messeplätze etablieren. Bereits im ausgehenden Hochmittelalter war das System der miteinander korrespondierenden, aufeinander und auf die großen Jahrmärkte abgestimmten überregionalen Messen in Deutschland fest gefügt. Mit wenigen Ausnahmen wie Gent und Wien nahmen die mittelalterlichen Großstädte des deutschen Reiches keine Funktionen politischer Zentralität wahr. Auch kulturelle Mittelpunkte waren sie nicht in jedem Fall. Wirklich bedeutende kulturelle Zentren waren lediglich Gent und Köln für die Malerei und Köln für die spätscholastischen Wissenschaften. Dies ist nicht unbedingt verwunderlich, vergegenwärtigt man sich die relativ geringen Größenunterschiede zwischen mittleren und großen Städten und den enormen künstlerischen Ehrgeiz, den im ausgehenden Hochmittelalter Städte von auch nur einigem Wohlstand entwickelten. Hinzu kam, dass die Künstler selbst oft mit einer gesicherten Position in einer mittleren Stadt zufrieden waren, von denen aus sie ggf. ja auch auswärtige Aufträge annehmen konnten.

## 2.4 Technik: Wassermühle und Dreifelderwirtschaft

<u>Landwirtschaft</u>: Bereits im Frühmittelalters kam es zu einer „mittelalterlichen Agrarrevolution". Sie bestand aus einem Bündel organisatorischer und technischer Fortschritte sowie einem zunehmenden Landesausbau, die den Gebieten nördlich der Alpen erstmals eine dem Mittelmeerraum vergleichbare ökonomische Basis verliehen, und damit die Stadtgründungs-

welle des Hochmittelalters erst ermöglichten. Schon im 6. Jh. lässt sich bei den Slawen ein *schwerer Radpflug* nachweisen. Er stammt gemäß sprachethymologischer Vergleiche von den Germanen der römischen Provinzen Belgica oder Germania inferior. Der neue Pflug ermöglichte das Pflügen schwerer Böden, die reichere Ernten hervorbrachten. Davon profitierten Roggen und Hafer, die im nordalpinen Raum wuchsen. Das Streichbrett des Pfluges wandte die Furche, machte kreuzweises Pflügen überflüssig und sparte Arbeitskraft. Gleichzeitig entstanden Entwässerungsfurchen – insbesondere im Wintergetreideanbau ein großer Vorteil. Die Form solcher Wölbäcker sorgte zudem für einen besseren Risikoausgleich, da das Korn in feuchten Jahren in der Beetmitte besser wuchs, in trockenen jedoch am Beetrand.[33] Die schweren Pflüge erforderten *Pferde* statt der bisherigen Ochsen. Dafür ist das Joch jedoch denkbar ungeeignet, das die Blutzirkulation am Hals abdrückt. Um 800 lässt sich erstmals das starre Kummet nachweisen - ein gepolsterter ovaler oder mandelförmiger Kragen um den Hals des Pferdes. Mit ihm konnten Pferde eine 4-5-mal größere Last ziehen und pro Tag etwa doppelt soviel Arbeit wie Ochsen leisten. Um 900 trat in Deutschland das mit Nägeln befestigte Hufeisen auf,[34] mit dem Pferde auch auf harten oder nassen Böden ausdauernd eingesetzt werden können. Die Awaren hatten aus Innerasien den offenen Steigbügel mitgebracht. Bereits gegen E. d. 6. Jh.s kamen in Bayern solche Steigbügel in Gebrauch. Im 8. und 9. Jh. verbreiteten sich Steigbügel in ganz Mitteleuropa.[35] Die neue Technik verlieh dem Reiter einen besonderen Halt. Er konnte damit längere und schwerere Waffen und andere Geräte zielsicher führen. Unter den weiteren technischen Neuentwicklungen sind seit dem 10./11. Jh. vor allem schwere eisenbeschlagene, von Pferden gezogene Eggen erwähnenswert. Bereits die Merowinger förderten Roggen und Hafer planmäßig gegenüber den zuvor vorherrschenden Getreidesorten Nacktweizen und Gerste. Roggen ist gegen Kälte und Nässe wie gegen Hitze und Trockenheit sehr robust, reift schnell, erschöpft die Böden weniger und benötigt eine geringere Bodenqualität. Ganz besonders verbreitete er sich in Nordwestdeutschland und in den slawischen Siedlungsgebieten. Auch Hafer benötigt keine besondere Bodenqualität und bevorzugt kühl-humides Klima. Zwar ist er anfälliger für Fröste und Hitze,[36] wird aber für die Pferdezucht benötigt. Periodisch gelangten weitere Pflanzenarten nach Deutschland. So hat Karl d. Gr. die Übernahme italienischer Gartenpflanzen wie Rettich, Kohl, Zwiebeln, Knoblauch, Rüben, Mangold etc. in Königshöfen und Reichklöstern gefördert, von wo sie sich später auch in die Bauerngärten verbreitet haben. Im Hochmittelalter lassen sich erstmals Buchweizen, Hopfen und Maulbeere nachweisen.[37]

Im Landbau war zunächst die ungeregelte Feld-Gras-Wirtschaft weit verbreitet, bei der Getreideanbau und Weidewirtschaft einander nach Gutdünken abwechselten. Im 6. bis 7. Jh. könnte im alemannischen Raum die *Dreifelderwirtschaft* entstanden sein, die stetig zwischen Wintergetreide, Sommergetreide und Brache wechselt, und bereits im 8. und 9. Jh. gingen zumindest West- und Süddeutschland zu ihr über. Roggen als Winter- und Hafer als Sommergetreide stellten die häufigste Kombination dar.[38] Mit der Dreifelderwirtschaft stiegen der Anteil des bebauten Landes und damit die Erträge deutlich an. Gleichzeitig sank das Ernterisiko dramatisch, weil sich die Arbeit besser aufs Jahr verteilte und sich mit dem gleichzeitigen Anbau von Sommer- und Wintergetreide die Vegetationsperiode verlängerte. Häufigere Bodenbearbeitung und Fruchtwechsel führten zudem zu einem geringeren Unkrautbefall, wie er ansonsten für länger andauernden Getreidebau typisch ist.[39] Besonders wichtig war die Einbeziehung der Viehzucht in die Dreifelderwirtschaft. Neben der Brache standen im Jahresablauf wiederholt abgeerntete Felder für die Weide zur Verfügung. Dadurch erhielten die Böden ihre Nährstoffe und die Großviehzucht konnte trotz Intensivierung des Ackerbaus beibehalten werden. Damit stand Zugtierleistung für schwere Räderpflüge, Eggen und Wagen bei Ernte und Mistausbringung zur Verfügung. Außerdem erhöhte sich die Mobilität der Bauern, so dass sie im Hochmittelalter leichter an Märkten und der sich ausbreitenden Geldwirtschaft teilnehmen konnten. Trotz Intensivierung des Getreidebaus blieb die Ernährung zumindest der Landbevölkerung relativ ausgewogen. Die alten Haustierrassen – vor allem Rinder, Schweine, Ziegen, Schafe und Geflügel – konnten den hohen Zuchtstand der Römerzeit nicht halten; Größe und Produktion fielen zurück. Neue Rassen kamen nicht hinzu. Die Dreifelderwirtschaft stellte auch im Früh- und Hochmittelalter nicht das Ende der Entwicklung dar. So konnte in Nordwestdeutschland mit Hilfe der Plaggendüngung sogar ein ewiger Roggenbau realisiert werden. Vereinzelt gab es bereits im 13. Jh. Ansätze zu einer Fruchtwechselwirtschaft. Dabei hat man entweder den Boden beim Anbau von Hackfrüchten (Möhren etc.) wiederholt umgestochen und damit sehr tief bearbeitet oder ihm durch Leguminosen – Klee, Bohnen, Linsen, Erbsen etc. – sogar erneut Stickstoff zugeführt. Durch den Fruchtwechsel und die regelmäßige Brache blieb der Nährstoffhaushalt des Bodens länger ausgeglichen. Der Anbau von Leguminosen macht die Brache sogar auf Dauer überflüssig. Insgesamt stiegen also Produktivität und Gewicht des Ackerbaus bereits im Frühmittelalter deutlich. Die Landwirtschaft nahm dabei eine Vorreiterrolle gegenüber gewerblichen Techniken ein. Spricht man von einer „mittelalterlichen Agrarrevolution", so darf daher die Schlüsselrolle nicht vergessen werden, die diese „Revolution" für die anderen Wirtschaftssektoren hatte. So gab die Nachfrage nach agrarischen Eisengeräten wichtige Impulse für den Bergbau und die erhöhte Agrarproduktion förderte Bau und Weiterentwicklung von Getreidemühlen. Am wichtigsten jedoch war die Ausdehnung der Nahrungsmittelproduktion für die Bevölkerungsentwicklung, die den eigentlichen Motor der früh- und hochmittelalterlichen Beschleunigungsbewegung bildete.

Energietechnik: In enger Verbindung mit der mittelalterlichen Agrarrevolution stand die Mechanisierung der Getreideverarbeitung. Ab dem 9. Jh. begannen sich im wasserreichen nördlichen Europa immer mehr horizontale *Wassermühlen* zu verbreiten. Bei diesem Mühlentyp trifft das Wasser von oben auf paddelartige Flügel, die kranzförmig an einer horizontalen Welle befestigt sind. Er benötigt wie vertikale unterschächtige Wassermühlen allenfalls geringe Wasserbaumaßnahmen. Diese waren daher im Früh- und Hochmittelalter ebenfalls weit verbreitet. Sie nutzten jedoch nur etwa 20% der Wasserenergie aus, während oberschächtige vertikale Wassermühlen 60% erreichten.[40] Bereits für das 9. Jh. kann man vereinzelt die Verwendung von Mühlen für andere Zwecke als das Mahlen von Getreide nachweisen.[41] Voraussetzung dafür war meist der Einsatz einer Nockenwelle, wie man sie bereits in der Antike kannte. Ab dem 11. Jh. verdichten sich in Deutschland die Hinweise auf gewerbliche Mühlen – Schmieden, Erzstampfer, Hanf- und Tuchmühlen. Im 12.-14. Jh. fächerten die Anwendungsgebiete von Wassermühlen immer mehr auf – Waid-, Loh-, Papier-, Erz-, Säge-, Schneide- und Schleifmühlen.[42] Die ersten mechanisierten Eisenwerke nutzten die Wasserkraft mit hoher Wahrscheinlichkeit für den Betrieb großer Hämmer zum Ausschmieden des Metalls. Ab dem 13. Jh. kamen große wasserbetriebene Blasebälge hinzu. Mit ihnen konnten Temperaturen von über $1250^{\circ}C$ erzeugt werden, so dass das indirekte Verfahren der Produktion von Eisen über dessen Verflüssigung möglich wurde. Bei einem erhöhten Holzkohlebedarf bot dieses Verfahren beträchtliche Arbeitseinsparungen. Zunächst im Sauerland, im 14. Jh. auch in Oberpfalz und Steiermark, fanden wasserkraftgetriebene Blasebälge weite Verbreitung.[43] Die in den letzten beiden Jahrzehnten des 12. Jh.s im nördlichen Europa entwickelten *Windmühlen* mit Vertikalachsen boten eine willkommene Alternative für oberflächenwasser- und gefällearme Landstriche. Die neue „Erfindung"[44] verbreitete sich auch in Deutschland sehr schnell. Windmühlen sind allerdings in besonderem Maße von Windstärke und -richtung abhängig.[45]

Bergtechnik: Der Abbau von Bodenschätzen erfolgte während des größten Teils des Frühmittelalters in der denkbar einfachsten Form. Bei Gold war dies die Gewinnung von Goldflussseifen.[46] Die Salzproduktion geschah bis ins 12. Jh. hinein ausschließlich durch Verdampfen natürlicher Sole. Dazu bestanden allerdings z.T. bereits in der ausgehenden Merowinger- und beginnenden Karolingerzeit größere Anlagen. Eisenerz hat man im Allgemeinen im einfachen Tagebau und nur gelegentlich unter Tage gewonnen. Vermutlich wurden dabei alte bergmännische Traditionen erhalten.[47] Technisch weit anspruchsvoller war seit jeher der Silberbergbau, der in aller Regel tiefere Stollen und Schächte erforderte. Die Aufschließung der ersten Bergwerke dieser Art fiel im Elsass in das 8. und in der Maingegend in das 9. Jh. Der deutsche Silberbergbau galt bereits im 12. und 13. Jh. als technisch besonders fortschrittlich. So berief die Markgräfin Mathilde von Tuszien 1115 deutsche Bergleute nach Mittelitalien. Im 12. und 13. Jh. brachten deutsche Knappen den Kupferbergbau in Oberungarn in Gang. Daneben sind deutsche Bergspezialisten in Frankreich und Schweden bezeugt. Für das Hochmittelalter lassen sich verschiedene bergtechnische Verbesserungen nachweisen. Sie betrafen den Transport auf unterirdischen „Karrenwegen" ebenso wie Fortschritte bei der Aufbereitung und Verhüttung durch Anwendung der Mühlen- und Maschinentechnik der Zeit. Einen besonderen Schritt nach vorn ermöglichte die Markscheide-Technik – das bergmännische Vermessungswesen. Bereits M. d. 13. Jh.s verwandte man vermutlich auch in Deutschland den Magnetkompass, mit dem frühe Grubenkarten möglich wurden.[48] Hinzu kamen im 12. bzw. 13. Jh. Quadrant und Jakobsstab. Die damit erzielte Genauigkeit war erstaunlich.[49] Seit dem 12. Jh. war man bei Erz- und Salzgewinnung[50] zum Tiefbau übergegangen.[51] Auch beim größten bergbaulichen Problem des Hochmittelalters, der Bewältigung des Wasserandrangs, zeichneten sich neue Lösungen ab. So sind für das 13. Jh. einige Abzugsstollen belegt und ab Beg. d. 14. Jh.s wurden Göpelwerke vielfach durch Wasserräder angetrieben. Dennoch stieß die Technik hier zunehmend an Grenzen und es kam immer wieder zu verheerenden Wassereinbrüchen.[52]

Holz- und Metallverarbeitung: Die *Holzverarbeitung* hatte bereits im Frühmittelalter einen hohen technischen Stand erreicht. Erst mit der Erfindung der Drechselbank mit Wippe und Fußantrieb im 13. Jh. stieg die Qualität der Holzbearbeitung weiter an, weil nun beide Hände für das Werkstück frei waren.[53] Zur *Eisengewinnung* aus Erzen verwandte man bis zum 13. Jh. durchweg sog. Rennöfen, die bei Temperaturen bis 1100°C schwammig-luppiges Roheisen ausbrachten. Um verarbeitungsfähiges Roheisen zu gewinnen, musste diese Rohluppe mehrfach aufgeheizt und durchgeschmiedet werden. Selbst auf Basis dieser Technik nahmen Qualität und Quantität der produzierten Eisen- und Stahlwaren bereits seit dem ausgehenden Frühmittelalter stetig zu. Die „mittelalterliche Agrarrevolution" hatte bereits in der späten Karolingerzeit zu einem erhöhten Bedarf an hochwertigen Eisengeräten und zu einer Verfeinerung und Produktionsausweitung des Metallgewerbes geführt.[54] Ein Spezialgebiet der Metalltechnik war der *Metallguss*. Dabei war der Guss großer Bronzetüren besonders spektakulär, von denen heute nur noch ein gutes Dutzend existiert. Die ersten vier von ihnen wurden in Deutschland gegossen,[55] wo 1166 auch der erste größere figürliche Hohlguss seit der Antike – der Braunschweiger Löwe – entstand. Quantitative Bedeutung hatte die frühmittelalterliche *Waffenproduktion*. Sie genoss bereits vor dem 8. Jh. internationalen Ruf. In technischer Hinsicht übertraf das Schmiedehandwerk deutlich die Antike. Dies galt insbesondere für die Herstellung von Klingen, bei der etliche Schmiede das Prinzip des Damaszierens beherrschten, bei dem Bahnen aus kohlenstoffreichem Stahl und aus kohlenstoffarmem Eisen miteinander verschmiedet werden. Schuppenpanzer und Kettenhemd blieben in der ursprünglichen Form bis ins 12. Jh. in Europa in Gebrauch. Spätestens seit dem 13. Jh. erfolgte die Produktion von Kettenhemden aus rundem oder kantigem Draht und konnte so deutlich rationalisiert werden. Zum Schutz gegen kräftige Stiche, Hiebe und Schüsse ging man danach immer mehr zur Plattenpanzerung über und gelangte E. d. 14. Jh.s zum geschlossenen Plattenharnisch. Die Entwicklung der Waffentechnik hatte gravierende Auswirkungen auf wirtschaftlichem und sozialem Gebiet. In einigen Bereichen entstanden hoch spezialisierte Handwerker wie im 12. Jh. die Schwertfeger in Köln, im 13. Jh. die Sarwerker – Hersteller von Kettenhemden – in Köln und Nürnberg sowie in der gleichen Zeit die Plattner und Harnischmacher. Mit der Verteuerung und Perfektionierung ritterlicher Waffen vergrößerte sich einerseits die militärische Überlegenheit des Adels, andererseits musste sich dieser nun regelmäßige, ergiebige Einnahmequellen erschließen.[56] Von kaum zu überschätzender Wirkung war die Entwicklung der mechanischen *Räderuhr* im Laufe des 13. Jh.s. Die exakte Messung der Zeit machte lange Zeit große Schwierigkeiten. Sonnenuhren hatten zwei gravierende Nachteile. Sie zeigen ausschließlich Temporalstunden an und arbeiten an bewölkten Tagen nicht. Sanduhren ermöglichen zwar die Messung gleich langer Stunden, der zunächst verwandte mineralische Sand breitete sich jedoch nicht gleichmäßig aus und erreichte damit keine exakte Kalibrierung und bewirkte außerdem rasch eine Vergrößerung der Öffnung. Erst zu Beg. d. 14. Jh.s konnte das Problem der Abreibung gelöst werden, indem man zu feinem Pulver vermahlene Eierschalen verwandte. Ab den 1260er Jahren gibt es mehrere Belege aus England, Italien und Spanien für ernsthafte Bemühungen, ausreichend exakte mechanische Uhren zu entwickeln. Als letztes fehlendes Detail dürfte zwischen 1280 und 1300 die Spindelhemmung mit Waagbalken erfunden worden sein. Die erste uns bekannte Räderuhr wurde zwischen 1321 und 25 im englischen Norwich aufgestellt. Sie war wie die meisten frühen eine monumentale astronomische Uhr. 1352-54 errichtete man im Strassburger Münster die erste Räderuhr Deutschlands. Die neue Erfindung verbreitete sich fast explosionsartig über ganz Europa. Bereits 1371 erschien ein „Seigermacher" (Uhrmacher) im ältesten Stralsunder Bürgerbuch.[57]

Textil- und Glastechnik: Ähnlich wie im Metallgewerbe fand auch bei der Textilherstellung im Laufe des Frühmittelalters ein Prozess der Intensivierung und Veredelung statt. Größere technische Innovationen blieben jedoch aus. Dies änderte sich in Deutschland erstmals im Laufe des 12. Jh.s mit der Einführung von Walkmühlen. Im 13. Jh. kamen Spinnrad, Trittwebstuhl und verschiedene Färbetechniken hinzu. Die Erfindungen verbilligten gewöhnliche Tuche trotz anhaltenden Bevölkerungswachstums. Bis M. d. 14. Jh.s stieg der Leinenverbrauch für Kleidungs- und Haustextilien in erheblichem Maße.[58] Die antike *Glasbläsertradition* riss am Mittelrhein das gesamte Frühmittelalter hindurch nicht ab. Die Technik breitete sich im Früh- und Hochmittelalter immer weiter aus, so dass Glasprodukte schließlich in Klöstern und Städten zu den gehobenen Gebrauchsgegenständen zählten. Als technische Spezialisten konnten sich die Glasmacher trotz ihrer meist ländlichen Standorte einen ähnlichen rechtlichen Status wie Bergleute und Salzwerker sichern. Spezialisierte Klosterwerkstätten stellten schon sehr früh bunte, zunächst bemalte Glasfenster her. Im Laufe des 13. Jh.s gelang es, Glas vollständig einzufärben und eine gleichmäßige Glasstärke zu erreichen. Die Farbqualität stieg an und der zuvor notwendige Schichtenaufbau entfiel. Sog. Lesesteine – gläserne Kugelsegmente als Vorläufer von Brillen – sind in Deutschland erstmals 1275 erwähnt. Aus der Zeit um 1280 stammt auch die erste Darstellung eines mit Fassung und Stil verbundenen Lesesteins im Münster zu Konstanz – eines sog. gestielten Einglases.

Schiffstechnik: Ab dem 9. Jh. machte der Schiffbau große Fortschritte. Trotz der in diesem Jahrhundert verbesserten Takelage mussten die Schiffe mit Ruderunterstützung fahren.[59] An der deutschen Nordseeküste überwogen später ‚Kogge' genannte Fahrzeuge mit einem fast waagerecht gebauten Boden bei gleichzeitig rechtwinkligem Stevenansatz, die sich bei Ebbe trocken fallen lassen konnten. Sie waren also speziell als Wattfahrzeuge konzipiert und haben an der West- und Ostfriesischen Küste die Beibehaltung der mit Prielen versehenen Küstenlinie und der Siedlung auf Wurten bewirkt. Wachsende Bevölkerung und intensiverer Handel führten ab dem 11. Jh. zu immer größeren Schiffen. Das zentrale Steuerruder trat an die Stelle des Seitenruders. Dadurch konnte man die Segel mit geringerem Kraftaufwand bedienen, zugleich näher am Wind segeln und so die Fahrtzeiten verkürzen. Mit Verbesserungen der Takelage war es sogar möglich auf Ruderer zu verzichten. Obwohl die Kogge gerade erst in eine 200-jährige Blütezeit eintrat, war doch ihr Ende als Fernhandelsschiff bereits abzusehen; während sie maximal Tragfähigkeiten von 80–90t erreichte, konnte ein Holk bis zu 400t aufnehmen. Zusammen mit den genannten Verbesserungen an Rumpf, Steuerung und Takelage schuf der Kompass ab dem 12. Jh. eine weitere wichtige Voraussetzung den Ozean zu befahren.[60] Insgesamt legte also der Schiffbau im ausgehenden Frühmittelalter sowie im 11. und 12. Jh. eine wichtige technische Grundlage für die weitere Intensivierung des Handelsaustausches. Mit Hilfe des Kompasses wurden bereits E. d. 13. Jh. verblüffend genaue Seekarten gezeichnet. Hinzu kamen erstmals seit der Antike wieder praktisch anwendbare Landkarten.

Bautechnik: Im Gegensatz zur Antike, die in Stein baute, war im Früh- und Hochmittelalter das Holz der überragende Baustoff. Vom 6. bis 8. Jh. wurden sogar - zumal kleinere - Kirchen nahezu durchweg in Holz errichtet.[61] In Deutschland traf man zunächst meist einfache Pfostenbauten an, bei denen massive Bohlen oder Wände von Eckpfosten gehalten wurden. Aus diesem Ständerbohlenbau hat sich vermutlich der Skelettbau entwickelt, der dann im Hochmittelalter zum Fachwerkbau verfeinert wurde. Über die Bauorganisation sowie die ausführenden Handwerker frühmittelalterlicher Steinbauten wissen wir nur wenig. Grabungen im Umfeld von Großbauten haben bereits in merowingischer Zeit ein arbeitsteiliges Bauhandwerk von Steinmetzen, Maurern, Zimmerleuten, Glasern und Schmieden nachgewiesen. Sie waren entweder grundherrschaftlich eingebunden oder freie, in Bauhütten organisierte Wanderbauhandwerker. Anzahl und Größe der Kirchenbauten und ihre bauplastische Ausstattung machten technische Hilfsmittel notwendig wie seit E. d. 12. Jh.s den Lastkran mit Kransäule und Ausleger oder seit der 1. H. d. 13. Jh.s die Schubkarre. Ab 1300 lässt sich auch die Teufelskralle belegen, die sich unter Einwirkung der Zugkraft schließt. Während selbst die großen Kirchenbauten des 11. und 12. Jh.s vermutlich ohne gezeichnete Baupläne entstanden, verlangte die neue Technik der seriellen Vorfertigung von Steinen ab der 1. H. d. 13. Jh.s detaillierte, maßstäblich verkleinerte Pläne sowie voll ausgearbeitete, geometrisch konstruierte Werkrisse, wie sie 1:1 an Wänden oder auf Plattenfußböden überliefert sind. Die Gotik erforderte schließlich völlig neue, in ungewöhnlichem Maß rational durchkonstruierte Baulösungen. So stieg das Verhältnis Breite zu Höhe bei den klassischen gotischen Kathedralen auf 1:3. Da gleichzeitig die Wände mehr und mehr in z.T. riesige Fensterflächen aufgelöst wurden, musste der gewaltige Außenschub oftmals in Strebebögen und -pfeilern abgefangen werden. Die noch einmal wesentlich gesteigerten organisatorischen und technischen Anforderungen an die Bauleitung führten spätestens ab dem 13. Jh. dazu, dass neben dem Baumeister ein Bauverwalter – der „Schaffner" – der Bauhütte trat, der u.a. Lohnlisten und Rechnungsbücher führte.[62]

Innovationsverhalten: Obwohl damit insgesamt seit dem 8. Jh. eine relativ kontinuierliche, ab dem 10. Jh. etwas beschleunigte *Adaptationskurve technischer Innovationen* gezeichnet werden kann, trat Deutschland doch erst im 13. Jh. in eine Phase breiter, teilweise bewusster Suche nach neuen technischen Lösungsmöglichkeiten ein. Dies ist insofern erstaunlich, als die Kreuzzüge zu diesem Zeitpunkt ja bereits seit gut einem Jahrhundert für einen verstärkten Austausch mit dem fortschrittlicheren islamischen Raum gesorgt hatten. Diese bewusste Suche nach technischen Innovationen schien auf gesellschaftliche Änderungen zurückzugehen. Dafür kommt zum einen der nun deutlich stärkere Bevölkerungsdruck in Frage, weil deren kontinuierlicher Anstieg trotz Ost- und Binnenkolonisation die Ressourcen des Landes zu überfordern drohte.[63] Zum anderen bewirkten die gesellschaftlichen und wirtschaftlichen Umwälzungen der Zeit – Bildung von Rittertum und Territorien, Stadtgründungswelle etc. – eine neue geistige Regsamkeit, wie sie auch in der überaus lebhaften wissenschaftlichen Auseinandersetzung der Zeit greifbar wird (Spätscholastik). Insgesamt ergab sich ein Bild, das in seiner Dynamik vielen anderen Zeiten der Weltgeschichte durchaus vergleichbar ist. Dies galt auch – und auf manchen Gebieten besonders – für Deutschland, das seine Lage im Mittelpunkt verschiedener Einflüsse ebenso zu nutzen verstand wie seinen Reichtum an Wasserenergie und Bodenschätzen.[64] Die Entwicklung des Landes zeigte ein ähnliches Muster an voraus laufenden und retardierenden Technikbereichen, wie dies auch aus der Neuzeit bekannt ist. So kam dem Bergbau eine ausgesprochene Pionierrolle zu, während Schifffahrt, Optik und Uhrenherstellung zunächst eher verhalten reagierten.

# 2.5  Private Haushalte: Gewürz und Fensterglas

Ernährung: Ein günstiges Verhältnis zwischen Bevölkerung und Ressourcen gewährleisteten in den Normaljahren des Frühmittelalters meist eine ausreichende Ernährung. Sie stützte sich sowohl auf den Getreideanbau als auch auf Viehzucht und Waldwirtschaft und war daher meist relativ ausgewogen. Da ein interregionaler und -temporärer Lebensmittelaustausch jedoch fehlte, konnte die Versorgung mit Lebensmitteln von Dorf zu Dorf und von Jahr zu Jahr äußerst unterschiedlich sein.[65] Überregionale Hungersnöte traten dagegen erst mit zunehmendem Bevölkerungsdruck ab der zweiten Hälfte des Frühmittelalters auf. Sie konzentrierten sich auf die 1. H. d. 8., das 9. und 11. Jh. Nach diesen Perioden gelang es, durch Intensivierung der Landwirtschaft und Ausweitung ihrer Flächen jeweils wieder eine annähernd ausreichende Ernährung der Bevölkerung sicherzustellen. Dies geschah im Hochmittelalter jedoch nur um den Preis einer einseitigeren, primär auf Getreide und Hülsenfrüchte abgestellten Ernährung. Gegen E. d. 13. Jh.s wurde die Nahrungsmittelversorgung für die breiten Bevölkerungsschichten erneut kritisch. Etwa ab 1270 kehrte bei der großen Masse der Bevölkerung permanenter Hunger ein.[66] Eine weitere Ausweitung der Agrarflächen war nicht möglich und die Böden erschöpften sich, nachdem mit dem relativen Rückgang der Viehzucht nicht mehr genügend natürlicher Dünger bereit stand. In den Jahrzehnten um 1300 häuften sich daher erneut schwere Hungerkrisen. Zwar war das relativ fruchtbare und dünner besiedelte Deutschland weniger hart betroffen als etwa Italien[67], auch hier kam es jedoch zu hungerbedingten Wanderungsbewegungen. Die schlechte Ernährungssituation in der 1. H. d. 14. Jh.s hat der Pandemie der großen Pest mit Sicherheit den Weg bereitet, wenn dieser nicht sogar in einzelnen Gegenden Hungersnöte unmittelbar vorausgingen.

Während sich die Ernährung der Oberschicht zunächst nur mengenmäßig abhob, konsumierte diese gegen Ende des Frühmittelalters frisches Fleisch und Wein und ab dem 11. Jh. weißes Brot, Fleisch und gewürzte Speisen, während die Masse der Land- und Stadtbewohner Schwarzbrot und Hirsegrütze aß und auf konservierte Nahrungsmittel zurückgreifen musste wie gepökeltes, geräuchertes oder getrocknetes Fleisch aus größeren Schlachtungen, Dörrobst, in Kalkwasser eingelegte Eier etc. Der Übergang zur vorwiegend ackerbaulichen, auf Erzielung von Überschüssen ausgerichteten dörflichen Wirtschaftsweise brachte eine weitere Differenzierung zwischen der Ernährung der Gesellschaftsschichten mit sich. Während zwischen dem 6. und 10./11. Jh. der robuste Roggen in Einzel- oder Mischaussaat bei weitem überwog, wurde ab dem 11. Jh. auch wieder mehr Weizen angebaut. Weißes Brot war nun allerdings das alleinige Privileg der Oberschicht – Adel, Klerus und kurz darauf wohlhabender Stadtbewohner. Schwarzes Roggenbrot und Suppen aus Gerste, Hafer und Hirse fand man bei den Unterschichten. Sie ernährten sich nun in noch stärkerem Maße von Getreide, Hülsenfrüchten und Gemüse. Gegenüber späteren Jahrhunderten konsumierte jedoch auch die einfache ländliche Bevölkerung des 12. und 13. Jh.s noch vergleichsweise viel Fleisch. Frisches Wildbret wurde allerdings zum Privileg des Adels. Die Bauern verteidigten dennoch ihr altes Ernährungsmodell und die damit zusammenhängenden Rechte hartnäckig – sogar über deren weitgehenden Untergang im 12. Jh. hinaus, da mit ihm auch alte Freiheitsrechte der Waldnutzung verbunden waren. Seit dem 13. Jh. entwickelte sich bei den Reichen eine verfeinerte Esskultur. Erstmals seit der Antike erschienen wieder Kochbücher. Eine gute Küche musste nun möglichst viele Gewürze verwenden. Allein der damit notwendige umfangreiche Gewürzhandel war in den nächsten Jahrhunderten eine stete Quelle des Reichtums für so wichtige Städte wie Venedig, Augsburg oder Nürnberg. Über den Filter der öffentlichen Garköche und Bäcker ging ein Teil der Gerichte auch in den Bestand weniger wohlhabender Stadtbewohner über – so z.B. seit M. d. 13. Jh.s über die Mode süßer und deftiger Torten und Pasteten. Gerade diese neuen Gerichte gaben den Anstoß für mehrere neue Handwerksberufe wie die Lebzelter und Wachszieher, die Pasteten-, Zucker- und Marzipanbäcker. Hinter diesen Begriffen verbargen sich allerdings in den meisten Städten keine Vollberufe, sondern saisonale Tätigkeiten der Bäcker.

<u>Wohnen</u>: Eine ganz ähnliche Entwicklung machten auch die Wohnverhältnisse der Menschen des Früh- und Hochmittelalters durch. Karge, aber ausreichende Bauten kennzeichneten das Frühmittelalter. Dabei wurden meist Bautypen beibehalten, wie sie bereits vor der Zeitenwende, z.T. sogar seit der Bronzezeit üblich waren. Nur in Herrenhöfen wohnte kein Vieh mehr unter dem Dach des Eigentümers. Die Größe der Bauernhöfe nahm im Laufe der Jahrhunderte zu. Ställe, in denen 30 Stück Großvieh untergebracht werden konnten, waren zur ausgehenden Merowingerzeit keine Seltenheit. Ländliche Bauten waren im frühmittelalterlichen Deutschland fast ausnahmslos aus Holz erbaut. Sie wurden meist von den Bewohnern selbst errichtet. Die fachmännische Ausführung einzelner größerer Bauten und die Beigabe von Hobeln in Grablegen lassen jedoch bereits im 7. Jh. die Existenz einzelner spezialisierter Zimmerleute erkennen. Im Zuge der Bevölkerungsentwicklung wurden die Wohnverhältnisse ab dem 8. Jh. immer beengter. Die Intensivierung der Landwirtschaft ließ gerade den Bauern sehr viel weniger Zeit für Nebenarbeiten wie den Bau von Häusern oder Möbeln. Mit ihrer immer stärkeren Einbindung in die Grundherrschaft und der Einschränkung der Waldnutzung während des 11. und 12. Jh.s waren die Bauern weitgehend auf die Behausungen angewiesen, die ihnen die Grundherren zur Verfügung stellten. Gegen Ende des Hochmittelalters wurden die Wohnverhältnisse noch beengter. Dasselbe galt für die städtischen Unterschichten. Dagegen gelang es den Oberschichten seit karolingischer Zeit, ihre Wohnverhältnisse Schritt für Schritt zu verbessern. Traf diese Entwicklung zunächst nur für den hohen Adel und die Klöster zu, so zog ab dem 13. Jh. auch in manche Burgen des niederen Adels und der Ministerialität ein gewisser Komfort ein. Er umfasste private Schlafzimmer und Toiletten ebenso wie Öfen, geschnitzte Stühle, Truhen und Betten sowie nach und nach eine Verglasung der wichtigsten Räume. Parallel dazu verbesserte auch die städtische Oberschicht ihren Wohnkomfort. Platzsparende und elegante Möbel kamen dabei ebenso in Mode wie Wandteppiche.[68]

Auch in den frühmittelalterlichen Städten Mitteleuropas gab es fast ausschließlich Wohnbauten aus Holz. Städtische Siedlungen wiesen z.T. bereits eine relativ dichte Bebauung auf. Ihre Häuser wurden vermutlich früh von Fachleuten errichtet. Im germanischen Bereich waren sie weit überwiegend als Gerüstbauten ausgeführt. Dies waren meist einfache Pfostenbauten; es gab aber auch bereits Schwellbauten – sogar auf Steinfundamenten. In den noch überwiegend slawisch besiedelten Gebieten herrschte der Blockbau vor. In karolingischer Zeit traten erstmals vereinzelt steinerne Wohntürme und Häuser auf. Selbst bei der Oberschicht überwogen jedoch erst im 12. Jh. steinerne Bauten. Viele von ihnen stellten Eigenbefestigungen dar mit separaten Befestigungstürmen und anderen vom Burgenbau bekannten Einzelheiten. Im Laufe des 12. Jh.s setzte sich das Saalgeschosshaus immer mehr durch, in dessen Obergeschoss sich ein großer, oft mit offenen Kaminen ausgestatteter Saal zur Straße hin mit repräsentativen Fenstergruppen öffnete. Das Handwerkerhaus ging aus vor- und frühmittelalterlichen Formen hervor – so z.B. die Weberhäuser aus Grubenhäusern. Es war durchweg in Holzbauweise errichtet. Noch in staufischer Zeit gab es dabei eine ausgesprochene Vielfalt unterschiedlicher, bereits weit entwickelter Typen. Zunächst überwogen eingeschossige Bauten, wobei bis ins 13. Jh. hinein selbst einfachste Grubenhäuser häufig waren. Als Dachdeckung dominierten im 12. Jh. Stroh, Schilf und Schindeln. Aus Gründen des Brandschutzes kam in manchen Gebieten bereits früh auch Schiefer vor. Seit der 2. H. d. 13. Jh.s erließen die Städte in steigendem Maß Bauvorschriften, die neben dem

Brandschutz auf eine Vereinheitlichung der Häuser abzielten, da es seit dem 12. Jh. durch den wachsenden Bevölkerungszuzug in vielen Städten zu einer engeren Gebäudestellung und intensiveren Bebauung der Hofstätten gekommen war. Im Zuge dieser Vorschriften glichen sich im ausgehenden Hochmittelalter auch die Bautypen von Oberschicht und Handwerkern an. Die Wohnverhältnisse der einfachen Stadtbewohner verschlechterten sich seit dem 8., vor allem aber ab dem 13. Jh. nach und nach. So hat man für das Prag des 12. und 13. Jh.s nicht nur eine Reihe von mehr oder weniger provisorischen Grubenhäusern nachgewiesen, sondern auch leichte Konstruktionen aus nicht dauerhaftem Material, die an heutige Slums erinnern. Zudem wissen wir von einer Vielzahl von Mietern in den Räumen und Nebenräumen fester Häuser bis hin zu deren Kellern. Die Häuser reicher Bürger waren dagegen kaum bescheidener als die des wohlhabenden Adels. Bestimmten Handwerken wie Schmieden, Bäckern, Töpfern und Färbern – etwa denen, die mit offenem Feuer um- oder mit Geruchsbelästigungen einhergingen – wurden bestimmte Quartiere zugewiesen. Andere mussten sich aus technischen Gründen entlang von Wasserläufen ansiedeln wie Müller oder Gerber. Die Oberschicht konzentrierte sich zunächst entweder rund um den Sitz des Stadtherren (z.B. in Schwäbisch Hall) oder sie bevorzugte aus Sicherheitsgründen Randlagen – häufig in der Nähe der Tore. Erst im weiteren Verlauf des Hochmittelalters verlagerten sich ihre Sitze an die großen Plätze und Straßen.[69]

Kleidung: Zunächst unterschieden sich die meisten frühmittelalterlichen Menschen kaum hinsichtlich ihrer Kleidung. Sie war einfach und zweckmäßig und im Allgemeinen von den Trägern selbst gefertigt. Wie bei den germanischen Völkern trugen die Männer einfache, eng geschnittene Kittel und Hosen, darüber meist Umhänge, die über der rechten Schulter mit einer Fibel zusammengehalten wurden. Bei widrigem Wetter zog man Bundschuhe oder niedrige Schaftstiefel an, im Winter auch Pelze. Die Frauenkleidung bestand aus einem ärmellosen, auf die Füße reichenden schmalen Gewand, das ebenfalls an der Schulter mit einer Fibel gerafft und um die Hüfte oder unter der Brust mit einem Gürtel gebauscht wurde. Der soziale Rang drückte sich lediglich in Qualität und Reichtum von Mantel, Gürtel und Fibel aus. Zuerst kündigte sich an den Königs- und Herzogshöfen der merowingischen und karolingischen Zeit eine neue Einstellung zur Kleidung an. Im weiteren Verlauf des Frühmittelalters war die Einfuhr kostbarer Stoffe, Borten und Steine für die Kleidung und den Schmuck der Oberschicht einer der wesentlichen Gegenstände des internationalen Handels. Dazu gehörte neben englischen Tuchen und chinesischer Seide gegen Ende des Frühmittelalters auch Baumwolle aus Ägypten. Die Mode des Adels orientierte sich während der ersten Kreuzzüge am Orient; in der höfischen Epoche wurde Südfrankreich tonangebend. Erst allmählich entwickelte sich in der ersten Jahrtausendhälfte die mittelalterliche Bauerntracht. Nun wurde es üblich, die knöchellange Hose mit Unterschenkelbinden zu umwickeln. Auch die Mode der Oberschicht wandelte sich zunächst nur sehr langsam. Erst ab dem 12. Jh. änderte sich die des Adels mindestens einmal pro Generation grundlegend. Sie wurde prächtiger und die Zahl „notwendiger" Kleidungsstücke stieg deutlich an. Gleichzeitig bildet sich eine eigene bürgerliche Mode heraus, die ebenfalls nach Stand und Gelegenheit ausdifferenzierte. Im Laufe des 12. Jh.s wurde die Schneiderei in Deutschland eine eigenständige Profession. Bis weit in dieses Jahrhundert hinein war die Leinen- und Wollweberei sowie das Zuschneiden und Nähen von Kleidung der Oberschicht in den Händen der Damen des Hauses gewesen. Seit dem Beginn des Hochmittelalters dürfte auch die Selbstversorgung der Landbewohner mit

Textilien langsam zurückgegangen sein. In ihre Stelle traten endlos geflickte Lumpen. Stärker als bisher wurde die Kleidung zum Kennzeichen eines jeden Standes.

Körperpflege: Eine ähnliche Verwahrlosung machten die Landbewohner seit den letzten Jahrhunderten des Frühmittelalters hinsichtlich ihrer Körperhygiene durch. Zu dessen Beginn hatten die Menschen noch regelmäßig in Flüssen und Seen gebadet und sich täglich mit Seife gewaschen. Römische Bäder blieben eine Zeit lang in Funktion, neue baute man zumindest bis in karolingische Zeit in Palästen und Klöstern. Den Mönchen schrieb die Regel des Hl. Benedikt ein gewisses Maß an Reinlichkeit vor. Dennoch verfiel die antike Badekultur vor allem gegen Ende des Frühmittelalters zusehends. Nach der Jahrtausendwende kam es zu einer Gegenbewegung. So gab es in den Burgen bereits im 11. Jh. regelmäßig eine Badestube. Außerdem bildete sich in den Städten im Laufe des Hochmittelalters eine gesellige Badekultur heraus, bei der die Menschen in den Wannen- und Dampfbädern der Badhäuser oft stundenlang zusammen saßen. Die Bader schlossen sich bald zu Bruderschaften und Zünften zusammen. Ihr Handwerk war besonders stark reglementiert. So mussten die Badhäuser wegen der Brandgefahr in Steinbauweise errichtet werden. Das Inventar - z.B. ein großer Kupferkessel zum Erhitzen des Wassers – und vor allem die Badestubengerechtigkeit waren kostspielig. Eigentümer der Badestuben waren daher meist die Städte selbst, die Bader nur Pächter.[70] Auf dem Land hingegen galt das Baden noch im ausgehenden Hochmittelalter als Zeichen der Verweichlichung.

## 2.6 Weltliche Herrschaft: Stammesrecht und Territorium

Herrschaft und Verwaltung: Die gesellschaftliche Gliederung in Adel, Voll- und Halbfreie folgte im Frühmittelalter germanischer Tradition. Daneben bestanden einzelne kirchliche Strukturen aus römischer Zeit fort und wurden zu wichtigen Ansatzpunkten der *Herrschaftsverdichtung*. So stützten sich die Merowinger in starkem Maße auf Klöster, Bischofssitze und Kleriker. Außerdem bildeten sie eine eigene staatliche Organisation und Verwaltung aus. Sie wurde unter den Karolingern intensiviert. So ergänzte man das alte persönliche Vasallentum durch das Lehnswesen, knüpfte das Netz von Grafschaften, Königspfalzen und königlichen Eigenkirchen dichter und band die Beamten – Notare, Grafen und Königsboten – durch Auswahl und Instruktion wesentlich enger an die Zentralgewalt. Wichtige Fortschritte machten die Karolinger auch auf einigen Teilgebieten. So reformierten sie das Prozessrecht, schufen ein einheitliches, auf die wichtigsten Außenhandelspartner hin orientiertes Münz- und Maßsystem, intensivierten die staatliche Domänenwirtschaft und sorgten darüber hinaus für stetigere und systematischere Einnahmen durch Steuern und Abgaben. In die Maßnahmen der karolingischen Könige wurden in zunehmendem Maße die neu oder wieder erworbenen Gebiete des späteren Ostfränkischen Reiches einbezogen. So sorgte Karl d. Gr. dafür, dass die Volksrechte der Friesen, Sachsen und Thüringer ebenso aufgezeichnet wurden, wie dies bereits in der 1. H. d. 8. Jh.s mit den „Leges" der Alemannen und Bajuwaren geschehen war. Besonders gefährdete Gebiete wurden unter eigenen Markgrafen zusammengefasst. Im Osten des fränkischen Reiches waren dies dänische und sorbische Mark, Ost- und pannonische

Mark. Bei der Einbindung neu eroberter Gebiete spielte die Einteilung in Pfarr- und Bistumssprengel jeweils eine besondere Rolle. Dies galt sowohl für die Eroberung des Ostalpenraums durch Bayern als auch für die Unterwerfung Sachsens und der Gebiete zwischen Elbe und Oder durch Karl d. Gr. Die Zeit der Karolinger und der auf sie folgenden Ottonen sah gravierende gesellschaftliche Veränderungen. Einerseits ging der Anteil der Freien an der Gesamtbevölkerung spürbar zurück, da sich seit dem 8. Jh. zunehmend freie Bauern in die Abhängigkeit von Grundherren begaben, um dem zeitlichen und finanziellen Aufwand von Militärdienst und Gerichtstagen zu entgehen. Andererseits gab es Ansätze einer schichtenspezifischen Mobilität, wie sie im Hochmittelalter bedeutsam werden sollte. So konnten die unfreien Ministerialen erstmals unter Karl d. Gr. höhere Positionen am Hof, in Verwaltung und Heer übernehmen. Wirtschaftliche und technische Notwendigkeiten sorgten für zusätzliche gesellschaftliche Differenzierung. Dabei stieg die Zahl derer an, die nicht direkt in das Feudalsystem eingebunden waren. Dies galt etwa für Fernhandelskaufleute, vielfach aber auch – nach einer gewissen Übergangszeit – für Spezialberufe wie Salzwerker, Glasmacher, Bergleute, Müller und Schmiede.

Die zweite Hälfte des Frühmittelalters hatte wiederholt unter *Kriegszügen* zu leiden. So dauerten die Sachsenkriege Karls d. Gr. bis 804 über 30 Jahre. Im 9. Jh. verheerten die Wikinger Friesland und die Städte an Nordseeküste, Maas und Rhein. In der 1. H. d. 10. Jh.s wurde Süddeutschland rd. 50 Jahre lang immer wieder Opfer des Ungarnsturms. Nach einer Periode des Niedergangs des Gesamtstaats unter den späten Karolingern und Konrad I. zog Otto d. Gr. seit 936 die kaiserlichen Zügel wieder fester. Er stützte sich dabei zum einen auf diejenigen Stammesherzogtümer, die er innerhalb eines Jahrzehnts durch Heimfall oder Heirat an sich oder seine Familienmitglieder gebracht hatte. Andererseits schuf Otto eine enge Symbiose mit dem hohen Klerus des Reiches. Dieses sog. ottonisch-salische *Reichskirchensystem* beinhaltete die Besetzung der wichtigsten Bistümer wie auch ggf. des Papststuhles selbst durch Vertraute des Kaisers. Es dauerte bis gegen E. d. 11. Jh.s an, als ihm das Reformpapsttum im Investiturstreit entschiedenen Widerstand entgegen setzte und damit weitgehend Erfolg hatte. Damit begann der Niedergang der Zentralgewalt, der für Deutschland nahezu 800 Jahre bestimmend sein sollte und das Land, seine Bewohner und ihre Einstellung zum Staat grundlegend prägte. Während die Bischöfe nun von Rom eingesetzt wurden, entglitt den Königen und den anderen deutschen Feudalherren Schritt für Schritt auch ihr Einfluss über die im Reich liegenden Kirchen und Klöster. Hatte der Anteil der Eigenkirchen und -klöster im 8. und 9. Jh. seinen Höhepunkt erreicht, so ging deren Zahl auf Grund des Widerstandes der Amtskirche um die Jahrtausendwende deutlich zurück. Seit dem 12. Jh. starben sie vollständig aus. In derselben Zeit baute die Kirche ihre Immunität immer weiter aus. Dazu gehörten Freiheit von Steuern und weltlicher Gerichtsbarkeit, der Schutz geistlicher Personen und kirchlichen Eigentums sowie das Asylrecht. Mit dem Aufkommen exemter neuer Orden und ihrer explosionsartigen Verbreitung unterstanden Rom in Deutschland seit dem 12. Jh. mehrere Hundert wichtige Klöster direkt. Ihre Beliebtheit im Volk und die neu erwachten religiösen Massenbewegungen ließen diese Orden von Fall zu Fall zu mächtigen Kontrahenten der Kaiser werden.

Neben dem Erstarken der Kirche war die Unzulänglichkeit der kaiserlichen *Verwaltung* ein wichtiger Grund für den Niedergang der Zentralgewalt im Hohen Mittelalter. Die ständig umher ziehenden Könige hatten nur einen sehr kleinen Stab und nahezu kein Archiv. Einen detaillierten Überblick über Besitz und Einnahmen mussten sie sich daher immer wieder durch Zeugenaussagen verschaffen. Da man zwischen Haus- und Königsgut zunächst nicht unterschied, wurde dieses bei einem Thron- und erst recht bei einem Dynastiewechsel regelmäßig geschmälert. Dies galt in besonderem Maße M. d. 13. Jh.s beim Aussterben der Staufer und dem anschließenden „königlosen" Interregnum (1245-73). Die deutschen Könige hatten im Hochmittelalter meist viel zu geringe laufende Einnahmen. Während sich die Karolinger noch auf großenteils regelmäßig fließende Einkünfte wie Zölle, Domänenüberschüsse, Dona annualia oder Zinsen für ausgegebenes Rodungsland stützen konnten, vergaben spätere Herrscher ihre eigenen Finanzregalien und Güter immer wieder in großem Stil an Adel und Klerus, um sich deren Loyalität zu sichern. Sie waren daher wiederholt auf die Erschließung neuer Finanzquellen angewiesen. Dies konnten entweder neuere Finanzregalien oder Einmalsteuern wie der Saladin-Zehnt sein, oder aber Verkauf oder Verpfändung königlicher Güter und Rechte. Herrschaft war im Frühen und beginnenden Hohen Mittelalter wesentlich auf einzelne Befugnisse gegründet wie Grundbesitz, Vogtei, Gerichtsbarkeit, Zoll u.a. Regalien. Die Belehnung mit einem bestimmten Gut oder Recht wie beispielsweise einem Herzogtum führte nur in Verbindung mit diesen Befugnissen zu Macht. Allerdings war ein Vasall seinem Lehnsherrn zu Treue und Mannschaft verpflichtet – vor allem der Gefolgschaft im Krieg. Er genoss dafür dessen Schutz. Nachdem Lehen und Afterlehen schon frühzeitig erblich geworden waren, sorgte die Aufteilung (und in ihrem Gefolge die Auflösung) der Stammesherzogtümer durch Ks. Friedrich I. Barbarossa 1180 dafür, dass der Adel in einem längeren „*Territorialisierungsprozess*" die ihm zustehenden Befugnisse auszuweiten und in eine echte Landeshoheit umzugestalten suchte. Diese Bemühungen wurden 1220 und 31 durch Friedrich II. und 1356 durch die Goldene Bulle Karls IV bestätigt und erweitert.

Seit dem 10. Jh. wuchsen *Steuern und Abgaben*, die bisher nur den Königen zustanden hatten, weltlichen und geistlichen Herrschaftsträgern zu. Im Hochmittelalter beuteten sie diese wesentlich systematischer aus, als dies den Königen jemals möglich gewesen war. Dabei kam ihnen zu Gute, dass der Territorialisierungsprozess des 12. und 13. Jh.s mit den ersten Anfängen einer modernen Verwaltung einherging. In dieser Hinsicht noch deutlich effektiver waren die ab M. d. 12. Jh.s aufblühenden Städte. Sie erhoben meist eine Reihe von Verbrauchssteuern, Marktabgaben und Besitzsteuern und etablierten in vielen Fällen eigene Steuerämter. Dies ging Hand in Hand mit einer Verbesserung der allgemeinen Verwaltung und des Gerichtswesens. So kodifizierten die deutschen Städte ausnahmslos ihr Recht und legten amtliche Urkundensammlungen an. Dazu gehörten vereinzelt sogar Vorläufer der späteren Grundbücher. Gleichzeitig kam es auch in einigen fortschrittlichen Territorialstaaten zu ähnlichen Entwicklungen. So richtete Bayern bereits im 13. und 14. Jh. ein Netz von Mittel- und Niederbehörden und -gerichten ein. Die Institutionen und Instrumente von Herrschaft und Verwaltung wurden in dieser Zeit von Grund auf reformiert und im Gegensatz zu früher stark institutionalisiert. Dabei beschäftigte man immer mehr spezialisierte Laien und es zeigten sich erste Ansätze eines Berufsbeamtentums.

Rechtsquellen und -pflege: Wie die Entwicklung staatlicher Institutionen über das Hochmittelalter hinaus wies, brachten die gesellschaftlichen Umbrüche der Zeit auch ganz ähnliche Wirkungen auf Recht und Gerichte mit sich. Das fränkische Königsgericht hatte unter dem Vorsitz des Königs, seines Hausmeiers oder Pfalzgrafen die Gerichtsbarkeit der germa-

nischen Landsgemeinde an sich gezogen. Es war Erstinstanz für Amtsvergehen, in Lehenssa-
chen, für Acht- und Todesurteile gegen Personen höheren Standes. Neben den Königsgerich-
ten bestanden Grafengerichte für jeden Dingbezirk. Von der 2. H. d. 9. bis in die 1. H. d.
12. Jh.s war die *Rechtspflege* de facto auf Nieder- und Notgerichte übergegangen. Mit der
Zunahme der Kapitalverbrechen im 12. und 13. Jh. zogen die Hochgerichte – typischerweise
territoriale Landgerichte – zumindest wieder die Vollstreckung von Bluturteilen an sich. Im
Laufe des 13. und 14. Jh.s bemühten sich darüber hinaus die meisten Territorien, das Ge-
richtswesen in ihrem Herrschaftsbereich zu vereinheitlichen und eine Revision vor königlichen Gerichten zu verhindern. Große Bedeutung hatte die Reformierung des alten Prozess-
rechts. So ging im 13. Jh. die Beweislast auf den Kläger über, Urkunden- und Gegenbeweis
wurden möglich. Die Städte richteten sogar eigene Anklagebehörden ein, die wichtige Tatbestände von Amts wegen ermittelten. Auch im Bereich der *Rechtsquellen* kam es im ausgehenden Hochmittelalter zu einem Neubeginn. Während die in der ersten Hälfte des Frühmittelalters kodifizierten Stammesrechte spätestens im 12. Jh. obsolet wurden, fassten verschiedene private Autoren im Laufe des 13. Jh.s das Recht ihres Gebietes zu umfangreichen, in
der Volkssprache geschriebenen Rechtsbüchern – wie dem Sachsen-, Schwaben- und Deut-
schenspiegel – zusammen. Parallel gingen Kaiser und Fürsten im 12. bis 14. Jh. in eigenen
Landfriedensgesetzen mit drakonischen Strafmaßnahmen gegen die erstmals im 11. Jh.
nachweisbaren „landschädlichen Leute" vor und regelten darüber hinaus eine Fülle von Fragen des täglichen Lebens sowie des Königs- oder Herzogschutzes. Seit dem 12. Jh. wurde als
neues Rechtsgebiet das Bergrecht mit Macht weiter entwickelt. Dabei hat man einige wesentliche Hindernisse ausgeräumt, die überregionale Engagements von Bergwerksunternehmern
bis dahin behindert hatten. Seit dem 12. und 13. Jh. hatten diese einen klaren, bis in die Details geregelten, auf Dauer angelegten Rechtstitel in Form eines Vertrages oder Privilegs in
der Hand. Dabei wurde es üblich, größere Bergwerke in Form regelrechter Gesellschaften –
der Bergrechtlichen Gewerkschaften – zu organisieren. Für deutsche Bergwerksunternehmer
war diese Entwicklung insofern vorteilhaft, als sich in dieser Zeit deutsches Bergrecht in
großen Teilen Europas durchsetzte.

Geldwesen: Zunächst gab es im späteren Deutschland nur vereinzelte Nachprägungen ost-
römischer Goldmünzen. Nach einer Phase des Verfalls in der Monetarperiode (580-670)
stellten Pippin III. und Karl d. Gr. in der karolingischen Münzreform das Münz- und Maß-
wesen auf eine dauerhafte, einheitliche Grundlage. Erst im 10., vor allem aber im 11. und
12. Jh. zersplitterte das Geldwesen erneut. Wurde es zunächst noch durch geräumige Münz-
landschaften geprägt, so führten zunehmender Geldbedarf in der beginnenden Städtegrün-
dungszeit und Niedergang der Zentralgewalt im Investiturstreit zur völligen Zersplitterung
des Münzwesens. Zwar bildeten sich im Laufe der Zeit einzelne Münzkreise heraus, Münz-
verrufe und Verdrängung guten durch schlechtes Geld führten jedoch insgesamt zu großer
Unübersichtlichkeit. Da periodische Münzverschlechterungen im fiskalischen Interesse der
Münzherren lagen, hatten auch Vereinbarungen zum Prägen „ewiger Pfennige", wie sie im
13. bis 15. Jh. immer wieder versucht wurden, nur mäßigen Erfolg. Über das Hochmittelalter
hinaus wurden Währungskoppelungen und Münzvereine wichtiger. Letztere traten in Süddeutschland bereits im 12. und 13. Jh. auf, hatten ihre Hochzeit jedoch im Spätmittelalter.
Die Fernkaufleute schufen sich verschiedene Auswege aus dem ungenügenden Geldwesen.
Zu nennen sind der Aufbau eines bargeldlosen Zahlungsverkehrs, die Bezahlung in genorm-

ten, gestempelten Silberbarren und die Verwendung sogenannter Oberwährungen – schwerer internationaler Handelsmünzen. Im 13. Jh. waren dies in Deutschland der englische Sterling sowie der französische Gros tournois. Zu Beg. d. 14. Jh.s gelangten daneben erstmals wieder Goldmünzen nach Deutschland. Noch in der ersten Jahrhunderthälfte folgten verschiedene süddeutsche Münzherren nach. Damit war auch in Deutschland erstmals ein differenziertes, vierstufiges Münzsystem entstanden, wie es bis zum 19. Jh. Basis des Geldverkehrs war.

# 2.7 Produktion und Dienstleistung: Handwerk und Verkehr

<u>Landwirtschaft</u>: Die Bevölkerungsentwicklung beeinflusste Produktion und Dienstleistung entscheidend. So bewirkte sie während des gesamten Früh- und Hochmittelalters eine Ausdehnung der landwirtschaftlichen Nutzfläche. Technische und organisatorische Fortschritte kamen seit dem 8. und besonders dem 10. Jh. hinzu. Die Bewegung gewann seit dem 12. Jh. noch an Dynamik, als zur Binnen- die Ostkolonisation trat und die Grundherren Abgaben vielfach in Geld verlangten, so dass die Bauern einen Anreiz erhielten, von der Subsistenz- zur Überschusswirtschaft überzugehen. Dies ermöglichte den Wechsel zu einer stärker spezialisierten, arbeitsteilig organisierten Landwirtschaft. So entstanden im 12. und 13. Jh. ausgedehnte pflanzliche Sonderkulturen wie der Obst- und Gemüseanbau im städtischen Umfeld und die Kultur von Textilrohstoffen wie Flachs, Waid oder Krapp. Dadurch wurde die Landwirtschaft erstmals wieder seit der ausgehenden Antike intensiv in einen lokalen oder regionalen, marktmäßig organisierten Austauschprozess einbezogen. Kristallisationspunkte dieses Austausches waren Märkte, die seit dem 10. Jh. primär in den Städten entstanden. Andere Effekte verstärkten die Entwicklung. So wies die Ausdehnung der Geldwirtschaft dem Handel neue Funktionen zu. Er hatte teilweise nun auch im örtlichen Bereich für den Ausgleich von Angebot und Nachfrage zu sorgen, die sich deutlich stärker als zuvor auf städtische Gemeinwesen konzentrierten. Durch Anregung überregional tätiger Kaufleute wurden Teile der Landwirtschaft bereits im 12. und 13. Jh. auch in internationale Austauschprozesse einbezogen. Dies galt für hochwertige Wolle und die genannten Textilrohstoffe ebenso wie für Getreide aus verkehrsgünstig gelegenen Überschussgebieten. Trotz aller Bemühungen um Produktivität und Ausweitung der Landwirtschaft verengte sich der Nahrungsspielraum der Menschen im Laufe des 13. Jh.s und in der 1. H. d. 14. Jh.s deutlich. Die europäischen Getreidepreise stiegen daher in dieser Zeit in Gramm Silber spürbar an. Die Entwicklung beschleunigte sich in der 2. H. d. Jh.s und zumindest im 1. V. d. 14. Jh.s noch, obwohl die Zeit auch an einem spürbaren Silbermangel litt und davon eher deflationäre Tendenzen ausgingen. Bereits in Normaljahren gab es eine gewisse Knappheit an Nahrungsmitteln. Hinzu kam, dass Ernteschwankungen nun sehr viel stärker ins Gewicht fielen als zuvor, weil man in großem Maße Grenzböden unter den Pflug genommen hatte, bei denen eine vorübergehende Verkürzung der Vegetationsperiode zu gravierenden Ernteschwankungen führte. Dies schlug auf das Nahrungsmittelangebot umso stärker durch, als nun die Nahrungsreserven der schwindenden oder verschlossenen Wälder fehlten, die bäuerlichen Abgaben aber – zumindest im Prinzip – weitgehend unabhängig von der tatsächlichen Ernte fest-

gelegt waren, so dass die Landbevölkerung in kargen Zeiten keine Überschüsse an die Märkte abgeben konnten.

Gewerbliche Produktion: Das 11. und 12. Jh. bedeuteten auch für die gewerbliche Produktion eine Zäsur. *Handwerk* und Bergbau hatten während des gesamten Frühmittelalters auf niedrigem technischem Niveau verharrt. Ausnahmen davon bildeten lediglich einige Luxushandwerke wie Gold- und Schwertschmiede, Glasmacher etc., Teile des Holz- und Töpferhandwerks sowie seit karolingischer Zeit die Bergbaue auf Salz und Silber. Die Arbeitsteiligkeit der Handwerke war im Allgemeinen gering. Viele von ihnen wurden von der bäuerlichen Bevölkerung nebenberuflich ausgeübt. Dies galt insbesondere für das Nahrungs-, Textil- und Töpferhandwerk. Bereits in den ersten Anfängen der Stadtgründungswelle im 11. Jh. begann sich dies zu ändern. Bevölkerungskonzentration und Handelsverbindungen der Städte führten in Abhängigkeit von ihrer Größe bis zum Ende des Mittelalters zu einer immer weitergehenden Ausdifferenzierung der Handwerksberufe. Zusammen mit dem technischen Fortschritt verhalf dies dem hochmittelalterlichen Handwerk zu einem deutlichen Produktivitätsfortschritt. Gleiches galt auch für den *Bergbau*. Er profitierte in besonderem Maße von der Nachfragesteigerung Europas nach Metallen, da in Deutschland ein großer Teil der neu entdeckten Silber- und Eisenerzvorkommen lagen. Technische Fortschritte bei der Ausbeutung der Gruben und der Verhüttung der Erze führten dabei im Verein mit rechtlichen und organisatorischen Verbesserungen zu einer besonderen Dynamik ganzer Montanregionen wie Ostkärnten, Oberer Steiermark, Tiroler Inntal und Sächsischem Erzgebirge. Zum Startschuss der Bewegung wurde gegen E. d. 12. Jh.s die Erklärung der Bergfreiheit, die eine Exploration unabhängig vom Willen des Grundbesitzers möglich machte. Ausschlaggebend für diese ab dem 13. Jh. fast explosionsartig an Hunderten verschiedener Schürfstellen vor sich gehende Entwicklung war der durch gewerbliche, militärische und bauliche Nachfrage stetig ansteigende Bedarf an Metallen. Die Nachfrage nach Rohmetallen erhöhte sich im 12. und 13. Jh. spürbar, weil die Bevölkerung insbesondere in den gewerbereichen Städten deutlich anstieg und der technische Fortschritt den Metallverbrauch pro Kopf erhöhte. Auch außerhalb Deutschlands kam es zu ähnlichen Impulsen, so dass das aufblühende deutsche Metallgewerbe im 13. Jh. zu einem der Hauptträger des Exportaufschwungs wurde. Beim Eisen gaben Landwirtschaft und Militärwesen besondere Nachfrageimpulse. Diese Bereiche stützten sich in Europa stärker als in vielen vergleichbaren Kulturen auf eiserne Geräte. In der Landwirtschaft waren dies Pflugscharen, Eggen, Sicheln, Sensen, Beile und Hufeisen; im Heerwesen stieg der Eisenbedarf mit der Armierung. Die Nachfrage nach Edelmetall wurde durch den Übergang zur Geldwirtschaft, aber auch durch das Aufblühen der Volksfrömmigkeit (liturgische Geräte, Reliquiare) beflügelt. Gleiches galt für den Bedarf an Kupfer, das für Bronzeglocken benötigt wird.

Die enorme Steigerung der Nachfrage nach bergmännisch gewonnenen Produkten führte im Laufe des Hochmittelalters zu einer Reihe gravierender Probleme. Da der Bergbau für Auszimmerung und Energiezufuhr einen enormen *Holzbedarf* hatte, wurde der schwindende Wald im 13. und 14. Jh. neben Wassereinbrüchen zum entscheidenden Engpass des wachsenden Montanwesens. Bereits bei Siedesalz und Roheisen bestand zwischen Fertigprodukt und Holzeinsatz ein Gewichtsverhältnis von 1:15. Bei höheren Produkten, deren Nachfrage besonders expandierte, lag dieses Verhältnis z.T. noch wesentlich ungünstiger. So benötigte man für Schmiedeeisen bereits doppelt so viel Holz und die Relationen bei Kupfer und Silber lagen bei 1:200 bzw. 1:300. Besonders energieintensiv war die erstmals im 12. Jh. in nennenswertem Umfang auftretende Glasherstellung; für Glas stieg das Verhältnis auf 1:2400. Durch die montane Expansion erhöhte sich der Kapitalbedarf von Bergbau und Verhüttung in der zweiten Hälfte des Hochmittelalters enorm. Seit dem 12. Jh. ging man bei der Erzgewinnung in älteren Revieren zum Tiefbau über. Neben aufwändigeren Förderschächten und -stollen waren nun oft Erbstollen für die Entwässerung der Gruben erforderlich. Das rasche Bevölkerungswachstum machte es zudem notwendig, auch Salz bergmännisch abzubauen. All das vervielfachte den Kapitalbedarf in der Mehrzahl der Bergwerke.

Verkehr: Der Handelsverkehr des Frühmittelalters war in starkem Maße abhängig von der allgemeinen politischen Situation. Er lehnte sich bei aller Flexibilität und trotz wechselnder Trägerschaft im Wesentlichen an uralte Handelswege an. Die *Landverkehrswege* blieben bis zum Beginn des Hochmittelalters sich selbst überlassen. Dabei spielten Römerstraßen und -brücken vermutlich nur zu Beginn des Frühmittelalters eine entscheidende Rolle, verfielen sie doch im Laufe der Jahrhunderte immer stärker. Erst im 13. Jh. kam es zu ersten größeren Brückenneubauten. Im 13. und 14. Jh. machte man sich auch daran, einzelne weitere Straßen zu errichten. Bei der Wahl zwischen den Verkehrsträgern blieb den Kaufleuten und Reisenden kaum eine Alternative: In aller Regel kam ohnehin nur der Transport im Binnenland in Frage. Erst ab dem 10. Jh. wurden die Schiffe so seetüchtig, dass ihre günstigeren Transportkosten das Risiko eines Scheiterns überwogen. In aller Regel beschränkte sich der Seetransport davor auf die Küstenschifffahrt oder auf kurze Strecken wie über Kanal, Sund oder Belt. Auch im Binnenverkehr war die Wahl des Verkehrsträgers oft vorgegeben. Wo ein schiffbarer Fluss vorlag, benutzte man diesen – zumal flussabwärts. Die Routen der Landwege waren bis gegen Ende des Frühmittelalters oft durch Römerstraßen, Furten, Brücken oder Bergpässe festgelegt. Hinzu kam die Notwendigkeit, in Tagesabständen sicheres Quartier zu finden, so dass Handelsrouten gerade im Frühmittelalter meist ganz bestimmten festen Wegen folgen mussten. Dies änderte sich etwas im Laufe des Hochmittelalters, da die Zunahme der Zollstellen gerade auf den häufig benutzten Routen zum Ausweichen reizte und sich der ständig ansteigende Verkehr auch ohnedies neue Wege bahnte. Vor diesem Hintergrund sind die bisweilen angestellten Vergleiche der Transportkosten zu betrachten. Sie betrugen für Pfeffer im 13. Jh. auf den knapp 700km von Marseille bis an den Kanal über Land auf 11g Ag je t/km. Dagegen summierten sich die Kosten flussabwärts auf weniger als 1g Ag je t/km und auf dem Seeweg sogar auf höchstens auf 0,2g Ag je t/km. Diese Schätzungen berücksichtigen bereits fällige Abgaben wie Zölle, Niederlagen etc., spezifische Risiken wie Beraubung, Schiffbruch etc. und die Gewinnaufschläge.[71] Allerdings variierten die Kosten nicht nur mit dem Verkehrsträger, sondern auch mit der gewählten Strecke deutlich.

Schuld daran war teilweise die Dichte der Zollstellen. Ihre Zahl stieg im Laufe des Hochmittelalters am Rhein besonders stark an: E. d. 12. Jh.s 19, E. d. 13. Jh.s 44, E. d. 14. Jh.s 64 Zollstellen. Sie häuften sich auf dem gut zu kontrollierenden Mittelrhein, so dass die Kaufleute im ausgehenden Hochmittelalter zwischen Köln und Mainz oder Frankfurt/M. aus Kostengründen oft den Weg über Hunsrück und Westerwald nahmen. Auch Gründe der Sicherheit oder der Schnelligkeit konnten die Wahl des Verkehrsmittels entscheiden. So waren die Landrouten über bayerisches und österreichisches Gebiet in der zweiten Hälfte des Hochmittelalters im Allgemeinen so schnell und so wenig von Raubüberfällen bedroht, dass der Handelsverkehr aus Süddeutschland i.d.R. den Landweg nahm. Allerdings sind auch hierbei kaum Regeln aufzustellen. Erdrutsche, zerstörte Brücken, neue Zölle oder Raubritter, Kriege oder das verstärkte Auftreten von Seeräubern bewirkten immer wieder zeitweise oder auf Dauer die Verlegung von Handels- oder Reisewegen. Die Wahl des Verkehrsmittels hing zudem sehr stark vom Wert einer Ware im Verhältnis zu ihrem Gewicht ab. So transportierte man Briefe, Dokumente, Wechsel oder Pretiosen möglichst gerade nicht auf dem Seeweg, während der Transport von Holz, Steinen oder Getreide zumindest über längere Strecken fast ausschließlich auf dem Wasserweg erfolgte. Durch Brückenbau und Verbesserungen in der Schifffahrt sanken die individuellen Transportkosten tendenziell. In der Folge wurden die relativen Produktionskostenunterschiede relevanter; Skalenvorteile in der Produktion erhielten also ein größeres Gewicht. Dadurch ergab sich ein Anreiz zur Spezialisierung auch bei Massengütern und zu höheren Produktionszahlen. Neben ausgesprochene Luxusgüter traten daher im Fernhandel solche mittlerer Qualität und sogar Massengüter. So spielte der Getreidehandel auf Ost- und Nordsee bereits im 13. und 14. Jh. eine wichtige Rolle. Er blühte in dieser Zeit von Preußen und Polen nach den Niederlanden auf. Gleichzeitig wurde Bergen durch englische und hansische Kaufleute mit Getreide versorgt. Auch der Massenguthandel von Salz und Wein erhielt im Laufe des 13. Jh.s durch Bevölkerungsexpansion und engere marktmäßige Verflechtung starke Impulse. Die kostengünstig im Tagebau gewonnenen mittelschwedischen Erze verbilligten ab dem 13. Jh. schwedisches Eisen so stark, dass es ebenfalls zum massenhaften Handelsgut über die Ostsee wurde. Silber und andere Metalle und Metallwaren bildeten gegen Ende des Hochmittelalters einen wichtigen Teil der süddeutschen Ausfuhr nach Venedig.

Handel: In der Karolingerzeit wurden sog. Mercatores regis durch schriftliches Privileg in die Munt des Königs aufgenommen, unterstanden dem fränkischen Königsrecht und einem besonderen Königsfrieden. Schon früh war die Herausbildung und Spezialisierung von *Handelsnationen* zu beobachten. Im Laufe des Frühmittelalters waren die Fernhandelskaufleute im Wesentlichen bestimmten Ethnien zuzuordnen – Friesen, Langobarden, Juden, Wikinger, Gotländer etc. Dies mag im Verein mit der stets bedrohten Stellung der Kaufleute auf Reisen deren frühzeitigen Zusammenschluss gefördert haben. Sichtbaren Ausdruck fand dies seit dem 10. Jh. in der Gewährung von Privilegien nicht mehr an einzelne Kaufleute, sondern an die Kaufmannschaften bestimmter Orte. Seit dem 11. Jh. sind derartige *Vereinigungen* unterschiedlicher Zielsetzungen bezeugt. So war die in der 2. H. d. 12. Jh.s bestehende Soester Bruderschaft der Schleswigfahrer vermutlich nur ein Beispiel aus einer Vielzahl von mehr oder weniger dauerhafter „Hansen" zum Handel in den Ostseeraum. Dort hatten zu Beginn des Hochmittelalters die Gotländer die Wikinger als Kaufleute weitgehend abgelöst. Spätestens seit dem 12. Jh. gewann der Handel immer stärker an Eigendynamik. Angestoßen durch die Bevölkerungsentwicklung und getragen von einem sich verdichtenden Netz von Handelsstädten errang der Fernhandel rein quantitativ eine Bedeutung wie zuvor allenfalls in der römischen Antike. Gleichzeitig vergrößerte sich das Spektrum der gehandelten Produkte deutlich durch das zahlenmäßige Anwachsen wohlhabender Adeliger und Bürger und der Verfeinerung ihrer Bedürfnisse. Die Fernhandelskaufleute fanden im Hochmittelalter neue Organisationsformen und bereiteten so einer regelrechten „*kommerziellen Revolution*" den Weg. Sie organisierten sich stärker als bisher in Schwurgemeinschaften, Gilden und Hansen, erreichten damit in ihren Heimatstädten vielfach die Ablösung des bisherigen Stadtregiments und errangen an wichtigen auswärtigen Handelsplätzen bedeutende Privilegien. Im Laufe des

13. Jh.s wurden die Fernhandelskaufleute meist sesshaft und überließen die Geschäftsführung vor Ort selbständigen oder angestellten Vertretern. Damit verbunden war eine wesentlich größere Schriftlichkeit im Handelsverkehr. Aus Italien kommend verbreiteten sich im 13. und 14. Jh. auch in Deutschland neue Betriebs- und Unternehmensformen, neue, wenngleich noch rudimentäre Formen des betrieblichen Rechnungswesens und Methoden des bargeldlosen Zahlungsverkehrs.

Norddeutsche Kaufleute taten sich im Laufe des 12. Jh.s im Ost- und Nordseeraum zu Fahrtgemeinschaften zusammen und schlossen Handelsverträge ab. Parallel dazu weiteten auch die Kölner Kaufleute ihren Nordseehandel aus. Im Laufe des 13. Jh.s stieß eine Vielzahl neuer Städte in Nord- und Westdeutschland zur sich allmählich bildenden „Hanse". Der ursprünglich Kölner, später sog. Stalhof in London war nur einer von vier rechtlich abgesicherten Haupthandelsplätzen – Kontoren – der Hanse. Hinzu kamen der Peterhof in Nowgorod sowie vermutlich in der 2. H. d. 13. Jh.s das Hansekontor in Brügge und die „Deutsche Brücke" im norwegischen Bergen. Neben diesen Hauptkontoren entstanden zahlreiche weitere Niederlassungen im östlichen Mitteleuropa, Skandinavien, England und bis hin zur Iberischen Halbinsel. Früh- und hochmittelalterlicher Fernhandel war größtenteils *Zwischenhandel*, der zwischen festgelegten Etappen abgewickelt wurde. Dabei legten gerade Luxuswaren z.T. riesige Entfernungen zurück. So gelangten Ingwer oder Pfeffer aus Malakka über Gudjarat, Aden und Kairo nach Venedig. Über Verona, Bozen und Augsburg wurde schließlich Köln erreicht, wobei die Ware vielfach umgeschlagen wurde. Die Kreuzzüge brachten einer auf Differenzierung bedachten europäischen Gesellschaft zusätzliche Anregungen aus der reichen Welt des Orients. Im Laufe des 13. Jh.s gewann die Handelsexpansion eine solche Dynamik, dass es immer attraktiver wurde, die ausgetretenen Pfade der traditionellen Handelswege zu verlassen. Da der Anstoß zur Leinenproduktion in Oberschwaben von Norditalien ausgegangen war, lag auch der Fernhandel mit diesen Produkten zumindest bis Bozen oder Verona nahe. Leinwandlieferungen aus dem Bodenseegebiet wurden in der Folgezeit rund um das Mittelmeer abgesetzt. Als Rückfracht boten sich Weinimporte an, die bereits in der 2. H. d. 13. Jh.s mehrfach belegt sind. Im weiteren Verlauf des Hoch- und Spätmittelalters haben oberdeutsche Kaufleute auch Edelmetalle, Kupfer und eine Vielzahl anderer Metallwaren aus Deutschland nach Italien exportiert. Im Zuge des Aufblühens des Handels zwischen Süddeutschland und Venedig knüpften daher oberschwäbische Kaufleute in der 2. H. d. 13. bzw. im 14. Jh. zunehmend direkte Handelsverbindungen mit der Lagunenstadt an. Bereits 1228 ist in Venedig ein Haus der deutschen Kaufleute bezeugt, das ihnen die Signoria zugewiesen hatte und das von ihr verwaltet wurde.

Im Allgemeinen waren die Kaufleute nicht auf bestimmte Waren, sondern bestimmte Routen *spezialisiert*. Dies war zum einen Ausfluss der Risikostreuung. Angesichts der schlechten Wegverhältnisse, der Risiken durch Beraubung und Beschlagnahme sowie vor allem der seit Beg. d. 13. Jh.s immer stärkeren Reglementierung des Handels spielten Know-how, persönliche Verbindungen und Erwerb kleinerer und größerer Privilegien bereits für den Transport eine immer wichtigere Rolle. Gerade bei immer noch relativ engen Teilmärkten oder unter besonderen Umständen wie Missernten und Kriegszügen konnten die Handelswaren starken Preisschwankungen unterliegen. Ein Gesichtspunkt war auch die relativ geringe Transparenz vieler Märkte, die umso stärker zu Buche schlug, je weniger potentielle Abnehmer ein Gut hatte und je sprunghafter deren Konsumverhalten war. Kaufleute beschafften daher gerade sehr spezielle Luxusgüter meist im ausdrücklichen Auftrag eines reichen Abnehmers. Mit der wirtschaftlichen Erschließung und Entwicklung des östlichen Mitteleuropas verstärkte sich im Hochmittelalter neben der traditionellen *Ausrichtung* des Handels von Norden nach Süden die von Westen nach Osten. Dieser Handel gelangte bereits in den Jahrhunderten zuvor über den Hellweg – Dortmund-Soest-Merseburg etc. –, vor allem aber von Regensburg aus donauabwärts nach Polen, Ungarn, Böhmen und andere Länder. Seit der 2. H. d. 13. Jh.s blühte auch der deutsche Handel mit den norditalienischen Handelsstädten Venedig, Pisa und Genua auf. An den Endpunkten der Routen Reschen/ Brenner-Fernpass bzw. Julier/ Septimer lagen nun Augsburg bzw. Basel sehr viel günstiger und überflügelten bald die alte bayerische Hauptstadt. Die wirtschaftliche Bedeutung Süddeutschlands im Schnittpunkt großer Verkehrswege von Süden nach Norden und Westen nach Osten blieb jedoch erhalten, zumal auch der Handel mit Böhmen stark expandierte und zum lebhaften Wachstum Nürnbergs als zweiter hochmittelalterlicher Großstadt in diesem Raum beitrug. Nach wie vor wichtig, wenn auch wirtschaftlich nicht mehr so überragend wie im Frühmittelalter, war der Rhein vom Rheinknie bei Basel bis zu seiner Mündung. Neu in den Reigen wirtschaftlich bedeutender Regionen traten bestimmte norddeutsche Gegenden. Dazu trug vor allem der aufblühende Handel der Hansestädte bei.

Bankwesen: Trotz des kanonischen Zinsverbotes blühte auch das Bankwesen auf. Angestoßen durch den kurialen Zahlungsverkehr und die Bedürfnisse des internationalen Fernhandels hatten bereits die Champagne-Messen des 12. bis 14. Jh.s Methoden des bargeldlosen Clearings entwickelt. Hinzu kamen Forderungsabtretungen und – wenngleich in Deutschland erst zu Beginn des Spätmittelalters – der Wechsel. Die finanziellen Bedürfnisse von Hochadels, Klerus und – seit dem 12. Jh. – der Städte gaben dem Kreditverkehr wichtige Impulse. Die dabei entwickelten Absicherungs- und Abtretungsformen führten in einigen größeren norddeutschen Städten bereits gegen Ende des Hochmittelalters zu relativ umfangreichen und fungiblen Rentenmärkten. Die betreffenden Entwicklungen bargen den Nukleus moderner Grundpfandrechte in sich.

# 3 Inkubationszeit: Spätes Mittelalter und Frühe Neuzeit (1350-1800)

## 3.1 Gesellschaft und Soziales: Moralpolitik und Arbeitsethos

<u>Gesellschaft</u>: Das Gesamtsystem der spätmittelalterlichen und frühneuzeitlichen Gesellschaft atmete mit den Wachstumsspielräumen: Nach den Bevölkerungseinschnitten der großen Pest und des 30-jährigen Kriegs war Mobilität eher möglich als vor ihnen. Der nach der großen Pest einsetzenden Landflucht wirkte der Adel allerdings mit einer Intensivierung der Leibeigenschaft entgegen – der Beschränkung der Rechtsfähigkeit, dem Anspruch auf Arbeitsleistung sowie der Beschränkung von Freizügigkeit und Heirat. Während sich die Leibeigenschaft im Süden und Westen des Reiches bereits im ausgehenden Spätmittelalter wieder abschwächte, wurde der Prozess östlich der Elbe sogar nochmals verschärft. Mit der zunehmenden Einengung des Wachstums- und Nahrungsspielraums erstarrte die Gesellschaft bis zum 30-jährigen Krieg zusehends. Status wurde nun bis ins kleinste Detail äußerlich festgelegt durch Titel und Kleidung, Aufstieg an Formalien wie Stand, Ausbildung und Besitz gebunden. Dennoch hatte die Ständegesellschaft auch offene Züge, weil die Identität vieler Gruppen weder klar definiert war, noch sie sich nach Außen hin durch Endogamie klar abgegrenzten. Mobilität war also möglich und wurde ggf. sogar erwartet. Vehikel dazu waren die Politik – vor allem der spätmittelalterliche und frühneuzeitliche Staatsbildungsprozess, das vergleichsweise offene deutsche Bildungssystem und die Chancen wirtschaftlichen Aufstiegs. Neben solchen relativ offenen Bereichen und Aspekten gab es bis zum Ende der Frühen Neuzeit die weitgehend statischen Bereiche des Adels und der einfachen Bauern, die sich zwar insgesamt weiterentwickelten, bei denen Mobilität jedoch deutlich eingeschränkt war. Mit Abschluss des Territorialisierungsprozesses des Reiches gliederte sich der Adel je nach Unabhängigkeit in Reichs- und Landadel und je nach Rang in Hoch- und Niederadel. Aufstieg in den Adel war durch kaiserliche Nobilitierung möglich, Abstieg durch adelsunwürdige Tätigkeit oder unstandesgemäße Heirat. Dagegen war der katholische Klerus generell auf Fremdrekrutierung angewiesen, wenn dies auch im Regelfall entlang der Standesgrenzen geschah. Hier bewirkte die Reformation einen Wandel; evangelische Pfarrer stamm-

ten seit Beg. d. 17. Jh.s und bis heute überwiegend aus Pfarrhäusern. Allerdings war die Geistlichkeit im protestantischen Selbstverständnis kein gesonderter Stand mehr, sondern bildete mit Lehrern und Hochschullehrern den Lehrstand. Reformation und Gegenreformation initiierten einen moralischen Prozess mit der Tendenz zu immer stärkerer Bindung. Er verlief keinesfalls gleichmäßig und war nicht überall gleich erfolgreich, gestaltete sich jedoch bei all seinen Rückschlägen – etwa in Folge kriegerischer Auseinandersetzungen – eindeutig und bezog sich – teilweise ausgehend vom Adel – auf Tisch- u.a. Manieren, Arbeitsmoral, Ächtung von Gewaltakten, Sexualität etc. Der allmählich einsetzende Wandel war sicherlich auch ein Erfolg der Moralpolitik der Obrigkeit, die im Verein mit den Kirchen jede Art von Zügellosigkeit, Verschwendung und Unproduktivität zu unterbinden suchte. Dazu gehörten Kleidungs- und Bauvorschriften, Preis- und Qualitätsvorschriften, Vorschriften gegen Ehebruch und Bettelei ebenso wie solche gegen übermäßige Feste, „wilde" Abfallbeseitigung, Feuergefahr und vieles andere mehr. Dabei war die Regelungsdichte keineswegs überall gleich hoch. Besonders engen Netzwerken unterlagen Bürger und Staatsdiener, während Landbewohner weniger formalen Vorschriften unterlagen – dafür aber meist mehr sozialen Zwängen und direkten obrigkeitlichen Eingriffen. Erst die Produktivitätssteigerungen des 18. Jh.s schufen auch ohne Malthusianische Falle die Voraussetzung für schrittweise größere Mobilität. Gleichzeitig drängte der frühmoderne Staat auf Privilegienabbau und Nivellierung seiner Untertanen. Dies kam im wachsenden Selbstbewusstsein der bürgerlichen Welt zum Ausdruck, die nicht mehr automatisch auf den Adelsstand hinarbeiteten.

Familie: Der Begriff der Familie wurde in Spätmittelalter und Früher Neuzeit nicht eindeutig gebraucht. In der einen Bedeutung umfasste er alle Mitglieder eines Haushalts ohne Rücksicht auf deren Verwandtschaftsverhältnisse, in einer anderen schloss er alle Nicht-Verwandten aus, inkludierte aber Verwandte außerhalb des Haushalts. Die so definierte Familie war ein Schutz- und Hilfsverband, da obrigkeitliche, kirchliche oder genossenschaftliche Hilfe lange Zeit kaum zu erwarten war. Die Größe eines Haushalts variierte je nach Lebensumständen, Zufällen und Wohlstand. Am häufigsten war die Kleinfamilie aus Eltern mit 2-3 Kindern. Mit dem Wohlstand stieg die Kinderzahl an. Hinzu kamen vielfach einzelne Personen wie alleinstehende oder gebrechliche Verwandte, Gesinde, bei Handwerkern auch Gesellen und Lehrlinge. Die Frau zog nach der Heirat zum Mann und der Haushaltsvorstand übte die Munt über alle Hausbewohner aus. Gleichzeitig war aber auch die Vorstellung einer gleichberechtigten Partnerschaft zwischen Mann und Frau lebendig, wie sie theologisch aus der Erschaffung der Frau aus der Seite (latus) des Mannes folgte. Mit Ausnahme des Grundherrn durften öffentliche Organe in den privaten Raum des Haushalts zunächst nicht eingreifen. Dies änderte sich erst mit den gewandelten Moralvorstellungen von Reformation und Gegenreformation und dem daraus folgenden Bestreben des frühneuzeitlichen Staates, seine Untertanen zu „bessern". Die Familien hatten große wirtschaftliche Bedeutung; sie waren sehr häufig gleichzeitig landwirtschaftliche oder handwerkliche Familienbetriebe. In vielen Städten kam die Ratsfähigkeit nur Mitgliedern bestimmter Familien zu. Das Modell des autarken (landadeligen oder großbäuerlichen) „ganzen Hauses"[72] war vollständig auf die Sicherung der häuslichen Nahrung ausgerichtet und durch die Einheit von Produktion und Reproduktion gekennzeichnet. Das Modell wurde ab dem Spätmittelalter aus mehreren Gründen obsolet. So führten die Bevölkerungsverluste der großen Pest zu steigenden Löhnen und Abwanderung in die Stadt. Dadurch wurde der Prozess der Wüstungen noch verstärkt, der nach der Pest eingesetzt hatte. In der Folge stieg die Grenzproduktivität von Boden und Arbeit, so dass sich die Agrarproduktion relativ zur Bevölkerung erhöhte und die Agrarpreise sanken. Die ländliche Hausgemeinschaft war also im Spätmittelalter sowohl einem Verarmungsprozess als auch einer zahlenmäßigen Erosion ausgesetzt, die mit einer höheren Arbeitsbelastung einherging. Selbstversorgung bezog sich nun nur noch auf Nahrungsmittel, nicht mehr auf Kleidung, Möbeln u.a. Haushaltsgegenstände. Mit zunehmender Marktverflechtung und Monetisierung immer weiterer ländlicher Gebiete ist dies prinzipiell auch gar nicht notwendig. Mit der Agrarkrise des Spätmittelalters ging im Westen und Süden auch die persönliche Bindung an den Grundherrn zunächst zurück. Eine Ehe wurde nach Kirchenrecht durch Konsens der Eheleute und „fleischlichen Vollzug" gültig geschlossen, bedurfte also weder familiärer Zustimmung noch kirchlichen Segens, so das zunächst gravierende Ordnungsprobleme eintraten. Um das erhebliche wirtschaftliche, soziale und moralische Interesse der weltlichen und geistlichen Obrigkeit an den Familien zu institutionalisieren, entstanden neue Kontrollinstanzen. Seit dem letzten D. d. 16. Jh.s verrechlichten die Kirchen die Eheschließung. Diese musste öffentlich verkündet werden, um Ehehindernisse und Einsprüche auszuschließen, und setzte v.a. in evangelischen Gebieten die Genehmigung durch Eltern oder Vormund sowie eine kirchliche Unterweisung voraus. Zudem wurden Ehen nun öffentlich in kirchlicher Trauung geschlossen. Nach dem 30-jährigen Krieg ging auch der Staat daran, durch seine Policeygesetzgebung die Eheschließung der Staatsdiener einerseits, wirtschaftlich schwacher Personen andererseits zu kontrollieren und ggf. bei einem zu geringen Auskommen zu verhindern. Gleichzeitig mehrten sich im grundherrschaftlichen und kommunalen Erbrecht Bestimmungen gegen die Aufteilung von Höfen.

Frauen: Das gesamte *Spätmittelalter* hindurch rückten adelige Frauen beim Tod ihres Mannes und der Abwesenheit erwachsener männlicher Prätendenten in bestimmende Positionen ein. Je höher diese Position war, desto selbstverständlicher geschah dies. Mit dem massenhaften Entstehen der Städte änderte sich die rechtliche Stellung der Frauen auch dort. Sie konnten das Bürgerrecht erwerben, waren vielerorts geschäftsfähig und konnten selbständig kaufmännischen und gewerblichen Tätigkeiten nachgehen. Allerdings konzentrierten sich diese weitgehend auf die lokale Krämerei und Hökerei und stellten bei größeren Betrieben im Regelfall eine Übergangslösung dar – bei Abwesenheit des Mannes oder als Vormund für unmündige männliche Erben. Die Zünfte waren Frauen gegenüber im Spätmittelalter vergleichsweise offen. Vor allem in den Nahrungs-, Textil- und Luxusgewerben war selbständige wie unselbständige Frauenarbeit weit verbreitet. In Köln gab es sogar regelrechte Frauenzünfte – Garn- bzw. Seidmacherinnen, Gold- bzw. Seidspinnerinnen. Auch in halbamtlichen Funktionen sind Frauen im Spätmittelalter anzutreffen – Pfandleiherinnen, Zöllnerinnen an den Stadttoren etc. Außerdem gab es reine Frauenberufe wie den der Hebamme. Im Gegensatz zu diesen selbständigen standen die auf dem Land lebenden Frauen unter der Munt des Haushaltsvorstandes – meist ihres Vaters oder Mannes. Er vertrat die Frau nach Außen hin, verwaltete deren eingebrachtes Vermögen und hatte ein Züchtigungsrecht, weil die Frau ihm Gehorsam schuldete. Diese übte tendenziell die Tätigkeiten in Haus und Garten sowie die leichteren Arbeiten außerhalb aus – Haushalt, Erziehung der Kleinkinder, Krankenpflege, Textilarbeit, Versorgung des Viehs, Holzklauben etc. Allerdings hing die tatsächliche Aufgabenverteilung gerade im Spätmittelalter von den Umständen und vom Verhältnis der Ehepartner ab. Das galt auch für bürgerliche Haushalte.

Erst die Hausliteratur gegen Ende des Spätmittelalters scheint die Ehepartnerin auf die Rolle der gehorsamen reinen Hausfrau zurückgedrängt zu haben. Dabei könnte der wachsende Altersunterschied der Ehepartner als Resultat generationenverschränkten Heiratens in der ressourcenknappen *Frühen Neuzeit* eine Rolle gespielt haben. Die Rechtsstellung der bürgerlichen Frau verschlechterte sich spätestens seit dem Zusammenbruch der deutschen Silberkonjunktur A. d. 16. Jh.s deutlich. So war während des gesamten Zeitraums eine deutliche Tendenz zu erkennen, Frauen immer mehr von den Zünften fernzuhalten; Frauenzünfte gab es nun nicht mehr, Frauen durften keine Lehre als Handwerkerin oder Kauffrau machen und arbeiteten auch immer seltener in Werkstatt oder Kontor mit. Zwar waren sie nach wie vor für den Verkauf der Ware zuständig, zum Abschluss bindender Verträge bedurften sie jedoch männlicher Zustimmung. Dennoch waren alleinstehende Frauen weitgehend auf sich selbst gestellt und erhielten kaum Unterstützung durch Kirche, Zunft oder städtische Obrigkeit. Stattdessen verdienten sie ihr Brot durch Botengänge, Waschen, Nähen und Spinnen. Einzig die Hebamme war nach wie vor ein anerkannter Frauenberuf. Nicht ganz zufällig unterlagen auch andere Aspekte des Verhältnisses unter den Geschlechtern einem ungefähr parallelen Wandel. Das gilt neben dem Aufflammen der Hexenverfolgung zu Beginn der Frühen Neuzeit auch für den Umgang mit Sexualität. Am greifbarsten wird dieser an der Prostitution. Im 14. und 15. Jh. hat man in den meisten oberdeutschen Städten städtische „Frauenhäuser" eingerichtet, die durch eigene Ordnungen reguliert waren, in denen Rechte und Pflichten der betreffenden Frauen detailliert festgelegt wurden. Wenn diese Prostituierten auch weiterhin vom Bürgerrecht ausgeschlossen waren und vielfältig diskriminiert wurden, so waren sie doch bei Festen und Tänzen in das städtische Leben integriert. Zu Beginn der Frühen Neuzeit führten die Verbreitung der Syphilis und die Verschärfung der Moralvorschriften im Zeitalter der Glaubenskämpfe jedoch zur Schließung der Bordelle und Vertreibung der Prostitution aus den Städten.

Lebensalter: Der Einschnitt der großen Pest hatte nicht nur in Kunst und Religion eine größere Innigkeit zur Folge, sondern leitete auch in der Einstellung zur *Kindheit* eine neue Periode ein. Wie die Schönen Madonnen durch eine empathische Hinwendung an das Jesuskind gekennzeichnet waren, wuchs die Zahl der Anleitungen zur Kindererziehung nun kontinuierlich an. Mit den Bevölkerungsverlusten der 2. H. d. 14. Jh.s war die Aufmerksamkeit auf den Nachwuchs deutlich gestiegen. Im Laufe des 14. und vor allem des 15. Jh.s erschienen sehr viel realistischere (und vor allem alltäglichere) Darstellungstypen von Kindern als zuvor. Dies zeigte, dass man die Kindheit nun mehr und mehr als eigenständiges Lebensalter ansah. Mit Reformation und Gegenreformation wandte man sich verstärkt Erziehungsfragen zu, um das Seelenheil des Kindes zu fördern. Dabei stellte man sich das Kind als Wachsgebilde vor, das durch Erziehung in die richtige Form gebracht werden müsse. Auch die *Jugend* rückte in den Blickpunkt. Wurde sie im Mittelalter noch weitgehend dem Erwachsenenalter zugerechnet, entstand mit der Intensivierung der formalen Bildung und der Ausdehnung der Zeit zwischen Pubertät und Heirat nun ein Lebensalter sui generis. Dies zeigte sich u.a. daran, dass die Volljährigkeit im Spätmittelalter nach den Volksrechten meist von 12 auf 18 Jahre sprang. Ein besonderes Problem war die Kontrolle vorehelicher Sexualität. Da völlige Enthaltsamkeit nicht durchsetzbar war, schuf man (divergierende) Regeln und es bildeten sich Rituale der Anbahnung wie Gemeindefeste, Spinnstuben und Kommnacht sowie der Sanktionen gegen Normverstöße – meist Rügebräuche wie Haberfeldtreiben und Büttenreden. Gerade bei letzteren spielten Gesellenverbände und dörflichen Burschenschaften eine gewisse Rolle. Erst das 18. Jh. sah einen großen Wandel in der Eltern-Kind-Beziehung. Zum rein Körperlichen trat das Interesse, Bedürfnisse, Sexualität und ganz generell den Willen des Kindes oder Jugendlichen zu kontrollieren. Reinlichkeits- und Frömmigkeitserziehung wurden wichtiger, Schuldgefühle neben Schlägen ein wichtiges Erziehungsmittel. Es entstand eine Kinderheilkunde, was die Kindersterblichkeit im Verein mit einer Verbesserung der elterlichen Fürsorge deutlich reduzierte. In der 2. H. d. 18. Jh.s zeigten sich auch Ansätze einer neuen, verständnisvolleren Pädagogik. Ein Paukenschlag war der Erziehungsroman „Émile" Jean-Jacques Rousseaus von 1762, in dem er dafür plädierte, Kinder und Jugendliche altersgemäß und durch eigene Erfahrungen und möglichst wenig Eingriffe zu erziehen.

Das Späte Mittelalter stellte auch bei der Einstellung zum *Alter* eine Zäsur dar. Während dieses bis zum Hochmittelalter als Krönung des Lebens erschien, führte das massenhafte Elend von Pestzeit und Glaubenskriegen zu einer Betonung der Hinfälligkeit des Menschen, deren Höhepunkt im Alter erreicht wurde. Zudem war das Interesse der nachfolgenden Generation beim gerade entstandenen Europäischen Heiratsmuster auf Rückzug und ökonomische Entmachtung der Älteren gerichtet. Altenteile wurden eingerichtet und die Generation der Großeltern quasi aus dem Haushalt entfernt. Wenn alte Leute auf dem Höhepunkt dieses mentalen Trends im 16. Jh. geschätzt wurden, dann nicht um ihrer selbst Willen, sondern wegen spezifischer Eigenschaften wie Erfahrung, Kommunikationsfähigkeiten oder guten Kontakten. Das nochmals gesteigerte Elend des 30-jährigen Krieges führte danach zur Gegenbewegung. Was nun Not tat, war eine neue, auf Moral und Humanität fußende Einstellung. Typisch dafür waren einige hervorragende Juristen wie der Niederländer Hugo Grotius und Samuel Pufendorf, die mit ihren Hauptwerken 1625 bzw. 72 das moderne Kriegs-, Natur- und Völkerrecht begründeten. So stellte Pufendorf über Alles das Verbot Menschen zu schädigen. Es galt für jeden Einzelnen und bezog ausdrücklich Kinder, Alte und Schwache ein. Humanismus, Pietismus und Aufklärung wirkten in dieselbe Richtung. Bereits im Laufe des 17. Jh.s bestimmte sich der Rang gleichwertiger Ämter mehr und mehr nach dem Alter des Inhabers. Es entstand erneut eine patriarchalische Ordnung im Sinne eines Vorrangs des Alters. Nunmehr wurde es erstrebenswert, ein hohes Alter zu erreichen. Ernährungs-, Lebens- und erste spezifische medizinische Regeln sollten dies befördern. E. d. 18. Jh.s setzte in Deutschland die Sportbewegung ein. Lebenserwartung, Zahl und Einfluss älterer Menschen stiegen das gesamte 18. Jh. hindurch deutlich. Zwar war vor allem in Frankreich teilweise bereits M. d. 18. Jh.s eine rebellische Stimmung gegen den Vorrang des Alters zu spüren, und die Epoche des Sturm und Drang lässt sich auch als Revolte der Jugend des Mittel- und Kleinbürgertums interpretieren, die Achtung vor dem Alter konnte dies aber lange Zeit nicht beeinträchtigen. Allerdings zeigten sich zu dieser Zeit auch einige völlig neue, moderne Phänomene; aus dem Jugendkult folgte teilweise bereits die Nachahmung der Jugend durch ältere Menschen, diese gingen oft aber auch sehr realistisch und selbstbewusst mit ihrem Alter um.

Arbeit: Die spätmittelalterliche christliche Theologie verstand Arbeit einerseits als Mühsal und Konsequenz der Vertreibung aus dem Paradies, andererseits als notwendig für den göttlichen Auftrag, die Erde zu gestalten. Das Aufblühen der gewerbereichen Städte und die Ausdifferenzierung ihrer Handwerke führten im Spätmittelalter ebenfalls zu einer höheren Wertigkeit körperlicher Arbeit. Sie schlug sich im Selbstverständnis der Zünfte und Gilden nieder, die Qualität und fairen Preis der Arbeit in den Mittelpunkt rückten. Während auf dem Land der ewig gleiche naturgegebene Rhythmus von Tages- und Jahreszeiten herrschte, gliederten in den Städten seit dem Spätmittelalter Glockenzeiten Arbeitsbeginn, -pausen und –ende jeder Berufsgruppe. Eine weitere Schrittmacherfunktion hatte der Humanismus, der die Kreativität zum Inbegriff menschlicher Würde deklarierte. Gefördert von einem teilweise asketischen Protestantismus, aber auch einem pragmatischen Katholizismus, erfreuten sich Leistungsfähigkeit und Fleiß in der Frühen Neuzeit einer wachsenden Wertschätzung. Bereits Thomas von Aquin hatte den Müßiggang als Quelle vieler Laster angesehen, erst die Gesetze des frühneuzeitlichen Staats haben ihn im Verein mit gleichgerichteten Bemühungen von Kirchen und Zünften geächtet, bestraft und zurückgedrängt. Seit dem Ende des Spätmittelalters führte die Zunahme der Bevölkerung auch zu einer wachsenden Zahl von Armen und Bettlern. Ab dem ausgehenden 16. Jh. wurden daher in breiter konfessioneller Eintracht Zucht- und Arbeitshäuser errichtet, in denen Bettler und Vagabunden durch Prügel u.a. Strafen gezwungen wurden, bei karger Verpflegung über 12 Std. täglich hart zu arbeiten. Max Webers These von der entscheidenden Förderung der protestantischen Arbeitsethik durch die Prädestinationslehre Calvins ist vielfach widerlegt. Eher wären Theorie und Praxis der katholischen Lehre den Anforderungen der Neuzeit insbesondere hinsichtlich der Flexibilität gewachsen gewesen. Den tatsächlichen ökonomischen Vorsprung evangelischer Regionen und Bevölkerungsgruppen kann man daher eher mit der Verlagerung ökonomischer Tätigkeit vom Mittelmeer zum Atlantik und der Betonung der individuellen Verantwortung für das Seelenheil im Protestantismus erklären, die auch auf andere wichtige Lebensbereiche ausstrahlte. Durch persönliche Absprachen und Verträge begründete Lohnarbeit ist bereits seit dem ausgehenden Frühmittelalter nachweisbar. Ihr Umfang nahm in den folgenden Jahrhunderten kontinuierlich zu, erst ab dem späten 17. Jh. wurde sie jedoch für bestimmte Tätigkeiten als Norm angesehen – so etwa bei Gesinde und Bauhandwerkern. Die Aufklärung entwickelte daher auch einen völlig neuen Arbeitsbegriff: Die Menschen verkauften ihre Arbeitsleistung als autonome Individuen selbst; deren Ergebnis gehörte dem Auftraggeber. Die Würde jedes Menschen lag daher letztendlich in seiner angemessenen und selbst verantworteten Arbeit. Diese bürgerliche Philosophie sah sich und stand in scharfem Gegensatz zur adeligen Arbeitsverachtung.

Reichtum und Armut: Das Christentum hatte eine klare Einstellung zu Reichtum und *Armut*: Freiwillig ertragene oder gar gewählte Armut war eine Möglichkeit der Läuterung, während unfreiwillige Armut wie auch der Reichtum eine erhöhte Gefahr für die Seele darstellte. Freiwillige Armut nahmen Ordensangehörige – etwa der Bettelorden – auf sich. So forderte Franz von Assisi von diesen, für ihren Lebensunterhalt durch Arbeit oder Betteln selbst zu sorgen. Dagegen hatte Thomas von Aquin noch die alte Einstellung des Adels transportiert, dass arm sei, wer von seiner Arbeit leben müsse. Die positive Einstellung Franz von Assisis zur Armut wurde bereits im Spätmittelalter zunehmend in Frage gestellt, als die Armut durch Wüstungen, kriegerische Auseinandersetzungen und Landflucht dramatisch zunahm und es um 1400 in ganz Europa zu Armenaufständen kam. Andererseits war diese Entwicklung ganz offensichtlich Ausfluss einer ungleichen Verteilung, hatte sich die Versorgung mit Lebensmitteln mit den Bevölkerungsverlusten der großen Pest doch insgesamt deutlich verbessert – die Preise waren bei stagnierenden Löhnen weithin gesunken. Da jedoch die Bevölkerung im 15. und 16. Jh. lebhaft wuchs, schloss sich die Lohn-Preis-Schere seit Beginn der Frühen Neuzeit wieder, bis der 30-jährige Krieg erneut für Bevölkerungsverluste, steigende Löhne und sinkende Nahrungsmittelpreise sorgte. Dieser Zustand änderte sich erst M. d. 18. Jh.s wieder. Allerdings fielen die Hungerkrisen des ausgehenden Ancien Régime durch Verbesserungen der Agrartechnik und die Urbarmachung weiter neuer Gebiete weniger gravierend aus als in den Jahrhunderten zuvor. Trotz aller Preis- und Lohnschwankungen musste die Unterschicht incl. beträchtlicher Teile des Handwerks bis zum Ende der Frühen Neuzeit 80-90% ihres Einkommens für Nahrung ausgeben. Dennoch blieben chronische Mangelernährung und Hunger ständige Begleiter.

Überregionale Missernten, die vor allem das Massennahrungsmittel Getreide verteuerten, mündeten regelmäßig in Hungerkrisen, Wanderungsbewegungen, Epidemien und Massensterben. Das christliche Gebot der Caritas führte bereits früh zu ständigen Ermahnungen der Kirche Almosen zu geben. Neben die traditionelle Armenfürsorge der Klöster traten im Spätmittelalter städtische und individuelle Bemühungen etwa durch Hospize und Armenbursen. Diese Blütezeit der institutionalisierten Armenfürsorge mündete gegen Ende des Spätmittelalters in einen Einstellungswandel. Arme wurden nunmehr als lästig und beunruhigend empfunden und das Institut der Caritas in Frage gestellt; neben die wohltätigen Institutionen trat in der Frühen Neuzeit die Armenpolizei. Hospize und andere Einrichtungen sollten effizient sein. Sie spezialisierten sich daher im 14.-16. Jh. zunehmend und sorgten für kompetentes Personal. In der 2. H. d. 14. Jh.s wurden viele von ihnen von den Städten selbst übernommen; im 15. Jh. richteten sie eigene Gasthäuser ein – sog. Gotteskeller –, zur Versorgung der Armen. Obwohl individuelle Barmherzigkeit auch weiterhin üblich war, wurde Armenfürsorge vom Spätmittelalter an immer mehr Aufgabe der Obrigkeit. Neben den Bau von Hospizen trat gerade in Deutschland häufig eine staatliche Magazinierungspolitik, um im Fall einer Missernte regulierend eingreifen zu können. Zusätzlich sollten in diesem Fall Exportverbote von Getreide, staatliche Getreideimporte und die verbilligte oder kostenlose Abgabe von Brot an Bedürftige akute Not lindern. Reformation und Pietismus wiesen der Gemeinde und speziell gegründeten Einrichtungen wichtige Funktionen bei der Versorgung und Eingliederung der Armen zu. Ähnliche Entwicklungen gab es auch auf katholischer Seite. Neben dieser offenen Armenpflege wurde in der Frühen Neuzeit auch die geschlossene in Form von Spitälern, Waisenhäusern u.a. Anstalten intensiviert. Beide Zweige der Armenfürsorge sind im 17. und 18. Jh. durch Trends zur Kommunalisierung, Rationalisierung, Bürokratisierung und Pädagogisierung gekennzeichnet. Gleichzeitig ging man gegen „arbeitsscheues Gesindel" mit Bettelverboten, Zucht- und Arbeitshäusern vor.

Die traditionelle Einstellung des Christentums zum *Reichtum* ist von großer Skepsis geprägt – gemäß des Satzes „Eher geht ein Kamel durch ein Nadelöhr, als dass ein Reicher in das Reich Gottes gelangt." (Mk 10, 25) Deshalb gibt es bis heute den Traditionsstrang, dass materieller Besitz an das Dasein kettet und die Seele daran hindert in den Himmel aufzusteigen. Die Position der Scholastik war eine andere. Nach ihr ist nur Avaritia verwerflich, also das rechte Maß des Gewinnstrebens übersteigende Habsucht. Manche Humanisten gingen noch einen wichtigen Schritt weiter. So legte der Augsburger (Kaufmannssohn) Conrad Peutinger 1530 dar, dass den Gewinnen reicher Kaufleute hoher Kapitaleinsatz und Risikoübernahme gegenüber stünden und dass deren Tätigkeit wesentlich zu Steueraufkommen und allgemeinem Wohlstand beitrügen. Kurz darauf wurde generell abgestritten, dass es in der menschlichen Natur läge den Gemeinnutz zu verfolgen. Vielmehr sei das allgemeine, alles in

Bewegung haltende Prinzip der Eigennutz, der seine Grenze nur im legitimen Nutzen des Mitmenschen finde.[73] Eine ähnliche Wirkung entfaltete die reformierte Prädestinationslehre Calvins und Zwinglis: Jeder einzelne Mensch sei entweder ohne Verdienst zur Seligkeit oder ohne Schuld zur Verdammnis vorherbestimmt. Der materielle Erfolg gäbe bereits im Diesseits Hinweise auf diese Bestimmung. Reichtum erhielt damit einen fast sakralen Charakter. Zwischen diesen beiden Polen der kompromisslosen Ablehnung oder Akzeptanz wirtschaftlichen Erfolgs bewegte sich in der Folge die Einstellung der frühneuzeitlichen Menschen.

## 3.2     Bildung und Kultur: Reformation und Aufklärung

Schulen: Zu Beginn des Spätmittelalters bestanden Lateinschulen in allen größeren und mittleren Städten am Rhein und in Süddeutschland sowie den größeren Hansestädten. Sie verbreiteten sich noch vor der Reformation in sämtliche Reichs- und Amtsstädte und die meisten Marktflecken. Ihre Schüler waren zu einem nicht geringen Teil Handwerkersöhne. In allen größeren Städten richtete man zudem "teusche" und gemischte Schulen ein, an denen in deutscher Sprache praxisorientierte Schreibübungen, kaufmännisches Rechnen und Religion gelehrt wurden. Alphabetismus war dennoch höchst unterschiedlich verteilt; nur im vorbildlichen Nürnberg besuchte die Mehrzahl der Kinder eine Schule. Immerhin fußte aber das zünftische Brauchtum der Handwerker zum großen Teil auf Schriftlichkeit. Die Reformation bedeutete einen besonderen Einschnitt. Die Reformatoren postulierten erstmals den Schulunterricht für jeden. Zunächst führte eine Finanzierungs- und Orientierungskrise jedoch zu einem Rückgang der Studenten- und Schülerzahlen von bis zu einem Drittel. Danach bewirkten das Postulat des persönlichen Bibelstudiums und der erwachende Bildungs- und Informationshunger eine Welle von Schulneugründungen. Unter ihnen überwogen auch in katholischen Gebieten regelmäßig gebührenfreie reichsstädtische und staatliche Schulen. Die Jesuiten übernahmen ebenso das fünfklassige Gymnasialmodell wie die meisten evangelischen Gebiete. Der Unterrichtsinhalt rückte nun vom traditionellen Trivium ab. Neben Latein und Rhetorik traten die humanistische Dialektik sowie teilweise Naturphilosophie, Mathematik und Geschichte. Bis E. d. 18. Jh.s herrschte jedoch eine große Vielfalt an Schultypen. Nach der Reformation stieg die Lesefähigkeit in Deutschland in einer ersten Welle der Euphorie vermutlich in einem Maße an, wie sie erst wieder um 1800 erreicht wurde. Die Bemühungen wurden um den 30-jährigen Krieg wieder aufgenommen. So verkündeten Weimar 1619 und Württemberg 1649 die allgemeine Schulpflicht. Die großen Staaten folgten mit beträchtlichem Abstand; Preußen und Sachsen setzten sie ab 1763, die habsburgischen Länder ab 1774 und Bayern 1802 durch. Die Motivation des Staates hatte sich gewandelt; während nach der Reformation das Seelenheil der Untertanen im Mittelpunkt stand, waren es nun ganz im Sinne von Aufklärung und Merkantilismus ein naturrechtlich definierter Anspruch des Einzelnen auf Bildung und das Interesse des Staates, Wirtschaft und Steueraufkommen zu heben. Dadurch wurden bis 1800 zumindest in den evangelischen Ländern bis zu 50% der Schulpflichtigen einigermaßen regelmäßig erfasst. E. d. 18. Jh.s stammten 14-19% der Gymnasiasten aus Handwerkerfamilien, ¾ aus dem Bildungs- und 6% aus dem Besitzbürgertum.

Die international hohen Werte bei Alphabetisierung und Durchlässigkeit dürften wesentliche Voraussetzungen für den raschen ökonomischen Aufholprozess Deutschlands nach dem 1. D. d. 19. Jh.s gewesen sein dürfte. Das Besitzbürgertum schickte seine Söhne lieber auf die in Deutschland schon sehr früh entstandenen technischen und kaufmännischen Oberschulformen. Während die Lehrer der Elementarschulen keine spezielle Qualifikation aufwiesen, verschärften sich die Anforderungen an die Lehrer höherer Schulen seit dem Spätmittelalter ständig. Im Spätmittelalter genügte regelmäßig eine Probelektion vor dem Rat der Stadt, nach der Reformation waren zumindest bei den besseren höheren Schulen Kenntnisse auf dem Niveau des Bakkalaureus nachzuweisen und in der 2. H. d. 18. Jh.s unterrichteten Theologen und Privatdozenten zunächst an einem Gymnasium. Dementsprechend wurden die Gymnasialprofessoren gegen E. d. Jh.s meist auch formal unter die Honoratioren aufgenommen. Die begehrten Jesuitengymnasien hatten die Anforderungen ohnehin sehr früh weitgehend formalisiert.

Hochschulen: Deutsche Universitäten waren spätestens notwendig geworden, als die Pariser Universität deutschen Studenten durch das Abendländische Schisma (1378-1417) verschlossen war. Bis zur Reformation wurden 17 davon gegründet – weit mehr als in jedem anderen Land. Sie waren in die Eingangsfakultät der Artisten und die oberen Fakultäten für Theologie, Jura und Medizin gegliedert. Lehrveranstaltungen waren Vorlesungen, in denen ein fester Kanon an Lehrbüchern verlesen, kommentiert und erörtert wurde, und Disputationen dienten dem Erwerb einer formalen Gewandtheit in der Disputatio. Sie waren Voraussetzung für die Zulassung zu den Prüfungen zum Bakkalaureat etwa zur Studienhälfte sowie den Abschlussprüfungen des Lizenziats, der Magister- oder Doktor-Promotion. Das Lehrprogramm der Artistenfakultät bestand aus dem Trivium (Grammatik, Rhetorik, Dialektik), dem Quadrivium (Arithmetik, Geometrie, Astronomie, Musik) und den Artes liberales (Grammatik, Logik, Physik). Armenbursen, Freiplätze, Stipendien und Gebührenerlass kamen rd. 15% der deutschen Studenten zu Gute. Um 1500 erreichten daher immerhin 36-45% von ihnen das artistische Bakkalaureat. Da die Promotion in einer der höheren Fakultäten recht kostspielig war, Adels- und Patriziersöhne keine Standeserhöhung anstrebten, akademische Grade nirgendwo formale Voraussetzung waren und die Humanisten ohnehin über die Universitäten spotteten, waren es dagegen bei der Magisterpromotion nur 5-14%. Zur selben Zeit nahm der artistische Unterricht an etlichen Universitäten schulische Formen an. In der Bildungskrise der 1520er Jahre sank die Studentenzahl auf ⅓. Da die Universitäten zudem Hörergelder abschafften, strich man rd. ein Dutzend Fächer, schuf je einen Professor für Dialektik (Einführungslogik) und Logik (Physik, Ethik, evt. Psychologie) und straffte das Theologiestudium. Man richtete günstige Konvikte und Mensen ein und mehrere Landesherren gewährten systematisch Stipendien, so dass sich das Studium spürbar verbilligte. Dadurch wurde armen Kindern der Universitätsbesuch ermöglicht, die Universitäten als Institutionen erhalten und genügend Universitätsabgänger für den Schul-, Kirchen- und Staatsdienst gewonnen. Da die geistliche Laufbahn für den Adel nun nicht mehr in Betracht kam, löste die Reformation vermutlich insgesamt einen Aufstiegsschub aus. Diese Entwicklung kehrte sich um, als immer mehr Adelige Jura studierten und das gebührenpflichtige Privatkolleg an evangelischen Universitäten zur wichtigsten Unterrichtsform wurde.

Während die Humanisten in der 2. H. d. 15. und zu Beg. d. 16. Jh.s eine möglichst umfassende Allgemeinbildung als Ziel des höheren Schulwesens und der Universitäten ansahen, galten diese für Reformation und Gegenreformation als Pflanzstätten von Kirche und Staat mit scharf deklarierten Ausbildungsaufträgen. Für evangelische Pfarrer und Gymnasiallehrer genügte ein rein artistisches Studium nicht mehr. Spezielle Studiengänge kombinierten die artistische Grundausbildung mit Grundkursen in Theologie. Damit wurde das höhere Lehramt zum Sprungbrett für Pfarramt, Verwaltungsdienst oder Universitätsprofessur. Bei der wenig späteren Akademisierung von Schule und Kirche der katholischen Länder spielte der Jesuitenorden eine wichtige Rolle. Die Universitäten des späten 16., des 17. und 18. Jh.s wurden durch wichtige Tendenzen geprägt. Neben der Hebung des Ausbildungsniveaus und den sozialen Tendenzen der Pauperisierung und Aristokratisierung waren dies die Territorialisierung der Studentenschaft und verstärkte Staatskontrolle auf Ausbildungseffizienz, Disziplin und Rechtgläubigkeit. Dadurch wurden die Universitäten besser in die Gesellschaft eingebunden und spielten im Geistesleben eine wesentlich größere Rolle als in England oder Frankreich. An vielen deutschen Universitäten wurden Lehrstühle oder Fakultäten für Kameralwissenschaften eingerichtet. Der Staat erließ teilweise einheitliche Studienpläne wie 1752 in Wien. Zudem wurden während des gesamten 17. und 18. Jh.s weitere Universitäten gegründet. Da jedoch Lehrprogramm, -methode und Rituale weitgehend aus dem Mittelalter stammten, wurde die Kritik immer lauter. Bereits gegen E. d. 17. Jh.s regten sich daher vielfältige Reformbestrebungen. Im Ergebnis wurden zum einen Reformuniversitäten wie 1694 Halle, 1737 Göttingen und 1743 Erlangen gegründet. Zum anderen schuf man neue Institutionen wie die wissenschaftlichen Akademien – Berlin 1700, Göttingen 1751, München 1759 –, die Forschung betrieben und förderten, und eine Vielfalt spezialisierter Hochschulen wie etliche Kunstakademien – zuerst Nürnberg 1662 – , die Bergakademien Freiberg 1765 und Clausthal 1775 und die Navigationsschulen Hamburg und Bremen 1798. Diese Revitalisierung der deutschen Hochschulen war durch eine praxisnähere Ausbildung gekennzeichnet – etwa in Kameralistik, Recht, Natur- und Ingenieurwissenschaften, Mathematik, Geschichte und modernen Sprachen. Um die übliche Vetternwirtschaft auszuschalten, hatte die Universität nur noch ein Vorschlagsrecht; die Berufungen selbst nahm die Staatsverwaltung vor. Eigene systematische Forschungen wurden wichtig. Sie inspirierten Lehre und wissenschaftliche Diskussion und führten gegen E. d. 18. Jh.s zu einem deutlichen Prestigegewinn. Gleichzeitig entstand ein akademischer Mittelstand junger Privatdozenten, die allein vom Hörergeld lebten, die Universitäten belebten und die Forschung vorantrieben. Dadurch war die Freiheit der akademischen Lehre und Forschung trotz aller Staatseingriffe groß. Damit war die Grundlage für eine lebhafte Landschaft einer Vielzahl miteinander konkurrierender Universitäten gelegt, wie sie typisch für Deutschland war und ist. Auch die relativ große Durchlässigkeit für die unteren Stände und die Zurückhaltung reicher Gewerbetreibender blieb bestehen. Die Basis wissenschaftlicher Institutionen verbreitete sich im Laufe des 18. Jh.s zusehends. Neben die bereits seit dem Humanismus wichtigen Privatgelehrten traten nun die wissenschaftlichen Akademien, einzelne Universitätsinstitute, staatliche Auftragsforschungen (z.B. bei der Porzellanherstellung) und andere Institutionen. Unter ihnen ragten einige süddeutsche Klöster der Benediktiner und Augustiner-Chorherren hervor.[74]

Wissenschaft: Spätmittelalterliche und frühneuzeitliche Wissenschaft hatte einige deutlich retardierende Momente; man denke nur an die im allgemeinen sehr späten Rezeption neuer, bahnbrechender Ideen. Andererseits ist die Schrittmacherrolle einiger Wissenschaften für die Entwicklung Deutschlands und Europas hin zu modernen Volkswirtschaften unübersehbar.

In dieser Hinsicht unterschied sich das Konzept frühmoderner europäischer Wissenschaft ganz grundsätzlich von dem anderer zeitgenössischer Hochkulturen. Sie war antiautoritär – gegen das traditionelle Bildungsmonopol der Kirche, ggf. auch gegen die überkommenen Autoritäten von Aristoteles über Ptolemäus bis hin zu Galen gerichtet. Stattdessen spielten objektiv durch Beobachtung und Messung gewonnene Erkenntnisse eine wichtige Rolle, wobei die Mathematik zur objektiven Durchdringung verhalf. Wissenschaft dieser Art verlangte für sich die Meinungsfreiheit. Sie bedeutete Fortschritt, war nicht mehr an der Wiederherstellung alter Ideale orientiert; insofern deutete sie auch über Humanismus und Renaissance hinaus. Wissenschaft war antiständisch; weder Adel noch Kirche durften den Inhalt von Veröffentlichungen und Lehre bestimmen. An den Preisfragen des 18. Jh.s durften alle Interessierten teilnehmen. Wissenschaft hatte auch eine Verantwortung für Erziehung, Staat und Gesellschaft, so dass ein entsprechendes Engagement jedes Wissenschaftlers gefordert war. In die gleiche Richtung zielte die Praxis- und Zweckorientierung aller frühneuzeitlicher Wissenschaft, hatte sie doch in erster Linie dem materiellen und kulturellen Fortschritt der Gesellschaft zu dienen.

Naturwissenschaften: Bereits der Nominalismus der Spätscholastik bereitete bis M. d. 15. Jh. den Weg für die moderne Entwicklung der Naturwissenschaften, verzichtete er doch auf den Universalienrealismus Thomas von Aquins und eine spekulative Wesensmetaphysik. Etwa von 1440-1540 wurde die Antike systematisch wieder entdeckt; erste technische und naturwissenschaftliche Sammlungen und Darstellungen entstanden. Zentren der astronomischen und mathematischen Forschungen dieser frühen Phase waren Wien und Krakau. Anders als in Italien waren deutsche Gelehrte vielfach nur auf einem Fachgebiet tätig. So fasste Leonhart Fuchs 1542 das Wissen seiner Zeit über die Pflanzen-, der Arzt und Physiker Konrad Gesner 1552/58 das über die Tierwelt zusammen. Sie begründeten damit Botanik bzw. Zoologie. Georg Agricola schrieb 1530 ein Standardwerk für Montanwissenschaften, Metallurgie und Chemie. Gerhardus Mercator (1512-1594) schuf die ersten modernen Landkarten und entwickelte die Mercatorprojektion. Paracelsus (wohl 1493-1541) führte erstmals chemische Arzneimittel in die Medizin ein und betonte in seinen zahlreichen naturphilosophischen und theologischen Schriften den Gesamtzusammenhang von Leib und Seele. Andreas Vesalius begründete mit seinem Hauptwerk 1543 die systematische menschliche Anatomie. Bereits damals wurden Mathematik, Physik – und insbesondere die Astronomie – zu den wichtigsten Einzelwissenschaften. So stellte Georg von Peuerbach (1423-61) u.a. eine Sinustafel auf, Nikolaus Kopernicus berechnete in seinem 1543 posthum erschienenen Hauptwerk erstmals die Planetenbahnen und bewies das heliozentrische Weltbild („Kopernikanische Wende") und Regiomontanus baute 1471 in Nürnberg die erste Sternwarte, wurde vier Jahre später zur Kalenderreform nach Rom gerufen und lieferte mehrere Beiträge zu Dezimalbruchrechnung und Astronomie. In der zweiten Entwicklungsphase moderner Naturwissenschaft wurden bis 1650 weitere Fakten gesammelt und es entstanden systematischere Ansätze. So entwickelten u.a. Tycho de Brahe (1546-1601) und Johannes Kepler (1571-1630) das Kopernikanische Weltsystem fort. Während sich wissenschaftliche Fortschritte im 16. Jh. stark auf Deutschland und Italien konzentrierten, begann sich dies bereits zu Beginn des 17. Jh.s zu ändern. In Deutschland förderten einzelne Fürstenhöfe tatkräftig die Wissenschaften – so Ks. Rudolf II. (1575-1612) und die Landgrafen von Hessen-Kassel.[75]

Durch den 30-jährigen Krieg fiel Deutschland weit zurück, England und Frankreich wurden führend. Die Phase ist gekennzeichnet durch eine Fülle von Detailentdeckungen auf den verschiedensten Gebieten. So stellte Isaac Newton 1666 das Gravitationsgesetz und 1687 ein geschlossenes System der Mechanik vor. Einer der überragenden deutschen Gelehrten war Gottfried Willhelm Freiherr von Leibniz. Dieser Philosoph, Mathematiker, Physiker und Diplomat entwickelte unter anderem um 1684 die Infinitesimalrechnung und 1693 das Gesetz von der Erhaltung der mechanischen Energie. Otto von Guericke (1602-86) arbeitete zur Natur der Luft und entdeckte elektrische Phänomene wie Abstoßung, Leitfähigkeit und Influenz. Auf dem Gebiet der Chemie entdeckte Hennig Brand 1669 den Phosphor im Harn, Ehrenfried Walter Graf von Tschirnhaus entwickelte 1693 das Hartporzellan und Georg Ernst Stahl (1660-1734) stellte mit der Phlogistontheorie der Verbrennungsvorgänge die erste konsistente chemische Theorie überhaupt auf. Bernhardus Varenius (1622-50/51) wurde zum Begründer einer allgemeinen systematischen Geographie. Zwar entwickelte sich die Physik im 18. Jh. mit Macht, erst am E. d. Jh.s trat mit dem in München tätigen Privatgelehrten Johann Willhelm Ritter (1776-1810) wieder ein bedeutender deutscher Physiker auf.[76] In der Chemie spielten deutsche Wissenschaftler eine größere Rolle. Insgesamt wies die wissenschaftliche Entwicklung Deutschlands einen ähnlichen Verlauf auf wie in der Technik. Nachdem das Land vor allem Astronomie und Physik im 15. und 16. Jh. führend gewesen waren, fiel die deutsche Wissenschaft im 17. und 18. Jh. insbesondere gegenüber den großen westeuropäischen Nationalstaaten deutlich zurück, hielt aber in einzelnen Gebieten wie der Chemie mit.

Geistes- und Gesellschaftswissenschaften: Die wichtigsten Geisteswissenschaften waren die an den Universitäten vertretenen Fächer der *Theologie* und Philosophie. Von Anfang an war das Verhältnis zwischen Religion und Kirche einerseits und Naturerkenntnis andererseits eines der entscheidenden wissenschaftlichen Probleme. Noch Nikolaus von Kues (1401-64) hatte zwischen beiden keinen Widerspruch gesehen, ging für ihn doch der sichtbare Kosmos notwendig auf Zahl und Maßverhältnisse zurück, weil er ein direktes Abbild der Ideen Gottes darstellte. Dies begann sich zu wandeln, als die Naturwissenschaftler immer mehr Kenntnisse erwarben und sie zu ganzen Systemen zusammenstellten. Hinzu kam eine Tendenz der Wissenschaftler dieser Zeit, aus ihren Erkenntnissen auch modellhaft und damit ganz allgemein Schlüsse auf den Menschen, die Gesellschaft und die Welt zu ziehen. Besonders gefährlich war für die Kirche naturgemäß der Wechsel der wissenschaftlichen Astronomie vom geo- zum heliozentrischen Weltsystem. Kopernikus hatte daher seine Ideen sehr vorsichtig formuliert und erst posthum veröffentlicht. Ab dem 17. Jh. kam es zu einem Burgfrieden: Die meisten Naturwissenschaftler vermieden jegliche Angriffe auf die Kirche und bezogen die Gültigkeit ihrer Forschungen ausschließlich auf die Naturwelt. Die Kirche reagierte ihrerseits mit Zurückhaltung.[77] Die Bedeutung der deutschen *Philosophie* blieb im 18. Jh. lange Zeit weit hinter der Englands und Frankreichs zurück. Mit dem Königsberger Professor Immanuel Kant trat allerdings die Philosophie in ein neues Zeitalter ein. Sein erstes Hauptwerk, die 1781 erschienene „Kritik der reinen Vernunft" schuf die Grundlage der gesamten neueren Philosophie. Damit leitete Kant ein Jahrhundert der deutschen Philosophen ein. Das Ende des Jahrhunderts brachte wenigstens teilweise die Überwindung der Aufklärung mit ihrem Anspruch restloser Orientierung des gesamten Lebens an der rational verstandenen Vernunft mit sich.

Mächtiger entwickelte sich in der zweiten Hälfte der Frühen Neuzeit die Kameral- als Vorgängerin der *Wirtschaftswissenschaften*. Bereits M. d. 16. Jh.s zeigten einzelne Autoren erste Ansätze merkantilistischen Denkens, so Johann Joachim Becher (1635-82), der u.a. Überlegung zu den Geldwirkungen anstellte.[78] Der Merkantilismus und seine deutsche Ausprägung – der Kameralismus – zielten darauf ab, die Macht des Staates durch wirtschaftspolitische Maßnahmen zu stärken. Dabei bezog der Kameralismus deutlich stärker soziale, politische, fiskalische und juristische Maßnahmen und Ziele der Wirtschaftspolitik ein. Auch hier jedoch dominierten Franzosen und Briten. Im Laufe des 18. Jh.s setzte sich insbesondere in England, teilweise aber auch auf dem Kontinent immer stärker das Freihandelsdenken der klassischen Ökonomie durch. Zwar war es auch in England nie in Reinform verwirklicht, als Ideal jedoch kennzeichnete es auch auf dem Kontinent das 19. Jh. über weite Strecken. Der Barock sah den Beginn einer quellenkritischen wissenschaftlichen *Geschichtsforschung*. Der Anstoß dazu kam zunächst von den Jesuiten. Der aus den spanischen Niederlanden stammende Jean Bolland gab seit 1643 unter dem Titel Acta Sanctorum die Quellen für die Lebensbeschreibungen der Heiligen heraus. Zum Herausgeberteam der Bollandisten gehörte auch Daniel Papebroch (1628-1714), der erstmals entsprechende Prinzipien und Methoden aufstellte.

Religion: Der Untergang der hochmittelalterlichen Welt in Seuchen, Sturmfluten und politischen Umwälzungen führte zu Lebensgier ebenso wie einer bislang unbekannten Religiosität. Diese Aufgewühltheit kommt in der vor allem nach der großen Pest populären makabren Darstellung des Todes zum Ausdruck. Dem widerspricht nicht, dass die Zeit des Spätmittelalters nach dem Ende der Hussitenkriege (1419-37) eine der ketzerärmsten überhaupt war; die Missstände der Amtskirche vom Fiskalismus bis zum Elend der kleinen Geistlichkeit stauten sich auf und waren einer breiten Schicht an Zeitgenossen bewusst. Ausdruck dieser Unruhe ist auch die lang anhaltende Periode der Hexenverfolgung, die zwischen 1450 und 1750 – mit dem Höhepunkt 1550-1650 – im Deutschen Reich, vor allem in evangelischen Gebieten etwa 25 000 Menschen das Leben kostete. Die Kritik an der Kirche, die bereits der Tscheche Jan Hus (~1370-1415) geäußert hatte und die auch von den meisten Humanisten wie Erasmus von Rotterdam, Johannes Reuchlin und Ulrich von Hutten geteilt wurde, brach sich 1517 schlagartig mit der Ablehnung der Ablasspraxis Roms durch *Martin Luther* Bahn. Dabei spielte erstmals die massenhafte Verbreitung von Druckerzeugnissen eine entscheidende Rolle – von Flugblättern und -schriften bis hin zur Lutherbibel (NT 1522, AT 1534). Die Lehre Luthers, aber auch anderer Reformatoren wie Calvin und Zwingli in der Schweiz oder der Täufer um Thomas Müntzer fanden ein begeistertes Echo und wurde innerhalb weniger Jahre weit verbreitet. Sie war begleitet von sozialen Unruhen wie 1522/23 dem Ritter- und 1524-26 dem Bauernkrieg. Nach dem kurzen Schmalkaldischen Krieg (1546-47) fanden evangelische und katholische Reichsstände 1555 im Augsburger Religionsfrieden die bis zum 18. Jh. gültige Kompromissformel „Cuius regio, eius religio". Nach einer Phase der theologischen und organisatorischen Konsolidierung („Lutherische Orthodoxie") entstand A. d. 18. Jh.s der Pietismus aus dem Drang zur Bestätigung des persönlichen Glaubens und einem Gefühl mangelhafter Frömmigkeit und christlicher Lebensführung heraus. Da Pietisten ihr Inneres genau beobachten und Erweckungserlebnisse berichten sollten, gelangten sie zu einem sensibleren Umgang mit seelischen Entwicklungen, der wiederum auf Literatur und bildende Kunst ausstrahlte. Das breit angelegte soziale und erzieherische Engagement wie in den Franckeschen Stiftungen in Halle (Saale) von 1698 haben nachhaltige Veränderungen in Gesellschaft und Politik hervorgerufen; aus ihnen sind letztendlich Diakonie und Innere Mission hervorgegangen. Allerdings verlor der Pietismus im Laufe des 18. Jh.s zunächst gegenüber der Aufklärung an Einfluss. Die katholische Kirche stemmte sich früh mit aller Macht gegen ihren Bedeutungsverlust. Schon zu Lebzeiten Luthers gründete Ignatius von Loyola 1534 den Jesuitenorden, der einer Erneuerung der katholischen Kirche und absolutem Gehorsam gegenüber dem Papst verpflichtet ist. Das gleichzeitig entstandene Reformpapsttum (1534-1590) führte 1542 erneut die Inquisition ein und verankerte sie als Kurienbehörde. Das Konzil von Trient (1545-63) bestimmte insbesondere die Gnaden- und Sündenlehre neu, erklärte Schrift und Tradition zu gleichberechtigten Quellen der Lehre, schaffte den Ablass gegen Geldzahlungen ab und ging massiv gegen Simonie vor. 1566 wurden der römische Katechismus, 1568 das Brevier und 1570 das Missale Romanum neu verfasst, 1582 der Gregorianische Kalender vorgeschrieben und 1582 die erste amtliche Ausgabe des Kirchenrechts veröffentlicht. Diese *Gegenreformation* hatte breiten Erfolg. Auch wenn es – mit Ausnahme der Rekatholisierung der österreichischen Erblande – nicht gelang, wesentliche Teile des evangelischen Deutschlands zurückzugewinnen, führten doch barocker Kirchenbau, Marienverehrung und barockes Theater zu einem Aufblühen der katholischen Volkfrömmigkeit.

Architektur: In den Jahrzehnten um 1500 und nach 1700 ist ein Großteil der historischen Bausubstanz Deutschlands geschaffen worden. Im 15. und beginnenden 16. Jh. stand die deutsche *Sondergotik*. Sie ist eng mit der Familie Parler verbunden, die u.a. die Hochchöre von Heilig Kreuz in Schwäbisch Gmünd und des Prager Veitsdom erbaute. Kennzeichnend sind luftige, vielfache Durchblicke gewährende Hallenkirchen mit einfachem Äußeren und gewaltigen Dächern, schlanke, kapitelllose Pfeiler und vielfältige neue Gewölbeformen. Gleichzeitig entstanden ambitionierte weltliche Bauten – vor allem Schlösser, Rathäuser und andere Bürgerbauten –, vielfach in Fachwerk ausgeführt, das im 15. und 16. Jh. zu einem großen Formenreichtum gelangte. Der wirtschaftliche Niedergang Deutschlands schnitt diesen Bauboom ab, so dass die in der 1. H. d. 16. Jh.s nachfolgende *Renaissance* sehr viel weniger Bauten hinterlassen hat. Wiederum lag der Schwerpunkt auf bürgerlichen Bauten wie den Rathäusern von Rothenburg o.d.T. (1570ff.), Augsburg (1615/24) und Nürnberg (1616-22) und den Zeughäusern von Danzig (1602ff.) und Augsburg (1505/1602-07). Erst als sich das Land allmählich vom katastrophalen 30-jährigen Krieg erholt hatte, ließen sich der protestantische Norden vom holländisch-französischen Klassizismus und der katholische Süden vom italienischen *Barock* befruchten. Zunächst bauten italienische und Graubündner Architekten und Bauleute große Kirchen von einer düsteren weißen Pracht – wie 1663-75 St. Kajetan in München. Erst um 1700 gewannen einheimische Künstler das Übergewicht. Zunächst französisch inspiriert, entwickelte sich das *Rokoko* seit den 1730er Jahren zu einem genuin süddeutschen Baustil. Unzählige Dorfkirchen in Südbayern, dem schwäbischen Oberland und Österreich zeigen diesen Stil, der weit bis nach Böhmen, Württemberg, das Rheinland, Sachsen und Preußen ausstrahlte. Neben dem Bau von Kirchen lag nun der Schwerpunkt auf dem von Klöstern und Schlössern. In der 2. H. d. 18. Jh.s deutete sich eine Rückbesinnung auf einfache, klassisch inspirierte Bauformen an. Typisch dafür waren weniger Kirchenbauten wie Neresheim (1745-92) und St. Blasien (1768ff.), sondern eher Schlösser wie Wörlitz (1769), Solitude (1763-67), Wilhelmhöhe bei Kassel (1786f.) und das Marmorpalais in Potsdam (1786-90).

<u>Bildende Kunst</u>: Die religiöse Unruhe des Spätmittelalters schlug sich unmittelbar in der künstlerischen Thematik nieder. So wurden ab der 2. H. d. 14. Jh. *makabre Themen* populär wie die Darstellung Verstorbener auf ihren Sarkophagen als Verwesende und vor allem die Totentänze. Die zuvor strengen, figurbetonten und starren Mariendarstellungen wichen solchen mit fließenden Gewändern, expressiven Haltungen und zartem, verträumtem Ausdruck. Dieser „*weiche Stil*" der „Schönen Madonnen" entstand um 1380 in Frankreich und wurde von den Luxemburgern über Prag nach Deutschland vermittelt („Internationaler Stil"). Schöne Madonnen entstanden fast während des gesamten 15. Jh.s. Einige der betreffenden Künstler ragten bereits in die Renaissance hinein – etwa indem sie, wie Stephan Lochner (~1400/10-51), Anregungen aus Burgund und Flandern aufnahmen. Deren Auseinandersetzung mit der physikalischen Optik und wechselseitigen Einflüsse von Flandern und Italien ermöglichten einen neuen Grad des Naturalismus, in dem bereits eine Tendenz zu Rationalismus und Verwissenschaftlichung zum Ausdruck kam, die zusammen mit dem Willen zu Individualismus und Originalität in eine neue Zeit wies. Diese Malerei wurde erstmals vom reichen Bürgertum getragen. Um dem damit einhergehenden Nachfrageschub nachkommen zu können, war die Trennung von Form und Farbe wichtig, die Jan van Eyck (~1390-1441) vornahm; nur mit einer vorherigen Risszeichnung konnte die Bildgestaltung als handwerklicher Prozess gestaltet und der Maler zum Unternehmer werden. Dazu diente in zunehmendem Maße auch die Druckgrafik; Holzschnitte wurden ab 1400 vermehrt produziert und Kupferstiche wahrscheinlich um 1420/30 im oberdeutschen Raum erstmalig geschaffen. Geschäftstüchtige Verleger rationalisierten die Herstellung im 16. Jh. Bedeutende Maler und Zeichner wirkten eng mit Stechern und Verlegern zusammen, die die Erzeugnisse über Agenten, Jahrmärkte und Messen verbreiteten und für die Reformationspropaganda große Bedeutung erlangten. Bezeichnend für den Geschäftssinn der Epoche war Lucas Cranach d.Ä. (1472-1553) – Freund Luthers und Melanchthons und Schöpfer vieler Grafiken in reformatorischen Schriften –, dessen Werkstatt dennoch den katholischen Ostalpenraum mit seinem häufigsten Mariengnadenbild versorgte. Den deutschen Malern der Epoche war ein ebenso großes Interesse an der Realität wie den Niederländern eigen, ihren z.T. drastischen Darstellungen war jedoch die Kategorie des Schönen weitgehend fremd.

Wie in der Baukunst folgten auch in Malerei und Bildhauerei schaffensärmere Phasen. Erst im *Rokoko* erfolgte eine erneute Explosion der Schaffenskraft insbesondere süddeutscher und österreichischer Künstler. Nach wie vor waren auch bedeutende italienische Künstler in Deutschland aktiv – so die Venezianer Giovanni Battista Tiepolo (1696-1770), der Fresken in der Würzburger Residenz schuf, und Bernardo Bellotto, gen. Canaletto, (1721/22-80) mit seinen Veduten Wiens, Dresdens und Warschaus. Im Gegensatz zu den großen Werkstätten der Renaissance waren die Maler des Barock meist handwerklich orientiert und bildeten regelrechte Künstlerdynastien. Dagegen deutet sich mit den Malern des Klassizismus bereits eine neue Entwicklung an; sie folgten meist einer persönlichen Berufung und bereisten vielfach Italien, um sich an klassischen Vorbildern zu schulen. Mit Angelika Kauffmann (1741-1807) trat erstmals eine Frau hervor. In der *Bildhauerei* kam es im 15. Jh. – ausgehend vom Oberrhein – zunächst zu einer außerordentlichen Blüte mit expressiver Übersteigerung und Vergeistigung. Mit den technischen Möglichkeiten blühte auch der Bronzeguss auf. Hervorragende Beispiele waren die Kenotaphe der Ks. Maximilian I. 1502-84 in der Innsbrucker Hofkirche und Ludwigs des Bayern 1619-22 in der Münchner Frauenkirche. Ansonsten sanken Skulptur und Plastik auf regionales Niveau ab. Erst die Barockskulptur und -plastik brachte wieder in größerer Anzahl große Kunst hervor. Auch bedeutende Künstler wie Johann Joachim Kändler (~1706-75) und Franz Anton Bustelli (1723-63) stellten sich in den Dienst kommerzieller Zwecke wie die der landauf, landab gegründeten Porzellanmanufakturen. In der 2. H. d. 18. Jh.s setzte sich in der Bildhauerei eine klassizistische Sichtweise durch; klare Haltungen lösten nun die Verspieltheit des Rokoko ab. Künstler wie Franz Anton Zauner (1746-1822) und Johann Gottfried Schadow (1764-1850) markierten diesen scharfen Schnitt.

Literatur: Zwar hatten bereits seit Längerem Klosterskriptorien und Berufskopisten Bücher für einen kommerziellen Markt produziert, mit der Verbreitung des Buchdrucks in der 2. H. d. 15. Jh.s wurde Literatur gegen Ende des Spätmittelalters jedoch breiter rezipiert. Es waren dies überwiegend Volksbücher zur Erbauung und Unterhaltung. Ein gehobenes Beispiel war „Der Ackermann aus Böhmen" des Johannes von Tepl – bereits um 1400 entstanden, aber erst ab etwa 1460 als Druck wirklich populär. Während Humanisten wie Erasmus, Reuchlin und zunächst auch Hutten meist auf Lateinisch und damit für ein gebildetes Publikum schrieben, erzielten Werke wie Sebastian Brants „Narrenschiff" (1494 gedruckt) und vor allem die Schriften Martin Luthers eine breite Wirkung, die sich noch steigerte, als viele evangelische Gebiete im Laufe des 16. Jh.s weitgehend alphabetisiert wurden. Gleichzeitig blühte das Jesuitentheater ab 1550 für rd. 100 Jahre auf. Zwar ging die Verbreitung von Schriftkenntnissen mit dem 30-jährigen Krieg wieder zurück, im Laufe des Barock bildete sich jedoch langsam ein stabiles Lesepublikum aus gebildeten Adeligen und Bürgern. Kennzeichnend waren die nach ausländischem Vorbild gegründeten Sprachgesellschaften zur Förderung der deutschen Sprache, von denen etliche bereits während des 30-jährigen Krieges entstanden. Das Publikum konzentrierte sich auf Romane, unter denen zunächst im und nach dem 30-jährigen Krieg der Schäfer- und der Schelmenroman zu nennen sind. Sein bedeutendstes Beispiel war 1668 „Der abenteuerliche Simplicissimus" von Grimmelshausen. 1680-1730 folgte der „galante Roman" – galantes Publikum, galant in Stil und Sujet. Er hatte erstmals mit einem jugendlichen, modischen und urbanen, dann auch einem jungen, adeligen Publikum fest umrissene Zielgruppen. Damit wurde eine Grenze überschritten, die Literatur erst wirklich zur Ware werden ließ. Einen wichtigen Schritt in diese Richtung machten einige Dichter des Klassizismus. Die meisten von ihnen sind der Empfindsamkeit zuzurechnen, die den Zeitgeschmack optimal traf. Die größten deutschsprachigen Dichter des Klassizismus wandten sich jedoch ganz der rationalen Aufklärung zu: Christoph Martin Wieland (1733–1813) führte den Staats- wie den Bildungsroman in die deutsche Literatur ein und Gotthold Ephraim Lessing (1729–1781) gilt mit seinen Dramen, Gedichten und ästhetischen Schriften bis heute als einer der bedeutendsten deutschen Dichter. In den letzten Jahrzehnten des 18. Jh.s wiederholte sich dieser Wechsel von emotionaler Aufladung und klassischer Einfachheit der Literatur. Zunächst stellte der Sturm und Drang 1767–85 die jugendliche Revolte gegen eine einengende und gefühlskalte Aufklärung, gegen jede Tyrannei und für das an keine Regeln gebundene „Genie" dar. Typisch für diese Periode sind Goethes Briefroman „Die Leiden des jungen Werther" von 1774 und Schillers Drama „Die Räuber" von 1781/82. Sehr bald orientierten sich die beiden „Dichterfürsten" jedoch am Ideal der „schönen Seele", eines ruhigen, abgeklärten, in sich selbst ruhenden Menschen.

Musik: Die spätmittelalterliche Musik erreichte meist allenfalls handwerkliches Niveau. Zu den wenigen Ausnahmen gehörte der Südtiroler Ritter Oswald von Wolkenstein (~1377-1445), der vermutlich bereits mehrstimmige Lieder komponiert hat. Dagegen ist für die Renaissancemusik des 15./16. Jh.s gerade polyphone Vokalmusik typisch, wie sie etwa der Wallone Orlando di Lasso (1530/32-94) am Münchner Hof pflegte. Gut ein Jahrhundert vor ihm begann dort die Tätigkeit Conrad Paumanns (1409/15-73). Er begründete die Instrumentalmusik der Renaissance, die die erste große Welle der Instrumentenentwicklung und die Entstehung der modernen Notierung einleitete. Während die großen Musiker der Renaissance fast ausschließlich an den Höfen tätig waren, trat im *Barock* die geistliche Musik in den Vordergrund. Die Gattungen Oper und Oratorium entstandenen, für die Sologesang mit Begleitung typisch war. Während der Frühbarock (~1600-1650) italienisch dominiert war, machten sich im Hochbarock (~1650-1710) französische Einflüsse bemerkbar – vor allem ihre Tanzbegeisterung. Die norddeutsche Orgelschule mit Dietrich Buxtehude (1637–1707) als ihrem bedeutendsten Vertreter ging jedoch eigene Wege. Im Spätbarock (~1710-1750) folgte eine Internationalisierung des Stils. Seine herausragenden Komponisten waren Georg Philipp Telemann (1681–1767), Johann Sebastian Bach (1685–1750) und Georg Friedrich Händel (1685-1759). Rokoko und Frühklassik (~1730-1830) gingen wie in der Literatur den Weg in die Empfindsamkeit. Die *Wiener Klassik* (~1780–1827) begann mit gegenseitigen Anregungen zwischen Joseph Haydn (1732-1809) und Wolfgang Amadeus Mozart (1756-91), bevor Ludwig van Beethoven (1770-1827) den Kreis schloss. Ihre Kammermusiken, Symphonien und Opern strahlten weit über Deutschland hinaus. Die Epoche bestimmte das Lebensgefühl des Bürgertums und blieb bis heute legendär.

# 3.3 Bevölkerung und Umwelt: Holznot und Europäisches Heiratsmuster

Bevölkerung: Die große Pest 1348-52 und die darauf folgenden Pestwellen 1357/62, 1370/76 und 1380/83 verringerten die Bevölkerungszahl Deutschlands trotz dessen relativ geringer Bevölkerungsdichte vermutlich von 12-14 auf 8-9 Mio. Von den rd. 17 000 Siedlungen um 1340 wurde durch die Bevölkerungs- und die darauf folgende Agrardepression rd. ein Viertel verlassen. In den knapp 100 Jahren danach bis etwa 1470 stagnierte die Bevölkerung. Dazu trugen zum einen wiederum vereinzelte Epidemien bei, zum anderen gingen die Kriegsherren immer mehr dazu über, dem Gegner durch eine Politik der verbrannten Erde Requirierungen unmöglich zu machen. So haben die Hussitenkriege 1420-36 den Süden und Osten Deutschlands verwüstet.[79] Spätestens seit der Wende zum 16. Jh. setzte für sechs Jahrzehnte eine kräftige *Bevölkerungszunahme* ein, die ab den 1530er Jahren mit durchschnittlichen Wachstumsraten von über 7‰ p.a. einherging. Ab 1560 verschlechterten sich die landwirtschaftlichen Bedingungen rapide. Zum einen kam es – wie schon gegen Ende des Hochmittelalters – zu einer Knappheit landwirtschaftlich nutzbarer Flächen. Potentielles Neusiedelland war mancherorts erschöpft und insbesondere marginale Mittelgebirgsböden wurden bereits übernutzt. Gleichzeitig verschlechterten sich die klimatischen Bedingungen und beeinträchtigten die Bevölkerungsentwicklung Deutschlands bis um 1630. Dadurch erhöhte sich die Anfälligkeit der Bevölkerung für Epidemien. Besonders schwerwiegend war der Pestgang 1596-98, der zudem im darauf folgenden Jahr durch eine Ruhrpandemie überlagert wurde. In den 1620er und 30er Jahren ließen die Begleitumstände des 30-jährigen Krieges Hungerkrisen und Epidemien anschwellen – neben Pest vor allem Ruhr und Fleckfieber. Während die Bevölkerungsverluste der Epidemien des 15. und 16. Jh.s jeweils innerhalb weniger Jahre ausgeglichen werden konnten, sorgte die lange Dauer des 30-jährigen Kriegs für einen nachhaltigen Rückgang reproduktionsfähiger Jahrgänge, vor allem aber eine lang andauernde hohe Säuglings- und Kindersterblichkeit, und beeinträchtigte so die Wachstumsraten der Bevölkerung nachhaltig. Zwar fielen die Bevölkerungsverluste regional sehr unterschiedlich aus[80], sie beliefen sich deutschlandweit vermutlich aber auf rd. 40%. Von einer Ausgangsbevölkerung von 17 Mio waren um 1650 nur noch rd. 10 Mio übrig geblieben.

Die Regeneration dauerte lange, war doch zunächst ein großer Teil der Ehen Zweitehen, so dass nach 20-30 Jahren ein Echoeffekt auftrat. Die Rekuperation war jedoch von Region zu Region sehr unterschiedlich – je nachdem wie stark eine Bevölkerung in Mitleidenschaft gezogen war und inwieweit eine Region Einwanderer anziehen konnte. So konnte sich das Kurfürstentum Sachsen dank eines lebhaften Zuzugs von Glaubensflüchtlingen aus Böhmen verhältnismäßig rasch erholen. Andere Gebiete benötigten dafür länger wie Bayern, Franken, Württemberg, Hessen, Thüringen, Schlesien, das Erzstift Magdeburg, Mecklenburg und Brandenburg. Behindert von einigen größeren Kriegen wie dem Spanischen und Österreichischen Erbfolgekrieg 1701-13/14 bzw. 1740-48 sowie ansteigenden Auswanderungszahlen konnte Deutschland seinen Bevölkerungsstand von 1620 vermutlich erst M. d. 18. Jh.s wieder erreichen. Die zuvor tendenziell eher rückläufigen Wachstumsraten stabilisierten sich danach. Neben einer Verbesserung der landwirtschaftlichen Produktionsmethoden – vor allem der Einführung der Kartoffel –, der medizinischen Versorgung und des Bildungsniveaus auch breiterer Schichten[81] fiel in einzelnen Gebieten eine Ausweitung der landwirtschaftlichen Fläche durch Aufteilung von Allmende und Gemeinheiten und Trockenlegung größerer Sumpfgebiete in Preußen, Bayern u.a. Ländern in Gewicht. Gleichzeitig schufen Infrastrukturmaßnahmen wie Chaussee- und Kanalbau die Voraussetzung für eine Intensivierung der Gewerbetätigkeit, so dass in einigen Regionen ein Aufblühen der Heim- und Protoindustrie in einem komplizierten Wechselprozess zu steigenden Geburtsraten führte.[82]

Schritt für Schritt bildete sich im Spätmittelalter und beginnender Neuzeit westlich einer Linie von St. Petersburg nach Triest ein Reproduktionsschema heraus, das man als *europäisches Heiratsmuster* bezeichnet. Es band die Eheschließung de facto an die Erbschaft eines Hofes, eine Meisterstelle oder ausreichende Position im Staatsdienst. Formal wurde dies durch die Genehmigung durch Eltern und Obrigkeit wie Zunft, Grundherr oder Kirche sichergestellt. Mit einem evt. Eheverbot sollte verhindert werden, dass sich einkommensschwache Bevölkerungsschichten zu sehr vermehrten. Die frisch Verheirateten gründeten einen neuen Hausstand und die Eltern des Mannes gingen ggf. aufs Altenteil. Bereits zu Beginn der Neuzeit angelegt, bildete sich das europäische Heiratsmuster im Laufe des 16. Jh.s voll aus. Erst gegen E. d. 18. Jh.s lockerte man mancherorts die bestehenden Strafvorschriften zur vor- und außerehelichen Sexualität. Das europäische Heiratsmuster machte das Bevölkerungswachstum von den wirtschaftlichen Möglichkeiten abhängig. Es war im Allgemeinen flexibel genug, Bevölkerungseinbrüche innerhalb verhältnismäßig kurzer Zeit auszugleichen. Dies war möglich, weil es mehrere Reproduktionsreserven gab. So lag das für die Reproduktionsraten wichtige Heiratsalter der Frauen meist vergleichsweise hoch – etwa in der günstigen Phase M. d. 16. Jh.s in den evangelischen Ober- und Mittelschichten bei 22,5 Jahren. In der darauf folgenden Periode der Pestzüge und der Klimaungunst sank es bis gegen E. d. Jh.s kurzfristig auf 19,5 Jahre ab, stieg jedoch bis zum frühen 18. Jh. wieder auf 24-25 Jahre und verharrte im 18. Jh. in den meisten Gegenden zwischen 25 und 27 Jahren. Mit einem so flexiblen Heiratsverhalten konnte die Reproduktionszeit der Frauen spürbar reguliert werden. Je nach der unterschiedlichen regionalen Ausprägung des Heiratssystems – bestimmt durch Erbrecht, Modalitäten der Hof- oder Stellenübergabe – variierte der Prozentsatz der mit 50 Jahren noch ledigen Personen zwar deutlich, lag jedoch insgesamt vergleichsweise hoch. In der 2. H. d. 18. Jh.s stieg diese Zölibatsquote in einigen Regionen auf 30%. Die hohe Quote spät oder auf Dauer nicht Verheirateter ließ den Gesindeanteil spürbar ansteigen. Er betrug noch im 18. Jh. in Gegenden mit großbäuerlichen Strukturen 6-10% der gesamten Bevölkerung und 40-50% der jungen Erwachsenen zwischen 15 und 25 Jahren. Damit stand nach Bevölkerungskatastrophen eine bedeutende Reproduktionsreserve zur Verfügung. Seit M. d. 17. Jh.s kann man kontrakonzeptives Verhalten bei evangelischen städtischen, im 18. Jh. auch bei ländlichen Bevölkerungsgruppen nachweisen. Die Reproduktionsstrategie der Paare richtete sich dabei zunächst auf die Sicherung der Erbfolge. Schien diese gewährleistet, so sank die Fruchtbarkeit nach den ersten Geburten deutlich ab. Im Gegensatz zu diesem Schema stieg die innereheliche Fruchtbarkeit seit Einführung der Kartoffel ab 1750 spürbar an. Damit kündigte sich bereits eine Abkehr vom europäischen Heiratsmuster an, die in den nächsten 100 Jahren schrittweise verwirklicht werden sollte.

Während Mensch und Gesellschaft der Frühen Neuzeit ihre Reproduktionsgeschwindigkeit wenigstens teilweise autonom steuern konnten, galt dies für Krankheit und Tod in sehr viel geringerem Maße. Nur die wenigsten Menschen starben im Spätmittelalter an Altersschwäche und typischen Alterskrankheiten. Die durchschnittliche *Lebenserwartung* bei der Geburt lag in Deutschland im späten Mittelalter und der Frühen Neuzeit meist bei 30-35 Jahren. Neben der hohen Säuglingssterblichkeit waren dafür im Wesentlichen Erkältungskrankheiten und Grippe in den Winter- und Frühlingsmonaten verantwortlich. Langanhaltende Mortalitätskrisen konnten die Lebenserwartung bei der Geburt auch einmal auf 25 Jahre und darunter drücken. Erst im letzten D. d. 18. Jh.s begann die durchschnittliche Lebenserwartung auf knapp 40 Jahre zu steigen.[83] Daneben kam es immer wieder – regional oder überregional – zu regelrechten Mortalitätskrisen. Sie konnten entweder durch Hunger (Subsistenzkrisen) oder Seuchen (epidemische Krisen) hervorgerufen sein. Für beide Krisenformen war ein steiler Gipfel der Sterbefälle (Übersterblichkeit) typisch. Während bei den epidemischen Krisen jedoch die Tauf- und Heiratsziffern eher noch anstiegen, fielen diese bei Subsistenzkrisen deutlich zurück. Allerdings lassen sich beide Typen oft nicht eindeutig trennen, da der Hunger die Menschen auch anfälliger für Krankheiten machte und zu deren Verbreitung beitrug, wenn größere Bevölkerungsgruppen auf der Suche nach Nahrung weite Strecken zurücklegten. Ähnlich eng war der Zusammenhang zwischen Kriegen und Mortalitätskrisen. Da die Truppen aus dem Land heraus ernährt werden mussten und im 17. und 18. Jh. oft die Taktik der verbrannten Erde anwandten, gingen Krieg und Hunger oft Hand in Hand. Zudem förderten weiträumige Fluchtbewegungen, die Zusammenballung großer Menschenmassen in den Städten und monatelange Belagerungen die Seuchengefahr.

Die wichtigste epidemisch auftretende *Krankheit* des späten Mittelalters und der Frühen Neuzeit war die Pest. Nach ihrem ersten pandemischen Auftreten in der 2. H. d. 14. Jh.s diffudierte das Verbreitungsschema zusehends. Die Pest blieb ständig präsent, forderte jedoch in höchst unterschiedlichem Maße Opfer. Aus ihrer mehr oder weniger ständigen Virulenz ragten nur einige wenige Pestzüge hervor, so etwa 1596-99 in den Gebieten nördlich des Mains – gegen Ende durch eine Ruhrpandemie überlagert. Verschiedene weitere Pestwellen suchten Deutschland während des 30-jährigen Kriegs in den 1620er und 30er Jahren heim. Ab dem letzten D. d. 16. Jh.s verschwand die Seuche Schritt für Schritt und trat – regional unterschiedlich – in der 1. H. d. 18. Jh. letztmals auf[84] Im Gegensatz zur Pest schlugen die Pocken meist völlig überraschend und vorwiegend im Winter zu. Die Todesraten betrugen nur 10-20%; betroffen waren fast ausschließlich Kleinkinder. Im späten 17. und im 18. Jh. befand sich die Seuche auf dem stetigen Vormarsch. Im Gegensatz zu Pest und Pocken wird die Ruhr nicht von einem einzelnen fest umgrenzten Erreger ausgelöst. Vielmehr subsumiert man unter diesem Begriff mehrere Infektionskrankheiten des Verdauungsapparates mit bestimmten Symptomen und Verläufen, die von sehr unterschiedlichen Erregern ausgelöst werden. Besonders viele Opfer forderte sie im Gefolge von Hungerkrisen oder anderen Seuchen – so 1599 und im 30-jährigen Krieg im Gefolge der Pest. Sie forderte ihre Opfer vor allem unter älteren Menschen und Kleinkindern der Ebenen und Küstengebiete in heißen Hoch- und Spätsommern.[85] Weitaus mehr Krankheitsopfer kosteten zumindest bis zum Ende der Frühen Neuzeit kontinuierlich auftretende endemische Krankheiten. So kam es bei sommerlichen Hitzewellen in der Oberrheinebene und an der Nordseeküste immer wieder zu Malariaausbrüchen. Ähnlich verhielt sich die Lepra („Aussatz"). Vom 12. bis E. d. 14. Jh.s war sie in ganz Europa verbreitet, ging jedoch vom 15. Jh. an zurück und verschwand im Laufe des 17. Jh.s vollständig, ohne dass der Grund bislang bekannt wäre.[86]

Da die Lebens- und Überlebensbedingungen von Ort zu Ort äußerst unterschiedlich ausfielen, entstanden immer wieder größere *Wanderungsbewegungen*. Dies galt zum einen für die Ergänzung gerade der größeren Städte, die ihre Einwohnerzahl aus sich selbst heraus nicht halten konnten. Bei der Fernwanderung bildeten Glaubensflüchtlinge nahezu die gesamte Frühe Neuzeit hindurch das wichtigste Potential. Der frühneuzeitliche Staat förderte die Ansiedlung dieser Personen vielfach zur Verbesserung seiner Wirtschaftsstruktur sowie nach dem 30-jährigen Krieg zur die Wiederbesiedelung besonders betroffener Gebiete. Hinzu kamen Wirtschaftsflüchtlinge. Die Neusiedler genossen in aller Regel Handels- und Gewerbefreiheit, temporäre Steuerbefreiung, kostenloses Bauland und Baumaterial sowie Kredite und Zuschüsse zur Existenzgründung. Insgesamt ließen sich zwischen 1685 und 1806 rd. 350 000 Menschen allein in Preußen nieder. Deutschland war umgekehrt über Jahrhunderte hinweg eines der klassischen Auswanderungsländer. Lediglich nach der großen Pest und dem 30-jährigen Krieg setzte diese Bewegung für einige Jahrzehnte aus und kehrte sich zeitweise sogar um. Neben einer vermutlich beachtlichen Einzelauswanderung kam es immer wieder zu Auswanderungsschüben. Ab dem 18. Jh. spielte der Zug nach Übersee eine immer wichtigere Rolle. Insgesamt wird die Auswandererzahl aus Deutschland zwischen 1683 und 1800 auf 250 000 bis eine knappe Million geschätzt. Die Auswanderung konzentrierte sich auf die Realteilungsgebiete im Westen und Südwesten Deutschlands. Die Auswanderer stammten meist aus den unterbäuerlichen Schichten, reisten in Familienverband oder Nachbarschaftsgruppen und bestanden zum großen Teil aus ledigen und kinderreichen Familien.

Auslöser für den Entschluss waren meist Hungerkrisen, Kriege oder konfessionelle Unter-
drückungswellen.[87]

Umwelt: Durch eine Übernutzung des Waldes ging dessen Bestand vom Frühmittelalter
bis A. d. 19. Jh.s mehr oder weniger stetig zurück. Holz war die Hauptrohstoffquelle; die
weitaus meisten Häuser waren aus Holz gebaut und der weit überwiegende Teil der Primär-
energieversorgung beruhte auf Holz. Der *Wald* diente als Viehweide und lieferte Einstreu für
die Ställe, Weidenstöcke für Flechtwerk, Kienharz und Gerberlohe. Daneben gehörten Bergbau, Metall- und Glasgewerbe sowie der Kathedralbau des ausgehenden Spätmittelalters mit
seiner tiefen Gründung durch Eichenpfeiler und riesige Dachstühle zu den besonders großen
Waldverbrauchern. Ein Hochofen benötigte in der 2. H. d. 18. Jh.s trotz aller technischer
Fortschritte mehr Holz als zwei kleine Städte. Hinzu kamen neue Großverbraucher. So ver-
schlang der Schiffbau im 17. und 18. Jh. immer mehr Holz, da die Schiffe immer zahlreicher
und größer wurden. Die ständige Übernutzung führte in weiten Waldgebieten dazu, dass nur
noch Niederwälder mit verkrüppelten Baumformen und Gestrüpp verblieben. Wo der Hoch-
wald Bestand hatte, verdrängten solche Bäume die alte Flora, die den ständigen Schnitt besser überstanden – wie Hainbuche, Eiche und Haselnuss. Die Konkurrenz der Waldnutzung
zwischen Bauern, Gewerbe und Adel führte vereinzelt bereits im Frühmittelalter zu wald-
schützerischen Maßnahmen. Während man sich zu Beginn der Frühen Neuzeit auf die Beseitigung von Brennpunkten konzentrierte, begann man im 18. Jh. immer mehr nach systematischen Lösungen zu suchen. Dazu gehörte die künstliche Anzucht von Bäumen, der Ersatz
des immer knapperen Rohstoffes Holz durch Torf und Kohle sowie das Verbot der Neben-
nutzung des Waldes durch Bauern und Gewerbe. Unter dem Einfluss einiger einflussreicher
Fachautoren[88] sahen die Fürsten den Wald ab der 2. H. d. 18. Jh.s als Ressource, die es zu
bewahren galt. Der Staat übernahm immer größere Waldungen und begann mit systematischer Aufforstung durch schnell wachsende Nadelhölzer.

Die Bevölkerungsverluste der großen Pest und des 30-jährigen Krieges gingen jeweils mit
einem *Wüstungsprozess* einher. Die freigewordenen Flächen wurden entweder unter dem
Druck der Landesfürsten aufgeforstet, um ausgedehntere Jagdwälder zu erhalten, oder den
größeren Gütern der Umgebung zugeschlagen. Spätestens nach der Niederlage der Bauern in
den Bauernkriegen in Thüringen, Franken und Schwaben kam es ab dem 16. Jh. zur sog.
*Verkoppelung*. Dabei legte man mehrere längliche Gewannfluren zusammen zu eher quadra-
tischen Koppeln, umgab sie mit einer Einhegung und ging vom Getreidebau zur Viehwirtschaft über. Im Mittelpunkt der nun sehr viel größeren Gutsbetriebe legte man seit dem
17. Jh. Parks und Herrenhäuser an. Darin drückte sich eine Neubewertung der Landschaft
aus. Beispiele für großzügige Schlossparks sind um 1700 diejenigen von Nymphenburg bei
München und Charlottenburg bei Berlin sowie die englischen Parks des Klassizismus, wie
sie erstmals in den 1760er und 80er Jahren in großem Stil in Wörlitz, Laxenburg bei Wien
und durch den Englischen Garten bei München realisiert wurden. Die Gärten von Sanssouci,
Cecilienhof, Babelsberg, Charlottenhof, Glienicke und die Pfaueninsel bei Potsdam wurden
1744-1913 als weiteres großes Gesamtkunstwerk errichtet.[89] Bis in die Zeit des Merkantilismus blieben die Kerngebiete der Moore menschenleer. Eine gewisse Ausnahme stellten die
Niederlande dar, wo *Moorkultivierungen* bereits im Hochmittelalter in größerem Umfang
stattgefunden hatten. In Deutschland begannen sie dagegen erst im 17. Jh. in größerem Stil.
So taten sich in Ostfriesland und im Emsland Händler zusammen, um dort große Moorsied-

lungen zu gründen. Andere Moorkultivierungen in Schleswig-Holstein und an der Unterelbe fielen ebenfalls in das 17. Jh. Im 18. Jh. begann Brandenburg-Preußen mit seinen großflächigen Trockenlegungen – zunächst im Havelland und später im Oder- und Wartbruch sowie in der Altmark. Innerhalb weniger Jahre machte das Beispiel Schule – so in Hannover, Bayern, Oberschwaben und Münster.[90] Klöster legten seit Beginn des abendländischen Mönchtums *Fischteiche* an, um während der Fastenzeiten über tierisches Eiweiß zu verfügen. Im Spätmittelalter und der Frühen Neuzeit entstanden so zum Teil ganze Teichlandschaften, die vielfach heute noch existieren. Beispiele dafür gibt es in der nördlichen Oberlausitz, der Niederlausitz, Ostthüringen und Mittelfranken. Auch heute noch am beeindruckendsten ist die riesige Teichlandschaft des südböhmischen Wittingau, in der ab 1508 rd. 10 000ha Wasserfläche geschaffen wurde. Er umfasst den 1571 geschaffenen Weltteich mit 208ha und den 14 Jahre später gefluteten Rosenberger Teich mit ursprünglich 1060ha Fläche. Zur Wasserversorgung hat man 1508 den goldenen Kanal mit 45 und 1585 den neuen Fluss mit 14km Länge gegraben. Die riesigen Wasserflächen haben das Kleinklima beeinflusst; die Sommer sind wesentlich wärmer, aber auch regnerischer geworden.[91]

# 3.4        Technik: Amalgam und Drahtmühle

*Landwirtschaftstechnik*: Nach der Entvölkerung durch die Große Pest wandten sich die Bemühungen in der Landwirtschaftstechnik zunächst der Viehwirtschaft zu. So hat man den Wiesenbau durch ein qualifiziertes Verfahren des Heumachens optimiert. Um 1450 bildete sich eine regelrechte Hausgartenkultur heraus; der typische Bauerngarten entstand und trug zur Versorgung der Höfe bei. Im städtischen Umfeld bildete sich teilweise ein Gärtnerhandwerk. So sind für Frankfurt/ M. 1440 42 Gärtnermeister und 24 Tagelöhner bezeugt.[92] Im Spätmittelalter wurden auch verschiedene Sonderkulturen wie Gemüse, Kräuter, Färberpflanzen und Wein optimiert und regional konzentriert. Wie auf anderen technischen Gebieten blühte um 1500 die Landwirtschaftsliteratur auf. Das 16. Jh. sah auch eine Intensivierung der Zuchtbemühungen – vor allem auf großen Gütern durch Einkreuzen fremder Rinderrassen. Außerdem drang das Pferd als Arbeitstier auch in Realteilungsgebieten vor. Es wurde durch den schwereren Kehrpflug notwendig, mit dem man unmittelbar neben der letzten Furche wieder zurückpflügen konnte. Mit ihm konnte der Boden Furche für Furche hangaufwärts geworfen und so gerade in hügeligem Gelände der Bodenerosion entgegen gewirkt werden. Zwar herrschte weiterhin der Streichpflug vor, er wurde jedoch durch verschiedene technische Neuerungen leichter und stabiler. Im 16. Jh. tauchten sogar erste Seilpflüge auf, die auf dem Acker hin und her gezogen wurden. Anfang des Jh.s kamen die ersten Walzen und Rahmeneggen mit Eisenzinken auf. Bei der Ernte ersetzte die arbeitssparende Sense vor allem bei Hafer und Gerste immer häufiger die Sichel. Bei ihnen sitzen die Körner fest an den Ähren. Nach dem Einbruch des 30-jährigen Krieges nahm die landwirtschaftliche Produktivität um 1740 wieder zu. Die Verbesserungen bestanden in neuen Geräten etwa für das Pflügen und Sähen sowie einer größeren Verbreitung der Düngung. Außerdem wurde die bisherige Brache mehr und mehr durch Klee und Blattfrüchte bebaut, an der Ostsee Weidemit Ackernutzung abgewechselt, Äcker in Gärten umgewandelt und ganz generell neben Getreide verstärkt Hülsenfrüchte u.a. Leguminosen, Rüben und Textilpflanzen angebaut.

Insgesamt hat man diese Verbesserungen etwas hochtrabend die „Agrarrevolution" des 18. Jh.s genannt. Während die Viehzucht stagnierte, erfuhr die Forstwirtschaft ab der 2. H. d. 17. Jh.s systematische landesherrliche Förderung. So wurden Forstnutzungsordnungen erlassen, die Raubbau verhindern und Naturverjüngung ermöglichen sollten.

Berg- und Metalltechnik: Der *Bergbau* überwand in der 1. H. d. 15. Jh.s die technischen Probleme, die einige Jahrzehnte zuvor zur Einstellung einer Reihe älterer, tieferer Gruben geführt hatten. Verbesserte Schöpftechnik ermöglichte tiefere Teufen, eine Vielzahl kleiner Verbesserungen fortschrittlichere Abbaumethoden. Grubenhunte liefen seit dem frühen 15. Jh. auf „Gestängen". Die Vorderräder schrumpften, so dass die schweren Wagen leichter zu lenken waren. Pferdegöpel ersetzen bei der Schachtförderung um 1500 die traditionelle Handhaspel. Seit dem 15. Jh. setzte man in zunehmendem Maße oberschächtige Wasserräder für die Förderung ein. Sie waren vielfach als Kehrräder mit einem doppelten Schaufelkranz versehen, um die Laufrichtung ändern zu können. M. d. 16. Jh.s wurden solche Wasserräder auch für die Entwässerung eingesetzt. Bereits im 15. Jh. hat man dazu Heinzenkünste verwandt, bei denen Lederbeutel in Holzrohren das Wasser hoben. Hinzu kamen Kannen- und Bulgenkünste sowie Kolbenpumpen. Da für die Energiegewinnung geeignete Oberflächengewässer und Schächte oft weit entfernt lagen, baute man zur Energieübertragung seit der 2. H. d. 16. Jh.s Stangenkünste oder Feldgestänge. Hinzu kamen Methoden der Bewetterung und besonders seit dem 16. Jh. Fortschritte der Markscheidekunst. Besonders wichtig war der A. d. 17. Jh.s erfundene Hängekompass, der eine wesentliche Verbesserung der Grubenkarten ermöglichte. Die Methoden der Entwässerung, Bewetterung und Förderung wurden im weiteren Verlauf des 15. und zu Beg. d. 16. Jh.s so weit verbessert, dass die deutsche Bergtechnik ihren bereits im Hochmittelalter vorhandenen Vorsprung kontinuierlich ausbaute. Er schwand langsam, als mit der Entdeckung Amerikas die Silberpreise zu Beg. d. 16. Jh.s zurückgingen und wesentlich geringere Mittel für Investitionen zur Verfügung standen. Erst die 1. H. d. 17. Jh. sah mit dem Sprengen eine neue Vortriebtechnik. Sie setzte sich aber wegen ihrer Gefährlichkeit nur langsam durch. Auch die 1712 erfundene Newcomensche Dampfmaschine wurde in deutschen Gruben erst vereinzelt E. d. 18. Jh.s verwandt. Dasselbe galt ab M. d. Jh.s für die Wassersäulenmaschine.

Ganz ähnlich verlief die Entwicklung im *Metallgewerbe*. Hier standen zu Beg. d. 15. Jh.s einige Basisinnovationen wie das Amalgamieren und das Saigerverfahren, mit dessen Hilfe das in Kupfererzen enthaltene Silber gewonnen werden konnte. Neue Hochöfen hatten einen wesentlich höheren Ausstoß. Auch die Eisenverarbeitung wurde durch Hammerwerke, Draht- u.a. Mühlen in großem Stil mechanisiert. Walzen wurden im 15. Jh. zunächst für die Herstellung von Folien und Blechen aus Bunt- und Edelmetallen verwandt. Glühendes Eisen walzte und schnitt man seit E. d. 16. Jh.s. Das Auswalzen von kaltem Blei ließ dagegen noch bis ins 18. Jh. auf sich warten. Die Verhüttung trat in engem Zusammenhang mit dem Bergbau bereits im Laufe des 16. Jh.s in eine Stagnationsphase ein. So versäumten es einige zuvor blühende Metallregionen wie die Oberpfalz auf moderne Hochöfen umzusteigen. Dagegen gelang es dem metallverarbeitenden Gewerbe in Deutschland zunächst, seinen technischen Vorsprung zu halten. Im Gegensatz zu früher war nun jedoch die Entwicklung in einigen wenigen Zentren maßgeblich. Unter ihnen ragte Nürnberg hervor, das eine breite Produktpalette von hochwertigen Harnischen über feinmechanische Instrumente bis hin zu Massenprodukten wie Draht fertigte. In einigen speziellen Fällen scheinen Innovationen von

Unternehmern regelrecht in Auftrag gegeben worden zu sein wie bei der Drahtmühle. Hilf-reich bei dieser Entwicklung war sicherlich, dass in der Stadt an der Pegnitz keine Zünfte bestanden und Gewerbevorschriften daher durch einfachen Ratsbeschluss geändert werden konnten. Die Stadt ragte denn auch im 15. bis 17. Jh. in Deutschland lange Zeit durch ihre Gewerbevielfalt hervor – vom Bau kleiner Uhren über den astronomischer Instrumente, von Landkarten und Globen bis zur Herstellung von Draht und Automaten. Der Entwicklung Nürnbergs ähnelte in mancherlei Hinsicht die Augsburgs und einiger anderer bedeutender oberdeutscher Städte wie Basel und Strassburg. Wichtig in der Metalltechnik waren zudem vor allem im Habsburger Raum einige von den Landesfürsten initiierte Gewerbezentren – wie die Harnischmacherei in Innsbruck, die Kupferhütte in Reute in Tirol oder der wissen-schaftliche Instrumentenbau im rudolfinischen Prag.

Die Beschleunigung des wissenschaftlich-technischen Fortschritts begann also bereits im 16. und 17. Jh. Seit dem 16. Jh. wurden Drehmaschinen immer komplexer. Mit ihrer Hilfe konnten ab dem späten 17. Jh. die kompliziertesten kunsthandwerklichen Gegenstände her-gestellt werden. 1720 begann man in Kassel voll gegossene eiserne Kanonenrohre auszuboh-ren. Ab der 2. H. d. 16. Jh.s wurden mehr und mehr Mess- und Beobachtungsinstrumente entwickelt und hergestellt – einerseits für Geometrie, Astronomie, Geodäsie, Navigation und Markscheidewesen, andererseits aber auch für die Liebhaberei reicher Kunden. Zu diesen Instrumenten gehörte 1611 das erste astronomische Fernrohr (mit zwei Sammellinsen), das Johannes Kepler erfunden hatte. M. d. 17. Jh.s wurde in den Niederlanden das Mikroskop entwickelt. Gleichzeitig konstruierte man die ersten Schleif- und Poliermaschinen, um die Genauigkeit von Brillen und optischen Instumenten zu steigern. Ab der 1. H. d. 17. Jh.s tauchten die Barometer und Thermometer sowie die Luftpumpe auf. Besonders weitreichen-de Folgen hatte die Räderuhr. Bereits für das 14. Jh. sind in Europa rd. 500 von ihnen doku-mentiert. Das 15. und 16. Jh. sah Dutzende astronomischer Großuhren, die vielfach bis heute Wahrzeichen ihrer Städte sind. Bei kleineren Uhren ging man kurz nach 1500 vom Gewichts-zum Federantrieb über. Dennoch hatten Uhren noch M. d. 17. Jh.s Gangabweichungen von 10-20 Minuten pro Tag, die anhand von Sonnenuhren korrigiert werden musste. 1657 stellte Christian Huygens die erste Pendeluhr vor, deren Gangabweichung nur noch 10-15 Sekunden pro Tag betrug. Durch die Erfindung der Unruh an Stelle der bisherigen Spin-delhemmung erhielten tragbare Uhren dieselbe Genauigkeit und wurden zur präzisen Län-genbestimmung auf See tauglich. Auf Grund dieser Fortschritte erhielten die meisten Uhren E. d. 17. Jh.s Minutenzeiger. Die Uhr wurde im Laufe des 18. Jh.s mehr und mehr auch vom breiten Bürgertum nachgefragt. Die Massenfertigung vor allem Englands, später der Schweiz und Frankreichs verbilligte eine normale Gebrauchsuhr bis 1776 auf 5% ihres Preises 100 Jahre zuvor. Lewis Mumford schrieb dazu: "Die Uhr, nicht die Dampfmaschine ist es, die uns die moderne industrielle Welt erschlossen hat."[93]

<u>Textiltechnik</u>: Anders als in Nürnberg hatten die spätmittelalterlichen und frühneuzeitli-chen Gewerbezentren des alemannischen Raums einen deutlichen Schwerpunkt im Textil-gewerbe. Im Gegensatz zu Bergbau, Metallurgie und Metallverarbeitung vollzog die deut-sche Textil- und Färbetechnik meist nur Entwicklungen nach, die Textilzentren in Oberita-lien, Flandern, England oder Frankreich bereits früher realisiert hatten. Während Spätmittel-alter und beginnender Neuzeit wurden Innovationen des Verspinnens und Verwebens von Baumwollgarnen auch in Deutschland meist sehr schnell übernommen. Die entsprechenden

Geräte waren das Spinnrad und der Trittwebstuhl. Die Verarbeitung von Baumwollgeweben hatte ihre Zentren im Umkreis wichtiger Handelsstädte des alemannischen Raums wie Augsburg, Basel, Ulm, Konstanz und Ravensburg. Die Textilverarbeitung lag wegen deren Kapitalkraft und Unternehmergeist entweder von vorneherein in Händen von Kaufleuten oder die Zünfte wurden durch nahe, den Kaufleuten zuarbeitende Konkurrenz diszipliniert. Gerade die Verarbeitung von Baumwolle und Leinen zu Barchent spielte neben Bergbau und Metallurgie eine entscheidende Rolle bei der Entwicklung, die von einigen Wirtschaftshistorikern etwas hochtrabend "Industrielle Revolution des Spätmittelalters" genannt wird. Bei der Verarbeitung von Seide hinderten Geheimhaltungsmaßnahmen den Diffusionsprozess – wie die Luccas und später anderer oberitalienischer Städte und schließlich Frankreichs. Daher gelang es deutschen Handwerkern und Manufakturen bis zum Ende der Frühen Neuzeit nicht, den technischen Vorsprung dieser Länder auch nur annähernd aufzuholen. Lediglich in den brandenburgischen Städten Krefeld und Berlin entstanden E. d. 17. Jh.s kleinere Zentren der Seidenverarbeitung. In München war immerhin seit 1669 eine Seidenzwirnmühle in Betrieb. Einen ähnlichen, wenngleich weniger krassen technischen Vorsprung hatten Flandern und England auf dem Gebiet der Tucherzeugung und -verarbeitung. Dabei kam es zu einer Reihe von Rationalisierungsmaßnahmen. So presste und glättete man Wolltuch ab dem 16. Jh. mit Hilfe von Mangeln, Spindel- und Tuchpressen. Besonders bei wollenen Tuchen konnten dennoch sich allenfalls einzelne Regionen – wie Köln – qualitativ gegen gute Importwaren behaupten. Dagegen besaßen deutsche Leinen-, Barchent- und Baumwollgewebe in vielen Ländern einen hervorragenden Ruf. So rationalisierte die Flachsbrechmühle das arbeitsintensive Brechen des Flachses. E. d. 16. Jh.s wurde die Bandmühle erfunden; sie verbreitete sich jedoch nur dort, wo ihr nicht ökonomische Interessen der Zünfte entgegenstanden. Der erste mehrgängige Bandwebstuhl stand um 1586 in Danzig. Ähnlich zögerlich war die Diffusion des bereits 1589 in England vorgestellten Strumpfwirkstuhls, der erst A. d. 18. Jh.s mit den Hugenotten nach Deutschland kam, danach aber einen schnellen Siegeszug antrat.

Schifftechnik: Die volkswirtschaftliche Bedeutung der Seefahrt stieg während des gesamten Spätmittelalters und der Frühen Neuzeit. Umso fataler war es, dass Deutschland auf dem Gebiet des Schiffbaus keine führende Stellung einnehmen konnte. Zwar waren deutsche Schiffe wegen ihrer Qualität noch M. d. 16. Jh.s auch in England gefragt, technische Neuerungen jedoch gingen von anderen Ländern aus. So war das Hauptschiff der Hanse, die Kogge, zwar schnell und einfach zu bauen und zu bedienen, es stand jedoch bereits im 14. und 15. Jh. anderen Typen hinsichtlich Seegängigkeit, Größe und Schnelligkeit nach. Solange sich Neuerungen primär auf die Bauart der Schiffe bezogen, war diese Innovationsschwäche der deutschen Werften nicht entscheidend, da man neue Typen schnell kaufen und nachahmen konnte. So ersetzte man im Mittelmeerraum ab M. d. 15. Jh.s die Klinkierung des Schiffsrumpfs durch Kraweelbauweise, bei denen die Schiffsplanken nicht mehr überlappten. Seit d. 1. H. d. 16. Jh.s baute man auch in Deutschland zwei- und dreimastige Schiffe nach katalanischem Vorbild. Mit beiden Neuerungen lagen die Schiffe besser am Wind und konnten schneller gesegelt werden. Die beiden größten derartigen in Deutschland gebauten Karawellen trugen 1475 eine Last von 800t. Um 1500 erfand man Stückpforten, so dass die Zahl der mitgeführten Geschütze dramatisch ansteigen konnte. Damit trennten sich Handels- und Kriegsschiffe konstruktiv. Noch vor 1600 entstand in den Niederlanden die Fleute, die schlank war, flache Borde hatte und keine Vorder- und Achterkastelle. Sie war schnell und bedurfte lediglich einer kleinen Mannschaft. Spätestens im 16. Jh. gewannen die Holländer dadurch eine Vorherrschaft im Schiffbau, dass sie das Herstellungsverfahren ihrer Schiffe Schritt für Schritt durchrationalisierten und bedeutende Kostenvorteile errangen. Auf einer ähnlichen Linie lagen die Strategien Frankreichs, vor allem aber Englands, die insbesondere beim Kriegsschiffbau die Zahl der Typen drastisch reduzierten, die Entwurfs- und Genehmigungsverfahren vereinheitlichten und enorme Summen in den Aufbau nationaler Flotten steckten. Die deutschen Schiffbauer jedoch waren nach wie vor zunftmäßig organisiert, produzierten relativ teuer und übernahmen technische Neuerungen nur zögerlich.

Bautechnik: Im Gegensatz zum Schiffbau war die deutsche Bautechnik im Spätmittelalter auf einigen Gebieten technisch führend gewesen – vor allem bei der Wölbetechnik. Bahnbrechend waren dabei zunächst Mitglieder der Familie Parler, die M. d. 14. bis A. d. 15. Jh.s u.a. die Chöre von Heilig Kreuz in Schwäbisch Hall und des Prager Veitsdoms bauten und mit deren Skelettbauweise neue konstruktive Lösungen fanden. Diese Hallenkirchen der Sondergotik bestimmten bis E. d. 15. Jh.s das Bild der deutschen Baukunst. Da die Schiffe solcher Kirchen alle gleich hoch waren, gehören die aufliegenden Satteldächer mit ihren riesigen Dachstühlen zu den größten ihrer Art. Während sich jedoch seit der Renaissance vor allem der italienische, später auch der französische und englische Kuppelbau zu außerordentlichen Leistungen steigerte, kam es in Deutschland mit wenigen Ausnahmen zu keinen anspruchsvollen technischen Lösungen mehr. Dies galt auch für technische Bauwerke wie den Brückenbau, wo 1596/98 die Fleischbrücke in Nürnberg als letztes herausragendes Bauwerk geschaffen worden war. Erst das Barock wagte sich wieder an ambitionierte technische Lösungen. Ein Beispiel ist das Treppenhaus der Würzburger Residenz, dessen extrem flache, durch Balthasar Neumann erbaute Kuppel mit 670qm das von Tiepolo gemalte größte zusammenhängende Deckenfresko der Welt trägt. Im Laufe des 16. Jh.s passte sich die Festungsbaukunst der stärker werdenden Kraft der Kanonen an. Zunächst erhielten die Ecktürme oft zylindrische Form, um eine bessere Flankierung und statische Widerstandskraft der Werke zu erreichen. Kurz darauf übernahm man aus Italien die Polygonalbastionen, die möglichst keinen toten Winkel entstehen lassen sollten.

Buchdruck: 1451/57 erfolgte die Basisinnovation des Buchdrucks durch Gutenberg in Mainz. Sie bestand in beweglichen Lettern und der eigentlichen Druckerpresse. Die Erfindung bedurfte nur weniger Verbesserungsschritte und verbreitete sich explosionsartig. Bereits nach 50 Jahren gab es in Europa 252 Druckorte. Bemerkenswert ist, wie viele Bücher in Deutschland gedruckt wurden und ihr Publikum fanden. Angestoßen von einer vergleichsweise hohen Alphabetisierung insbesondere in den Städten und vor allem im 16. und 18 Jh. in evangelischen Territorien, spielten in Deutschland sehr früh Flugblätter und erste Zeitungen eine Rolle.

Konkurrenzfähigkeit: Das technologische Schicksal des deutschen Textilgewerbes war typisch auch für andere Gewerbezweige. Während Restriktionen wie Zunftvorschriften, geringe Größe der Wirtschaftsräume und schlechter Ausbau der Verkehrswege im Spätmittelalter entweder noch wenig ausgeprägt waren oder angesichts der Rückständigkeit auch anderer Länder kaum ins Gewicht fielen, begann sich dies zu Beginn der Neuzeit dramatisch zu ändern. Teilweise reagierte das Textilgewerbe früh darauf und führte beispielsweise im Färbereihandwerk manufakturartige Großbetriebsformen ein – getragen von Städten oder Zünften.

Im Laufe des 16. oder 17. Jh.s kam es jedoch im Textilgewerbe zu einer zunehmenden Erstarrung. Die großen inländischen Kaufleute wandten sich von der einheimischen Textilproduktion ab und die Zünfte gaben den Ton nun weitgehend an. Obwohl auch sie je nach Interessenlage durchaus innovationsförderndes Verhalten an den Tag legen konnten,[94] verboten sie doch vielfach bestimmte Formen von Rationalisierungsinvestitionen oder neuen Farbstoffen. Dies führte dazu, dass das spätmittelalterliche System der deutschen Textilproduktion durch Zunftgenossen oder über das Verlagswesen bis zum Ende der Frühen Neuzeit weitgehend konserviert wurde. Dementsprechend übernahm man dort auch nicht die seit E. d. 17. Jh.s in England und Frankreich immer häufiger werdenden technischen Innovationen des Textilgewerbes, die insbesondere in England zu einem Anstoß der Industriellen Revolution wurden. Technische Neuerungen hat man in Deutschland dagegen in den vom Staat geführten oder privilegierten Textilmanufakturen des 18. Jh.s eingeführt. Sie hinkten jedoch hinsichtlich Produktivität und technischem Standard den französischen und vor allem den englischen Gegenstücken deutlich hinterher.

Eine ähnliche Entwicklung machten auch *Bergbau und Metallverarbeitung* durch. Bereits im 16. Jh. wurde der deutsche Silberbergbau durch den Verfall der Edelmetallpreise beeinträchtigt. Im 17. Jh. forcierte Schweden seinen Bergbau außerordentlich, so dass auch die Eisenpreise zurückgingen. In beiden Fällen wurden deutsche Montanregionen von lang anhaltenden Krisen erfasst. Während deutsche Bergleute noch im 16. Jh. den Technologietransfer nach England besorgten, hatte sich die Entwicklung gut 100 Jahre später völlig verkehrt. Nun waren Bergbau und Metallurgie Englands führend, während die große Zögerlichkeit der Einführung der beiden Basisinnovationen der Newcomenschen Dampfmaschine und des Kokshochofens in Deutschland für einen immer weiteren technologischen Rückstand sorgten. Dagegen konnte die Metallverarbeitung Deutschlands – und hier besonders die Feinmechanik – ihren technischen Vorsprung vielfach noch bis weit in das 17. Jh. hinein halten. Dies war umso wichtiger, als die betreffenden Gebiete ausgesprochen lukrativ und wachstumsstark waren. Dazu gehörte etwa die Herstellung von Messgeräten, Tafelaufsätzen und -silber oder von Prunkwaffen und Uhren. Auch auf diesen Gebieten häuften sich jedoch gegen E. d. 17. Jh.s Erfindungen und Innovationen der westlichen Nachbarländer, so dass mit dem technischen Vorsprung auch die Exportmärkte der bisherigen oberdeutschen Fabrikationszentren dahinschmolzen und diese nur noch dort konkurrenzfähig waren, wo handwerkliches Spezialistentum mit relativ anspruchsloser Technik einherging. Beispiele dafür waren Tafelsilber und Luxusmöbel, die wiederum in einigen oberdeutschen Städten konzentriert waren. Selbst wo in Deutschland echte Basisinnovationen stattfanden – wie 1708 die Erfindung des europäischen Hartporzellans – gelang es nicht, auf Dauer technisch und wirtschaftlich führend zu bleiben. So nahmen die Manufakturen von Kopenhagen und Sèvres ihre Produktion von Hartporzellan 1771/72 bzw. 1772 auf.

Hier zeigte sich bereits, wie wichtig bestimmte nationale Eigenarten im Spätmittelalter und der Frühen Neuzeit auch im Bereich der technischen Entwicklung wurden. Darauf deutet unter anderem die über Jahrhunderte hinweg anhaltende, evt. nach gewissen Schwächephasen wieder aufblühende Stärke verschiedener deutscher *Standorte* auf den Gebieten Bergbau, Verhüttung und Metallverarbeitung bis hin zur Feinmechanik und Drucktechnik hin. Sie profitierten dabei von einem komplizierten, sich selbst stützenden und verstärkenden Geflecht aus natürlichen Standortfaktoren wie Bodenschätzen und geeigneten Oberflächengewässern, technischer und allgemeiner Bildung, der Tradition bestimmter Standorte und ihrer Infrastruktur. Dagegen war das technische Niveau Deutschlands auf anderen Gebieten auf Dauer vergleichsweise schlecht (z.B. der Landwirtschaft oder der Schiffstechnik) oder es konnte nur zeitweise hervorragen, wie dies etwa bei Teilen der Bau- wie der Textiltechnik im Spätmittelalter der Fall war. Gerade bei kapitalintensiven Gebieten wie dem Bergbau und der Metallurgie zeigte sich darüber hinaus, wie wichtig die *Kapitalkraft* für technische Entwicklungen sein konnte. Stand in Deutschland gerade im 15. Jh. noch in außergewöhnlichem Maße Kapital zur Verfügung, so stagnierten im 16. Jh. meist die Selbst- und Außenfinanzierungsmöglichkeiten. Eine besondere Katastrophe bedeutete in dieser Hinsicht der 30-jährige Krieg, der zu einem außerordentlichen Verarmungsprozess des gesamten Landes führte und zusätzlich zu den ohnehin bestehenden Problemen am Weltmarkt auch den Binnenmarkt stark schrumpfen ließ. Wie oft in Zeiten wirtschaftlicher Stagnation reagierten bisherige Träger des technischen Fortschritts mit einer Erstarrung. Sie betraf vor allem die Zunftvorschriften und damit den Zugang zum Handwerk, die Abwehr technischer Innovationen sowie die Vorschrift bestimmter Materialien und Produktionsmethoden.

Dennoch kam dieser Entwicklung vermutlich keine entscheidende Bedeutung zu. Zum einen verfügten wichtige Gewerbezentren entweder über keine Zünfte – wie Nürnberg oder Dinkelsbühl – oder ihre Unternehmer konnten auf das Landhandwerk der Umgebung zurückgreifen. Dies war bei Augsburg und Basel der Fall. Ähnlich lagen die Verhältnisse bei handelsintensiven Städten – etwa den Messestädten Frankfurt, Leipzig, Nördlingen und Bozen sowie den Seestädten Hamburg und Bremen. Im Laufe der Frühen Neuzeit wuchs zudem die Bedeutung des Landhandwerks. Darüber hinaus entstand in Renaissance und Barock in aller Regel außerhalb der Zünfte ein umfangreiches höfisches Handwerk. Hinzu kam in bestimmten Phasen – besonders im 15. und der 1. H. d. 18. Jh.s – ein weitgehend ortsungebundenes Bauhandwerk. Neben der nach wie vor dominierenden *Betriebsform* des Meisterbetriebs – allenfalls ergänzt durch eine beschränkte Anzahl von Gesellen und Lehrlingen – entstanden seit dem Hochmittelalter häufiger größere und/ oder differenziertere Betriebseinheiten. Hierzu zählten zunächst viele der für Deutschland so wichtigen Bergwerke, Verhüttungsbetriebe und Hammerwerke, aber auch die Bauhütten der großen oberdeutschen Städte und die Verlagssysteme der dortigen Textilherren. Hinzu kamen vereinzelt bereits im 15. Jh. manufakturartige Betriebe, in denen handwerkliche Tätigkeiten in einzelne Arbeitsschritte zerlegt und von unterschiedlichen Personen ausgeführt wurden. Für die frühe Zeit waren hierfür Färbereibetriebe typisch, aber auch die im 16. Jh. massenhaft entstehenden Papiermühlen und größeren Druckereien kann man in gewisser Weise hinzurechnen. Einen besonderen Aufschwung nahm das Manufakturwesen unter dem Einfluss merkantilistischer Ideen an der Wende zum 18. Jh. durch Eingriffe des absolutistischen Staates. Es sollte ganz generell das Exportgewerbe eines Territoriums stärken und Importe zurückdrängen Daher überwogen solche Branchen, die mit ihren Produkten die wachsenden Höfe und stehenden Heere versorgten. Dazu gehörten vor allem Luxusgewerbe wie Seiden- und Porzellanmanufakturen, Uniform- und Gewehrfabriken sowie Geschützgießereien.

Entscheidend für den relativen Niedergang des technischen Niveaus in Deutschland war dagegen neben der Schwerpunktverlagerung der globalen Wirtschaft und dem Verarmungsprozess, der mit dem 30-jährigen Krieg einherging, der *Aufstieg einiger westeuropäischer Länder*. Frankreich, Großbritannien, ja sogar die Niederlande bildeten große Binnenmärkte mit weitgehend einheitlichen ökonomischen Bedingungen und ohne prohibitive Handelsschranken. Alle drei Länder erhielten durch ihre großen Handels- und Kriegsflotten sowie ihr globales Netz von Handelsstützpunkten und Kolonien stetig positive wirtschaftliche Impulse – von den enormen Gewinnmöglichkeiten im Ostindienhandel sowie beim goldenen Dreieck des Atlantikhandels[95] über technische Impulse etwa bei der Färberei oder Seidenzucht bis hin zur Förderung von globalem Denken und unternehmerischem Wagemut. So setzte sich im 17. Jh. zunächst in den Niederlanden, dann auch in England eine relativ moderne Form liberalen ökonomischen Denkens durch – gefördert durch Ansätze einer gesamtstaatlichen Demokratisierung. Eine wichtige Rolle beim Zusammenwachsen der nationalen Wirtschaftsräume spielte in allen drei Ländern der planmäßige Ausbau der Infrastruktur. Dabei waren die Niederlande und England von der Natur insofern begünstigt, als dort ein großer Teil des Verkehrs auf bereits vorhandenen Wasserstraßen abgewickelt werden konnte – in England entlang einer sehr langen Küste und in den Niederlanden auf den vorhandenen Flüssen, Buchten und Kanälen. Zudem bauten alle drei Ländern seit dem 17., vor allem aber dem 18. Jh. zusätzliche moderne Straßen und Kanäle. Eine vergleichbare Entwicklung bahnte sich in Deutschland erst im letzten D. d. 18. Jh.s an. Hinzu kam besonders im Falle Frankreichs, auf einzelnen Gebieten – etwa dem des Flottenbaus – auch Englands die planmäßige, langfristig angelegte Förderung technologischer Entwicklungen durch die Zentralregierung. Im Falle Frankreichs reichten die Maßnahmen von der systematischen Erschließung des Landes durch Infrastrukturmaßnahmen (Häfen, Post etc.) über die Förderung bestimmter Gewerbe (Seide und Spitzen in Lyon, Parfüms in Grasse etc.) bis hin zum Aufbau großer Betriebe durch den Staat (Seiden-, Porzellan- und Gewehrmanufakturen, Salinen, Hüttenwerke etc.). Den wichtigsten Impuls erhielt Frankreich durch den Ausbau seines höheren Bildungswesens. Dazu gehörten neben der Errichtung von Elitegymnasien vor allem die – oft eng mit dem Militär verbundenen – höheren Verwaltungs- und Ingenieurschulen (Ecole normal superieur, Ecole de pont et de chaussée, Ecole de mine etc.). Äußerst wichtig waren in diesem Zusammenhang auch die in England und Frankreich bereits in der 2. H. d. 17. Jh.s entstandenen wissenschaftlichen Akademien, die durch ihre Verhandlungen, Veröffentlichungen und ausgeschriebenen Preise eine Vielzahl von wichtigen technischen und wissenschaftlichen Anregungen gaben.

# 3.5 Private Haushalte: Parfüm und Fachwerkhaus

Ernährung: Die Bevölkerungsverluste der großen Pest entspannten zunächst die chronisch enge Ernährungssituation. Zumindest die Mittel- und Oberschicht konsumierte in der Folge enorme Mengen an Fleisch; man rechnet mit 400-500g pro fastenfreiem Tag und Person.[96] Der Tisch aller Bevölkerungsgruppen war einigermaßen vielfältig gedeckt; neben Brot u.a. Getreidespeisen waren Obst, Gemüse, Fleisch und Fisch üblich. Bier und Gewürze wurden im Spätmittelalter gebräuchlicher und es zeigten sich erste Ansätze einer Hochküche. Dabei differenzierte die Qualität der Speisen zwischen den Schichten deutlicher aus. So ging der Weinkonsum zwar insgesamt klimabedingt zurück, gehobene Weinimporte etwa aus Südtirol spielten jedoch eine wichtigere Rolle. Die Städte sorgten nun über Brunnen, Rinnen- und Rohrleitungssysteme für eine allgemeine Wasserversorgung ihrer Bewohner. Überall entstanden Wirtshäuser und wurden von der Obrigkeit reglementiert. Im Laufe des 16. und in der 1. H. d. 17. Jh.s kehrten sich die Verhältnisse wieder um; mit zunehmendem Bevölkerungsdruck ging der pro-Kopf-Verbrauch von Fleisch, Gemüse und Weizenprodukten zurück und Roggenprodukte traten wieder in den Vordergrund. Nach wie vor war das Frühmahl mit seiner Morgensuppe die wichtigste Mahlzeit. Daneben gab es die oft gesellige Abendmahlzeit. Mit der Entdeckung des Seewegs nach Indien wuchs der Konsum von Gewürzen sprunghaft und seit dem E. d. 16. Jh. nahm der Verbrauch von Zucker aus der Neuen Welt kontinuierlich zu. Im Barock kamen neue Genussmittel wie Kaffee, Tee und Schokolade auf und der Konsum an Gewürzen ging zurück. Spätestens jetzt war auch in Deutschland der Weg für eine breit aufgestellte Hochküche bereitet, wie sie sich in der Renaissance in Italien und ein Jahrhundert darauf in Frankreich etabliert hatte. Typisch dafür war eine große Vielfalt an Süßspeisen, das Aufkommen von Champagner und die Herstellung feiner Pasteten. Der Speiseplan der einfachen Leute änderte sich vor allem mit der breiten Einführung der Kartoffel. Im 17. Jh. nur in einzelnen Gebieten wie in Vogtland, Hunsrück und Lothringen angebaut, wurde sie in den übrigen deutschen Gebieten erst im späten 18. Jh. populär.

Wohnen: Die Bevölkerungsverluste der großen Pest sorgten für mehr Wohnraum und sinkende Mieten. Gleichzeitig stieg der Wohnkomfort. So wurden im Laufe des Hochmittelalters in wohlhabenden adeligen und bürgerlichen Wohnbauten Vertäfelungen und verglaste Fenster allgemein üblich. In ärmeren Haushalten waren dagegen Maueröffnungen noch im 16. Jh. mit Papier, Pergament oder terpentingetränkter Leinwand bespannt. Erst im 18. Jh. war klares Fensterglas allgemein verbreitet. Die Räume waren bis dahin relativ düster. Als Beleuchtung dienten noch im Spätmittelalter oft Kienspäne, danach meist Fett-, Talg- oder Tranlampen. Erst im Laufe des 17. und 18. Jh.s wurden Kerzen häufiger und ihr Preis sank allmählich. Als Wärmequelle diente zunächst meist eine offene, ummauerte Feuerstelle – vielfach mit Rauchfang. Dies blieb in ärmeren Haushalten und in Küchen so bis zum Ende der Frühen Neuzeit. Bereits in der Spätgotik wurde der repräsentativ gestaltete Kamin zum Blickfang reicher Wohnräume. Kachelöfen wurden im Laufe des Spätmittelalters schnell effektiver und verbreiteten sich vom Alpenraum aus langsam nach Norden. In Norddeutschland waren Öfen allerdings noch in der 1. H. d. 16. Jh.s kaum verbreitet. Erst zwischen 1550 und 1620 sind dort ofenbeheizte Wohnräume in Bürgerhäusern nachgewiesen und dringen erst in der 2. H. d. 17. Jh.s in breitere Gesellschaftsschichten ein. Im Laufe des Spätmittelalters bildeten sich die bis weit ins 19. Jh. üblichen *Hauslandschaften* bäuerlicher und städtischer Bauten. Dabei waren in Dörfern, Märkten und Städten jeweils unterschiedliche Bauformen typisch. Sie waren in den Städten bis E. d. 17. Jh.s, auf dem Land sogar während der gesamten Frühen Neuzeit im Wesentlichen aus Holz gefertigt. In Mitteleuropa waren Fachwerkbauten üblich, wie sie spätestens im Spätmittelalter voll ausdifferenziert waren und im alemannischen, fränkischen, niedersächsischen und mittel- bzw. ostdeutschen Raum jeweils typische Formen ausbildeten. Dabei handelte es sich um handwerklich sehr stabil und exakt ausgeführte Holzständerbauten, deren Gefache meist mit Flechtwerk, Stroh und Lehm ausgefüllt waren. Ein großer, nicht unterteilbarer Raum als gemeinsamer Wohn-, Schlaf- und Arbeitsbereich war bis nach 1600, in Norddeutschland bis ins 18. Jh. Lebensmittelpunkt. Er wurde im Zuge eines Ausdifferenzierungs- und Individualisierungsprozesses zunächst in Süddeutschland von abgetrennten Räumen abgelöst – zuerst der guten Stube, von Schlafräumen, der Werkstatt und schließlich einer separaten Küche. In Tirol, dem bayerischen und

Schweizer Voralpenland bildeten die Untergeschosse städtischer Häuser Lauben, die ggf. Werkstätten und Verkaufsräume im Freien erlaubten. Mit dem Spätmittelalter begann die *Möblierung* der Wohnräume – zunächst durch Wandbänke, Tische, Truhen und Betten, seit der Renaissance auch durch Schränke, Schreibtische, Sitz- und Waschgelegenheiten. Später kamen Wand- und Stehuhren, im Barock auch Sofas, Sessel, Kommoden, Spieltische u.a. hinzu. Diese Möbel unterlagen einem ausgeprägten Modewandel, der dem der Baukunst entsprach. Die Böden bestanden lange Zeit meist aus einfachen Bohlen. Erst die Renaissance sah zumindest in den wohlhabenderen Häusern Parkett oder Kacheln. Die Wände waren meist bereits im Spätmittelalter verputzt oder gar bemalt oder getäfelt. Später, vor allem im Barock kamen auch hier einzelne gekachelte Flächen hinzu. Bäuerliche und handwerkliche Lebenswelt kannte bis ins 19. Jh. die Trennung von Privat- und Berufssphäre kaum; noch im 18. Jh. wurde die Stube manchmal auch als Hühnerstall genutzt, die Küche war von der Milchküche nicht getrennt und die Werkstatt lag in unmittelbarer Nähe des Wohnbereichs.

Kleidung: Die Kleidung der Landbevölkerung blieb über Jahrhunderte hinweg im Wesentlichen gleich und nahm allenfalls moderate Anregungen auf. Immerhin erfolgte im 16. Jh. eine Aufteilung in Jäger-, Bauern- u.a. Trachten. Erst mit dem zunehmenden Wohlstand des 18. Jh.s bildeten sich die Grundformen der heute bekannten regionalen Trachten. Dagegen erwiesen sich Bürgertum und Adel in Spätmittelalter und Früher Neuzeit als ausgesprochen modefreundlich. Dabei spielte neben pekuniären Gründen Kleiderordnungen eine Rolle, die Bänder, helle Farben, wertvolle Stoffe und Pelze den niederen Ständen verboten und den höheren zuwiesen. Dahinter standen vielfach metaphysische Aufladungen. So bedeutete Gelb einerseits Ruhm, andererseits Schande. Kleiderordnungen waren in der 2. H. d. 15. und im 17. Jh. besonders häufig und ausdifferenziert und spiegelten damit u.a. die sozialen Spannungen der Zeiten wider. Luxus galt als „hoffart und ubermut", der Gottes Zorn über das Gemeinwesen bringen konnte.[97] Jeder Stand hatte aus dem Blickwinkel der Obrigkeit seinen eng definierten Platz, jeder Schritt darüber hinaus bedrohte „Gottes Ordnung". Aus individuellem Blickwinkel war jede zusätzliche Schleife und jede abweichende Farbe Ausdruck des Ringens um eine höhere soziale Position. Goldhauben durften im 16. Jh. nur Patrizierinnen tragen, in der 2. H. d. 18. Jh.s auch einfache Bürgerfrauen und an dessen Ende selbst Dienstmädchen. Dieses Ringen gab es nicht nur in der streng reglementierten städtischen oder ländlichen Bevölkerung, sondern vor allem auch im Adel, der sich einem strengen Modediktat unterwarf und dabei an einheimischen, vor allem aber ausländischen Höfen orientierte – grob gesprochen im 15. Jh. dem burgundischen, im 16. dem spanischen, im 17. dem italienischen und im 18. dem französischen. Im Laufe der Zeit entwickelten sich einige ausgeprägte Eigenarten der Mode. Seit dem 14. Jh. trennten sich Männer- und Frauenmode deutlicher und die Farben wurden lebhafter. Zunächst trugen beide Geschlechter eng anliegende Kleidung. Ein Jahrhundert darauf kamen Mieder auf – ggf. mit einem großzügigen Dekolleté. Erst im Zuge der spanischen Mode war man in der 2. H. d. 16. Jh.s wieder hoch geschlossen (und trug Schwarz). Gerade die Männermode blieb im 15. und 16. Jh. bei eng anliegenden Beinkleidung. Sie wurden im 17. Jh. durch weite, erstmals vorne mit einem Schlitz versehene halblange Hosen abgelöst, zu denen Stiefel mit Absätzen getragen wurden. Während man bis dahin Perücken nur im Notfall verwandt hatte, wurden diese ab den 1630er Jahren zu einem unentbehrlichen Modeaccessoire. Kniehosen und Jacken für Männer, exzessive Reifröcke für Frauen wurden im Laufe des Barocks üblich. Erst gegen E. d. 18. Jh.s wurde auch die höfische Mode wieder einfacher, die Schnitte schlichter und die Farben gedeckter. Daneben gab es die wesentlich stabileren Amts- und Berufstrachten – etwa die der Hochschullehrer und der Geistlichen, der Bürgermeister und Ratsherren, der Müller und Zimmerleute.

Körperpflege: Die Körperhygiene war im Laufe der Jahrhunderte starken Wandlungen unterworfen. So war das Spätmittelalter die Hochzeit der Badestuben. Man benutzte Wannenbäder und auch das Schwimmen war weit verbreitet. Mittelalterliche Städte, Burgen und Schlösser besaßen im Gegensatz zu barocken Schlössern Latrinen. Gesellen erhielten ein Handgeld für ihr samstägliches Bad. Öffentliche Badestuben waren soziale Treffpunkte, in denen oft Männer und Frauen gemeinsam badeten. Im Laufe des 16. Jh.s entfremdeten sich zunächst die oberen Stände dieser Badekultur. Sie verwendeten nun Puder und Parfüms, damit nicht durch Wasser und Seife die Hautporen geöffnet würden und gesundheitsschädliche Ausdünstungen eindringen könnten. Im Laufe des 16. und 17. Jh.s machte sich auch die reformatorische und gegenreformatorische Ächtung der Nacktheit als sündig bemerkbar, so dass Badestuben und -wannen nach und nach aus Schlössern und Städten verschwanden. Erst das 18. Jh. bahnte einer Einstellungsänderung den Weg. Einerseits befürworteten nun einzelne Mediziner das Baden insbesondere in natürlichen Gewässern. Andererseits war Baden Teil der Bewegung „zurück zur Natur", wie sie Rousseau gefordert hatte.

# 3.6     Weltliche Herrschaft: Ständestaat und Absolutismus

Herrschaft und Verwaltung: In Spätmittelalter und Frühneuzeit entwickelten sich Deutschland und andere europäische Länder vom Herrschaftsverband zur modernen souveränen, also ständigen, einseitigen, einheitlichen, unwiderstehlichen und nicht abgeleiteten Staatsgewalt. Bereits im Spätmittelalter wurden lehnsrechtlich begründete Sonderrechte nach und nach zurückgedrängt und zumindest in den größeren Territorien einem mehr oder weniger einheitlichen Staatswillen unterworfen. Die feudale Ordnung des Frühen und Hohen Mittelalters wurde dadurch im Spätmittelalter zunehmend aufgeweicht. Dabei spielten die Emanzipation gerade größerer Städte von ihren Stadtherren wie auch die zunehmende Ausdifferenzierung der Gesellschaft eine Rolle. Ausdruck der neu entstehenden *Ständeordnung* waren Landtage als Ständeversammlungen – zunächst reine Beratungsgremien, die aber in vielen Territorien bereits in der 2. H. d. 14. Jh.s Rechte wie das der Steuerbewilligung an sich ziehen konnten. Später kamen ggf. weitere Rechte wie die Wahrung der Stadtrechte, die Bestellung des Landesaufgebots oder sogar das Schiedsgericht zwischen Angehörigen des fürstlichen Hauses hinzu. Meist wurden zumindest die Vertreter des dritten Standes vom Fürsten ausgewählt, die Sitze von Adel und Klerus waren jedoch großateils an bestimmte Ämter gebunden. Zunächst nur ad hoc einberufen, wurden die Landtage vielerorts im 15. Jh. ständige Einrichtungen, in denen regelmäßig landständiger Adel und Klerus sowie freie Bauern und Bürger als dritter Stand vertreten waren. Ein Großteil der Bevölkerung - von den unfreien Bauern über das Gesinde bis hin zur Unterschicht – gehörten also keinem Stand an.

Spätestens nach dem 30-jährigen Krieg gelang es den nunmehr weitgehend souveränen Fürsten immer stärker, die Macht der Stände zurückzudrängen (wenn auch nicht formal zu beseitigen), Verwaltung, Rechtswesen und Militär zunehmend zu zentralisieren und damit auch in Deutschland das Zeitalter des *Absolutismus* einzuleiten. Dieser Prozess ging mit dem Aufbau einer nur dem Souverän verantwortlichen Beamtenschaft, stehender Heere, eines merkantilistischen Wirtschaftssystems und einer prächtigen zentralen Hofhaltung einher. Der Fürst war von der Idee her in der Ausübung seiner Macht unumschränkt, verdankte er sie doch Gottes Gnade. Er bedurfte jedoch vielfach bei der Genehmigung neuer Steuern der Zustimmung der formal weiter bestehenden, meist jedoch lange Zeit nicht einberufenen Ständeversammlungen. M. d. 18. Jh.s rückten einzelne deutsche Herrscher von der Idee des Gottesgnadentums ab und begriffen sich als „erste Diener ihres Staates", deren wichtigste Aufgabe die Förderung des Allgemeinwohls war. Wesentliche Vertreter dieses „aufgeklärten Absolutismus" waren in Österreich Maria Theresia (1740-80) und Joseph II. (1780-90) und in Preußen Friedrich d. Gr. (1740-72). Typische Maßnahmen waren der Aufbau eines Rechtsstaats, Durchführung der allgemeinen Schulpflicht, Gleichheit Aller vor dem Gesetz, Religionsfreiheit, Ansätze der Meinungsfreiheit, Verbot des Jesuitenordens, Trockenlegung von Sümpfen und Abschaffung von Folter und Hexenprozessen.

Kriege: Die Wirren der Pestzeit, die Desorientierung durch das Große Schisma (1378-1417) und die Kämpfe des ausklingenden Territorialisierungsprozesses machten das Spätmittelalter zu einer Zeit unzähliger kleiner Fehden und Kriege – von den Pfaffenkriegen im Hanseraum des 14. und 15. Jh.s bis hin zu den Hussitenkriegen (1419-36). Das andernorts von blutigen Religionskriegen bestimmte 16. Jh. – man denke nur an die Hugenottenkriege (1562-98) – war in Deutschland dagegen vergleichsweise ruhig. Ausnahmen waren lediglich die Auseinandersetzungen der Reformationszeit (Bauernkrieg 1524-26, Schmalkaldener Krieg 1546-47). Erst mit dem 30-jährigen Krieg (1618-48) kehrten die Schrecken der Religionskriege ein mit ihrer rohen Soldateska, der Taktik der verbrannten Erde, großen Grausamkeiten gegen die Bevölkerung, verheerenden Seuchen und hohen Bevölkerungsverlusten. In der Folge mieden die Mächte längere Zeit den Krieg und setzten ihn danach nur dosiert und begrenzt ein. Diese sog. Kabinettskriege waren im Großen und Ganzen durch den Einsatz kleiner stehender Heere, meist adeliger Offizierskorps, beschränkter Kriegsziele, häufig wechselnder Koalitionen zwischen den Kriegsparteien, zurückhaltender Kriegsführung, Verrechtlichung des Krieges und weitgehende Negierung durch die Öffentlichkeit gekennzeichnet. Beispiele waren der Pfälzische (1688–97), Spanische (1701–14), Österreichische (1740–48) und Bayerische Erb- (1778–79) und der Polnische Thronfolgekrieg (1733–38) sowie der Nordische (1700–21) und der Siebenjährige Krieg (1756–63). Einzig die Türkenkriege hatten einen anderen Charakter. In ihnen spielte sich ein jahrhundertelanges Ringen ab – seit den türkische Raubzügen in der Steiermark (1471-80) führte Österreich bis 1699 in der Summe 75 Jahre Krieg mit dem Osmanischen Reich. Die Ära der Kabinettskriege gehörte mit den Koalitionskriegen (1792-1815) zwischen Frankreich und seinen Nachbarn endgültig der Vergangenheit an. Die Revolutions- wie die Napoleonischen Kriege hatten bereits Anklänge an moderne Volkskriege; sie waren weltanschaulich legitimiert und fanden unter großer Anteilnahme der Öffentlichkeit und bedeutendem Ressourceneinsatz statt. Das Offizierskorps öffnete sich bürgerlichen Schichten und zunächst auf Seiten Frankreichs, in den Befreiungskriegen auch auf denen Deutschlands standen Volks- statt Berufsheeren.

Rechtsquellen: Die Rechtsquellen des Spätmittelalters waren zersplittert und lückenhaft. Ihr Geltungsbereich überschnitt sich vielfach – so kirchliches und weltliches Recht, Kirchen- und Kaiserrecht und Reichs- und Stammesrecht. Das damalige Recht war gewachsen und nicht intellektuell konzipiert. Mit Fortschreiten des Territorialisierungsprozesses splitterten sich die Stammesrechte in den größeren Ländern in eigene Landrechte auf. Das galt vor allem für Süddeutschland – als erstes Oberbayern 1335/46, dann Österreich 1278/1300 und die Steiermark E. d. 14. Jh.s. Als Rechtsquellen kamen zudem die kurz zuvor gesammelten Rechtsspiegel in Frage. Außerdem waren die Stadtrechte weitgehend in Satzungen, Urteils- sammlungen, Gerichtsprotokollen, Stadtrechts- und Stadtbüchern verschriftlicht. Und schließlich gab es noch Weistümer als ländliche Rechtsquellen sowie königliche und fürstli- che Privilegien. Dem Verfall der Reichsmacht durch den Territorialiserungsprozess wirkten etliche Reformversuche entgegen. So gab es zwischen 1410 und 1555 verschiedene Ansätze einer *Reichsreform*, die aber im Wesentlichen an den politischen Realitäten scheiterten. So konnte der ab 1495 geltende Ewige Landfrieden erst durchgesetzt werden, als das Reichs- kammergericht M. d. 16. Jh.s seine Tätigkeit effektiv aufnahm. Damit trat an die Stelle einer kaiserlichen „Plenitudo Potestatis" endgültig eine Liste kaiserlicher Reservatrechte. Mit dem Westfälischen Frieden sicherten sich die Reichsstände schließlich 1648 die volle Territorial- hoheit. Zwar kam die Reichsgesetzgebung nie vollständig zum Erliegen – zu nennen sind etwa die Karolina von 1532 (Strafrecht und –prozess), verschiedene Polizeiordnungen des 16. Jh.s, die Münzordnung von 1559 oder die Handwerksordnung von 1731 –, der Schwer- punkt der Rechtsetzung lag jedoch bei den Ländern und Territorien. Dabei richtete sich der frühneuzeitliche Staat im Grundsatz am Gemeinwohl aus - das allerdings im Zeitalter des Absolutismus zur Staatsraison mutieren konnte.

Anders als in Großbritannien kam es zu einer schrittweisen *Rezeption römischen Rechts*. Sie wurde durch die Reichsideologie der Fortsetzung des römischen im deutschen Reich und die Zersplitterung und schlechte Pflege des Rechts gefördert. Zur „praktischen Rezeption" kam es ab dem 14. Jh. durch das Studium deutscher Studenten an italienischen Universitäten, die später Beamte in Ländern und Städten wurden. Die Bewegung gewann an Breite mit der Gründung deutscher Universitäten M. d. 15. Jh.s. Das Reichskammergericht urteilte primär nach römischem und nur subsidiär nach deutschem Recht. Im Laufe der Zeit galt letzteres nur noch auf Sondergebieten wie dem Wirtschaftsrecht. Erst die Naturrechtslehren des Ba- rock führten wieder zu einer gewissen Gegenbewegung. Römisch inspirierte Rechtsquellen waren dagegen die seit dem ausgehenden 15. Jh. reformierten Stadt- und Landrechte sowie vor allem das Strafrecht wie etwa die Peinliche Gerichtsordnung Karls V. von 1532. Wichtig für das Einfließen römischen Rechts war auch das kanonische Recht.

Rechtspflege: Die bereits im Hochmittelalter erkennbare Ablösung des Anklage- durch das Inquisitionsverfahren im *Strafprozess* wurde im Spätmittelalter abgeschlossen. Die Be- weiserhebung lag danach nur bei einem behördlichen Vorverfahren. Damit waren Reini- gungseid und Gottesbeweise nicht mehr möglich. Da jedoch zur Verurteilung im Regelfall ein Geständnis notwendig war, wurde die Tortur immer üblicher. In der Reformation wurden der böse Wille des Täters und somit sein Verschulden wichtig. So sah die Carolina von 1532 nur für Vorsatz die Höchststrafe vor; Fahrlässigkeit und Versuch führten zu milderen Stra- fen. Gleichzeitig verfolgte der Staat nun neben der Tat auch die Sünde und mit ihr Sittende- likte. Erst im Zeichen des Naturrechts wurde die Strafrechtsidee im 17. Jh. säkularisiert und rationalisiert. Nicht mehr die Züchtigung stand im Mittelpunkt, sondern die Nützlichkeit der Strafe. Das Recht wurde geschmeidiger; Gesetze sahen mehr und mehr Strafrahmen, richterliches Ermessen und Begnadigungsrecht durch den Herrscher vor. Mit dem Menschenbild der Aufklärung waren Folter, die zuvor massenhaften Hexenverfolgungen und unwürdige oder grausame wie Prügelstrafen, Rädern oder Pfählen nicht vereinbar. Sie verschwanden daher im aufgeklärten Absolutismus. Andere Tendenzen hat er beschleunigt – wie die Durchsetzung des Grundsatzes „nulla poena sine lege" oder der Gleichheit vor dem Gesetz.

Neben den Straf- war im Laufe des Hochmittelalters der Zivilprozess getreten. Ihm schloss sich ggf. die behördliche Pfändung an. Weitere neue Verfahren waren der Arrest gegen Fremde oder flüchtige Schuldner sowie der Konkurs. Während diese Fortentwicklungen bereits den Übergang zum römischen bzw. italienischen Prozessrecht andeuteten, gewannen im Spätmittelalter in Norddeutschland die im germanischen Recht wurzelnden Femegerichte vorübergehend größere Bedeutung. Sie waren vor allem für schwere Gewalttaten, aber auch für Kauf- und Erbschaftssachen zuständig. Ab 1500 setzte sich das neue Prozessrecht allmählich von oben nach unten durch, banden doch die Reichsabschiede die Territorien an das Prozessrecht des Reichskammergerichts. Gutachten von Universitätsjuristen beschleunigten diesen Trend zum romanischen Prozessrecht noch. Diese Entwicklung fand vor allem im späten 15. und 16. Jh. statt; sie fand ihren Ausdruck in mehreren Reichskammergerichtsordnungen, Stadtrechtsformationen und territorialen Gerichtsordnungen. Der darin festgelegte Kameralprozess war gekennzeichnet durch weitgehende Schriftlichkeit, die Bindung bestimmter Prozessvorgänge an 12 Prozesstermine, Parteienführung, Öffentlichkeit der Verhandlung und faktischen Anwaltszwang. Eine Vielzahl von Sonderverfahren dienten der Beschleunigung. Wo der Sachsenspiegel fortgalt und -wirkte – wie in Sachsen und Brandenburg-Preußen – behauptete sich auch der hochmittelalterliche Gemeine Prozess. Bereits im Spätmittelalter entstanden Zweit- und Drittinstanzen. Da die Territorien landfremde Appellationsmöglichkeiten verhinderten, schufen sie allenthalben Oberhöfe oder holten ersatzweise Gutachten von Juristenfakultäten ein. Unabhängig vom römischen Recht errichteten reichunmittelbare Wirtschaftsmetropolen wie Augsburg, Nürnberg, Köln, Kaufbeuren, Hamburg und Bremen besondere Handelgerichte.

<u>Steuern und Abgaben</u>: Im Spätmittelalter klafften laufende Einnahmen und Ausgaben der Kaiser zunächst immer weiter auseinander, so dass diese den Reichstag von Fall zu Fall um Sondersteuern angehen mussten. Erst die Reichsreform des 15. Jh.s sprach dem Kaiser das Recht auf eigene Steuern zu. Sie konkretisierten sich in den Hussiten- und Türkenkriegen regelmäßig mit allgemeinen und direkten Reichssteuern, die auch von Adel und Klerus erhoben wurden. Zwar kam es nicht zu einer ständigen Reichssteuer, immerhin genehmigte der Reichstag im 15. Jh. aber regelmäßig Matrikularbeiträge. Die Städte legten die Steuerforderungen des Kaisers auf ihre Bürger um und entwickelten daraus Kopf-, Besitz- und Verbrauchssteuern. Sie richteten die Besteuerung damit erstmals an der Leistungsfähigkeit der Steuerschuldner aus. Hinzu kamen diverse Gebühren für Verwaltungsakte. Für die Landesherren standen im Spätmittelalter Verbrauchssteuern und Gebühren für Verwaltungsakte im Vordergrund, ohne dass deren Steuererhebung ähnlich effizient gestaltet worden wäre wie das der Städte. Während die Städte im Allgemeinen bereits im Spätmittelalter eigene Ämter des Kämmerers für die Ausschreibung und Erhebung von Steuern und Abgaben schufen, kam es in den Territorialstaaten erst mit dem Absolutismus zum Aufbau einheitlicher Steu-

erverwaltungen. Dies war möglich geworden, weil der Westfälische Frieden den Ländern die volle Finanzhoheit gewährt hatte. In der Folge erhoben die Länder eigene direkte, aber auch eine Vielzahl von Verbrauchs- und Aufwandsteuern. Sie wurden nun auch von Adel und Klerus eingezogen, die zuvor befreiten gewesen waren. Da ausschließlich die jeweiligen Landstände direkte Steuern bewilligen konnten, wurden diese im Laufe des 17. und 18. Jh.s immer mehr zurückgedrängt. Hand in Hand mit diesem Prozess ging die Herauslösung der Steuer- und Haushalts- aus der allgemeinen Verwaltung und ihre Fusion zu einer Finanzverwaltung. Gleichzeitig wurde die Vielzahl der bisherigen Töpfe zusammengefasst. Am frühesten und konsequentesten beschritt Preußen 1722 diesen Weg. Allerdings waren auch solche zentralen Kameralverwaltungen nicht in der Lage, Vorausschätzungen der staatlichen Ausgaben zu erstellen, weil sich die Fürsten keinen Sachzwängen unterwerfen mochten. Budgetplanungen waren damit unmöglich.

Geldwesen: Das gesamte Spätmittelalter hindurch nahm die Anzahl der *Münzstätten* aus fiskalischen Gründen deutlich zu. Dabei stieg die Bedeutung der Städte. Fürsten und Städte vereinbarten aus Handelsinteresse wiederholt Münzvereine wie den Wendischen Münzverein (1373-1570), den Oberrheinischen bzw. den Rappen- (1387-1584) sowie den Rheinischen (1386-1537) und Schwäbischen Münzbund (ab 1396). Am Anfang der Neuzeit gab es in Deutschland inmitten einer Vielzahl von Einzelwährungen nur drei große Münzsysteme: rheinische Gold- und tirolisch-sächsische Silbergulden sowie die bayerisch-fränkischen Münzvereine der schwarzen und weißen Pfennige. Die Reichsmünzordnung von 1524 forderte die Kooperation der Münzstände zur Beseitigung von Missständen und zur Vereinheitlichung der Münzpolitik. Die dazu geschaffenen Probationstage der Reichskreise bestanden und arbeiteten bis M. d. 18. Jh.s sogar mit eigenen Beamten. Zu dieser Zeit verselbständigten Österreich und Preußen ihre Münzpolitik mit seinen Konventionstalern bzw. dem Graumannschen Münzfuß. In der Folge nahm die Zahl der Münzstätten in Deutschland, die bereits zuvor deutlich gesunken war, dramatisch ab.

Neben der Münzzersplitterung war die *Münzverschlechterung* ein Hauptproblem des deutschen Geldwesens. Bei Münzverrufungen wurden umlaufende zu Gunsten nominell gleichwertiger Münzen mit schlechterem Münzfuß außer Kurs gesetzt. Sie stellten faktisch eine Kapitalsteuer auf Geld dar und waren im Spätmittelalter besonders häufig – teilweise mehrmals jährlich. Obwohl deren Anzahl und Ausmaß im Laufe der Zeit zurückgingen, schrumpfte der Geldwert doch in Spätmittelalter und Früher Neuzeit auf einen Bruchteil seines Ausgangswertes – bei den deutschen Rechengeldsystemen 1350-1800 auf 3-29%.[98] Erst die merkantilistische Staatsräson des Barockzeitalters machte Münzverrufungen deutlich seltener. Auch das Aussortieren zufällig überwerteter Münzen war nahezu das gesamte Spätmittelalter und die Frühe Neuzeit hindurch ein größeres Problem. Die Münzherren versuchten bereits bei der Herstellung die Streuung des Münzgewichts der einzelnen Stücke durch strenge Überwachung einzudämmen. Dennoch kam es vereinzelt zu regelrechten Inflationskrisen – die Kipper- und Wipperzeiten 1619-24, das 3. D. d. 17. Jh.s und die Zeit um 1750. Erst die zunehmende Präzision der Prägetechnik beseitigte im Laufe des 18. Jh.s die Möglichkeiten der Aussortierung überwerteter Stücke.

Das gesamte Spätmittelalter war durch eine zunehmende *Edelmetallknappheit* gekennzeichnet. Im 14. Jh. war die europäische Silberförderung aus technischen Gründen fast völlig zum Erliegen gekommen und auch das afrikanische Gold floss immer spärlicher. So soll die europäische Münzproduktion 1491/1500 nur noch 20% derjenigen von 1331/40 betragen haben. Hinzu kam ein ständiger Edelmetallabfluss durch ein strukturelles Handelsbilanzdefizit mit dem Orient. In der Folge stieg auch der Zins und die Preise fielen. Erst gegen Ende der Periode kam es zu einer Blüte des deutschen Silberbergbaus. Die Situation verkehrte sich schlagartig in ihr Gegenteil, als die reichen Silber- und Goldgruben der Neuen Welt erschlossen wurden. Ab A. d. 16. Jh.s mussten für die Importe aus dem Osten nur noch ½-⅔ der Edelmetallimporte aufgewandt werden. Die unmittelbare Folge dieser Geldschwemme war im 16. Jh. eine regelrechte „Preisrevolution"; das allgemeine Preisniveau stieg in dieser Zeit um das 3-4-fache, was jährlichen Raten von 1,2-1,5% entsprach. Dies begünstigte die Bezieher flexibler Einkommen wie Kaufleute und Tagelöhner, benachteiligte jedoch die in langfristigen Arbeitsverhältnissen stehenden Personen und die auf fixe Steuereinnahmen angewiesenen Territorialstaaten.[99]

# 3.7 Produktion und Dienstleistung: Rodfuhr und Manufaktur

Landwirtschaft: Die Bevölkerungsverluste der Pest führten zu Wanderungsbewegungen in die Städte und agrarisch vorteilhafte Gegenden, die Absiedelung des Hochgebirges und ein Dreieck an Wüstungen vom Westerwald bis Brandenburg und Sachsen. Nach anfänglichen, durch ungünstige Witterung und die Wirren der Anpassung an die neuen Verhältnisse ausgelösten Steigerungen der Agrarpreise (in Silber) sanken diese bis zum Beg. d. 16. Jh.s auf breiter Front. Gleichzeitig nahmen die Löhne bis M. d. 15. Jh.s zu, so dass sich einerseits die Ernährungslage Lohnabhängiger stark verbesserte, andererseits die Agrarwirtschaft in eine „Spätmittelalterliche Agrarkrise" – vor allem eine Krise des Getreideanbaus – rutschte. Wenn auch Zeiten niedriger Preise vorherrschten, so kam es doch immer wieder zu Missernten und Hungerkrisen, in denen die Getreidepreise in die Höhe schnellten. Auf den aufgegebenen Äckern breiteten sich Vieh- – vor allem Schafzucht – und Wald aus. Die verbliebenen Äcker wurden teilweise nur noch aperiodisch genutzt. Das größere Angebot an Fleisch resultierte in einem geradezu einmalig hohen Fleischverbrauch. Er zog den Fischverbrauch mit sich, so dass im 15. Jh. rund um Amberg und in Südböhmen ganze Teichlandschaften entstanden. Dasselbe galt für Obst, Kastanien und Nüsse. Der Weinanbau erreichte seine größte historische Ausdehnung. Um jede größere Stadt legte sich ein Gartenring. Durch die Preissenkungen gerieten die Grund- und Feudalrenten der Landbesitzer je länger desto mehr unter Druck. Die Ausfälle durch Wüstungen, Zugeständnisse bei ihrer Neubesetzung und Landflucht verschärften die Lage noch. Die Herren versuchten gegen Ende des Spätmittelalters mit Zwang, Abzugsgebühren und – im Osten – einer faktischen Schollenpflicht zu reagieren. Gleichzeitig entstanden in Ostdeutschland seit A. d. 15. Jh.s durch die Zusammenfassung der Rechte an den Bauern Gutswirtschaften; Gutsherren waren gleichzeitig Grund-, Gerichts- und Leibherren, Polizeigewalt und Kirchenpatrone. Dagegen differenzierte die ländliche Gesellschaft im Altsiedelgebiet zunächst regional, später dann auch innerhalb der Regionen aus. Neben ländliche Handwerker trat in manchen Gegenden das Verlagsgewerbe. Im nördlichen Rheinland wurde die Verpachtung von Höfen üblich und die Unterschiede der Strukturen von Anerben- und Realteilungsgebieten verstärkten sich weiter. Bedingt durch die Chancen, die politische Kleinräumigkeit, unübersichtlich verflochtene Feudalrechte und größere Gewerbe- und Städtedichte boten, konnten die Bauern im Altsiedelgebiet jedoch ihre Besitzverhältnisse und Abgabenlasten im Allgemeinen verbesserten. Im Gegensatz zu Ostdeutschland wurden Bauernstellen erblich. Erst um 1500 mündete steigender Druck von oben vor allem in Süd- und Mitteldeutschland in Bauernaufstände.

*Um 1500* begann sich das Bild zu wandeln. Unter dem Einfluss wieder steigender Bevölkerungszahlen stagnierten Getreidepreise und Löhne zunächst. Ab 1520 und verstärkt ab M. d. 16. Jh.s stiegen erstere und sanken letztere. Da insbesondere die Lohnabhängigen immer größere Einkommensanteile für Grundnahrungsmittel – vor allem Getreideprodukte – aufwenden mussten, war deren Nachfrage wenig preiselastisch und deren Preise stiegen stärker als die höherwertiger und gewerblicher Produkte. Bereits im 16. Jh. – vor allem in seiner 2. H. – dominierten wieder Versorgungskrisen und Teuerungen. Innerhalb dieses säkularen Trends passten insbesondere größere Betriebe wie die in Ostdeutschland ihre Getreideflächen den Flächenerträgen an. Insgesamt wurde die Anbaufläche für Getreide jedoch erneut ausgedehnt, Wälder gerodet und dem Meer Land abgerungen. Gleichzeitig hat man die Landwirtschaft intensiviert. So wurde die Düngung und im Rheinland die Fruchtfolge durch verstärkten Anbau von Leguminosen verbessert, teilweise die Böden auch gekalkt. Trotz dieser Intensivierung stiegen Grundrenten und Pachtzinsen an. Das Interesse an landwirtschaftlicher Literatur wuchs im 16. Jh. Die Landwirtschaft diente verstärkt der Produktion gewerblicher Rohstoffe wie Flachs, Hanf und Hopfen. E. d. 15. und im 16. Jh. wurde auch der Anbau von Farbrohstoffen intensiviert – Waid um Erfurt und nördlich von Jülich, Krapp südwestlich von Breslau, zwischen Strassburg und Speyer und in Seeland. Die bereits im Spätmittelalter angelegten Trends der deutschen Agrarverfassung setzten sich fort. Die Hofgrößen der Realteilungsgebiete sanken weiter, die der Anerbengebiete blieben nahezu konstant bei wachsenden unterbäuerlichen Schichten und die Güter des Ostens wurden größer. Dazu wurde seit dem 15. Jh. in Ostdeutschland die Freizügigkeit der Untertanen beseitigt, ihre Dienstverpflichtungen ausgedehnt und Höfe und ganze Dörfer „gelegt", d h. abgerissen und zum Gut geschlagen.

Die Bevölkerungsverluste des *30-jährigen Krieges* läuteten einen weiteren Preiszyklus ein. Bereits während des Krieges verfielen die Getreidepreise und leiteten für den Rest des 17. Jh.s eine Depression ein. Die merkantilistisch ausgerichtete Politik der Territorialherren bemühte sich bis um 1720 um Besiedelung der durch den 30-jährigen Krieg entstandenen Wüstungen. Dies geschah u.a. durch die Anwerbung und Förderung von Glaubensflüchtlingen – etwa der Hugenotten oder der 1731/32 vertriebenen Salzburger Protestanten. Landwirtschaftliche Nutzfläche und Produktion stiegen mit der Bevölkerung. In den Jahrzehnten danach wurden zunehmend Moore kultiviert und dem Meer verloren gegangenes Land wieder abgerungen. Ab etwa 1740 nahm auch die Flächenproduktivität zu. Neben staatlichen Fördermaßnahmen spielte dabei die Aufklärung durch wissenschaftliche Akademien und Landwirtschaftsgesellschaften eine wichtige Rolle. Gleichzeitig wurden die politischen und ständischen Strukturen aufgeweicht. Dies ging wiederum wesentlich von der Obrigkeit der größeren Territorien aus. So zielte Preußen darauf ab, alle naturalen und baren Abgaben in einer Hand zusammenzufassen. Dies gelang vor allem in Ostdeutschland. Außerdem gab es eine Tendenz, Lehnsrechte in Eigentum umzuwandeln („*Allodifizierung*"). Die Treuepflicht des Adels beruhte nun nicht mehr auf ihrem Lehnsverhältnis, sondern auf staatsbürgerlichen Pflichten. Eine der Folgen war Eigentumsmobilität – durchaus auch bereits durch Verkauf von Gütern an Bürgerliche. Dennoch hat der Adel die neuen wirtschaftlichen Freiheiten kaum genutzt; die Zahl der ökonomisch wirtschaftenden Betriebe hielt sich in engen Grenzen. Einzig bürgerliche Domänen- und Gutspächter – in Preußen E. d. 18. Jh.s 5% der Nutzfläche – bildeten eine Schicht landwirtschaftlicher „Entrepreneurs". Auch im übrigen Deutschland herrschten im Prinzip dieselben Tendenzen der Entflechtung und Versachlichung der komplizierten Abhängigkeitsbeziehungen, einer stärkeren Mobilität und Ökonomisierung der Landwirtschaft. Gleichzeitig stieg der Anteil unterbäuerlicher Schichten mit der Gesamtbevölkerung.

<u>Montanwirtschaft</u>: Mit der Konsolidierung der Wirtschaft nach der großen Pest begann das Eisenhüttenwesen zu expandieren. Dies galt zunächst vor allem für die Oberpfalz und Innerösterreich – insbesondere rund um den steirischen Erzberg. Erst im Laufe des 15. Jh.s zog auch die Produktion von Buntmetall, vor allem von Kupfer, Zinn und Blei an. Nur punktuell wurde Gold produziert, so bei Liegnitz in Schlesien, in den Sudeten, im Lavanttal und den Hohen Tauern. Bereits im 14. Jh. begann der Kupfer- und Silberbergbau bei Schladming. A. d. 15. Jh.s startete bei Schwaz der größte derartige Bergbau in Deutschland und kurz darauf die ebenfalls bedeutenden Abbaustellen im Erzgebirge. Dagegen ging der Betrieb einiger wichtiger Salinen zurück. An der Wende zum 16. Jh. nahm der deutsche Bergbau – insbesondere der auf Silber – einen enormen Aufschwung. Die Nachfrage war gestiegen und konnte durch technische, meist auf Wasserkraft beruhende Verbesserungen erfüllt werden. Die Eisenlandschaften spezialisierten sich weiter – das Märkische Sauerland u.a. auf Draht, Solingen auf Klingen etc. Ganze Montanregionen entstanden wie der Harz, der Bergisch-Märkische Raum, das Erzgebirge, die Oberpfalz, der mittlere Inn oder die Obersteiermark. Auf Grund der massiv gesteigerten Silberimporte aus der Neuen Welt erreichte die europäische und mit ihr die deutsche Silberproduktion bereits im 1540 ihren Höhepunkt. Sie ging bis M. d. 17. Jh.s um rd. ⅔ zurück. Die Anzahl aller im mitteleuropäischen Bergbau Beschäftigten verzehnfachte sich von M. d. 15. Jh.s innerhalb eines Jahrhunderts, blieb dann aber konstant. Die Katastrophe des 30-jährigen Krieges warf den deutschen Bergbau weiter zurück. Das galt insbesondere für den Silberbergbau. Zwar erzeugte Deutschland noch um 1700 weltweit am meisten Eisen, fiel dann jedoch gegenüber Großbritannien, Frankreich und Russland zurück. Das bedeutendste deutsche Montanrevier war der Steirische Erzberg, gefolgt von Oberschlesien, dem Harz, dem Thüringerwald und dem Erzgebirge. Dabei stellte die Produktion von Holzkohle überall den entscheidenden Engpass dar. Nur in Schlesien ging man in der 2. H. d. 18. Jh.s zur Befeuerung von Hochöfen durch Koks über. Der Steinkohlebergbau entwickelte sich im Laufe dieses Jahrhunderts nur zögerlich, die Salzproduktion wuchs an den alten Standorten mit der Bevölkerung. Investierte hier der Staat vielfach in neue Technologie, so scheitete die fällige Modernisierung des Metallbergbaus oft an Kapitalarmut. Erst in der 2. H. d. 18. Jh.s sorgte steigende Nachfrage für Erweiterung und Modernisierung.

<u>Handwerk und Gewerbe</u>: Mit dem Rückgang der Lebensmittelpreise und dem Anstieg der städtischen Löhne erhöhte sich im *Spätmittelalter* der Einkommensspielraum der städtischen Bevölkerung für Güter des aperiodischen Bedarfs. Insbesondere Luxusgüter waren deutlich

stärker gefragt und stiegen im Preis. Handwerke und Gewerbe differenzierten stärker aus, weil die Bedarfe auffächerten und der technische Fortschritt Spezialisierungen nahe legte. Bereits im Spätmittelalter nahmen die Zünfte verstärkt Einfluss auf die wirtschaftliche Beweglichkeit ihrer Mitglieder und machten in ihren Städten auch ihren politischen Einfluss geltend. Lehr- und Gesellenzeit und Aufnahme unter die Meister wurden reglementiert und teilweise bereits beschränkt. Die meisten städtischen Handwerker produzierten für den lokalen Markt. Metall-, Textil- und vereinzelt Nahrungsmittelhandwerke setzten ihre Produkte aber auch überregional ab. Das galt etwa für die Rüstungshandwerke der Schwertfeger, Harnisch-, Büchsen- und Panzerhemdmacher. Typische Produktionsstandorte waren Regensburg, Passau und Köln. Nürnberg war besonders innovativ. Hier entstand um 1400 die Drahtzieherei, wurden Nähnadeln und Präzisionsinstrumente wie Uhren, Kompasse u.a. hergestellt.

Der wichtigste Exportzweig Deutschlands war das Textilgewerbe – vor allem die Produktion von Tuchen und Leinen sowie die Verarbeitung von Baumwolle und Seide. Auch sie war regional konzentriert – besonders in Südwesten, Rheinland und Thüringen. Neben dem Landhandwerk, das ländliche Haushalte und Betriebe versorgte, gab es seit dem Spätmittelalter ein wachsendes nichtstädtisches Gewerbe. Dabei waren die Bedingungen für eine weitere Ausdehnung des Verlagswesens vor allem im Textilgewerbe günstig. Verleger beschafften die Rohstoffe und organisierten Absatz und Finanzierung. So entstand seit den 1360er Jahren ein Baumwollgewerbe. Dazu importierten Kaufleute Baumwolle aus Italien und exportierten im Gegenzug Leinwand. Aus Baumwolle und Leinen wurde in und um Augsburg, Ulm und Regensburg Barchent gefertigt und ebenfalls nach Süden exportiert. Auch Barchentprodukte waren Gegenstand des Verlagswesens. Die Impulse für das Verlagswesen gingen von den Städten aus, deren höhere Löhne eine Verlagerung nahe legten, zumal auf dem Land Arbeitsreserven – Winter, alte und schwache Personen – genutzt werden konnten und sinkende Agrarpreise ein Zubrot sinnvoll machten. Diese Art der Produktion war frei von den in den Städten langsam entstehenden Reglementierungen, zumal die Verleger keinen Zünften angehören mussten. Auch die Produktion von Glas geschah auf dem Land. Sie erforderte große Mengen an Holzkohle. Da der Transport von Holz zu mühsam, der von Holzkohle über Land jedoch nur über kurze Entfernungen möglich war, wurden Glashütten durchweg inmitten ausgedehnter Wälder errichtet. So waren der Bayerische Wald, später auch Böhmen die bedeutendsten Produktionsgebiete im Reich. Mit der Steigerung der Brenntemperatur im 14. Jh. galten für die Keramikproduktion ähnliche Gesetzmäßigkeiten. Hier bildete sich im Rheinland eine überregional bedeutsame Produktionsregion. E. d. 14. Jh.s entstanden die ersten Papiermühlen Deutschlands bei Nürnberg und Dachau. Sie benötigten insbesondere fließendes Wasser.

Auch in der *beginnenden Neuzeit* nahmen die Exporthandwerke – zumal auf dem Lande – erheblich zu. Während Wollhandwerke des Rheinlands und Sachsens zunehmend unter Zulieferengpässen litten, blühten Baumwolle und Flachs verarbeitende Gewerbe auf. Das Metallhandwerk differenzierte weiter aus und griff regional ebenfalls auf das Verlagswesen zurück – etwa bei der Solinger Messer- und der Schwabacher Nadelherstellung. Technische Innovationen breiteten sich vor allem in der Eisenproduktion aus. So optimierte man die Aufbereitung der Erze durch Waschen, Pochen und Rösten. Hochöfen setzten sich durch und wurden hinsichtlich ihrer Größe regional optimiert. Sie benötigten Holzkohle, bei deren

Produktion Rindenabfall entstand, so dass die Lohgerberei mit steigender Eisenproduktion z.T. auf das Land wanderte. Mit der Ausbreitung des Buchdrucks nahm auch die Papierherstellung zu, mit der Bevölkerungszunahme die Keramikherstellung. Im Gegensatz zum Exporthandwerk litt die inländische Nachfrage nach Gütern des aperiodischen Bedarfs unter wieder steigenden Preisen und stagnierenden Löhnen. Dies mag einer der Gründe für eine zunehmend restriktive Haltung der Zünfte gewesen sein. So wurden der Zugang zum Handwerk – vor allem die Zahl der Lehrlinge und Gesellen – beschränkt und hohe Gebühren für Meisterprüfungen festgesetzt. Außerdem stemmten sich die Zünfte tendenziell gegen Rationalisierungsinvestitionen. Dennoch kam es bis zum 30-jährigen Krieg auch im Handwerk zu Produktivitätsfortschritten, stiegen die Tageslöhne in der sog. Preisrevolution doch von 1470 bis 1618 um 120, die Preise von Verbrauchs- und Investitionsgütern jedoch nur um 40 bzw. 80%. Eine solche Spreizung kann kaum vollständig aus Gewinnrückgängen oder Arbeitszeitverlängerung erklärt werden. Nach der Katastrophe des 30-jährigen Krieges gingen wesentliche Impulse auf die gewerbliche Produktion vom kameralistisch eingestellten absolutistischen Staat aus. Er förderte Exportgewerbe und substituierte Importgüter. Das betraf vor allem höfische Luxus- und militärische Bedarfe wie Porzellan, Uniformen und Waffen. Sie wurden vielfach in privaten und staatlichen Manufakturen gefertigt. Ihre Organisation war jedoch oft suboptimal; Privilegien und Subventionen führten zu Fehlsteuerungen, so dass ihr wirtschaftlicher Erfolg häufig gering war. Das galt nicht für private Initiativen. Sie blühten E. d. 17. und im 18. Jh. allenthalben auf – wie der Geigenbau in Mittenwald oder die Seidenweberei in Krefeld. Auch selbständige zünftische und freie Handwerker konnten im 18. Jh. vom wachsenden Bedarf durch Adel und Kirche profitieren – vor allem wenn sie qualitativ hoch stehende Einzelstücke produzierten. Das war etwa bei Silberarbeiten und Schmuck, teuren Möbeln und technischen Geräten, Kutschen und Bauhandwerken der Fall. E. d. 18. Jh.s produzierten Unternehmer erstmals auch in Deutschland Massengüter mit neuen Techniken. Dies galt für die Textil-, Metall- und Nahrungsmittelherstellung. Gleichzeitig wuchsen mit dem Bevölkerungs- und Wirtschaftsaufschwung auch die Absatzmöglichkeiten des zünftischen Handwerks.

Verkehr: Der Verkehr nahm im *Spätmittelalter* deutlich zu; neben Pilger, Boten und Studenten traten wandernde Handwerkergesellen und Söldner, Adel und Bürgertum auf Bildungs-, Vergnügungs- und Abenteuerfahrt. Hinzu kam die Intensivierung des Handels sowie des Verkehrs zu und zwischen Behörden und Gerichten. Straßen und Wege waren im Spätmittelalter außerhalb der Städte im Regelfall ohne Pflege. Meist wurden lediglich einige stadtnahe Teilstücke ausgebessert. Über die Alpen sind einige Neubauten bekannt – z.B. 1387 über den Septimer und 1473 die Via Mala über den Splügen. Der umfangreiche hochmittelalterliche Bau von Steinbrücken schlief jedoch wieder ein. Dagegen kam es bereits in der 2. H. d. 14. Jh.s zu den ersten Kanalbauten mit Schleusen in den Niederlanden und zwischen Elbe und Lübeck (Stecknitzkanal 1391-98). Nach und nach entstand durch den wachsenden Verkehr und die häufigere Verwendung von Personenwagen ein größerer Bedarf an besseren Wegen. Mit dem Rodfuhrwesen, wie es am San Bernardino, vor allem aber von Venedig über den Brenner nach Augsburg bestand, bildete sich ein stabiles und recht effizientes Transportsystem über die Alpen. Ortsansässige Bauern hatten dabei Recht und Pflicht, Waren auf ihren streng genormten Fuhrwerken auf jeweils einem bestimmten Streckenabschnitt in bestimmter Reihenfolge zu befördern.

Auch in der *Frühen Neuzeit* wurden zunächst nur sehr zögerlich Strassen ausgebessert oder gebaut. Die geringen Verbesserungen waren ausreichend, vom Pferd stärker auf den Wagen überzugehen. Die Organisation des Fuhrwesens machte ausgesprochene Fortschritte. Verschiedene Landesherren erließen Ordnungen und neben Fuhrleute traten große, aus den Ostalpen stammende Speditionsfirmen, die auch umfangreiche Transporte schnell beförderten. Im 16. Jh. nahm die Binnenschifffahrt einen bedeutenden Aufschwung. Daher machte man sich daran, Elbe, Havel, Spree und Oder zu einem Kanalsystem auszubauen, das allerdings erst 1669 fertig gestellt werden sollte. Bereits im Spätmittelalter waren für beliebte Strecken Itinerare – Stationsverzeichnisse – üblich geworden. Auf sie stützen sich die im 16. Jh. immer häufiger erstellten Karten, deren Herstellung gerade in den Niederlanden und Deutschland aufblühte. So zeichnete Gerhard Mercator ab 1554 eine Vielzahl von Karten europäischer Länder, Philipp Apian veröffentlichte 1568 seine bahnbrechende Karte Bayerns und 1642-88 erschien Matthäus Merians 30-bändige Topographia Germaniae. Im 18. Jh. legten die kameralistisch eingestellten Fürsten neue Straßen und Brücken an. So wurden erste moderne Chausseen gebaut – zuerst ab 1740 in Österreich, Baden und Bayern. Preußen forcierte den Bau außer in der Grafschaft Mark erst in den 1780er Jahren. Der Straßenzustand verbesserte sich nach und nach, so dass Lastwagen immer größer, Personenwagen immer schneller und komfortabler werden konnten.

Handel: Mit dem Erstarken einiger zentraler Handelsstädte ging die Bedeutung der Messen für den europäischen Fernhandel bereits im Spätmittelalter zurück. Lediglich für die Peripherie spielten die Messen in Schonen, Nowgorod, aber auch Posen, Breslau und Leipzig noch eine starke Rolle. Die übrigen sanken meist zu regionaler Bedeutung ab. Gleichzeitig blühte der Fernhandel auf. Zwar war immer noch Geleitschutz notwendig und die Zahl der Zölle, Abgaben, Stapelrechte, Maße und Münzen wucherte zu einem unübersichtlichen Geflecht, allmählich schufen Handel, Städte und Territorien jedoch eine passende Infrastruktur. So wurden Geleitsmänner und –truppen von Städten und Landesherren üblich, die gegen Entgelt Kaufmannszüge begleiteten, Transportgenossenschaften bildeten sich mit Monopol in einzelnen Alpentälern sowie auf Binnenschifffahrtsstrecken und Städte bauten Einrichtungen wie Waagen und Kräne. Kaufmannsfamilien taten sich regional und überregional von Mal zu Mal oder auch auf längere Sicht zu *Gesellschaften* zusammen, so dass äußerst flexible und effektive Netzwerke entstanden. In den politisch unruhigen Zeiten des Spätmittelalters gewann der Städtebund der Hanse stärker politischen Charakter und fungierte in der 2. H. d. 14. Jh.s sogar als nordeuropäische Großmacht. Die Sicherheitsbedürfnisse der Kaufleute hatten sich verändert; mit der Verbesserung der Wegesicherheit im eng vernetzten Mitteleuropa stand nicht mehr der gegenseitige Geleitschutz im Mittelpunkt, sondern politische und organisatorische Unterstützung durch einen mächtigen Städtebund. Durch das Erstarken der Nationalstaaten des Ostseeraums sowie der kaufmännischen Konkurrenz vor allem aus Flandern, den Niederlanden und England verlor die Hanse im 15. und 16. Jh. jedoch ständig an Bedeutung und Mitgliedern und löste sich nach dem 30-jährigen Krieg faktisch auf.

1380 gründeten drei Kaufmannsfamilien aus Ravensburg, Buchhorn und Konstanz die Große Ravensburger Handelsgesellschaft. Mit Beteiligungen von über 100 Familien aus rd. zehn Städten des Bodenseegebietes und Niederlassungen in ganz Süddeutschland, Flandern, Frankreich, Spanien, Italien und Osteuropa war sie im Spätmittelalter eines der bedeutendsten Handelsunternehmen Europas. Sie vermarktete heimische Leinwand, Barchent und Papier, handelte mit orientalischen Gewürzen, mittelmeerischem Wein und Öl, osteuropäischen Erzen etc. 1530 erlosch die Gesellschaft, die zuvor bereits unter Konkurrenten gelitten und sich geweigert hatte ins lukrative Bankgeschäft einzusteigen. Im 16. Jh. blühte der Fernhandel weiter auf. Er bediente nach wie vor die alten Zielmärkte der Ost- und Nordsee sowie des westlichen Mittelmeers und bezog Waren von dort. Das Handelsgut war vielfältig und umfasste Luxus- wie Massengüter. Neben der See und den großen Flüssen bildeten sich starke Überlandverbindungen von Venedig über Nürnberg nach Frankfurt oder über Augsburg nach Ulm, von Nürnberg nach Lübeck, von Frankfurt nach Mecheln oder nach Posen. An ihren Schnittpunkten blühten die deutschen Handelsmetropolen auf: Augsburg, Ulm, Nürnberg, Strassburg, Frankfurt, Köln, Leipzig, Lübeck und Hamburg – jede auf bestimmte Regionen und Produkte spezialisiert, jede aber auch flexibel genug, um auf Änderungen angemessen zu reagieren. M. d. 16. Jh.s war die große Zeit der *Augsburger Kaufmannsgesellschaften*. Sie umfasste die Zeitspanne Jakob und Anton Fuggers (1510-60), die Textil- und Gewürzhandel betrieben und großen Kredit an Herrscherhäuser – vor allem die Habsburger gaben – und sich dafür Bergwerke, Ländereien und Privilegien verpfänden und überschreiben ließen. Ab M. d. Jh.s schichteten die Fugger ihre Mittel in Ländereien um. Im Gegensatz zu den Fuggern waren die Welser Augsburger Patrizier. Sie verfügten im Spätmittelalter über Faktoreien in allen großen europäischen Städten. Außerdem gründeten sie Gesellschaften gemeinsam mit anderen süddeutschen Handelshäusern, die u.a. im Gewürz-, Tuch- und Südamerikahandel tätig waren. A. d. 17. Jh.s waren diese Gesellschaften entweder bankrott oder aufgelöst.

Mit Absolutismus und *Kameralismus* wurden staatlich initiierte Unternehmungen wichtiger. Da waren einmal Hoffaktoren, die im 16.-18. Jh. als selbstständige Kaufleute an Fürstenhöfen Geld- und Sachmitteln, insbesondere Luxusgüter beschafften und Münzen prägten. Wegen des kanonischen Zinsverbots waren sie meist Juden. Bereits kurz nach dem 30-jährigen Krieg wurden etliche Manufakturen gegründet, die meist Stoffe, vereinzelt aber auch Papier oder Fayencen fertigten. Für viele wirtschaftliche Tätigkeiten gewährten die Fürsten Privilegien. Oft standen dahinter deren ökonomische Interessen. So sollte die Brandenburgisch-Afrikanische Compagnie (1682-1711) vom hochprofitablen Dreieckshandel zwischen Europa, Afrika und Amerika, die Königlich Preußische Asiatische Compagnie (1751-65) vom Ostasienhandel profitieren. Friedrich d. Gr. initiierte darüber hinaus je eine Tabakhandels- und Lotteriegesellschaft und zwei Banken. E. d. 18. Jh.s blühte der Handelsaustausch über Messen wieder auf, ob sie nun überregional wie Frankfurt/M., Leipzig und Bozen oder regional wie Frankfurt/O., Braunschweig, Naumburg, Nördlingen, Linz, Breslau, Mainz, Danzig oder Teschen ausstrahlten. Die überregionalen Messen spielten auch für den Außenhandel eine zentrale Rolle; Leipzig war nach Polen und Russland, Frankfurt nach Westen und Bozen nach Italien ausgerichtet. Daneben wuchs die Bedeutung von Spezialmessen und Jahrmärkten. Insbesondere die größeren Residenzstädte entwickelten sich zu Zentren des Großhandels. Berlin, Wien und Hamburg errangen jeweils eine wichtige Stellung im Außenhandel nach Osten, Südosten bzw. Norden und Westen. Typisch für die Zeit waren weitverzweigte Kaufmannsfamilien wie die der Brentano. Der innerdeutsche Handel orientierte sich wesentlich an den großen Flüssen Rhein, Main, Weser, Elbe, Oder und Donau. Spezialisierte regionale Händler schlossen sich für den Fernhandel zusammen – so nordböhmische Glashändler für den Handel mit der iberischen Halbinsel und Lateinamerika.

Kommunikation: Bereits seit dem 14. Jh. waren städtische vereidigte Boten verbreitet und um 1500 bestanden regelmäßige Botendienste zwischen Nürnberg, Augsburg, Krakau und Venedig. Mit dem Aufkommen des billigeren Papiers nahm der Briefverkehr ab dem 15. Jh. deutlich zu. Austausch und Transport übernahmen Boten der Städte, Fürsten und Universitäten, ja sogar Marktschiffe und Metzger gegen Entgelt. Diese Dienste waren bereits untereinander vernetzt. Ab 1490 organisierten die Taxis für die Habsburger regelmäßige *Postverbindungen* zwischen Tirol und Burgund, später auch zwischen den übrigen Teilen der deutschen Erblande, Spanien, Frankreich, den Niederlanden und von Fall zu Fall Italien, die allerdings in der Folgezeit durch Kriege und Unruhen beeinträchtigt wurden. Daneben bestanden Nachrichtendienste der Kaufleute, mit denen diese die Fürsten bedienten. Im Laufe des 16. Jh.s organisierten die einzelnen Territorien ihre Botenkurse immer besser und zogen sie enger. 1596 stiegen die Taxis zu Generaloberstpostmeistern des Reiches auf. Die 2. H. d. 17. und das 18. Jh. sah den Aufbau eines enger werdenden Netzes an Poststationen für posteigene Pferde. Vor allem die protestantischen Länder bauten nun eigene Postdienste auf. Schritt für Schritt wurden durchlaufende Wagen und schließlich die Personenbeförderung eingeführt.

E. d. 15. Jh.s kam mit Flugblättern und –schriften die ersten *Massenkommunikationsmittel* auf. Sie konnten auf Jahrmärkten oder von Händlern erworben werden. Sujets waren Sensationen, fromme Inhalte, Aufrufe und nach und nach immer mehr politische Nachrichten. Ab 1380 versandten Kaufleute an Geschäftsfreunde Kaufmannsbriefe, um diese aktuell durch eigene Korrespondentennetze zu informieren. Die bekannteste von ihnen war 1585-1605 die Fuggerzeitung. Kaufmannsbriefe wurden zunächst mit den Warensendungen, später mit der Post und eigenen Boten transportiert. A. d. 17. Jh.s wurden sie vereinzelt gedruckt und externen Abonnenten angeboten. Der Schritt zur heutigen Zeitung wurde mit regelmäßigem, meist wöchentlichem Erscheinen erstmals 1605 in Strassburg getan. 1650 gab es in Leipzig die erste Tageszeitung. Mit der zunehmenden Alphabetisierung nahm die Verbreitung solcher Blätter im 18. Jh. stetig zu. Dasselbe galt für Bücher. Während die Inkunabeln der 2. H. d. 15. Jh.s noch in sehr kleinen Auflagen erschienen waren, verkaufte sich die Lutherbibel 1534-74 über 100 000 Mal. Religiöse, juristische, technische, naturwissenschaftliche u.a. Bücher kamen hinzu. Jährlich fanden Buchmessen in Leipzig und Frankfurt statt. Im 18. Jh. entdeckte das breite Publikum die Literatur. Bücher, Bibliotheken, Lesezirkel und literarische Salons kennzeichneten geradezu die 2. H. d. Jh.s.

Bankwesen: Während im Spätmittelalter Pfandleiher und Wechsler dem Publikum kleinere kurzfristige Kredite gaben, wickelten die Kaufleute und ihre Gesellschaften den Handelskredit untereinander ab. Dabei hatte Süd- und Westdeutschland den Wechselkredit aus Italien übernommen, während der Hansesche Raum den einfacheren Warenkredit bevorzugte. Der private Rentenmarkt norddeutscher Städte blieb eine konstante Größe. Solche Renten konnten wie Schuldscheine weiterveräußert werden. Ab dem 16. Jh. unterliefen landesgesetzliche Regelungen das kanonische Zinsverbot. Darlehen wurden gewöhnlich gegen Pfand und/ oder Bürgschaft vergeben. Auf bedeutende Summen lauteten Messdarlehen von einer Messe zur anderen. Sie summierten sich A. d. 16. Jh.s zu jeder Frankfurter Messe wahrscheinlich auf mehrere Millionen Gulden. Städte und Fürsten nahmen bereits im Spätmittelalter verzinsliche Darlehen auf und mussten diese meist durch Liegenschaften oder Einkünfte sichern. Angesichts der Währungszersplitterung war der Geldwechsel ein lukratives Geschäft. Städtische Wechselbanken bestanden im Spätmittelalter in Frankfurt, Strassburg und

Basel. Sie entwickelten sich im Laufe der Zeit auch zu Depositen- und Darlehensbanken. Seit dem ausgehenden Spätmittelalter verlegten sich die großen Kaufmannsgesellschaften vor allem Augsburgs und Nürnbergs zunehmend auf Depositen- und Darlehensgeschäfte. Im 18. Jh. entstanden zum einen neue Geschäftszweige wie Notenemission und Effektengeschäft – vor allem über Staatsanleihen –, zum anderen traten Institutionen hervor wie Privatbankiers und Wechselbörsen. Bedeutende Börsen waren Frankfurt, Hamburg, Köln und Augsburg. Privatbankiers wie die Frankfurter Häuser Metzler, Bethmann und Rothschild waren gleichzeitig Kaufleute, erwiesen sich aber im Emissionsgeschäft als äußerst innovativ. So zerlegte Bethmann 1778 eine kaiserliche Anleihe erstmals in handelbare Partial-Obligationen. Auch in Berlin, Hamburg, Köln etc. hatten bedeutende Häuser ihren Sitz. Nach italienischen, spanischen und niederländischen Vorbildern gründeten die Städte Hamburg und Nürnberg 1619 Girobanken zum gegenseitigen Austausch von Zahlungsverpflichtungen in einer Bankwährung. Ähnliche Institute entstanden in Leipzig und Wien. Im Zuge des Kameralismus errichteten Württemberg, Preußen, Bayern u.a. im 18. Jh. Staatsbanken, die meist neben der Notenemission weitere Bankgeschäfte betrieben.

# 4 Der nächste große Schritt: 19. und 20. Jahrhundert

## 4.1 Gesellschaft und Soziales: Beschleunigung und Mobilität

Familie: Bereits in Napoleonischer Zeit lebten in Berlin einzelne Paare aus künstlerischen und intellektuellen Kreisen ganz bewusst ohne Trauschein zusammen. Dies war ein Zeichen dafür, dass sich traditionelle Familienmuster im Umbruch befanden. Durch Bauernbefreiung und Aufhebung der Zünfte lief das Jahrhunderte alte Modell des Europäischen Heiratsmusters aus. Durch Aufwertung und Ausbreitung der Lohnarbeit hatten erstmals in der Geschichte nahezu alle Erwachsenen auch ökonomisch die Möglichkeit zu Heirat und Familiengründung. Lediglich in der Pauperismuskrise machten die Gemeinden wieder in größerem Maße von ihren bis in die 1860er Jahre bestehenden Einspruchmöglichkeiten Gebrauch. Die politische Repression des Vormärz führte gerade auch im Bürgertum zur Konzentration auf die Familie; das Biedermeieridyll war geboren. Zwar nahm durch die steigende Lebenserwartung im 19. Jh. vor allem in ländlichen Anerbengebieten der Anteil der Großfamilien vorübergehend zu – sie waren nun 3-Generationen-Familien –, durch zunehmende arbeitsbedingte Mobilität breitete sich jedoch gleichzeitig die Kleinfamilie immer mehr aus und wurde im Laufe des 19. Jh.s zu einem vorherrschenden Lebensmodell. Im 19. und in der 2. H. d. 20. Jh.s ging der Selbstversorgungsgrad mit Gemüse, Obst und Kleintieren, aber auch mit Textilien und Bekleidung deutlich zurück. Dagegen stieg die Gesindezahl in wohlhabenden Haushalten zunächst an, um dann zu Beg. d. 20. Jh.s sehr schnell wieder zu sinken.

Mit den Angestellten der Unternehmen und dem neu geschaffenen Berufsbeamtentum entstand ein neuer Mittelstand mit besonderem Selbstbewusstsein. Mit ihm war ein neues Standardmodell gefunden, das seit der Weimarer Republik auch zunehmend auf Frauen übertragen wurde. Dagegen änderte sich das *Gesellschaftsmodell*. Während sich im Laufe des 19. Jh.s das Patriarchat zunehmend durchsetzte, bestanden gegen Ende des Kaiserreichs mit Frauenbewegung, Bohème und Avantgarde bereits konkurrierende neue Ansätze. Dasselbe galt für die Jugend-, Reform- und Sezessionsbewegung. Die Vielzahl dieser Bewegungen führte besonders in den Großstädten der Weimarer Republik zu einer Umwertung traditioneller Werte. Das 3. Reich bedeutete mit Muttertag und Mutterkreuz nur vordergründig eine konservative Wende. Der Bedarf an weiblichen Arbeitskräften, die Abwesenheit der Männer in der Kriegs- und Nachkriegszeit und das Aufbrechen traditioneller Ehevorstellungen in Teilen des Regimes wiesen mit Macht in eine andere Richtung und mündeten in eine weite Verbreitung von Fraternisierung und Onkelehe nach dem 2. Weltkrieg. In der Nachkriegszeit konnte sich das Modell der traditionellen Familie mit Normalisierung und Wirtschaftswunder nur vorübergehend wieder durchsetzen. An seine Stelle trat in einem längeren Übergangsprozess bis in die 1970er Jahre eine Vielfalt der Lebensformen – verheiratete und unverheiratete Paare in gemeinsamer Wohnung, Paare in getrennten Wohnungen und Fernbeziehungen. Gleichzeitig breiteten sich Singlehaushalte immer mehr aus und der Schwerpunkt sozialer Netzwerke verschob sich von der Familie auf den Freundeskreis.

Frauen: Zwar brachte das 19. Jh.s in den unterbäuerlichen Schichten, mit Einschränkungen auch bei der Arbeiterschaft zunächst eine deutliche Zunahme von vorehelichen Sexualkontakten und illegitimen Geburten, das langsam tonangebende Bürgertum legte jedoch eine immer restriktivere Sexualmoral an den Tag. Gleichzeitig trat mit Aufklärung und Fortschrittsglauben der religiöse Kontext der Ehe zurück und die romantische Vorstellung von ehelicher Liebe brach sich Bahn. Damit verbunden war eine Polarisierung der *Geschlechtercharaktere* und –rollen – hier die passive, emotionale und mütterliche Frau, dort der aktive, rationale und berufsorientierte Mann. Auch diese zunächst bürgerlichen Vorstellungen drangen im Laufe des 19. Jh.s sowohl nach unten – Bauern, Arbeiter – als auch nach oben – Adel – ein. Diese Anschauungen sollten ein großes Beharrungsvermögen zeigen. Hatte Fichte bereits 1796 geschrieben, die Würde der Frau bestehe darin, dass sie sich „zum Mittel der Befriedigung des Mannes mache", so verurteilte der Bundesgerichtshof noch 1966 eine Frau dazu, ihre eheliche Pflicht in „ehelicher Zuneigung und Opferbereitschaft" zu tun.[100] Zwar waren Ehescheidungen rechtlich möglich, sie wurden aber im Laufe des 19. Jh.s immer restriktiver gehandhabt. Erst in der Weimarer Zeit und besonders seit den 1960er Jahren stiegen die Scheidungsquoten kontinuierlich. Gleichzeitig wurde mit wirksamen Verhütungsmethoden eine selbstbestimmte *Sexualität* der Frau ohne das Risiko einer Schwangerschaft möglich. Bereits E. d. 19. Jh.s hatte zunehmende Geburtenkontrolle einen schrittweisen Rückgang der Kinderzahlen bewirkt. Kondome waren seit Beginn des 19. Jh.s immer sicherer und angenehmer geworden. Ab 1870 fertigte man serienmäßig Gummi-, 1912 nahtlose und 1930 Latexkondome. Die wilden 1920er Jahre und die „sexuelle Revolution" der späten 1960er Jahre bewirkten nachhaltige Verhaltensänderungen. Letztere war eine Mischung aus Presse-Hype, Aufklärungskampagnen (Oswald Kolle und die Zs. „Bravo") und vor allem den ersten oralen Kontrakonzeptiva („Antibabypille") seit 1961. Autoren wie Freud, Reich und Marcuse und die Studentenrevolution („Wer zwei Mal mit der selben pennt, gehört schon zum Establishment") lieferten seit Beginn des 20. Jh.s den theoretischen Überbau.

Im Laufe des 19. Jh.s traten immer wieder hervorragende und selbstbewusste Frauen hervor – von Rahel Varnhagen über Anette von Droste-Hülshoff und Bettina von Arnim bis hin zu Clara Schumann – und bereiteten im Verein mit den emanzipatorischen Ideen aus Französischer Revolution und Aufklärung einer ersten Welle der *Frauenemanzipation* Bahn, die in den letzten Jahrzehnten des Kaiserreichs Forderungen wie die Rechte auf Erwerbsarbeit und Bildung, das Frauenwahlrecht und ganz allgemein eine Änderung von Einstellungen und Strukturen erhob. Im 1. Weltkrieg wuchsen Frauen auf breiter Front in Männertätigkeiten hinein. Als danach alte Forderungen wie Frauenstudium und –wahlrecht Wirklichkeit wurden und die Inflationszeit eigene Initiative erforderte, schufen ein neues weibliches Selbstbewusstsein, das überbordende Großstadtleben der wilden 20er Jahre und die Möglichkeiten einer auffächernden Berufswelt mit vielen neuen Frauenberufen von der Sekretärin bis zur Schauspielerin „die neue Frau" als Typus, der bis heute attraktiv ist. Seit den 1960er Jahren stieg der Frauenanteil bei den Beschäftigten kontinuierlich. Dasselbe galt auch für die Wahrnehmung von Bildungschancen. So stellten die Frauen im neuen Jahrtausend erstmals die Mehrheit der Studenten. Die zweite Welle der Frauenemanzipation in den 1970er und 80er Jahren brachte mehr Frauen in Führungspositionen. Betrug die Relation zwischen Frauen und Männern bei den Führungskräften des besonders konservativen Bankgewerbes noch Anfang der 1990er Jahre 1:11, so hatte sie sich bis 2006 auf 1:3 verbessert.

Lebensalter: Seit der Aufklärung wurde die Liebe zweier Menschen verstärkt diskutiert. Es entwickelte sich erstmals das Ideal der Liebesheirat. In der Romantik kam die Idee der Unvereinbarkeit lebenslanger, von Konventionen getragener Ehe und spontaner, leidenschaftlicher Liebe hinzu. Mit der verstärkten Orientierung der Menschen am Ideal ehelicher Liebe veränderte sich auch das Verhältnis zu den gemeinsamen *Kindern* als „Pfand dieser Liebe". Gerade bürgerliche Eltern beschäftigten sich bereits zu Beg. d. 19. Jh.s mehr als früher mit den Kindern. So wurden sie vermehrt gestillt, was zu einer geringeren Säuglingssterblichkeit führte. Eine ähnliche Entwicklung ist in den Unterschichten erst rd. ein Jahrhundert später zu konstatieren. Die Erziehung der Kinder im bäuerlichen und handwerklichen Milieu bestand während des 19. Jh.s aus einer meist recht planvollen schrittweisen Einbeziehung in die jeweilige Arbeitswelt. Insofern war hier Kinderarbeit durchaus üblich. Im gewerblichen Bereich wurde sie in Deutschland bereits vergleichsweise früh bekämpft. Dabei war Preußen mit seinem starken Interesse an kräftigen Rekruten ein Vorreiter. Bereits 1839 verbot das Land im „Preußischen Regulativ" Fabrikarbeit von Kindern unter 9 Jahren und schränkte sie für die 9-16-jährigen ein. 1853 wurde das Mindestalter auf 12 Jahre erhöht und kurz darauf zur Überwachung die Gewerbeaufsicht gegründet. Das Kinderschutzgesetz von 1904 dehnte das Verbot gewerblicher Kinderarbeit auf das gesamte Reich aus. Es war notwendig geworden, weil trotz eines drastischen Rückgangs ab 1890 auch im Jahre 1900 noch 540 000 Kinder in Hausindustrie, Handel u.a. Gewerben arbeiteten. Im Bürgertum konkurrierten während d. 19. Jh.s zwei Einstellungen zur kindlichen Erziehung. Die traditionelle christliche Vorstellung war die des kleinen Sünders, dessen Eigenwillen durch Mühsal und Strenge zu brechen sei. So durften Kinder aller Schichten bis ins 20. Jh. hinein bei Tisch nicht sprechen. Demgegenüber hatte sich die aufklärerische Idee der kindlichen Reinheit zu romantischen und sozialutopischen Hoffnungen in die Kinder gewandelt. In der Folge baute man im Laufe des 19. Jh.s vor allem in großbürgerlichen Familien eine eigene kindliche Welt mit Kinderzimmern, Kindergeburtstagen und pädagogisch wertvollem Spielzeug auf. Um 1840 entstanden in Deutschland die ersten Kindergärten nach ungarischem Vorbild. Um 1900 war bereits eine Versorgungsquote von 13% erreicht, die bis 1941 auf 31, bis 1970 auf rd. 50 (BRD) bzw. 70% (DDR) und 2006 auf 87% der 3-6-Jährigen anstieg. Dies war Ausfluss der zunehmenden Berufstätigkeit der Mütter.

In der Vormoderne war *Jugend* die Zeitspanne bis zur Heirat gewesen – vielfach verbunden mit Gesindedienst bzw. Lehrlings- und Gesellenzeit. Erst im 19. Jh. etablierte sich die Jugend dagegen als eigenständig empfundener Lebensabschnitt mit eigenen Eigenschaften und Lebensgefühl. An die Stelle der traditionellen, nach Altersjahrgängen und Geschlechtern gegliederten Gruppen, in denen die Jugend ihre arbeitsfreie Zeit verbrachte, traten auch auf dem Land spätestens nach dem 1. Weltkrieg Vereine, vor allem Sportvereine. Die Entwicklung der Mittel- und Oberschichten verlief früher und selbstorganisierter. Sie wird etwa ab 1800 in den Studentenverbindungen greifbar. E. d. 19. Jh.s entstand eine spezielle Jugendliteratur, deren bekanntester Vertreter Karl May seine Werke 1874-1910 veröffentlichte. Ihr widmeten sich auch bekannte Schriftsteller der Erwachsenenliteratur wie Erich Kästner, der 1929-67 rd. ein Dutzend Kinder- und Jugendbücher verfasste. Bilderbücher gab es bereits wesentlich früher. Heinrich Hoffmanns „Struwwelpeter" von 1845 war eines der ersten Beispiele und Wilhelm Busch eröffnete 1865 mit „Max und Moritz" den Reigen seiner berühmten Bildergeschichten.

Um 1900 kam es in dichter Folge zu mehreren bürgerlichen Jugendbewegungen. Zunächst entstand ab 1896 die Wandervogelbewegung, die bis zum 3. Reich auch auf Reformpädagogik, Freikörperkultur und Lebensreformbewegung ausstrahlte und sich in eine Vielzahl unterschiedlicher Richtungen aufspaltete. Nach dem 1. Weltkrieg trat mit den verschiedenen Richtungen der Bündischen Jugend eine diszipliniertere, auf jeweils konkrete Ziele ausgerichtete Variante der Jugendbewegung in den Vordergrund. Vielfach war ein solches Ziel die Restaurierung einer „Jugendburg", wie sie sich das Jugendherbergswerk seit 1911 zur Aufgabe gemacht hatte. 1932 gab es in Deutschland bereits 2 123 Jugendherbergen. Eng verwoben mit beiden Richtungen der Jugendbewegung war das aus England übernommene Pfadfinderwesen. Die meisten dieser Gruppen wurden zu Beginn des 3. Reiches in Hitlerjugend und BdM überführt oder verboten und nach dem 2. Weltkrieg wiederbegründet. In der Nazizeit gab es daher neben staatsoffiziellen und kirchlichen Jugendverbänden nur in Großstädten wie Hamburg, Berlin, Frankfurt, München und Köln informelle, meist oppositionelle Jugendgruppen wie Swingjugend oder Edelweißpiraten. Sie wurden ab 1940/41 verfolgt, inhaftiert und vereinzelt hingerichtet. Seit dem 2. Weltkrieg sind die Jugendbewegungen informeller und bunter. Die Halbstarken und Beatnicks der 1950er, die Mods und Hippies der 1960er oder die Punks, Gothics und Popper der 1970er Jahre waren oft schichtenspezifisch und gegen bestimmte Aspekte der Erwachsenenwelt gerichtet sowie verbunden mit einer bestimmten Fortbewegungsart und einem bestimmten Musik-, Haar- und Kleidungsstil. Die meisten dieser und vieler anderer Bewegungen fanden auch in der DDR ihren Niederschlag. Dessen ungeachtet waren die Jugendlichen der DDR in zunehmendem Maße in der staatsnahen FDJ organisiert – 1989 zu 88%. Die informellen Jugendbewegungen und -moden beider deutschen Staaten liefen neben einander her, wurden von ihren Protagonisten auch im späteren Erwachsenenleben wenigstens teilweise weiter gepflegt und erlebten von Zeit zu Zeit ein „Revival". Bei den Jugendbewegungen des 20. Jh.s spielte eine Rolle, dass Generationenkonflikte in Deutschland wegen dessen Entwicklungsbrüchen besonders harsch ausfielen.

Auch Situation und Ansehen der *Alten* machten im Laufe des 19. und 20. Jh.s eine deutliche Wandlung durch. Die sich allmählich bildende Leistungsgesellschaft führte ganz automatisch dazu, dass die zu Beginn der Periode überaus geachteten Alten in die Defensive gedrängt wurden und an Ansehen verloren. Gleichzeitig nahm ihr Anteil an der Bevölkerung stetig zu. Die potentielle Lebensspanne blieb zwar gleich, sie wurde aber mit einer immer höheren Wahrscheinlichkeit erreicht. Damit war erstmals das Problem des Ruhestandes nicht mehr individuell lösbar. Dies war einer der Gründe, weshalb man 1889 eine reichseinheitlichn Invaliditäts- und Altersversicherung für Arbeiter schuf, die jedoch lediglich Erwerbsminderungen ausgleichen sollte. 1911 folgten eine Angestellten- und Hinterbliebenenversicherungen. Alle Versicherungszweige wurden in der Folge ausgebaut; es kam in der Zwischenkriegszeit und später bis in die 1970er Jahre zu zahlreichen Leistungsverbesserungen. Bis in die 1970er Jahre gab es insbesondere bei Hinterbliebenen das Problem der Altersarmut, es war jedoch seitdem wegen diverser Rentenanpassungen zumindest für die in der Zwischenkriegszeit Geborenen kein Problem mehr. Jugendbewegung und Jugendwahn in Werbung und Unternehmen führten im 20. Jh. dazu, dass sich auch die Eigenwahrnehmung der Älteren in Richtung Jugendlichkeit verschob, zumal der medizinische Fortschritt das Greisenalter in das 9. und 10. Lebensjahrzehnt verlegte. Das Resultat waren seit den 1980er Jahren „die jungen Alten" – finanziell gut gestellt und unternehmungslustig. Die gesetzliche Altersversorgung war 1957 vom Kapitaldeckungs- zum Umlageverfahren übergegangen. Sie wurde deshalb vom Geburtenrückgang (der Jahrgänge ab 1962) und ab Beg. d. 1980er Jahre von der Verlängerung der Lebenserwartung in die Zange genommen. Seit 1992 wurden daher zukünftige Leistungen schrittweise den demografischen Gegebenheiten angepasst.

Mit dem Rückgang früher Sterblichkeit wurde der *Tod* im Laufe der 1. H. d. 19. Jh.s immer weniger sichtbar. Da die Friedhöfe zu Beg. d. 19. Jh.s aus hygienischen Gründen aus den Städten verlegt worden waren, trat an die Stelle der jahrhundertealten Vertrautheit mit dem Tod eine romantisierende Vorstellung. Das massenhafte, individuell nicht mehr fassbare Sterben der Weltkriege löste einen regelrechten Totenkult aus; die Gräber wurden nun vergleichsweise häufig besucht und mussten jederzeit gepflegt aussehen. Bestattungsunternehmen setzten hohe Preise durch. Seit den 1990er Jahren sind Anzeichen eines erneuten Bewusstseinswandels hin zum unverkrampfteren Umgang mit dem Tod zu erkennen.

Arbeit: Das Verhältnis zur Arbeit hat sich seit Beg. d. 19. Jh.s in vielerlei Hinsicht grundlegend geändert. Arbeit war im Ancien Régime primär assoziiert mit Mühe und Plage. In der 1. H. d. 19. Jh.s wurden für viele Erwerbstätige weitere Aspekte wichtig wie Pflichterfüllung und Loyalität für Staatsbeamte und Angestellte von Banken und größeren Unternehmen – die bezeichnenderweise ebenfalls als Beamte bezeichnet wurden – oder der Dienst am Fortschritt für die nun immer häufiger auftretenden Ingenieure und Techniker. Vielfach wurden schon lange bestehende Ideale explizit formuliert oder formalisiert. Beispiele sind die Suche nach der Wahrheit bei Wissenschaftlern oder die verschiedensten Ausprägungen des Dienstes am Allgemeinwohl bei Ärzten, Richtern, Soldaten etc. War in der Frühen Neuzeit das standesgemäße Auskommen – ob als Handwerker, Offizier, Akademiker oder Künstler – das Ziel der Arbeit, so waren es nun Lohn und Gewinn für die wachsenden Scharen von abhängig Beschäftigten und Unternehmern. Deren Höhe regelte nun der Markt.

In der 1. H. d. 19. Jh.s hatten Unternehmer und Führungskräfte große Probleme mit der *Arbeitsdisziplin* ihrer Arbeiter; Pünktlichkeit, Genauigkeit und Verträglichkeit waren keine Eigenschaften, an die ländliche und städtische Unterschichten zuvor gewohnt waren. Die Fabriken entwarfen daher sehr bald Arbeitsregeln zu allen relevanten Problemfeldern, Fabrikordnungen oder –gesetze genannt. Zu ihnen wurde ein Sanktionssystem entwickelt – etwa über Geldstrafen, die teilweise in betriebliche Unterstützungskassen flossen, um keine falschen Anreize zu setzen und die Akzeptanz zu erhöhen. Die notwendige Kontrolle wurde über Vorarbeiter, Hausmeister, Pförtner u.a. Informanten ausgeübt. Neben diese Maßnahmen traten von Anfang an gerade bei größeren Betrieben Wohlfahrtseinrichtungen wie Werkkü-

chen, Speise-, Wasch- und Umkleideräume, Pensions-, Kranken-, und Sparkassen, Werks-
wohnungen, Treue- und Jahresprämien. Wohlfahrtseinrichtungen wurden bewusst dazu eingesetzt, die Bindung an das Unternehmen zu erhöhen – vor allem um die zunächst sehr hohe
Fluktuation zu verringern. Dagegen wurde der Akkordlohn erst nach einigen Jahrzehnten
üblich, setzt er doch bereits eine große Disziplin der Arbeiter voraus. Im Laufe der Zeit entstanden Firmenloyalitäten und äußerst langlebige Unternehmenskulturen; Kruppianer, Man-
nesmänner, Siemensianer oder Deutschbanker, Rotwerker bei Hoechst und Aniliner bei
BASF nannten sich die Mitarbeiter über viele Jahrzehnte und sagten voller Stolz: „Wir schaffen beim Daimler." Diesem Stolz auf das Unternehmen entsprach der Stolz der Facharbeiter
auf ihr Können und ihre Wichtigkeit für Produktion und Volkswirtschaft. Sie war verbunden
mit einem seit d. 2. H. d. 19. Jh.s zunehmenden Organisationsgrad in Arbeiterparteien und
Gewerkschaften.

Die *Arbeitszeit* stieg bis in die 1860er bzw. 70er Jahre zunächst je nach Branche um 10-
25% an, sank dann aber trendmäßig bis zur Gegenwart um 30-40%. Dies galt sowohl für die
Soll- als auch für die Ist-Zahlen. Daran beteiligt war zunächst vor allem die Veränderung der
täglichen Arbeitszeit. In der 2. H. d. 19. Jh.s erhielten immer mehr Angestellte, ab der Zwischenkriegszeit auch immer mehr Arbeiter Erholungsurlaub. Er stieg im Laufe von 1 ½ Jh.en
im Schnitt von 2 auf 6 Wochen p.a. Ab 1956 setzen die Gewerkschaften in Westdeutschland
auf breiter Linie die 5-Tage-Woche durch, scheiterten aber großenteils mit der seit 1978
betriebenen Forderung nach einer 35-Stunden-Woche. Parallel dazu erhielten auch die Werk-
tätigen der DDR vergleichbare Arbeits- und Urlaubszeiten. Die zunehmende Freizeit weiter
Teile der Gesellschaft führte bereits in den 1960er Jahren zur Freizeitorientierung. Hobbies
wurden modern; man widmete sich seinen Briefmarkensammlungen, baute Modelleisenbah-
nen und gärtnerte in Schrebergarten oder Datsche. An die Stelle früheren gemeinschaftlichen
Freizeiterlebens in Wandergruppen und Vereinen traten individuelle Beschäftigungen bis hin
zum neu entdeckten Fernsehkonsum. Er stieg seit 1960 kontinuierlich an, liegt aber nach wie
vor deutlich unter dem der USA. Gleichzeitig war es vielen Menschen in den 1960er Jahren
erstmals möglich in Urlaub zu fahren. Allerdings verreisten die Deutschen beider Staaten
lange Zeit vergleichsweise wenig; 1970 waren es nur rd. 40%.

Reichtum und Armut: In der Einstellung zu Armut und Reichtum ergaben sich mit der Industrialisierung gravierende Änderungen. Der *Reichtum* erfolgreicher Unternehmer wurde
umso eher akzeptiert, je mehr das Konzept der „invisible hand" befürwortet wurde, dass
egoistisches Marktverhalten des Einzelnen zum allgemeinen Wohlstand beitrage, und je
offensichtlicher dies der Wirklichkeit entsprach. Das war ab 1860, im Kaiserreich und in der
Zeit des Wirtschaftswunders der Fall. Unterschwellig gibt es jedoch nach wie vor Vorurteile
gegenüber reichen Personen, denen pauschal Rücksichtslosigkeit u.a. Charakterschwächen
unterstellt wurden und werden. Das galt besonders zu Zeiten, in denen die sozialen Gegen-
sätze besonders ins Auge sprangen wie in der Pauperismuskrise oder der Weimarer Republik. Von der DDR wurden solche Meinungen schon aus ideologischen Gründen gepflegt.
Bereits im Laufe der Frühen Neuzeit wurde *Armut* zunehmend als beunruhigend und lästig
empfunden. Mit der Aufbruchstimmung der Industrialisierung und den Chancen, die sie bei
zielstrebiger Arbeit eröffnete, breitete sich in der 1. H. d. 19. Jh.s unter Wohlhabenden zunehmend die Meinung aus, Armut sei im Wesentlichen selbst verschuldet. Im Ergebnis zog
sich individuelle Initiative zurück und die Armenfürsorge wurde noch stärker als bereits im

18. Jh. Sache der Kommunen. Es wurden Regeln für die Unterstützung festgelegt und ihre Einhaltung bürokratisch überwacht. Neben die bis heute populäre Meinung, wer arbeiten wolle, fände auch Arbeit, traten seit der 2. H. d. 19. Jh.s zwei weitere, ebenfalls bis heute gültige Einstellungsstränge. Zum einen setzte sich insbesondere bei professionell mit der Armenfürsorge betrauten Personen die Auffassung subjektiver Hindernisse benachteiligter Personen durch, ausreichend für sich selbst sorgen zu können. Diese Auffassung speiste sich einerseits aus der stets lebendig gebliebenen christlichen Caritas, andererseits aber auch aus bestimmten Richtungen der frühen Psychologie. Zum anderen schärften Marxismus, Arbeiterbewegung, katholische Soziallehre und „Physique sociale" der frühen Soziologie auch den Blick für objektive Gegebenheiten und Strukturen, die zu Ungleichheit und Armut führten.

Obwohl die *Einkommensspreizung* zunächst in der 1. H. d. 19. Jh.s eher noch zunahm und sich Löhne und Arbeitsbedingungen tendenziell verschlechterten, verschlechterte sich die Lage der abhängig Beschäftigten doch nicht dramatisch. Das hatte mehrere Gründe. So verbesserten Fortschritte von landwirtschaftlicher Produktivität und Transportmöglichkeiten die Ernährungslage allgemein und im Krisenfall. 1816/17 fand die letzte Hungerkrise Deutschlands statt; die Agrarkrise 1847/48 auf Grund der Kartoffelfäule hatte dagegen nur wenige Hungertote zur Folge. Außerdem waren die Aufstiegschancen abhängig Beschäftigter angesichts der großen Lohndifferenzen und der insgesamt überaus dynamischen, ständig wechselnden Entwicklung deutlich ausgeprägter als in der Endphase des Ancien Régime. Die 1. H. d. 19. Jh.s war jedoch von großen Schwankungen bei Arbeitslosigkeit, Reallöhnen und Ernährungslage gekennzeichnet. Dies begann sich mit der Hochindustrialisierung zu ändern. So stabilisierte sich die Arbeitslosigkeit im Kaiserreich nach der Gründerkrise auf relativ niedrigem Niveau. Dies wandelte sich nach dem 1. Weltkrieg. In der Anpassungskrise in und nach der Inflation, vor allem aber in der Weltwirtschaftskrise erreichten Beschäftigungslosigkeit und Massenelend zeitweise katastrophale Ausmaße. Während dies erst mit der Rüstungskonjunktur des 3. Reiches überwunden wurde, führte das enorme Wachstum der 1950er und 60er Jahre erstmals in der deutschen Geschichte in der BRD zu einer allgemeinen Wohlstandsgesellschaft, die trotz gewisser Auflösungserscheinungen bis heute trägt. Dies liegt im Wesentlichen an der wirtschaftlichen Basis der Volkswirtschaft und der Belastbarkeit ihrer sozialen Sicherungssysteme. Während nämlich die 1927 neu geschaffene Arbeitslosenversicherung bereits nach 6 Monaten, sehr bald sogar ab spätestens 20 Wochen „aussteuerte", betrug die Bezugsdauer des Arbeitslosengeldes (I) in der Bundesrepublik je nach Gesetzesstand, ½ -2 ½ Jahre und auch danach fiel der Arbeitslose nicht ins Leere.

Allerdings baute sich seit M. d. 1970er Jahre im Westen ein immer höherer Sockel an Arbeitslosigkeit auf, der auch zu vermehrter Dauerarbeitslosigkeit vor allem älterer und ungelernter Personen führte. Hinzu kamen typische Problemgruppen („neue Armut") wie Alleinerziehende und Kinderreiche sowie bis in die 1970er Jahre eine gewisse Altersarmut. Insgesamt bildete sich seit dieser Zeit eine Schicht des Prekariats solcher Personen, die vorübergehend oder dauerhaft keine Chancen am sog. 1. Arbeitsmarkt haben. Sie finden – wenn überhaupt – nur Beschäftigung in einkommensschwacher Selbstständigkeit (Boten, Taxifahrer etc.) oder im immer bedeutenderen 2. Arbeitsmarkt aus Praktikumsplätzen und befristeten und/ oder Billigjobs (Reinigungskräfte, AushilfsverkäuferInnen oder -bedienungen etc.). In der DDR jedoch bestand ein Recht auf Arbeit, das spätestens ab A. d. 1970er Jahre auch bei Frauen allgemein verwirklicht wurde. Das Resultat war eine international sehr hohe Erwerbsquote von rd. 70%. Obwohl die deutsche Gesellschaft des 19. und 20. Jh.s keineswegs als klassenlos bezeichnet werden kann, war doch ihre Einkommens- und Vermögensspreizung lange Zeit vergleichsweise gering. Bereits zu Beginn des Kaiserreichs lässt sich in größeren Betrieben eine Lohnspreizung von lediglich 1:7 feststellen – eine Relation, die bis A. d. 1990er Jahre vor der Explosion der Vorstandsgehälter typisch war. Dasselbe galt zumindest im 20. Jh. für die Vermögensunterschiede, die durch die Verluste im Zuge der Weltkriege insgesamt vergleichsweise stark nivelliert worden waren. Auch hier jedoch ist seit Anfang der 1980er Jahre eine deutliche Tendenz zur Spreizung festzustellen. Die sozialistische Gesellschaft der DDR war naturgemäß durch wesentlich geringere Einkommens- und nur unmerkliche Vermögensunterschiede gekennzeichnet.

## 4.2      Bildung und Kultur: Universität und Bauhaus

Schulen: Im Laufe des 18. Jh.s bereiteten pietistische und aufklärerische *Pädagogen* wie Francke, Locke und Rousseau den Weg für eine Erziehung hin zu Wissen, Vernunft und Selbstbestimmung. In Deutschland war die Diskussion besonders lebhaft. Auf Autoren wie Basedow und Campe fußte im letzten D. d. 18. Jh.s eine insbesondere vom sog. Philanthropismus bestimmte Pädagogikreform. Sie zielte auf Motivation, selbstständiges Denken, Leistungsbereitschaft und gute Umgangsformen. Darüber hinaus wollte der Schweizer Pädagoge Johann Heinrich Pestalozzi die natürlichen Anlagen der Kinder hinsichtlich „Kopf, Herz und Hand" – Intellekt, Sitte und praktische Fähigkeiten – im jeweils richtigen Zeitfenster entfalten. Er entwickelte seine Ideen zunächst an der Praxis, bevor er sie 1801 erstmals systematisch beschrieb. Die deutschsprachige Pädagogik hatte seit ihrem Entstehen theoretische wie praktische Wurzeln. Ein wichtiger Gegensatz trat A. d. 19. Jh.s in den Vordergrund. Einerseits ging der preußische Bildungsreformer Wilhelm von Humboldt davon aus, dass die allgemein bildenden Institutionen bis hin zur Universität wertfrei, d h. von wirtschaftlichen Interessen unabhängig und keinesfalls berufsbezogen zu autonomen Individuen und Weltbürgern ausbilden sollten. Dies sah er ausschließlich in einem humanistischen Bildungsideal verwirklicht. Andererseits drangen technisch und ökonomisch ausgerichtetes Bürgertum im Laufe der Industrialisierung immer stärker auf Aufnahme von „Realien" – Naturwissenschaften. Dennoch konnte sich in Deutschland und später der BRD die hermeneutisch arbeitende „geisteswissenschaftliche Pädagogik" mit Ausnahme des 3. Reiches bis in die 1970er Jahre halten, als die Integration der PHs in die Universitäten die Schaffung empirisch fundierter „Erziehungswissenschaften" mit sich brachte.

E. d. 19. und im 1. D. d. 20. Jh.s bildete sich im Widerstand gegen die immer noch lebensfremde und autoritäre herkömmliche „Paukschule" eine breit gefächerte „Reformpädagogik" aus. Deren Anliegen flossen teilweise in die staatliche Schulpolitik ein – wie die Landschul- und Kunsterziehungsbewegung, später auch die Einheitsschule. Zum anderen Teil führte sie zu privaten Reformschulen wie die Montessori- und Waldorf-Schulen, die Erlebnispädagogik in Schloss Salem und viele andere. Die Pädagogik der Nationalsozialisten war geprägt durch die Verpflichtung auf eine totalitäre Rassenideologie, Erziehung zum Führerprinzip und Wehrertüchtigung. Erreicht wurde dies nicht nur durch möglichst vollständige „Gleichschaltung" der Bildungseinrichtungen, vor allem der Gymnasien und Hochschulen, durch Napolas als Eliteschulen des Regimes sowie durch vielfältige Führungsschulen der diversen Einrichtungen von der NSDAP bis zur SS. Hinzu kamen mehr oder weniger verpflichtende außerschulische Aktivitäten vor allem in den Jugendorganisationen des Regimes (Hitlerjugend, BdM). Das Ergebnis waren gerade bei den im 3. Reich sozialisierten Deutschen der Jahrgänge 1917-38 ausgeprägte Totalitarismusschäden, die darin bestanden, dass nur direkt Kontrolle durch Überprüfung und Zwang, meist aber nicht indirekt durch Vertrauen ausgeübt werden konnte.[101] Kollektivistisch war auch die DDR-Pädagogik ausgerichtet. Sie stand stärker als ihr nach 1970 auf individuelle Förderung zielendes westdeutsches Pendant in der Tradition deutscher Paukschulen mit Wissenserwerb als primärem Lernziel.

Die *Institutionengeschichte* der deutschen Bildung verlief parallel. Die Mediatisierung der alten Bildungsträger Stadt und Kirche auf den Staat schuf A. d. 19. Jh.s die Grundlage für die Durchsetzung der allgemeinen Schulpflicht. Einschulungsraten, tägliche, jährliche und lebenszeitliche Schuldauer nahmen das gesamte 19. Jh. zu. Die Lehrinhalte, die in den Elementarschulen traditionell nur in Lesen, Schreiben, den Grundrechenarten und einer katechetischen Unterweisung bestanden hatten, wurden gleichzeitig natur- und technikkundig ausgeweitet. Dabei hatten die Humboldtsche Bildungsreformen 1808/09 das preußische Unterrichtswesen noch allein auf allgemeinbildende Aufgaben ausgerichtet. Sie schufen ein staatliches dreigliedriges Bildungssystem, bestehend aus 3-jähriger Volksschule, 10-jährigem humanistischem Gymnasium und Universität. Humboldts Reformen wirken bis heute nach, obwohl die meisten Maßnahmen erst nach seiner Amtszeit 1810-12, oft sogar Schritt für Schritt über das gesamte 19. Jh. hinweg realisiert wurden – Vereinheitlichung der Ausbildung und Eingangsprüfungen für Volksschullehrer, Schaffung eines Lehramtsexamens für Gymnasiallehrer, Eröffnung der Berliner Universität, Vereinheitlichung und Verpflichtung der Abiturprüfung sowie Lehrplan des Gymnasiums. Von Anfang an zeigten sich jedoch auch Gegenströmungen. So gelang es Humboldt nicht, Realschulen und Kadettenanstalten zu eliminieren. Ab 1872 wurden sogar die von Humboldt bekämpften Mittelschulen wieder eingeführt. Auch der Trend zur praktischen Ausbildung ließ sich nicht bremsen. So bildeten sich im Kaiserreich in Preußen (und anderen Ländern) neue höhere Schultypen heraus wie 1859/82 das (neusprachliche) Realgymnasium. Aus den Gewerbeschulen entstand in den 1870er Jahren die mathematisch-naturwissenschaftliche Oberrealschule. Das Abitur aller drei höheren Schultypen wurde 1900 beim Hochschulzugang gleichgestellt. Naturwissenschaften und moderne Sprachen hielten im Kaiserreich sogar Einzug in das Curriculum des humanistischen Gymnasiums. Die Weimarer Republik sah neben der Integration einzelner reformpädagogischer Ansätze wie einer zaghaften Koedukation vor allem eine Überarbeitung der Lehrpläne. Sie setzte sich im 3. Reich fort. Daneben wurden zu dieser Zeit Prügelstrafe und gymnasiale Schulgebühren abgeschafft, das Gymnasium auf acht Jahre verkürzt und eine Bereinigung und Zusammenfassung der Schulformen vorgenommen – vor allem im Bereich der Berufsbildung.

Trotz anderslautender alliierter Bestrebungen wurde das bisherige dreigliedrige Schulsystem in Westdeutschland nach dem 2. Weltkrieg beibehalten. Bei den Gymnasien kehrte man meist zur 9-jährigen Form zurück. Weitere Fächer wie Sozialkunde, Ethik, Philosophie (NRW) oder Wirtschaft + Recht (BY) ergänzten den Fächerkanon im Laufe der 1960er und 70er Jahre. Die seit dem Kaiserreich bestehenden Hilfs- bzw. Sonderschulen differierten aus nach Behinderungsarten und entwickelten sich zu Förderschulen. Die Durchlässigkeit des Schulsystems wurde seit den 1970er Jahren durch Anschluss- und Übergangsklassen von der Realschule zum Gymnasium, Fach- und Berufsoberschulen, Studien- und Abendkollegs u.a. Maßnahmen gesteigert. In einzelnen Bundesländern erhielten darüber hinaus sehr gute Fachschulabsolventen und Meister die Hochschulzugangsberechtigung. Gleichzeitig stiegen der Anteil höherer Bildungsabschlüsse und weiblicher Absolventen pro Jahrgang während des gesamten 20. Jh.s fast kontinuierlich. Seit Beg. d. 1970er Jahre entstanden auch in den meisten Bundesländern integrierte Gesamtschulen. Im Gegensatz zu diesem nach Schularten und Bundesländern unübersichtlichen westdeutschen Schulsystem schuf die DDR 1959 die 10-klassige Polytechnische Oberschule als Einheitsschule. Sie umfasste Russisch als Fremdsprache, Mathematik, Naturwissenschaften u.a. Fächer. Nach der 8. bzw. 10. Klasse wechselten die begabteren Schüler an die Erweiterte Oberschule, um das Abitur zu machen. Im Gegensatz zu den meisten anderen bestanden in den deutschsprachigen Ländern M. d. 19. Jh.s die alten gewerblichen *Ausbildungsberufe* auch nach der Aufhebung des Zunftzwangs fort – nur war das Handwerk jetzt nicht mehr alleiniger Ausbilder. Damit traten die Ausbildungsinhalte in den Vordergrund und die Lehre wurde formalisiert und spätestens M. d. Jh.s durch eine Abschlussprüfung beendet. Das heutige System der dualen Berufsausbildung etablierte sich ab den 1870er Jahren mit den später sog. Berufsschulen und wurde im 3. Reich obligatorisch. Zur Lehre traten bereits in der 1. H. d. 19. Jh.s gewerbliche Fach- und Fortbildungsschulen, landwirtschaftliche und bergbauliche Ausbildungsanstalten. Im Kaiserreich kamen kaufmännische, in der Weimarer Zeit Marinefachschulen und in Bundesrepublik und DDR eine Fülle weiterer Schulen von Medien- über medizinische und naturwissenschaftliche bis hin zu grafischen Fachschulen hinzu.

Wissenschaftliche Institutionen: Die Humboldtsche Universitätsreform garantierte die akademische Freiheit ebenso wie die Einheit von Forschung und Lehre. Sie wurde im Laufe der 1. H. d. 19. Jh.s in allen deutschen Ländern nachgeahmt. Obwohl auch die *Universitäten* nach Humboldt primär einen allgemeinbildenden Auftrag hatten, expandierten die Naturwissenschaften und begründeten spätestens in der 2. H. d. 19. Jh.s eigene Studienfächer. 1825-36 wurden in Süddeutschland sogar acht polytechnische Schulen gegründet, die sich in der 2. H. d. 19. Jh.s zu gleichberechtigten Technischen Hochschulen entwickelten. Ab 1898 kamen Handelshochschulen hinzu. Beide Hochschultypen vergaben nach einem verlängerten Studium Diplome statt der herkömmlichen Baccalaurei und Magister. Die Weimarer Zeit sah eine Reihe von Neuerungen. So konnten erstmals Frauen ohne Einschränkungen studieren. Gleichzeitig identifizierten sich viele Studentenverbindungen je länger desto mehr mit dem Nationalsozialismus und verbreiteten den Antisemitismus bereits vor der „Machtergreifung" an den deutschen Universitäten. Wenn auch die Gleichschaltung nicht vollständig gelang, so sorgten von Studenten durchgeführte Bücherverbrennungen und Entfernung jüdischer Professoren doch für ein Klima, das zu einem beispiellosen Brain Drain vor allem in die USA, die Türkei, die Schweiz und nach Großbritannien und innerhalb weniger Monate zur Ablösung Deutschlands als führender Wissenschaftsnation durch die USA führte. So hatten deutsche Wissenschaftler bis 1933 28% aller Physik-Nobelpreise erhalten, britische 21, amerikanische aber nur 8%, so lagen die Sätze 1934-50 für letztere bei 33 bzw. 40%, während deutsche Wissenschaftler völlig leer ausgingen. Als Wissenschaftssprache trat nun Englisch an die Stelle des bisherigen Dreigestirns Deutsch, Englisch und Französisch. Zwar eroberte sich

Deutschland nach dem 2. Weltkrieg nach und nach wieder einen vorderen Platz im wissenschaftlichen Feld, die alte Dominanz konnte jedoch nie wieder erreicht werden.

Die Universitäten waren nach dem Wiederaufbau mit ständig steigenden Studentenzahlen konfrontiert. Die alte Ordinarienuniversität wurde daher in den 1960er Jahren von Massenuniversitäten neuen Typs verdrängt. Die Zahl der Lehrstühle an bestehenden und neu errichteten Universitäten stieg M. d. 1960er bis M. d. 1970er Jahre deutlich an. 1969-72 wurden Ingenieurschulen u.a. Einrichtungen zu *Fachhochschulen* aufgewertet und danach ebenfalls rasch ausgebaut. Fast gleichzeitig gerieten die Universitäten 1968-72 mit der Studentenrevolte in Turbulenzen. Die damit geschaffenen Ressentiments in der Bevölkerung machten in den 1970er-90er Jahren rigorose Sparmaßnahmen an den Universitäten möglich. Trotz weiter steigender Studentenzahlen wurden die Kapazitäten nicht weiter ausgebaut. Dagegen erhöhten sich Zahl und Größe der Fachhochschulen weiter. Außerdem kam es seit den 1980er Jahren vor allem bei Fächern wie Management und Sozialwesen zu einer Gründungswelle privater Universitäten und Fachhochschulen. Erst nach der Jahrtausendwende rückten auch die staatlichen Universitäten wieder in den Blickpunkt des öffentlichen Interesses. Grund war zum einen der Bologna-Prozess von 1999, der innerhalb von 10 Jahren die Rückkehr der bisherigen Studiengänge zu dem in den angelsächsischen Ländern beibehaltenen Bachelor-Master-System vorsah. Zum anderen förderte die Exzellenzinitiative des Bundes und der Länder aus den Versteigerungserlösen der UMTS-Lizenzen seit 2006 nach Auswahl durch meist internationale Gutachter Zukunftskonzepte einzelner Universitäten, Exzellenzcluster und Graduiertenschulen. Sechs von neun der ersten „Exzellenzuniversitäten" lagen in Süddeutschland. Zur Steigerung der Studentenzahlen insbesondere aus ärmeren Schichten führte die Bundesrepublik 1957 ein Stipendiensystem nach dem Honnefer Modell ein. Es wurde 1971 im BAFöG auf Zuschüsse umgestellt. Nach ständigen Kürzungen in den 1980er und 90er Jahren erhielten 1998 im Tiefpunkt nur noch 13% aller Studenten aus dem Gesetz eine Förderung. Eine ähnliche Entwicklung war bei den Studienkosten zu beobachten. So wurde das Hörergeld der Universitäten 1970 abgeschafft, 2007 allerdings in sieben Ländern Studiengebühren eingeführt.

Typisch für Deutschland ist seit der ausgehenden Kaiserzeit, dass wesentliche Forschung außerhalb der Universitäten in *Großforschungseinrichtungen* stattfindet. Die größte derartige Institution ist die Helmholtz-Gemeinschaft Deutscher Forschungszentren, die vor allem die Bereiche Physik, Medizin, Biologie, Geologie und Technik abdeckt. Bekannter ist die Max-Planck-Gesellschaft, die ihren Schwerpunkt auf den Naturwissenschaften hat und aus der Kaiser-Wilhelm-Gesellschaft hervorgegangen ist, die 1911 zur Grundlagenforschung gegründet worden war. Breiter angelegt ist die Leibnitz-Gemeinschaft, die über die obligaten Naturwissenschaften hinaus deutliche Schwerpunkte in den Geistes- und Wirtschaftswissenschaften setzt. Ihr gehören u.a. die bekannten Wirtschaftsforschungsinstitute an. Leibniz-Institute verbinden Grundlagenforschung und Anwendungsnähe und arbeiten interdisziplinär. Die Fraunhofer Gesellschaft betreibt anwendungsorientierte Forschung vor allem in den Ingenieurwissenschaften. Diese vier Institutionen beschäftigten 2008 zusammen rd. 80 000 Mitarbeiter. Daneben gibt es eine Vielzahl öffentlicher, aber ungebundener Forschungseinrichtungen wie verschiedene Sammlungen, Bundes- und Landesanstalten oder die Stiftung Wissenschaft und Politik.

Naturwissenschaften: Deutsche Forscher spielten im 19. Jh. in vielen Wissenschaften eine herausragende Rolle. So wurde in der *Physik* der 1. Hauptsatz der Thermodynamik in den 1840er Jahren u.a. von Hermann Helmholtz, der 2. in den 1850er Jahren u.a. von Rudolf Clausius und der 3. 1905 durch Walter Nernst aufgestellt. Alle drei wirkten in Berlin. Gustav Kirchhoff veröffentlichte 1845 die Regeln elektrischer Stromkreise, Helmholtz das Überlagerungsprinzip von Schwingkreisen und Heinrich Hertz bewies in den 1880er Jahren die Existenz der elektromagnetischen Wellen. Ludwig Boltzmann und Rudolf Clausius begründeten A. d. 1850er Jahre die Statistische Physik, Max Planck, Albert Einstein, James Franck und Gustav Hertz im Kaiserreich die Quantentheorie, Werner Heisenberg, Otto Hahn und Max Planck in den 1920er und 30er Jahren die Atomphysik. Eine weitere deutsche Paradedisziplin war die *Mathematik*. So hat Carl Friedrich Gauß (1777-1855) – „Fürst der Mathematik" – ein gewaltiges Werk bis hin zu angrenzenden Disziplinen hinterlassen. Auch Bernhard Riemann (1826-66) war auf etlichen Gebieten der Analysis, Differentialgeometrie, mathematischen Physik und der analytischen Zahlentheorie bahnbrechend. Leopold Kronecker (1823-91) hat grundlegende Beiträge zur Algebra und Zahlentheorie, aber auch zur Analysis und Funktionentheorie geleistet, Richard Dedekind (1831-1916) bedeutende Beiträge zur Zahlen- und zur Gruppentheorie. Georg Cantor (1845-1918) wurde zum Begründer der Mengenlehre, Gottlob Frege (1848-1925) war ein bedeutender Logiker, David Hilbert (1862-1943) einer der wichtigsten Mathematiker der Neuzeit. Er arbeitete zur algebraischen Geometrie, Zahlentheorie, Geometrie, Logik, Analysis und mathematischen Physik.

Auch auf dem Gebiet der *Chemie* fanden bahnbrechende Entdeckungen in Deutschland statt. So begründete Justus von Liebig die Agrarchemie und führte den experimentellen Unterricht an Universitäten ein. Er entwickelte E. d. 1840er Jahre Stickstoffdüngung und in den 1850er Jahren Fleischextrakt, Backpulver, Babynahrung u.a. Der Chemiker Max von Pettenkofer wurde in der 2. H. d. 19. Jh.s zum Begründer der Hygiene, beschäftigte sich aber auch mit Ernährungsphysiologie und menschlichem Stoffwechsel, rottete durch Kanalisation und zentrale Trinkwasserversorgung Münchens Cholera aus und beschrieb die Herstellung von Leuchtgas. Friedrich Wöhler, Begründer der organischen Chemie, gelang 1828 die Harnstoffsynthese. Der Arzt und Chemiker Lothar Meyer stellte 1869 das Periodensystem der Elemente auf. Wilhelm Ostwald (1853-1932) wurde im Kaiserreich zum Begründer von physikalischer Chemie und chemischer Kinetik, die sich mit Reaktionsgeschwindigkeit beschäftigt, der Physiker Walther Kossel machte in der Zwischenkriegszeit wichtige Entdeckungen zu Atomstruktur und Bindungen, Walter Heitler (1904-81) und Fritz London (1900-54) begründeten 1927 die Quantenchemie. Besonders erfolgreich war Deutschland bei der *pharmazeutischen Forschung*. Bereits 1864 gelang Adolf von Baeyer die Synthetisierung von Barbitursäure als Grundlage für Schlafmittel. Paul Ehrlich wurde im Kaiserreich zum Begründer von Chemotherapie und Immunologie. Er führte die erste medikamentöse Behandlung der Syphilis durch, entwickelte das erste Serum gegen Diphtherie und entdeckte 1880 die Leukozyten. Auf *medizinischem Gebiet* wurde Rudolf Virchow in der 2. H. d. 19. Jh.s zum Begründer der modernen Pathologie. Gleichzeitig führten Antisepsis und Narkose zu deutlichen Fortschritten in der Chirurgie. In der Zwischenkriegszeit verhalf Ferdinand Sauerbruch Lungenchirurgie und Prothetik zu Fortschritten. Seine Rolle im 3. Reich ist allerdings bis heute umstritten. Die *Biologie* verdankte 1838 Matthias Schleiden und Theodor Schwann die Zelltheorie. Weitere Meilensteine fanden dagegen andernorts statt – 1858 die Evolutionstheorie durch den Engländer Darwin, 1865 die Vererbungsregeln durch den Österreicher Mendel, 1953 die Chromosomenstruktur durch die Amerikaner Watson und Crick. Hervorgetreten sind etliche deutsche Wissenschaftler dagegen auf dem Gebiet der Eugenik, der deutschen Rassenhygiene. Sie wandte humangenetische Erkenntnisse auf die Gesundheits- und Bevölkerungspolitik an mit dem längerfristigen Ziel, das Erbgut zu verbessern, und wurde damit zur ideologischen Wegbereiterin des Nationalsozialismus. Diese Verstrickung verhinderte jedoch nicht, dass prominente Eugeniker wie Fritz Lenz in Göttingen nach dem 2. Weltkrieg nahtlos als Genetik-Professoren weiterarbeiten konnten.

Geistes- und Gesellschaftswissenschaften: So dominant wie die französische und britische *Philosophie* im 18. war die deutsche im 19. Jh. Angesichts der überwältigenden Fülle bedeutender Werke mögen an dieser Stelle philosophische Richtungen und Hauptvertreter genügen. So seien neben den bedeutenden Einzelgängern Schopenhauer, Nietzsche und Schleiermacher der Deutsche Idealismus Fichtes, Schellings und Hegels, der Positivismus Machs und Avenarius', der Materialismus Feuerbachs, Marx' und Engels Marxismus, Ernst Cassirers Neukantianismus, der Neuhegelianismus Diltheys, Lukács' und Blochs, Husserls Psychologismus und Diltheys und Klages' Lebensphilosophie genannt. Bedeutendste deutsche Philosophen d. 20. Jh.s waren Heidegger, Begründer der Fundamentalontologie, der Existenzialist Jaspers und der Wissenschaftstheoretiker Popper. Die deutschen *Kultur- und Gesellschaftswissenschaften* waren im internationalen Vergleich besonders lange historisch bestimmt. Dies galt sogar für die Volkswirtschaftslehre, bei der die historische Schule bis zum 2. Weltkrieg vorherrschte. Die entsprechende wissenschaftliche Methode war die der Hermeneutik, also des „Verstehens" eines Phänomens aus sich und seiner Zeit heraus. Nach dem 2. Weltkrieg richteten sich viele dieser Wissenschaften nach angelsächsischem Vorbild quantitativ-sozialwissenschaftlich aus. Dementsprechend dominierten in der VWL die Wirtschaftspolitik und in der Geschichte sozial- und mikrohistorische Ansätze. Die an sich folgerichtige Erschließung naturwissenschaftlicher Ansätze machten jedoch nur Archäologie, Psychologie und Teile der Wirtschafts- und Sozialwissenschaften mit.

Bei den übrigen Wissenschaften dieser Gruppe kam es stattdessen seit den 1970er Jahren zu einer „kulturwissenschaftliche Wende" weg vom Ziel einer Erfahrungswissenschaft und hin zur Erfassung kultureller Zusammenhänge mit kulturwissenschaftlichen Methoden. Diese Wende erfasste bis in die 1990er Jahre eine Kulturwissenschaft nach der anderen – von den Sprach- und Religionswissenschaften über Ethnologie und Kunstwissenschaften bis zur Geschichte. Dabei hatte die empirische Forschung in den Geisteswissenschaften in Deutschland eine lange Tradition. Rochus von Liliencron begründete ab den 1850er Jahren die deutsche Volksliedforschung, Johann Andreas Schmeller ab 1815 die Dialektologie – u.a. mit seinem Bayer. Wörterbuch. Ebenso fleißig sammelten und systematisierten die Brüder Jacob und Wilhelm Grimm seit den 1830er Jahren. Sie legten neben der Deutschen Grammatik und dem Deutschen Wörterbuch Sammlungen von deutschen Märchen und Sagen vor. Die deutschen Historiker widmeten sich darüber hinaus schwerpunktmäßig der Geschichtsschreibung, um so ihre Ergebnisse einer gebildeten Öffentlichkeit zu vermitteln. Theodor Mommsen erhielt sogar den ersten Literaturnobelpreis und Geschichtswissenschaftler wie Niebuhr, Treitschke, Gregorovius, Ranke und Burckhardt hatten zeitweise großen Einfluss auf die deutsche Nationalökonomie. Die Schwerpunkte wechselten – von der Antike im 19. Jh. und dem Mittelalter bis in die Zwischenkriegszeit hin zur neuesten und Zeitgeschichte nach dem 2. Weltkrieg –, der Anspruch guter Lesbarkeit jedoch blieb.

Im 19. Jh. beschäftigten sich lange Zeit nur einzelne Forscher mit psychologischen Themen. So hat Johann Friedrich Herbart in der 1. H. d. 19. Jh.s zahlreiche Veröffentlichungen zur *Psychologie* verfasst und ein einflussreiches System der Pädagogik vorgelegt. Den Beginn der Psychologie als wissenschaftliche Disziplin markierte das 1879 von Wilhelm Wundt gegründete Institut für experimentelle Psychologie in Leipzig. Im Gegensatz dazu versuchte die Würzburger Schule seit A. d. 20. Jh.s komplexe geistige Prozesse durch rückschauende Introspektive zu erfassen und gab der Denk- und Gestaltpsychologie wichtige Anregungen. Ab den 1890er Jahren entwickelte der Wiener Sigmund Freund die Psychoanalyse als medizinische Disziplin. Viele seiner Lehren wie die frühkindliche Prägung, seine Trauma-, Trieb- und Affekttheorie und die Abwehrmechanismen sind bis heute populär. Seine Theorie wurde von zahlreichen Nachfolgern weiter entwickelt wie Alfred Adler, C.G. Jung, Wilhelm Reich, Anna Freud, Heinz Kohut und Erich Fromm. Im Gegensatz zur Psychoanalyse ging der Behaviorismus in den 1930er bis 60er Jahren von der Psyche als einer Black Box aus. Stattdessen untersuchte er wie die gleichzeitig in Europa entstandene vergleichende Verhaltensforschung menschliches und tierisches Verhalten mit naturwissenschaftlichen Methoden und gab wichtige Anregungen zur Lernpsychologie. Die Psychologie hatte im 3. Reich unter einem besonderen Aderlass der Emigration zu leiden und wurde stark auf die diagnostische Psychologie verkürzt. Nach dem 2. Weltkrieg setzte sich die Dominanz des Behaviorismus zunächst fort. Gleichzeitig fächerte das Spektrum psychologischer Disziplinen auf in Persönlichkeits-, Entwicklungs-, klinische, pädagogische und Wirtschaftspsychologie. In den 1970er Jahren setzte mit der kognitiven Wende ein Paradigmenwechsel ein, durch den auch kognitive Prozesse Untersuchungsgegenstand wurden. Ein besonderes Augenmerk wurde auf die Methodik von Versuchsaufbau und Statistik gelegt und die naturwissenschaftlich arbeitende Teildisziplin der Biopsychologie aufgebaut. Die Vielfalt gesicherter Einzelerkenntnisse hat allerdings den Nachteil, dass in den letzten Jahrzehnten nur sehr wenige umfassende Theorien entstanden sind.

Ähnlich wie die Psychologie wurde auch die *Soziologie* im 19. Jh. von Einzelwissenschaftlern aus Geschichts- und Staatswissenschaften entwickelt. Namengebend wurde Auguste Compte, der – typisch für den Positivismus der 1. H. d. 19. Jh.s – von einer streng deterministischen „Physique Sociale" ausging. Émile Durkheim begründete E. d. 19. Jh.s die empirische Soziologie. In Deutschland entwickelte sich die Soziologie in enger Verbindung mit der Nationalökonomie. Karl Marx (1818-83), Max Weber (1864-1920), Georg Simmel (1858-1918) und Leopold von Wiese (1876-1969) stehen für diese Ausrichtung. Die letzten beiden wurden zu Begründern der formalen Soziologie, die gesellschaftliche Phänomene auf möglichst wenige Formen zurückführt. In dieser Tradition stand auch Norbert Elias, der 1939 eine Jahrhunderte übergreifende Theorie des Zivilisationsprozesses vorlegte. Während die angelsächsische Soziologie seit dem 2. Weltkrieg eher von Talcott Parson, der Rational-Choice-Theorie u.a. Ansätzen bestimmt war, nahm Deutschland mit der neomarxistischen Frankfurter Schule Adornos und Horkheimers, der Kritischen Theorie Jürgen Habermas' und vor allem dem umfassenden systemtheoretischen Ansatz Niklas Luhmanns einen eigenständigen Weg, der z.T. Entsprechungen und Nachfolger in weiteren kontinentaleuropäischen Ländern fand. Andere Soziologen wenden sich aktuellen Entwicklungen zu und beschreiben die Welt als eine Risikogemeinschaft wie Urich Beck und Harald Welzer. Erst in letzter Zeit entsteht darüber hinaus eine rein quantitative Soziologie, die z.T. von Naturwissenschaftlern wie Dirk Helbing vertreten wird.

In Deutschland war der Merkantilismus in Form des Kameralismus länger als in Frankreich und weit länger als in England herrschendes ökonomisches Paradigma. In der 1. H. d. 19. Jh.s brach sich jedoch allmählich die Neoklassik Bahn. So wurde Friedrich List, 1818-22 Professor in Tübingen, zum Begründer einer modernen *Volkswirtschaftslehre*. Er war Politiker, Journalist, Zoll- und Verkehrstheoretiker und Entdecker der ausschlaggebenden Rolle der Arbeitsproduktivität für den Volkswohlstand. Hermann Heinrich Gossen nahm 1854 in seinen beiden Gossenschen Gesetzen die viel späteren Grenznutzenschulen vorweg. Johann Heinrich von Thünen (1783-1850) begründete die Raumwirtschaftstheorie und verband mathematische mit ganz praktischen agrarischen Kenntnissen. Außerdem entwickelte er die Grenzproduktivitätstheorie und verwandte erstmals die Differenzialrechnung für Optimierungsprobleme. Wilhelm Launhardt (1832-1918), Bauingenieur und Ökonom, stellte in der Ökonomie erstmals mathematische Modelle auf und berechnete damit u.a. einen optimalen Zollsatz i.S.d. Terms-of-Trade-Effekts. Karl Marx und Friedrich Engels begründeten in ihren Schriften 1849-94 den bis heute fortwirkenden Marxismus als die Lehre vom Mehrwert der Arbeit. Bestimmend für die deutsche Nationalökonomie wurde deren historische Schule. Einer älteren um Bruno Hildebrand (1812-78) folgte im Kaiserreich die jüngere historische Schule um Gustav von Schmoller (1838-1917).

Gegen deren unscharfe wissenschaftliche Vorgehensweise wandten sich im sog. älteren Methodenstreit Carl Menger (1840-1921) und seine österreichische Grenznutzenschule sowie im sog. jüngeren Methodenstreit Werner Sombart (1863-1941) und Max Weber (1864-1920). Sie postulierten die Werturteilsfreiheit wissenschaftlichen Arbeitens. Dennoch wirkten historisch inspirierte Ansätze fort wie die auf individuelle Eigenschaften abstellende, längerfristig ausgelegte Theorie des Unternehmertums Joseph Schumpeters (1883-1950) und die Zyklentheorie Arthur Spiethoffs (1873-1957). Obwohl in Deutschland bis zum 2. Weltkrieg historische Ansätze bestimmend und bis zum 3. Reich marxistische einflussreich waren, sind immer auch konkurrierende Richtungen vertreten gewesen. Ein Beispiel ist der ordnungspolitische Ansatz Walter Euckens (1891-1956), der in der Bundesrepublik durch die ordoliberale Schule wirkungsmächtig wurde. Ausgerechnet das SS-Mitglied Heinrich Freiherr von Stackelberg (1905-46) führte die moderne quantitative angelsächsische Volkswirtschaftslehre in Deutschland ein. Nach einem Aufblühen des Ordoliberalismus mit der von ihm inspirierten Sozialen Marktwirtschaft in der Nachkriegszeit und ihrer Symbolfigur, Wirtschaftsminister und Bundeskanzler Ludwig Erhard (1897-1977) hielt in den 1960er Jahren der Keynesianismus seinen Einzug in der deutschen Hochschullandschaft. Beide Schulen setzen auf einen starken, ggf. eingreifenden Staat. Sie wurden mit der Stagflation der 1970er Jahre, die interventionistische Ansätze obsolet erscheinen ließ, fast vollständig von konsequent marktwirtschaftlichen neoklassischen Ökonomen abgelöst, deren Dominanz heute nur punktuell von neueren Ansätzen wie experimenteller Ökonomie und Spieltheorie durchbrochen wird, wie sie der Wirtschaftsnobelpreisträger Reinhard Selten (*1930) vertritt.

Bereits im 18. Jh. transportierten die meisten ökonomischen Professuren einzelwirtschaftliche Inhalte. Soweit sie sich auf privatwirtschaftliche Unternehmen bezogen, sprach man

von Handelswissenschaft, im Kaiserreich auch von Privatwirtschaftslehre. Nach rd. 60-
jähriger Diskussion hat man 1898 die ersten Handelshochschulen gegründet – Leipzig, Aa-
chen, auch Wien und St. Gallen. Bis zum 1. Weltkrieg folgten Köln, Frankfurt, Berlin,
Mannheim, München und Königsberg. Sie wurden meist von Kommunen, Handelskammern,
Vereinen oder Stiftungen getragen und nach und nach in Technische Hochschulen und Uni-
versitäten integriert. Als Begründer der modernen *Betriebswirtschaftslehre* gilt Eugen
Schmalenbach (1873-1955). Er befasste sich wie andere bedeutende Hochschullehrer der
Frühzeit – etwa Fritz Schmidt und Wilhelm Kalveram – insbesondere mit dem betrieblichen
Rechnungswesen. Gleichzeitig entstanden in den 1920er Jahren die ersten Speziellen Be-
triebswirtschaftslehren wie Fremdenverkehrs-, Handels-, Industrie- und Bankbetriebslehre.
Nach dem 2. Weltkrieg verschob sich der Fokus der akademischen BWL zunächst auf die
Produktionswirtschaft. Der Schüler und Nachfolger Schmalenbachs Erich Gutenberg (1897-
1984) steht für diese Ausrichtung mit seiner Produktionsfunktion, einer Verallgemeinerung
derjenigen Leontiefs. Auch Edmund Heinen (1919-96) legte eine Produktionsfunktion vor,
wies aber mit seiner entscheidungsorientierten BWL bereits auf die ab 1970 vorherrschenden
Managementlehren. Hier ist in erster Linie Horst Albach (*1931) zu nennen („management-
orientierte BWL"). Darüber hinaus wurde in den letzten Jahrzehnten die systemorientierte
BWL des St. Gallers Hans Ulrich (1919–97) wichtig.

Religion: Fragen der Religion wurden für die Menschen im Laufe des 19. und 20. Jh.s bei
allen Schwankungen und Zäsuren immer weniger zentral. Zunächst führten Romantik und
Wiederentdeckung des Mittelalters zu Beg. d. 19. Jh.s zu einer positiveren Einstellung zu der
als „Mutter" empfundenen „ewigen" *kath. Kirche*. Bezeichnend dafür war die Kunstbewe-
gung der Nazarener, für die die Aufgabe der Kunst darin bestand, die (katholische) Religion
zu verherrlichen. Die Kunstrichtung erfreute sich sehr bald erstaunlicher Popularität und
strahlte über ihre Wiederbelebung durch die Beuroner Kunstschule seit 1870 bis heute auf
die populäre sakrale Kunst aus. Wie die Nazarener suchte die romantische, vor allem neugotische Architektur die Ursprünge wahrer Innerlichkeit im Mittelalter. Symbol dafür war die
Vollendung der mittelalterlichen Großkirchen des Kölner Doms (1842-80) und des Ulmer
Münsters (1844-90) nach jahrhundertelangem Stillstand. Neue Dogmen wie 1854 das der
unbefleckten Empfängnis und vor allem 1870 das der Unfehlbarkeit des Papstes führten
jedoch zu einer schleichenden Entfremdung der Gläubigen und zur Abspaltung der Altkatho-
lischen Kirche. Die Beschlüsse des 1. Vaticanums und gleichzeitig die obligatorische Einführung der Zivilehe in Preußen bzw. dem Deutschen Reich 1874/75 markierten Höhepunkte
des Kulturkampfes gegen die kath. Kirche 1870-78, in dem Bismarck mit Kanzelparagraph,
Jesuiten-, Schulaufsichts- und Brotkorbgesetz deren finanzielle und geistige Bewegungsfrei-
heit deutlich beschnitt. Zwar wurde die finanzielle Gängelung rückgängig gemacht, wesentliche Bestimmungen blieben jedoch auf Dauer bestehen und führten zu einer weiteren Trennung von Kirche und Staat. Die Wirkung des Kulturkampfes ist schwer abzuschätzen. Auf-
fällig ist jedoch, dass es der kath. Kirche in der Folge besser als der evang. gelang, ihre
Gläubigen an sich zu binden. Insbesondere kam es nicht zu einer Abspaltung großer Teile
zur altkath. Kirche, wonach es nach dem 1. Vaticanum kurzzeitig ausgesehen hatte. Dagegen
ist umstritten, ob die insgesamt größere Traditionsgebundenheit der Katholiken und ihre
geringere Anfälligkeit für politischen Antisemitismus, Nationalismus und Nationalsozialismus auf ihre Solidarisierung im und nach dem Kulturkampf zurückgingen.

Um die offiziellen *evang. Kirchen* wurde es im 19. Jh. relativ ruhig. Zaghafte Unionsversuche zwischen Lutheranern und Reformierten von oben und unten waren vielfach nicht erfolgreich. Ihr entfremdeten sich schon allein dadurch relativ mehr Menschen, dass traditionelle Schwerpunkte in den neuen Ballungszentren Berlin, Sachsen, Schlesien, Bergisch-Märkischer Raum und Rhein-Main-Gebiet lagen. Umso lebhafter entwickelten sich informelle Gruppen wie die zu Beg. d. 19. Jh.s allenthalben entstehenden Enthaltsamkeits-, Jungfrauen- und Jünglingsvereine. Sie schlossen sich 1850 weltweit zu Verbänden des (evang.) CVJM zusammen. Ab 1846 bildeten sich kath. Gesellenvereine – die Keimzelle des späteren Kolpingwerkes –, das in der Folge vor allem auf Erwachsenenbildung setzte. Im 19. Jh. entwickelte sich auch das moderne soziale Engagement der Kirchen. In dessen 1. H. bauten evang. Christen verschiedene soziale Einrichtungen auf, die sich 1850 zur Inneren Mission zusammenschlossen. Die Caritas folgte um den 1. Weltkrieg herum, nachdem sich in Rom 1891 die kath. Soziallehre durchgesetzt hatte. Die Weimarer Verfassung hat das Verhältnis der Kirchen zum Staat bis heute gültig geregelt – körperschaftliche Verfassung, Kirchenbeamtentum, Kirchensteuer, Eigenschaft als Tendenzbetrieb und evang. Landesbischöfe.

Im *3. Reich* gerieten die Kirchen in eine neue Zerreißprobe. Angesichts nationaler Aufbruchstimmung vieler Gläubiger und expliziter Gegnerschaft prominenter Nationalsozialisten wie Hitler und Himmler lavierte die kath. Kirche lange Zeit zwischen Kompromiss und Prinzipientreue. Eckpunkte waren der Abschluss des Reichskonkordats 1933 einerseits und die Enzyklika „Mit brennender Sorge" 1937 zur Judenverfolgung andererseits. Auch das Regime schwankte – und dies sogar während des 2. Weltkriegs – zwischen der Verhaftung und Ermordung einzelner Priester und der Rücknahme der 1. Euthanasiewelle auf Grund dreier Predigten des Münsteraner Bischofs von Galen. Die evang. Kirchen spalteten sich sogar de facto in die regimetreuen „Deutschen Christen" und die regimekritische „Bekennende Kirche". Auch hier kam es zu Verfolgungen wie die des im KZ ermordeten Dietrich Bonhoeffer. Waren die Konfessionsgrenzen in Deutschland bis zum 2. Weltkrieg regional meist scharf gezogen, so verwischten sie sich danach durch vielfältige Wanderungsbewegungen. Etwa 12 Mio Ost- und Sudetendeutsche wurden bis 1950 vertrieben und mussten in Bundesrepublik, DDR und Österreich integriert werden. Hinzu kamen ab E. d. 1950er Jahre noch einmal rd. 4 Mio Aussiedler aus Osteuropa. Da bei der Ansiedlung traditionelle Konfessionsgrenzen nicht beachtet wurden, waren danach auch zuvor konfessionell reine Gebiete gemischt. Beide große Kirchen wandelten sich in der *Nachkriegszeit* stark. Sie wurden volksnäher, „linker" und liberaler und engagierten sich deutlicher auf sozialem Gebiet. Einschneidend dafür war das 2. Vaticanum, das die Messe in der jeweiligen Volkssprache vorschrieb und das Verhältnis zu Staat, Religionsfreiheit und den anderen Religionen neu definierte. Die evang. Kirchen engagierten sich maßgeblich seit E. d. 1950er Jahre in der Friedens- und seit A. d. 1970er Jahre in der Umweltbewegung. Seit A. d. 1970er Jahren schwoll die Zahl der Kirchenaustritte stark an und lag für beide Konfessionen zusammen stabil bei mehr als 200 000 p.a. 2007 waren nur noch jeweils gut 30% der Deutschen katholisch bzw. evangelisch. Inzwischen sind kritische Mitgliedszahlen erreicht, die organisatorische Maßnahmen erfordern. In der DDR wurde dieser Entfremdungsprozess durch den offiziellen Atheismus gefördert. 1989 waren rd. 70% ihrer Bevölkerung konfessionslos. Dennoch spielten kirchliche Gruppen in der Bürgerrechtsbewegung eine wichtige Rolle, die E. d. 1980er Jahre zum Kristallisationspunkt der Opposition wurde.

Architektur: Mit dem Ausklingen des Rokokos um 1775 endete auch die Periode der architektonischen Einheitsstile in Deutschland. Ab den 1760er Jahren entstanden verschiedene Schloss- und Kirchenbauten und 1780-85 der Gendarmenmarkt in Berlin im Stil des *Klassizismus*, bevor dieser ab der Napoleonischen Zeit für kurze Zeit der dominierende Stil der lebhaft wachsenden Städte wurde. Während in Barock und Rokoko vor allem Schlösser, Klöster und Kirchen gebaut worden waren, verschob sich der Schwerpunkt in Klassizismus und Historismus auf öffentliche Bauten. Orientierte sich der Klassizismus zunächst fast ausschließlich an antiken Vorbildern, so wandte er sich ab 1828 stärker Renaissancevorbildern zu und zeigte damit deutliche Ähnlichkeit mit der Neorenaissance. Mit der Romantik gewann die als deutsch empfundene *(Neu-) Gotik* immer mehr an Popularität. Sie war seit M. d. 18. Jh.s ein Liebhaberstil gewesen und hatte vor allem Parkbauten hervorgebracht. 1824-31 entstand Schinkels Friedrichswerdersche Kirche in Berlin und 1826-42 Schloss Stolzenfels bei Koblenz. Hunderte neugotischer Bauten folgten und die barocken und Renaissanceeinrichtungen unzähliger Kirchen wurden durch neugotische ersetzt. Obwohl die Begeisterung im Kaiserreich nachließ, weil der „deutsche Nationalstil" der Gotik offensichtlich im Land des „Erbfeindes" Frankreich entstanden war, wurden bis zum 1. Weltkrieg immer wieder entsprechende Kirchen und Rathäuser gebaut, weil die Gotik seit den 1840er Jahren als Sinnbild der Bürgerfreiheit verstanden wurde. Mit der Reichsgründung blühten *weitere historisierende Baustile* auf. Der möglichst stilreine strenge Historismus löste nun den romantischen ab, bei der der Architekt jeweils eine eigene subjektive Stilinterpretation lieferte. Den einzelnen Stilen wurden jeweils bestimmte (Haupt-) Bauaufgaben zugewiesen – der Neuromanik der Kirchenbau, der Neorenaissance der Bau von Banken, Bürgerhäusern und Bildungseinrichtungen und dem Neubarock der von Theater- u.a. öffentlichen Gebäuden. Zwar wurden ersten Beispiele der Neorenaissance bereits in nachnapoleonischen Zeit errichtet, ihre Hauptblüte lag jedoch 1870-85. Eines der letzten prominenten Beispiele war der Berliner Reichstag (1884-94). Im Stil des Neubarock baute man ab den 1860er Jahren; seine Hauptzeit lag 1880-1914. Ein besonders prominentes Beispiel ist die Semperoper in Dresden (1871–78). Neuromanisch wurde zwar bereits ab 1870 gebaut, seine Blüte erlebte der Stil jedoch 1890-1920. Ein bekanntes Werk ist die Kaiser-Wilhelm-Gedächtnis-Kirche in Berlin (1891-95).

Mit dem *Jugendstil* setzte um 1892 erstmals wieder ein eigenständiger Stil ein. Er war gekennzeichnet durch dekorativ-geschwungene, flächenhaft-florale, asymmetrische Ornamente, die Einheit von Kunst und Leben, die Betonung des Handwerklichen und den Zusammenhang zwischen Funktionalität und Erscheinung. Obwohl der Stil bereits ab 1906 zu verblassen begann, strahlt er bis heute aus und hat eine Reihe hervorragender Bauten hinterlassen. Schwerpunkte waren Industriebauten wie 1898-1904 die Zeche Zollern in Dortmund und 1906-08 die AEG Maschinenhalle in Berlin-Moabit, Villen wie 1900-14 die der Mathildenhöhe in Darmstadt und Theater wie 1900-01 Prinzregententheater und Kammerspiele in München, Bäder wie 1896-1901 das Müllersche Volksbad in München und Synagogen wie 1914-17 in Augsburg oder 1911-13 in Essen. Nach dem 1. Weltkrieg brachen sich neue Stilrichtungen wie bis etwa 1930 der *Expressionismus* Bahn, der eckige und runde Formen bevorzugte und als Architekturstil ein fast ausschließlich deutsches Phänomen war. Wichtige Bauten waren 1920-21 der Einsteinturm in Potsdam-Babelsberg und 1922-24 das Chilehaus in Hamburg. Der Expressionismus wird der Richtung des organischen Bauens zugerechnet, die nach dem 2. Weltkrieg Bauten wie 1960-63 die Berliner Philharmonie und 1968-72 die Münchner Olympiabauten hervorbrachten. Eine zweite, noch bedeutendere Entwicklungslinie ging ab 1907 vom Deutschen Werkbund aus. Seine Forderungen „vom Sofakissen zum Städtebau" einen qualitativ hochstehenden, sachlichen „modernen Stil unserer Zeit" der alltäglichen Gebrauchsgegenstände einschließlich der Architektur zu schaffen, floss ab 1919 in das Programm des *Bauhaus*es ein, das mit seiner Parole der „Neuen Sachlichkeit" als die Pflanzstätte der Avantgarde der Klassischen Moderne auf allen Gebieten der freien und angewandten Kunst gilt. Sie hat Stilrichtungen wie Funktionalismus, Internationaler Stil und Neues Bauen angestoßen, die allesamt durch die Grundsätze „form follows function", Leichtigkeit und Reduktionismus gekennzeichnet sind und überwiegend mit Glas, Stahl und Beton bauten. Mit dem Bauhaus brach sich etwas grundlegend Neues in der Architektur Bahn. Typisch waren Bauten wie der deutsche Ausstellungspavillon auf der Weltausstellung 1929 in Barcelona, vor allem aber Wohnsiedlungen wie 1924-34 fünf Siedlungen der Berliner Moderne oder die 1927-29 von 17 berühmten in- und ausländischen Architekten erbaute Weißenhofsiedlung in Stuttgart.

Die *Architektur des 3. Reiches* bedeutete eine radikale Abkehr von expressionistischen und Bauhaus-Ideen. Stattdessen setzten sich zwei traditionalistische Strömungen durch. Zum einen entstand bis 1945 eine Vielzahl von Wohn- und kleineren Behördenbauten im Heimatschutzstil, der seit 1904 eine lokal bestimmte, schnörkellose Bauweise pflegte. In ihm wurde das im 1. Weltkrieg zerstörte Ostpreußen wieder aufgebaut und Bayern mit einem dichten Netz von Postämtern überzogen. Repräsentative Staatsbauten hat das Regime dagegen im monumentalen NS-Klassizismus errichtet. Besondere Einzelbauten waren „Haus der deutschen Kunst" und „Führerbau" am Königsplatz in München, Olympiastadion, „Reichssportfeld", Flughafen Tempelhof und Neue Reichskanzlei in Berlin sowie das Reichsparteitagsgelände in Nürnberg. Besondere Bauaufgaben waren die NS-Ordensburgen sowie gigantische städtebauliche Pläne. Der Wiederaufbau der *Nachkriegszeit* bedeutete erneut eine radikale Kehrtwendung. Einerseits mussten nun schnell und unbürokratisch Kriegslücken beseitigt und neuer Wohnraum geschaffen werden, so dass jegliche Ausschmückung unterblieb. Andererseits waren Anklänge an die vorangegangene Epoche verpönt. Stattdessen brachten die 1950er eine leichte, fast filigrane Stahl-Glas-Architektur hervor, die auch heute noch besticht. Die qualitätvollen Ansätze verflachten in der Massenproduktion der 1960er und teilweise der 1970er Jahre zusehends und die deutsche Architektur fiel international – von Ausnahmen abgesehen – weit zurück. Ähnlich unambitioniert war die DDR-Architektur. Nach wenigen Beispielen sozialistischen Klassizismus' wie der ehemaligen Stalinallee in Berlin entstanden vorwiegend schlichte, von Bauhaus oder Expressionismus inspirierte Bauten wie der 1973-76 Palast der Republik in Berlin und 1968 der Teepott in Warnemünde. Erst die 1970er, 80er und 90er Jahre brachten zumindest in Westdeutschland deutliche Qualitätsverbesserungen wie verschiedene Museumsneubauten z.B. in München (Neue Pinakothek 1975-81, Pinakothek der Moderne 1995-2002), Nürnberg (Neues Museum 1999 fertiggest.) oder Stuttgart (Neue Staatsgalerie 1984, Kunstmuseum 2000 fertiggest.), die Berliner Regierungsbauten (1997-2003) oder die Elbphilharmonie in Hamburg (2007-12). Gewonnen hat auch die Alltagsarchitektur, die kreativer und vielfältiger geworden ist.

Im Laufe des 19. und 20. Jh.s stellten sich immer wieder *städtebauliche Aufgaben*. Da galt es einmal, das Wachstum der Städte sowie verschiedene Wanderungsbewegungen zu kanalisieren. Nach dem 2. Weltkrieg mussten die Wunden des Bombenkrieges beseitigt werden und schließlich hatte der Staat immer wieder Repräsentationsbedürfnisse. Die konkrete Vorgehensweise differierte; zu Beg. d. 19. Jh.s waren Planungen und Vorgaben von Staat, Herrscher oder Gemeinde üblich. Ein bedeutendes Beispiel war der Ausbau Münchens durch einen Ring an Vorstädten zwischen 1794 und 1848 sowie die Anlage von vier Prachtstraßen im Laufe des 19. Jh.s., die bis heute das Stadtbild bestimmen. Gemeindliche Vorgaben blieben, sie wurden aber im Kaiserreich oft durch Terraingesellschaften als Generalunternehmer ausgeführt. Beispiele sind – wiederum in München – ab 1870 das sog. Franzosenviertel in Haidhausen, in den 1890er Jahre die Villenkolonien in Gern und Pasing sowie ab 1900 der Herzogpark in Bogenhausen. Typisch für die Zwischenkriegszeit waren genossenschaftliche, kommunale und private Wohnungsbauvorhaben – z.T. mit programmatischem Anspruch. Typische Beispiele waren Mathildenhöhe in Darmstadt, Weißenhofsiedlung in Stuttgart sowie 1924-29 Borstei und 1919-30 Alte Heide in München. Das 3. Reich plante wieder groß. So gab es gigantische Pläne für jede der „Führerstädte" München, Hamburg, Nürnberg, Linz und vor allem Berlin, die geplante „Welthauptstadt Germania". Hitler bestimmte darüber hinaus 27 „Neugestaltungsstädte". Der Wiederaufbau der Nachkriegszeit geschah sehr pragmatisch, möglichst schnell und kostengünstig. Dabei suchten einige Städte wie Frankfurt, Hannover, Leipzig oder Ostberlin die verkehrsgerechte Stadt zu verwirklichen. In den 1960er Jahren realisierte man vielfach sog. Satellitenstädte in relativ lockerer Bebauung wie 1963-74 das Märkisches Viertel in Berlin und 1967-91 Neuperlach in München. Seit den 1980er Jahren nahm wiederum München die bundesweit größten Entwicklungsvorhaben in Angriff. So wurden und werden auf brachliegenden, vor allem aber durch Wirtschaft (Siemens, Alte Messe), Militär und Verkehr (Flughafen, Bahn) geräumten Flächen Zehntausende von Wohnungen geschaffen. Dabei kam ein Trend zur hochwertigen Mischbebauung zum Tragen, wie er auch für die seit 1997 geplante großflächige Bebauung der Hamburger Hafencity typisch ist.

<u>Bildende Kunst</u>: *Klassizistische Malerei und Plastik* nahm in der Zeit von 1770-1830 primär antike Thematik auf wie Allegorien, Götter- und Heroendarstellungen, aber auch Porträts. Kennzeichnend waren klassische Formen und klare Umrisse; Zeichnungen und Plastik waren ungewöhnlich wichtig. Der Klassizismus stand sozialgeschichtlich zwischen Barock und Romantik; einerseits war die Stilrichtung wesentlich vom Adel und den Höfen getragen und viele Künstler waren noch Hofkünstler, andererseits bestimmten sie die aufblühenden Kunsthochschulen. Bedeutendster Bildhauer der Epoche war Johann Gottfried Schadow (1764-1850). In der 1. H. d. 19. Jh.s gewann die Stilrichtung der *Nazarener* zeitweise großen Einfluss. Sie standen mit ihrer großen Affinität zu Italien und zum Katholizismus stilistisch und thematisch zwischen Klassizismus und Romantik und beschäftigten sich mit allegorischen und religiösen Thematiken. Orientierten sie sich zunächst am italienischen Quattrocento, so gab es später eine große Stilvielfalt. Ein großer Teil der religiösen, vor allem der katholischen Malerei war bis ins 20. Jh. hinein nazarenisch beeinflusst. Der bedeutendste Künstler war Peter (von) Cornelius (1783-1867). Fast parallel, zwischen 1790-1840 ist auch die bildende Kunst der *Romantik* anzusetzen. Landschaft und Idylle wurden die bevorzugten Genres. Es herrschte ein idealisierender und mythisierender, aber sehr individueller Stil, wurde doch das Unbewusste in der menschlichen Psyche thematisiert, ausgelebt und ggf. ironisch paraphrasiert. Damit war ein erster Stil des Bürgertums entstanden. Caspar David

Friedrich (1774-1840) war der bedeutendste deutsche Maler der Epoche. Romantikern wie Nazarenern galt das Mittelalter als Sehnsuchtsziel. Beide waren vielfach Einzelgänger fern des akademischen Lehrbetriebs und der Höfe.

M. d. 19. Jh.s entwickelte sich zu ihnen einerseits eine *realistische Gegenströmung*. Sie thematisierte eine große Bandbreite von Themen von Historienbildern über Porträts bis hin zur Industriemalerei. Bekannt sind die Historien- und Industriedarstellungen Adolph (von) Menzel (1815-1905). In der 2. H. d. 19. Jh.s entstanden Kunstvereine mit erstaunlich hohen Mitgliederzahlen. Ihre Mitglieder und Veranstaltungen wirkten auf den Massengeschmack gefälliger Darstellung oft patriotischer oder idyllischer Thematik hin. Hervorragende Vertreter dieses „*Akademiestils*" waren der Österreicher Hans Makart (1840-84) und der Münchner Franz (von) Lenbach (1836-1904). Gegen deren Pathos und malerische Erstarrung regte sich früh Widerstand. Schon länger gab es Individualisten wie Wilhelm Busch (1832-1908) und Wilhelm Leibl (1844-1900), die ab den 1870er Jahren z.T. impressionistisch anmutende Bilder schufen. In den 1890er Jahren entstanden in München, Wien und Berlin *Sezessionsbewegungen* weg von den etablierten Kunsthochschulen hin. Sie schufen nach einander die Jugendstilmalerei und den Expressionismus. Künstler wie Franz von Stuck (1863-1928) bzw. Franz Marc (1880-1916) sind wichtige Beispiele. Bereits die Weimarer Republik und erst recht die Zeit nach dem 2. Weltkrieg brachten eine verwirrende Vielfalt von „Avantgarden" und Stilen, deren Abgrenzungen zudem ständig wechseln: Impressionismus (Slevogt, Corinth) und Expressionismus (Kokoschka, Nolde, Kirchner), abstrakte Malerei (Kandinsky, Jawlensky) und Surrealismus (Max Ernst), Realismus (Liebermann) und Symbolismus (Paul Klee), Dadaismus (Grosz) und Neue Sachlichkeit (Dix), Konzeptualismus (Beuys) und Neoexpressionismus (Baselitz), gegenstandslose Malerei, Happening und Aktionskunst, Konzept-Art und Installationen wurden nur kurz unterbrochen vom faden Realismus nationalsozialistischer Malerei. Kunst musste im 20. Jh. neu sein und eine Botschaft haben. Ganz im Gegensatz dazu stand der sozialistische Realismus der DDR. Ihm waren Funktionen der Volksbildung und Linientreue zugewiesen wie beim Bauernkriegspanorama Werner Tübkes, einem 1976-87 entstandenen riesigen Tafelbild am Fuß des Kyffhäuser.

*Literatur:* Die deutsche Literatur des 19. Jh.s begann mit dem Paukenschlag der *Weimarer Klassik*. Goethe und Schiller, aber auch Wieland und Herder, evt. sogar Jean Paul und Kleist, fühlten sich 1793-1808 einer langsamen Höherentwicklung der Menschheit nach klassischem Vorbild verpflichtet und strebten dabei nach Harmonie, Zeitlosigkeit und Humanität. Die anschließende Epoche der *Romantik* wandte sich dagegen 1799-1835 Volkstum, Nation und Mittelalter zu und pflegte Poetik und Geheimnis. Hervorragende Vertreter waren Schlegel, Tieck, Novalis, Achim und Bettina von Arnim, Clemens Brentano, E.T.A. Hoffmann und Eichendorff. Zwischen ca. 1830-50 rechnet man parallel *Vormärz* und *Biedermeier* zu. Ersterer war politisch engagiert und widmete sich vor allem dem Gedicht. Dichter wie Heine, Börne und Büchner sind hier zu nennen. Letzteres pflegte im Gegensatz die bürgerliche Idylle und nahm den *Realismus* vorweg, der sich zwischen 1848-90 der naturgetreuen Darstellung verschrieben hatte. Dessen hervorragende Vertreter waren Mörike, Rückert, Droste-Hülshoff, Hauff, Hebbel, Raabe und Fontane, in der Schweiz das Dreigestirn Keller, Gotthelf und C.F. Meyer und in Österreich Stifter und die Dramatiker Grillparzer, Nestroy und Raimund. Im Gegensatz zum Realismus enthielt sich der *Naturalismus* 1880-1900 jeglicher Interpretation und Verklärung, stellte also gleichermaßen positive und negative Wirklichkeit dar. Er wandte sich besonders sozialen Themen zu und wies mit seiner regionalen und schichtenspezifischen Ausdrucksweise moderne literarische Techniken vorweg. Hauptvertreter waren Hauptmann und Anzengruber.

Spätestens mit der Jahrhundertwende fächerte auch auf dem Gebiet der Literatur die *Stilvielfalt* auf. Neben die Wiener Moderne mit Hofmannsthal, Kraus, Musil und auch Kafka traten in der Weimarer Republik Expressionismus (Kaiser, Toller, Döblin), Symbolismus (George, Rilke), Heimatkunst und Neue Sachlichkeit (Kisch, Tucholsky, Fallada, Remarque, Brecht, Fleißer, Hesse, Horvath, Kesten, H. Mann, Kästner, J. Roth, Seegers, Zuckmayr, A. Zweig, Jünger, Feuchtwanger, Benn, O.M. Graf, Werfel, A. Zweig) mit ihrer Gebrauchslyrik und ihren sozialkritischen Dramen und Romanen. Gleichzeitig schrieben Autoren in sehr traditioneller Weise (Th. Mann, Löns, Carossa, St. Zweig). Nach den Bücherverbrennungen entstand seit 1933 eine sehr lebendige Exilliteratur, die größtenteils die o.g. Namen umfasste. In Deutschland verblieben nur wenige Autoren von Rang (Kästner, Benn, Bergengruen). Daneben gab es vor allem die blasse Blut-und-Boden-Literatur. Unmittelbar nach dem 2. Weltkrieg blühte die deutsche Literatur wieder auf – im Westen mit Namen wie Benn, Böll, Lenz, Martin Walser und Grass, im Osten mit Brecht, Kant, Chr. Wolf, H. Müller, Hermlin und Heym. Die DDR bürgerte allerdings vor allem seit den 1970er Jahre auch wichtige Autoren aus wie Johnson, Biermann, Kirsch und J. Becker. Stark waren darüber hinaus die Literaturen Österreichs (H.C. Artmann, Doderer, Jandl, Handke, Bachmann, Bernhard, Jelinek) und der Schweiz (Frisch, Dürrenmatt, Muschg).

Musik: Die *Wiener Klassik* (ca. 1780-1827) ragte in das 19. Jh. hinein. Mozart, Haydn und Beethoven führten die unterschiedlichsten Musikarten und Kompositionsweisen zusammen und machten die Stadt zum Zentrum der europäischen Musik. Fast parallel zu ihr begann um 1780 die *Romantik*, die die traditionelle Harmonik überschritt und verstärkt außermusikalische Anregungen und solche aus der Volksmusik aufnahm. Sie endete erst um 1890. In ihr behauptete und festigte die Musik des deutschsprachigen Raums ihre Dominanz mit Komponisten wie Schubert, List, Brahms, Bruckner, Schumann, Lortzing, Mendelssohn Bartholdy, Wagner und Mahler. Um die Jahrhundertwende kam es in mehrerlei Hinsicht zu einer Neuorientierung. Zum einen vollzogen die verschiedenen Stilrichtungen der *Neuen Musik* den Wechsel zu einer neuen Harmonik und gaben teilweise die Tonalität auf. Für Stilrichtungen wie Impressionismus, Expressionismus, Neo-Klassizismus oder 12-Ton-Musik stehen Komponisten wie Reger, Schönberg, Webern, Hindemith, Richard Strauss, Orff und Stockhausen. Zum anderen blühte die *Unterhaltungsmusik* auf. Sie wuchs in neue Aufgaben wie Film- und Salonmusik hinein und erhielt vielfältige Anregungen aus anderen Kulturen und der Volksmusik. So bildeten sich seit den 1920er Jahren Genres wie Jazz, Chansons und Schlager, die seit den 1950er Jahren wichtiges Kennzeichen von Jugendkulturen wurden (Rock n'Roll, Beat etc.) und spätestens seit den 1980er Jahren ihrerseits unübersichtlich auffächerten.

# 4.3 Bevölkerung und Umwelt: Luftverschmutzung und demographischer Übergang

<u>Bevölkerung:</u> Im ausgehenden 18. und beginnenden 19. Jh.s deutete sich bereits mit hohen Zuwachsraten der *demografische Übergang* an. Bei ihm geht die Senkung der Sterblichkeit der der Geburtenraten um einige Jahrzehnte voraus. Seine frühe Transformationsphase setzte in den 1830er Jahren mit Macht ein und führte in der Pauperismuskrise nahe an eine klassische Überbevölkerungskrise. Die bis zum Beginn des Kaiserreichs hohen Zuwachsraten konnten jedoch durch lebhaftes Wachstum von Einkommen und landwirtschaftlicher Produktion überkompensiert werden. Zwischen 1895/96 und 1930 schloss sich die Schere des demografischen Übergangs wieder. War in der Zeit des Nationalsozialismus noch ein gewisses Bevölkerungswachstum und in der Nachkriegszeit sogar ein „Babyboom" zu verzeichnen, so gingen die Geburtenraten seit A. d. 1960er Jahre in Westdeutschland stetig zurück. Maßnahmen der Kinderbetreuung, Frauen- und Familienförderung hielten sie in der DDR bis 1989 noch relativ hoch; danach war in Ostdeutschland jedoch ein beispielloser Einbruch der Geburtenzahlen zu verzeichnen. Die Deutschen wanderten immer wieder massiv aus – zunächst meist nach Nordamerika, im 20. Jh. auch nach anderen Zielgebieten. So kam es in der Wirtschaftskrise 1852-57, der Gründerkrise 1872/73, den Jahren 1880-93 sowie während der Hyperinflation 1923 jeweils zu regelrechten Auswanderungswellen. Die Auswanderung wurde zunächst nur ausnahmsweise von Einwanderung übertroffen – so 1833-39 und 1895-1900. Das hat sich erst in den letzten Jahrzehnten verändert. So unterschritten die Geburtenraten zwar seit 1972 die Sterberaten, der Wanderungssaldo glich dieses Defizit jedoch bis 2003 aus.

In den letzten 200 Jahren kam es auch zu *Verschiebungen zwischen den Altersgruppen*. So wurde der demografische Übergang im Kaiserreich dadurch verlängert, dass die Säuglings- und Kindersterblichkeit zwischen 1870 und 1910 stark zurückging. Während die Erhöhung der mittleren Lebenserwartung in diesem Zeitraum primär auf diesen Rückgang zurückzuführen war, trug dazu danach in erster Linie eine kontinuierlich Verringerung des Sterberisikos unter Jugendlichen und Erwachsenen bei. Das Sterberisiko konzentrierte sich immer stärker auf immer spätere Lebensalter, so dass sich die Überlebenskurve immer mehr einem Rechteck annähert. Die ständige Verstetigung der Sterberaten führte also – mit Ausnahme der Weltkriege mit ihren militärischen und zivilen Opfern – zu einem Trend von der unsicheren zur sicheren Lebenserwartung. Auch Epidemien hatten nur ausnahmsweise spürbaren demografischen Einfluss wie die Cholera 1831 und 1852-57 und die Spanische Grippe 1918. Während nahezu des gesamten 19. und 20. Jh. hielt eine *Wanderung* vom Land in die Stadt an. So stieg der Anteil der preußischen Stadt- an der Gesamtbevölkerung 1816-71 von 27,9 auf 32,5%. 1871-1910 erhöhte sich der Anteil der deutschen Gemeinden mit mehr als 5000 Einwohnern von 23,7 auf 48,8, der mit über 100 000 sogar von 4,8 auf 21,3 und bis 1939 sogar auf 31,6%. Auch zwischen den einzelnen Bundesstaaten und preußischen Provinzen waren die Zuwachsraten höchst unterschiedlich. So wiesen Berlin, Hamburg und Sachsen seit napoleonischer Zeit besonders hohe Zuwachsraten auf, die Dynamik Berlin ließ gegen E. d. 19. Jh.s allerdings deutlich nach. Genau umgekehrt entwickelte sich die Dynamik Westfalens, des Rheinlands, Hessens und Badens. Die Bevölkerung Ostdeutschlands hatte im

Deutschen Bund noch lebhaft zugenommen, bildete danach jedoch das Wachstumsschlusslicht. Im 20. Jh. veränderten sich die Binnenwanderungsbewegungen kurzfristiger. Allein Berlin und Brandenburg gewannen in der gesamten Zwischenkriegszeit deutlich hinzu. Im Nordwesten des Reiches beschleunigte sich die Zu-, im Westen die Abwanderung. Im Osten ließ die Abwanderung deutlich nach, im Süden kehrte sie sich sogar um.

Beide Weltkriege brachten gravierende Bevölkerungseinschnitte mit sich. Die Zahl der Toten summierte sich in Deutschland auf 2,7 bzw. 7,2 Mio (letztere incl. Österreich). Nur die Sowjetunion und Polen hatten mit 20,6 bzw. 6 Mio mehr Tote zu beklagen. Über 4 Mio der deutschen Toten waren zivile Opfer. Insgesamt forderte der 2. Weltkrieg in Europa etwa 39 Mio Opfer – davon allein 6 Mio der Holocaust. 7-11 Mio Zwangsarbeiter wurden verschleppt und in Deutschland eingesetzt, 12-14 Mio Deutsche aus ihren Siedlungsgebieten im Osten und Südosten Deutschlands und Europas umgesiedelt oder vertrieben. Auch nach dem 2. Weltkrieg war die Mobilität wesentlich höher als zuvor. Süddeutschland zeigte von Anfang an lebhafte Zuwachsraten, das westdeutsche Wachstum wies M. d. 1970er Jahre einen Knick auf, während einzelne norddeutsche Länder und Westberlin Einwohner verloren. Diese Entwicklung setze sich nach der Wiedervereinigung verstärkt fort. Die alten Bundesländer, vor allem die des Südens, nahmen zu, während Berlin und die Neuen Bundesländer z.T. gravierende Bevölkerungsverluste hinzunehmen hatten. Auch innerhalb der Regionen kam es zu größeren Verschiebungen. Während die seit 1820 anhaltende Landflucht nach dem 2. Weltkrieg abebbte und nur in den Neuen Bundesländern wieder zu beobachten ist, kam es in den 1960er und 70er Jahren in der Bundesrepublik massiv zum Zug in die Peripherie der Ballungszentren (und seit den 1990er Jahren teilweise zur Umkehr dieser Bewegung). Die DDR hatte insgesamt einen Aderlass von 2 Mio Einwohnern zu verkraften, während die Bundesrepublik (ohne Westberlin) von 48,7 1950 auf 59,7 1980 und in den alten Bundesländern 65,6 Mio 2004 anstieg. Dafür war nicht nur die Zuwanderung aus DDR bzw. neuen Bundesländern, sondern auch seit 1960 „Gastarbeiter", seit 1970 Spätaussiedler und seit 1980 Asylbewerber verantwortlich. Umgekehrt wanderten in steigendem Maße Personen aus der Bundesrepublik aus – allerdings nur zum geringeren Teil Deutsche.

Wie die Wanderung nahm auch die *zeitweilige Mobilität* im 19. und 20. Jh. stetig zu. Sie war zum einen *beruflich* bedingt. Viele Menschen konnten sich bereits in der Industrialisierung nicht entschließen, trotz eines fernen Arbeitsplatzes ihren bisherigen Wohnort endgültig aufzugeben. Je dichter das Eisenbahnnetz M. d. 19. Jh.s wurde, desto eher konnte man an den Sonn- und Feiertagen in den Heimatort zurückkehren. Dabei gab es durchaus regionale Unterschiede. Während sich einige strukturschwache Gebiete Nord- und Ostdeutschlands leerten, wurden für Altbayern Ortsbindung und Fernpendeln typisch. Möglichkeiten und Aktionsradien für diese Lebensform vergrößerten sich mit der zunehmenden Mobilität – seit den 1960er Jahren mit Motorisierung und Fernstraßenbau, seit den 1970er und 80er Jahren mit Flugzeug und Eisenbahnschnellverkehr. Damit wurden Fernpendeln und –beziehung gerade für gebildete und arrivierte Schichten zum Lebensmodell. Mit der Globalisierung der Wirtschaft wurden in den 1980er und 90er Jahren Geschäftsreisen im In- und Ausland sowie die zeitweilige Verlagerung des Arbeitsplatzes ins Ausland immer häufiger. Dabei bestand seit der Jahrtausendwende aus Kosten- und Entfremdungsgründen der Trend zu kürzeren Auslandsaufenthalten ohne Familie.

Zeitweilige Mobilität betraf auch mehr und mehr die *Freizeit*. Klassizismus und Romantik ließen die alte „Sehnsucht nach dem Unendlichen" zu einem breiten Phänomen werden. Chaussee- und Eisenbahnbau schufen die Möglichkeiten. Die ersten Eisenbahnplaner hatten primär den Gütertransport im Blick und waren überrascht von dem von Beginn an einsetzenden, alle Schichten umfassenden Nachfrageboom im Personenverkehr. 1827 gründete Karl Baedeker den ersten deutschen Verlag für Reisehandbücher, 1863 eröffnete das erste deutsche Reisebüro in Deutschland in Breslau. Es bot bereits zu Beginn des Kaiserreichs Fern- und Weltreisen an. Wandern wurde modern, Meer, Alpen und Mittelgebirge als Reiseziele entdeckt. Allenthalben gründeten sich Wandervereine wie 1864 der Schwarzwaldverein, 1868 der Taunusclub und 1869 der Deutsche Alpenverein. Binnen Kurzem schuf man die entsprechende touristische Infrastruktur aus Verkehrs-, Verpflegungs- und Übernachtungsangebot. Als in der 1. H. d. 19. Jh.s das Bergsteigen nach und nach populär und in den 1870er Jahren in der Schweiz der alpine Schilauf erfunden wurde, erschloss sich der Tourismus auch die größten Höhen und den bislang ungenutzten Winter. Während die Oberschicht immer schon gereist ist und das gehobene Bürgertum im Laufe des Kaiserreichs Bildungsreise und Sommerfrische entdeckte, setzte sich erst ab 1895 die der Sozialdemokratie nahestehende Bewegung der Naturfreunde dafür ein, dass die Arbeiter wenigstens die Sonn- und Feiertage in der Natur verbringen konnten.

Während Angestellte und Beamte im Laufe der 2. H. d. 19. Jh.s bezahlte Urlaubstage erhielten, hatten Arbeiter erst in der Weimarer Zeit einen geringen Urlaubsanspruch. Erste Ansätze zu einem Massentourismus gab es im 3. Reich, als ein Jahresurlaub von 6-12 Tagen propagiert und im Rahmen der Deutschen Arbeitsfront in der Organisation „Kraft durch Freude" organisiert wurde. Die KdF sollte Volksgesundheit, Arbeitsleistung und Produktivität der „Volksgemeinschaft" durch vier Kreuzfahrtschiffe, das riesige Seebad Prora auf Rügen und den KdF-Wagen – den Volkswagen Käfer –, aber auch durch Dorfverschönerungsaktionen, Erwachsenenbildung und Veranstaltungen nach Feierabend steigern. Während sich die Kriegs- und Nachkriegszeit urlaubsfeindlich gerierte, setzte in den 1960er Jahren allmählich der moderne Massentourismus ein. Er war in Westdeutschland zunächst gekennzeichnet durch Individualtourismus in den deutschsprachigen Raum und Pauschaltourismus zunächst nach Italien, später nach Jugoslawien, Spanien u.a. Mittelmeerländer. Ab den 1970er Jahren gewannen Städte-, Fern- und Bildungsreisen an Gewicht und es bildete sich ein Trend zu Zweit- und Dritturlauben heraus. In der DDR wurde der Urlaub im Regelfall über Betriebe oder staatliche Institutionen abgewickelt. Die Urlaubsziele lagen meist im Lande selbst, teilweise auch im „befreundeten sozialistischen Ausland". Lange Zeit waren jedoch nur Reisen nach Polen und in die ČSSR genehmigungsfrei.

Umwelt: Rinderhaltung und Verbrennung fossiler Brennstoffe haben seit Beginn der Industrialisierung stark zugenommen – und damit der Ausstoß der *Treibhausgase* $CO_2$ und Methan. Viele Berechnungen deuten darauf hin, dass die weltweite Erwärmung in den nächsten Jahrzehnten ein kritisches Ausmaß erreichen wird, das auch für Deutschland gravierende Folgen haben wird wie eine deutliche Zunahme extremer Wetterereignisse. Seit 1990 sind allerdings zumindest in Deutschland die Emissionen der Treibhausgase $CO_2$ und FCKW zurückgegangen. Dasselbe gilt auf Grund der Rauchgasentschwefelung der west- und der Abschaltung alter ostdeutscher Kohlekraftwerke auch für $SO_2$ und $SO_3$, die wesentlich für den in den 1970er und 80er Jahren festgestellten sauren Regen und das Waldsterben verantwortlich waren. Bereits mit der frühen Expansion der Städte zu Beg. d. 19. Jh.s begann eine *Zersiedelung* der Landschaft, die bis heute anhält. Während gründerzeitliche Bebauung durchweg sehr dicht war, nahm der Flächenverbrauch pro Einwohner in dem Moment zu, in dem das Bevölkerungswachstum nachließ. In den beiden Jahrzehnten vor den 1. Weltkrieg entstanden in der Nähe vieler Großstädte ausgedehnte offene Arbeiter- und Villensiedlungen und seit den 1920er Jahren führten Eigenheimbewegung und lockere Platzierung von Wohnblöcken für einen weiteren Flächenverbrauch. Die Entwicklung setzte sich nach dem 2. Weltkrieg verstärkt fort, da die Haushaltsgrößen sanken und die Zahl der qm Wohnfläche pro Person kontinuierlich zunahm. Neben der Zersiedelung der Landschaft trug der Verkehrswegebau nach dem 2. Weltkrieg zur zunehmenden Versiegelung der Landschaft bei. Sie wie die Regulierung von Bächen und Flüssen führten seit Beg. d. 19. Jh.s zur Verdrängung oder gar Ausrottung vieler einheimischer Pflanzen und Tiere und damit zur Reduzierung der Biodiversität mit ihren auch ökonomischen Schäden sowie zum immer schnelleren Abfließen von Niederschlägen und Schneeschmelzen, die die Hochwassergefahr deutlich erhöht haben.

Die Bevölkerungszunahme des ausgehenden 18. Jh.s hatte zur Folge, dass die Landschaftsressourcen noch schneller abnahmen als in den vorgegangenen Jahrhunderten; Waldnot und Erosion nahmen kritische Ausmaße an. Da erste Maßnahmen wie Abgehen von Wölbäckern, Anbau von Zwischenfrucht, Waldhege und Verbauung nicht den erwünschten Erfolg zeitigten und sich der Holzmangel A. d. 19. Jh.s verschärfte, wandte sich das Interesse systematischen forstwirtschaftlichen Maßnahmen zu. Grundlagen dafür legte der Begründer der Forstwissenschaft Johann Heinrich Cotta (1763-1844). Nachdem zunächst der Rückgang der Waldfläche durch Forstordnungen gestoppt werden konnte, führten *Aufforstungen* seit den 1850er bis heute zu einem stetig steigenden Flächenanteil des Waldes in Deutschland. Dabei überwogen aus wirtschaftlichen Gründen Fichtenmonokulturen. Bereits E. d. 18. Jh.s erhielt der „deutsche" Wald eine emotionale, romantische und nationale Aufladung. Seitdem diente er als Erholungsraum und wurde von Wanderwegen durchzogen. Verstärkt wurde diese Bewegung um die Wende zum 20. Jh. durch Wandervögel, Naturfreunde und Pfadfinder. Die *Landwirtschaft* war während der letzten zwei Jahrhunderte durch stetige Produktivitätssteigerungen durch zunehmende Verwendung mineralischer Dünger, seit M. d. 19. Jh.s auch durch wachsende Betriebsgrößen und Mechanisierung sowie seit dem 2. Weltkrieg durch größere Flurstücke gekennzeichnet (Flurbereinigung seit den 1960er Jahren im Westen, Kollektivierung seit 1945 im Osten, seit 1952 Bildung von LPGs). Diese Entwicklung bedeutete insgesamt eine starke Belastung der Landschaft. Vergrößerung der Flurstücke, Beseitigung der Feldraine und ständig vergrößerte Pflugtiefe zerstörten vor allem seit dem 2. Weltkrieg kontinuierlich Lebensraum für Wildpflanzen und -tiere. Hinzu kam die u.a. aus der Intensivierung der Viehhaltung resultierende Überdüngung der Flur mit negativen Auswirkungen auf Gewässerqualität und Trinkwassergewinnung.

# 4.4    Technik: Eisenbahn und Computer

Die Innovationskraft Deutschlands lag im 19. und 20. Jh. deutlich über der voran gegangenen Periode.[102] So kann man an Hand verschiedener Indikatoren um 1840 für Eisenbahn, Textil und Dampfkraft eine besonders hohe Innovationsintensität feststellen, für Elektrotechnik um 1890, Automobil und Eisenbahn um 1900, Chemie um 1940, vor allem aber wieder um 1990 sowie Elektronik um 1960.[103] Im Kaiserreich fielen auf die Jahre 1877-86 eine Eisenbahn-, 1887-96 eine Farben-, 1897-1902 eine Chemie- und 1903-18 eine elektrotechnische Welle der Patentanmeldungen.[104] Langfristige volkswirtschaftliche Wachstumszyklen werden von etlichen Autoren auf die Diffusion von Basisinnovationen zurückgeführt. Diese sog. Kondratjeff-Zyklen sollen gegenüber den Innovationen zeitlich verschoben sein. So führt man den ersten Zyklus („Dampfmaschinen-Kondratjew") von 1780–1849 auf Frühmechanisierung und Dampfmaschinen zurück, den zweiten von 1840–90 („Eisenbahn-Kondratjew") auf Stahl, Maschinenbau und Verkehr, den dritten von 1890–1940 („Schwermaschinen-Kondratjew") auf Elektrotechnik, Anlagenbau und Chemie, den vierten von 1940–90 auf Automatisierung, integrierte Schaltkreise, Kernenergie, Transistor, Computer und Automobil und den fünften seit 1990 auf Informations- und Kommunikations-Technologie und Globalisierung.[105]

Bergtechnik: Der technische Fortschritt im Bergbau betraf zunächst den Transport unter Tage. So setzte man seit E. d. 18. Jh.s auch in Deutschland Grubenhunte auf eiserne Schienen, um den Rollwiderstand zu minimieren. In den 1860er bis 80er Jahren ersetzte eine zentral angetriebene Seil- und Ketten- die Handförderung aus dem Streb. Ab den 1880er Jahren kamen verstärkt Grubenlokomotiven zum Einsatz. Auch die Schachtförderung wurde mit Macht rationalisiert. So lösten Dampfmaschinen seit den 1820er Jahren die bislang üblichen Pferdegöpel ab. Ab 1835 hielt das gerade erfundene Drahtseil mit daran hängender Förderschale sehr schnell Einzug in den Bergbau. Seit 1893 folgten elektrische Antriebe. Angesichts zunehmender Teufen führte man für das Ein- und Ausfahren der Bergleute in den Schacht ab 1833 sog. Fahrkünste ein, bei denen Stangen mit Tritten gegen einander pendelten. Sie wurden ab den 1890er Jahren von Schachtkörben mit Fangvorrichtungen ersetzt. Bis in die 1870er Jahre erfolgte der eigentliche Abbau von Hand bzw. durch Sprengen. Ab 1856 ersetzen Schlagbohrer langsam diese Techniken – zunächst betrieben mit Druckluft, später auch mit Strom. Größere Lagerstätten wurden bereits 1870-1900 vereinzelt mit Radschrämmaschinen abgebaut. In den 1920er Jahren erfasste eine breite Rationalisierungswelle den deutschen Bergbau. Dasselbe galt ab den 1960er Jahren, in denen diese Bemühungen allerdings nicht mehr ausreichten, gegen die wesentlich kostengünstiger produzierende weltweite Konkurrenz zu bestehen.

Metalltechnik: Das Leitmaterial des 19. Jh.s war der Stahl. 1811 gründete Friedrich Krupp in Essen die erste deutsche Gussstahlfabrik. Die Stahlproduktion nahm einen sprunghaften Aufstieg ab 1835 mit dem Eisenbahnbau und ab M. d. 19. Jh.s mit der verstärkten Verwendung von Stahl im Brücken-, Hallen- und Schiffbau. In der Folge kam es immer wieder zu technischen Neuerungen. So setzten sich in Deutschland ab M. d. 19. Jh.s Bessemer-Birnen durch; ab 1869 wurden Siemens-Martin-Öfen installiert und seit 1915 zum dominierenden Verfahren. Nach dem 2. Weltkrieg gingen die meisten westdeutschen Stahlwerke zum Linz-

Donawitz- und Elektrostahlverfahren über. Sie erzeugen damit im Wesentlichen Qualitäts-
und Spezialstähle. In der Stahlkrise E. d. 1980er Jahre erfolgte ein deutlicher Produktions-
einbruch, von dem sich die deutsche Stahlindustrie aber erholte, indem sie auf Spezialstähle
umstellte.

Während frühe Textil- und Dampfmaschinen ausschließlich in Handarbeit hergestellt
worden waren, ging man 1800-30 bei der Herstellung von Werkzeugmaschinen zum Drehen,
Hobeln, Stoßen und Bohren zur maschinellen Vorfertigung mit anschließender händischer
Endmontage über. Die dadurch entstehende *Maschinenbauindustrie* stand E. d. 1830er Jahre
mit dem Eisenbahnbau vor ihrer ersten großen technischen Herausforderung. Daneben gab es
eine Vielzahl weiterer Anwendungen, so dass die Vielfalt der Maschinen, Typen und Anbie-
ter unübersehbar war. Daher war der Maschinenbau von Anfang an durch einen hohen Anteil
gelernter Arbeiter gekennzeichnet. Ab M. d. 19. Jh.s kam das Fräsen als neue Technik hinzu.
Nunmehr war es möglich, Zahnräder mit der notwendigen Genauigkeit herzustellen, mit
deren Hilfe größere Kräfte übertragen und größere Steigungen überwunden werden konnten.
Ab den 1840er Jahren konnte man Stahl statt Eisen verarbeiten und damit so unterschiedliche
Dinge wie Nähmaschinen, Messlehren und präzisere Waffen herstellen. Ab den 1830er und
40er Jahren wurden Holzbearbeitung, Spinnen und Weben mechanisiert. Seit den 1860er
Jahren traten neben die herkömmlichen Dampfmaschinen Gas- und ab den 1870er Jahren
Heißluftmaschinen. Während diese auf den Antrieb kleinerer Maschinen beschränkt blieben,
hatten ab 1876 Otto-, den 1890er Jahren Elektro- und ab 1900 Dieselmotoren ein wesentlich
breiteres Anwendungsspektrum. Gleichzeitig stiegen Präzision, Normierung, Größe und
Universalität der Maschinen.

Im Kaiserreich hatten deutsche (und amerikanische) Hersteller englische als Marktführer
abgelöst, wobei die USA eher Standard-, Deutschland eher Spezialmaschinen herstellten. In
der Anwendung war es genau umgekehrt. Der Mangel gelernter Arbeiter führte in den USA
bereits im 19. Jh.s dazu, dass immer mehr automatische Spezialwerkzeugmaschinen eingesetzt wurden. In Deutschland dominierten dagegen bis zum 1. Weltkrieg Universalwerk-
zeugmaschinen. Die Großserien des 1. Weltkriegs und die Rationalisierungswelle der Weimarer Zeit sorgten auch hier für einen Umschwung. An Innovationen kamen zu Beg. d.
20. Jh.s Hartwerkzeuge hinzu, die mit Hilfe von Elektromotoren wesentlich höhere Schnitt-
geschwindigkeiten zuließen. Seit den 1980er Jahren ist Laserschneiden verbreitet, das eine
bislang unerreichte Präzision ermöglichte. Zudem wurde seit den 1970er Jahren die Anzahl
der Bearbeitungsachsen erhöht, so dass massive Werkstücke vollplastisch herausgearbeitet
werden konnten. Automatische Werkzeugmaschinen konnten ab den 1930er Jahren – vor
allem in der Automobilindustrie – zu halbautomatischen Maschinenstraßen kombiniert werden. Seit dem 2. Weltkrieg setzte sich dieser Trend zur Automatisierung fort. Während zunächst oft Fließfertigung und die reine Ausnutzung von Skalenerträgen angestrebt wurden,
suchte man ab den 1970er und 80er Jahren Automatisierung und Flexibilität zu kombinieren.
Die Entwicklung ging auf der Maschinenebene von rein mechanischen Werkzeugmaschinen
hin zu programmier- und vernetzbaren CNC-Maschinen, Bearbeitungszentren und Robotern,
auf der Fabrikebene von starren über flexible Transferstraßen mit ihren Schleifen und Puf-
fern hin zu flexiblen Fertigungssystemen, bei denen frei programmierbare Einzelkomponen-
ten von einem Leitrechner gesteuert werden.

Bautechnik: Im Laufe des 19. Jh.s, vor allem aber nach Gründung der Technischen Hochschulen in der 2. H. d. 19. Jh.s wurden nach und nach die statischen, später auch die baudynamischen Grundlagen für eine innovative Bautechnik gelegt. Mit der Industrialisierung gewann die Industrie- und Verkehrsarchitektur immer breiteren Raum. Neue Bauaufgaben stellten sich wie Eisenbahnbrücken, Bahnhöfe, Wassertürme und Gasometer, Schiffshebewerke, Ausstellungs- und Fabrikhallen. Die Baulösungen befruchteten sich gegenseitig – wie bei Wintergärten, Ausstellungs-, Tropen- und Gewächshäusern. So übertrugen der Londoner Kristall- und der Münchner Glaspalast – zwei Hallen für Industrie- und Gewerbeausstellungen – 1850 bzw. 54 die neue Stahl-Glas-Bauweise von Gewächshäusern ins Gigantische und wirkten fort bis hin zu Bahnhofshallen wie 1894 der des Kölner Hauptbahnhofs. Eisen- und vor allem *Stahlbau* sind schlank und vergleichsweise leicht, stark belastbar, präzise vorzufertigen und daher schnell montierbar. Allerdings sind entsprechende Bauten relativ teuer in Konstruktion und Unterhalt, schwingungsanfällig und übertragen Schall sehr stark. Der Brückenbau wurde im Laufe des 19. und 20. Jh. eine besondere Herausforderung für Ingenieure und Architekten, mussten Eisenbahnlinien doch wegen der Güterzüge steigungsarm und wegen der Personenzüge ohne enge Kurven verlaufen. Man benötigte daher mehr Brücken, die zudem höhere und weitere Täler überspannten. Dabei hatten sich die Konstrukteure neuen Problemen wie Windlast, starken mechanischen Erschütterungen und veränderter Verkehrslast zu stellen und fanden zu neuen Lösungen wie 1845-51 bei Elster- und Göltzschtalbrücke bei Plauen. Dies war nur auf der Grundlage einer konstruktiven Theorie möglich. Sehr bald kamen Brücken aus Stahl und Stahlbeton hinzu, mit denen andere Spannweiten möglich würden. Das erste deutsche Beispiel war 1851-57 die Großhesseloher Brücke über die Isar bei München. Mit der Zunahme des Autoverkehrs kamen die Erfordernisse des Schnellstraßen-, vor allem des Autobahnbaus hinzu. Auch hier waren Brückenlösungen wegweisend wie die Lahntalbrücke 1939-41 und 1960-64 bei Limburg.

Ab M. d. 19. Jh.s wurde in Deutschland Portlandzement hergestellt und häufig verwendet. Zement ist fester und belastbarer als Mauerwerk und erlaubt damit eine freiere Gestaltungsweise. Das gilt vor allem für *Stahlbeton*, der dünnere und weiter tragende Bauelemente hervorbringt. Erste Stahlbetonbauten in Deutschland waren 1884-94 das Berliner Reichstagsgebäude und 1905-07 die Königliche Anatomie in München. Besonders innovativ waren im 19. und 20. Jh. gewerbliche Bauten – von der Sayner Hütte (1828-30), einer der ersten Stahlhallen überhaupt, über Behrens' AEG-Turbinenfabrik in Berlin-Moabit (1909) und Gropius' hypermodernem Fagus-Werk in Alfeld (Leine) (1910-15), Erich Mendelsohns expressionistische Hutfabrik Luckenwalde (1921) und die eleganten Bauhausformen von Schacht 12 der Zeche Zollverein in Dortmund (1928) bis hin zu den Fabrikbauten international renommierter Architekten der Vitra AG in Weil am Rhein aus den Jahren 1981 (Grimshaw), 89 (Gehry) und 94 (Alvaro Siza). Während zu Beginn des 19. Jh.s selbst bei Brücken sämtliche Bauteile am Bauort entstanden, kam es in der 1. H. d. 19. Jh.s bei Eisen- und Stahlteilen, in der 2. H. auch bei Baudetails, Fenstern, Türen und Glaselementen zur industriellen Fertigung. Die Normungsbewegungen der 1920er Jahre führte ferner bei Lauben, Küchen u.a. Einbauelementen zur *Massenfertigung*. Dies galt etwa für einfache Eigenheimsiedlungen, Hotels und Industriegebäude. So wurde die sog. „Frankfurter Küche" 1926-32 in der Mainmetropole rd. 10 000-mal verbaut. Gleichzeitig hat man ganze Bauten vorgefertigt. Dies galt zum einen für Industriehallen, zum anderen entstanden 1926-30 in Berlin-Friedrichsfelde die ersten Wohn-

blöcke in Tafelbauweise. Seit dem 2. Weltkrieg baute vor allem die DDR ganze Großsied-
lungen als „Plattenbauten". Seit den 1970er Jahren ist in Westdeutschland darüber hinaus
eine Industrie zur Produktion von Ein- und Mehrfamilien-Fertighäusern entstanden.

Nach ersten Ansätzen in Spätmittelalter und Früher Neuzeit wurde die *Stadttechnik* im 19.
und 20. Jh. immer wichtiger. Bereits 1849 erhielt Hamburg eine zentrale Wasserversorgung,
Berlin 1855 und die meisten anderen Städte in den 1860er bis 80er Jahren. Hamburg baute
ab 1856 auch das erste moderne Kanalisationssystem auf dem Festland. München folgte ab
1862. Im selben Jahr gab es im Zollverein bereits 266, 1883 im Deutschen Reich
610 Gaswerke. In den 1880er und 90er Jahren schufen viele Städte eine Elektrizitätsversor-
gung. Das erste Elektrizitätsversorgungsunternehmen Deutschlands wurde 1884 in Berlin
gegründet. Obwohl die Stromsysteme noch nicht vereinheitlicht waren, nahmen Industrie
und Haushalte dieses Angebot begierig an. Im Laufe der 1920er Jahre breitete sich die
Stromversorgung über das ganze Land aus und wuchs schließlich zusammen. Ab dem
2. Weltkrieg entstand das heutige Verbundnetzwerk – de facto bis heute ein eng abgestimmtes Oligopol. Das Stromnetz wurde in den 1920er bis 50er Jahre vollständig auf Wechsel-
strom zu 220-40V umgestellt. Bereits in der 1. H. d. 19. Jh.s gingen einzelne Städte dazu
über, wichtige Straßen mit Gas zu beleuchten. Daneben traten ab 1882 elektrische Straßen-
lampen; Nürnberg führte sie als erste Stadt Europas ein. Vollständig setzten sie sich erst in
den 1950er Jahren mit neuen Leuchtstoffröhren durch. M. d. 19. Jh.s erforderte das aus-
ufernde Wachstum der Städte den Aufbau eines *öffentlichen Personennahverkehrs*. 1839
erhielten Hamburg und Altona, 1847 Berlin und in der Kaiserzeit viele andere Städte Pferde-
buslinien. Um 1880 begannen viele Straßenbahnen als Pferdebahnen ihren Betrieb. Sie wurden meist noch vor dem 1. Weltkrieg durch „Elektrische" ersetzt. Die erste Tram dieser Art
fuhr 1881 in Berlin. 1902 erhielt die Stadt auch die erste U- und Hochbahn. Bereits im Jahr
zuvor war die Schwebebahn über der Wupper zwischen Barmen und Elberfeld entstanden.
Ab dem Kaiserreich wurden in vielen größeren Städten zudem ein Netz von Vorortzügen
gebaut und in Berlin 1891 erstmals in ein einheitliches Tarifnetzwerk eingebunden. In den
1920er Jahren setzten sich dafür die Bezeichnungen S- und U-Bahn durch. Zu einem weiteren Ausbauschub kam es ab den 1970er Jahren mit dem Angriff ambitionierter U-Bahnpläne
in etlichen Städten, weitgehend bundeseinheitlichen S-Bahn-Garnituren und Tarifverbünden
für ganze Ballungsräume. Die Versorgung in der Fläche ermöglichte erstmals der benzin-,
später dieselbetriebene Omnibus. Eine erste Linie entstand 1895 in Netphen.

Textiltechnik: Die deutsche *Textilproduktion* konzentrierte sich noch um 1800 auf Leinen.
Als die englische Konkurrenz nach Aufhebung der Kontinentalsperre wieder auflebte, wurden auch in Deutschland vermehrt mechanische Baumwollspinnereien aufgebaut. Die ersten
waren in den 1780er Jahren am Niederrhein, in Sachsen, Augsburg und Berlin entstanden.
Obwohl sich die Produktivität der nach wie vor vorherrschenden Handwebstühle 1800-46
nahezu vervierfachte, lag der Selbstversorgungsgrad bei Baumwollgarnen in den 1830er
Jahren unter englischem Importdruck nur noch bei 25-35%. Es kam daher in den 1830er und
40er Jahren zu den ersten klassischen Fabrikgründungen in diesem Sektor. Ab 1835 setzten
sich Großbetriebe durch, so dass 1849 in Preußen in der Streichgarnspinnerei 84 und in der
Kammgarnspinnerei 89% der Spindeln in Fabriken standen. Bereits 1846/47 war daher der
Anteil der Baumwolle an der deutschen Textilproduktion zu Lasten von Leinen und Wolle
von 10 auf 35% gestiegen. Die Wollverarbeitung wurde ab 1800, verstärkt ab 1815 durch

kleine, handbetriebene Spinnmaschinen mechanisiert. Dagegen geschah die Wollweberei noch M. d. 19. Jh.s weitgehend auf Handwebstühlen. Nach ersten Versuchen 1799 in Hamburg und 1836 in Berlin entstand in der 2. H. d. 19. Jh.s eine deutsche *Bekleidungsindustrie*. Zuvor waren wesentliche technische Voraussetzungen geschaffen worden – in den 1840er Jahren leistungsfähige mechanische Webstühle, 1851 eine brauchbare Näh- und 1858 die erste Zuschneidemaschine. In der Folge drang Konfektion nach und nach in immer neue Segmente ein – von der Arbeitsbekleidung über Hemden und Mäntel bis hin zu Kleidern und Anzügen. Seit E. d. 1920er Jahre existierten einheitliche (kontinental-) europäische Konfektionsgrößen und in den 1950er und 60er Jahren setzten sich Konfektion und Maßkonfektion selbst in der Herren- und Festtagskleidung flächendeckend gegen Maßanfertigung durch. Weitgehend parallel wurde Konfektion seit M. d. 19. Jh.s auch in der Schuhproduktion üblich. Der Handarbeitsanteil blieb jedoch bedeutend, so dass sie seit den 1960er Jahren den Lohnkosten folgte und in Deutschland weitgehend verschwunden ist.

Nahrungsmitteltechnologie: Der Bevölkerungsdruck des demografischen Übergangs führte schon früh im 19. Jh. zu einer Reihe nahrungsmittelchemischer und -technologischer Fortschritte. So wurde in Schlesien 1802 die erste funktionsfähige Rübenzuckerfabrik der Welt gegründet und ab den 1830er Jahren nahm die Industrie in Deutschland einen breiten Aufschwung und etablierte zahlreiche industrielle Verfahren wie Filtern, Extrahieren, Verdampfen, Kristallisieren, Zentrifugieren und Trocknen, die auch in anderen Industrien genutzt wurden. Ein Schwerpunkt der Bemühungen lag auf der *Konservierung*. Bereits 1810 stand mit der Konservendose in den USA die erste moderne Konservierungsmethode zur Verfügung. Seit 1828 konnte man Kakao weitgehend entfetten und damit haltbar machen. 1857 wurde das Pasteurisieren von Milchprodukten möglich. Ab 1871 stellte Carl von Linde Kältemaschinen her, die Brauereitechnologie, Lagerung und Transport von Lebensmitteln revolutionierten. 1892 kam es zum ersten deutschen Patent über die Konservierung durch Einmachen. Um 1900 wurden Extrudieren und Homogenisieren erfunden. Seit 1923 setzten sich in den USA das Tiefgefrieren von Lebensmitteln, seit 1933 Dosenbier und Kronkorken durch, seit den 1960er Jahren verbreiteten sich diese Verfahren auch in Deutschland. 1957 bestrahlte die Fa. Gewürzmüller weltweit erstmals Lebensmittel. 1961 erstellte die Schweizer Fa. Tetra Pak die erste Abfüllanlage keimfreier Milch und revolutionierte die Verpackungstechnologie von Milchprodukten. 1969 kam in Frankreich zum ersten Mal H-Milch auf den Markt.

Nach und nach entstanden auch *neue Produkte*. So stellte Henri Nestlé 1857 erstmals ein Milchpulver als Muttermilchersatz her. 1852 entwickelte Justus von Liebig seinen Fleischextrakt. Er wurde ab 1862 in Uruguay und Argentinien großindustriell hergestellt und weltweit vertrieben. Ab 1869 stand Margarine zur Verfügung und wurde zwei Jahre später in den Niederlanden industriell gefertigt. 1889 gründete Hermann Bahlsen die erste „Cakes"fabrik und installierte 1905 das erste Fließband in Europa. 1905 begann Kaffee HAG mit der industriellen Herstellung von koffeinfreien Kaffee. 1911 kamen aus der Schweiz der erste Schmelzkäse, 1922 aus Bonn Haribos Gummibären und 1959 aus Großbritannien die ersten Fischstäbchen auf den Markt. Mit der Beschleunigung des Lebens rückte sehr bald die Bequemlichkeit in den Fokus der Lebensmitteltechnologie (Convenience Food"). Bereits 1857 trocknete man Suppen und füllte sie in Wursthäute („Erbswurst"). 1886 brachte Maggi die erste Laborwürze, 1891 Dr. Oetker sein Backpulver, 1929 die Fa. Teekanne ihre Teebeutel,

1930 Thomy seinen Senf in Tuben und 1938 Nestlé seinen Instantkaffee auf den Markt. Die Abfertigung an den Kassen wurde in Europa seit 1976 durch aufgedruckte EAN-Codes vereinfacht. 1977 wurden in den USA Getränke in den gegenüber Glas wesentlich leichteren PET-Flaschen angeboten.

Chemie und Pharmazie: 1846/47 wurden die ersten synthetischen Sprengstoffe erfunden und in den 1860er und 70er Jahren von Alfred Nobel bis zur Praxistauglichkeit entwickelt. Bereits ab M. d. 19. Jh.s entstand auch eine *Kunststofftechnologie* und -industrie. Ab 1839 konnte Goodyear Gummi vulkanisieren, um 1850 Hartgummi herstellen. Schellak wurde ab den 1880er Jahren u.a. für Siegel, Politur und schließlich Schallplatten verwandt. 1869 erfand man in den USA das Celluloid und ermöglichte kurz darauf das Spritzgussverfahren. Seit Beg. d. 20. Jh.s entwickelte sich die Polymerchemie als Grundlage vieler moderner Kunststoffe. Bereits 1905 wurde in Belgien das Bakelit entdeckt, in Deutschland 1912 das PVC und 1928 das Plexiglas. 1931 begann in Ludwigshafen die Produktion des ersten Schaumstoffs Polystyrol und in Großbritannien die von Polyethylen. Ebenfalls bei der BASF wurden 1934 erstmals Epoxidharze hergestellt, 1937 in Leverkusen erstmals Polyurethane synthetisiert und ab 1940 produziert. Auf ihrer Basis entwickelte man 1952-54 Polyester-Schaumstoffe. 1939 stellte die I.G. Farben die Kunstfaser Perlon vor und 1957 begann die großtechnische Synthese von Polypropylen. Ein weiterer Schwerpunkt der deutschen Chemie war die Herstellung von *Farben*. 1856 begann die Entdeckung der Teerfarbstoffe wie des Anilin. 1897 wurden bei der BASF mit Hilfe der sog. Heumann-Synthese die ersten synthetischen Indigofarben produziert. 1901 folgte ebenfalls in Ludwigshafen die Synthese von Indanthren. Im Kaiserreich kamen auch immer mehr synthetische *Arzneimittel* hinzu. Dazu gehörten Narkotika wie 1896 Heroin und Schmerzmittel wie 1883 Antipyrin, 1897 Aspirin und Pyramidon. Hinzu kamen Hormone wie das 1904 bei Hoechst synthetisierte Adrenalin. 1905 gelang mit Novocain die Entwicklung eines nicht süchtig machenden Lokalanästhetikums. 1939 konnte in Hoechst Methadon synthetisiert und ab 1949 produziert werden. Seit 1906 gelang über mehrere Stationen die Isolation, Synthetisierung und Anwendung von Insulin. Die Zeit nach dem 2. Weltkrieg brachte eine Vielzahl neuer Medikamente auf den unterschiedlichsten Gebieten. Epochemachend war etwa die 1962 Einführung des ersten oralen Antikonzeptivums in Deutschland durch Schering. Seit den 1980er Jahren fiel die Innovationskraft deutscher gegenüber der Schweizer und US-amerikanischer Unternehmen zurück. Dabei spielten deren größere Finanzkraft, aber auch die zunehmende Bedeutung von Biopharmaka eine Rolle.

Binnentransport: 1827-36 wurde die Pferdeeisenbahn Budweis-Linz-Gmunden als erste *Eisenbahn* im deutschen Bund abschnittsweise in Betrieb genommen. 1835 folgte die erste Dampfeisenbahn Nürnberg-Fürth. Ihr Erfolg war die Initialzündung für eine Vielzahl weiterer Projekte. Dies gab den Anstoß zu einer lebhaften Entwicklung der deutschen Eisenbahntechnik. Die ersten Lokomotiven kamen noch aus England, aber bereits 1839 wurde mit der Saxonia die erste deutsche Dampflok ausgeliefert. 1841 folgten Borsig und Maffei. In den folgenden Jahrzehnten wurden Züge und Material schneller und sicherer. So konnte Krupp 1853 ein nahtloses, bruchgeschütztes Eisenbahnrad patentieren, das den Weltruf des Unternehmens begründete. 1895 wurde in Württemberg die erste elektrische Vollbahnstrecke in Betrieb genommen, aber erst 1955-80 erfolgte die massive Elektrifizierung des Netzes. 1901 erreichte eine Drehstromlok über 200 km/h, 1936 auch eine Dampflok. Seit M. d. 1950er

Jahre wurden Dampfloks allmählich durch Diesel- und E-Loks ersetzt. Die letzte reguläre
Normalspur-Dampflok fuhr in der Bundesrepublik 1977, in der DDR 1988. 1973 begann der
Ausbau von Hochgeschwindigkeitsstrecken, der ab 1991 durch besondere Hochgeschwin-
digkeitstriebzüge ergänzt wurde. Außerdem geht seit den 1970er Jahren der Trend zu Mehr-
systemfahrzeugen, um Wartungskosten zu senken und Züge leichter grenzüberschreitend
verkehren lassen zu können.

Nachdem Jahrtausende lang flussaufwärts gekreuzt oder getreidelt werden musste, tauchten bereits kurz nach der Napoleonischen Zeit die ersten *Dampfschiffe* auf. Sie waren jedoch
so unzuverlässig und teuer, dass ein wirtschaftlicher Betrieb noch bis in die 1840er Jahre auf
sich warten ließ. Frühe Dampfschiffe waren allesamt mit Schaufelrädern ausgestattet. Dies
blieb wegen geringer Wassertiefen auch nach der Erfindung der Schiffsschraube 1827 und
deren breiterer Anwendung in den 1840er Jahren so, bis die großen Flüsse in der 2. H. d.
19. Jh.s über weite Strecken reguliert und mehr und mehr Kanäle gebaut worden waren. Die
Entwicklung kulminierte im späten Kaiserreich in der Eröffnung mehrerer großer Kanäle wie
dem Dortmund-Ems-, dem Mittelland- und dem Rhein-Herne-Kanal. Im Kaiserreich etablierte sich flussaufwärts die Kettenschifffahrt, bei der eine in der Fahrrinne fest verlegte Kette
maschinell über das Schiff gezogen wird. Sie hatte insbesondere gegenüber Schaufelrad-
dampfern die Vorteile größerer Zugkraft, Schnelligkeit und Steigungsfähigkeit und geringeren Verbrauchs. Kettenschifffahrt wurde seit 1869 auf Elbe, Saale, Niederrhein, Neckar und
Main eingerichtet. Sie endete spätestens in den 1930er Jahren durch den Bau von Staustufen.
1880 wurde der erste Schraubenschlepper eingesetzt, Seitenradschlepper hielten sich jedoch
auf dem Rhein noch bis 1970. 1910-70 setzte sich der Dieselbetrieb von Schiffsmotoren
immer mehr durch. In dieser Zeit überwogen Zugverbände, in denen ein Schlepper mehrere
Leichter hinter sich herzogen. Seit den 1970er Jahren werden spezielle Schub- und Koppel-
verbände gebaut, bei denen mehrere Leichter fest mit einander verbunden sind.

Ab E. d. 18. Jh.s forcierten die größeren deutschen Staaten den Bau von Ingenieurstraßen.
Bereits um 1820 gab es im Deutschen Bund rd. 15 000km solcher *Chausseen*. Ihr Netz ver-
dichtete sich bis 1873 auf ca. 115 000km. Auf solchen Straßen halbierten sich die Reisezei-
ten der Pferdekutschen und verdreifachte sich die Belastbarkeit. Mit der Ausbreitung der
Automobile musste der Straßenbau seit den 1920er Jahren nochmals forciert werden. Gleichzeitig wurden bei den größeren Straßen gebundene Oberbauschichten durch Pflaster, Teer,
später auch Bitumen oder Beton üblich, wie sie bereits im 19. Jh. vereinzelt verwandt worden waren. Sie hatten die Vorteile ruhigen Laufs, größerer Frostsicherheit und keiner Staub-
entwicklung. Mit zunehmender Geschwindigkeit und Reiseentfernung wurden 1932 Fern-
verkehrsstraßen eingerichtet und schrittweise ausgebaut. Während in der Weimarer Zeit nur
einige wenige Autobahnstrecken errichtet wurden, forcierte das 3. Reich den Autobahnbau;
bis E. 1940 wurden über 3 700km gebaut. Bis 2007 stieg die Länge der deutschen Autobah-
nen auf über 12 500km.

Da mit dem Bau von innerörtlichen Straßen und Chausseen die Stabilitätsanforderungen
für Landfahrzeuge zurückgingen, konnten Kutschen auf Schnelligkeit und Bequemlichkeit
ausgerichtet werden. Obwohl Pferde bis in die 1920er Jahre die häufigste Antriebsquelle
blieben, experimentierte man seit Beg. d. 19. Jh.s mit diversen Antrieben – in der Schweiz
1802 mit dem Wasserstoffgasmotor, in England 1797 mit dem Dampfwagen und 1839 dem

Elektromotor. Bereits 1828 pendelten Dampfautobusse zwischen London und Bath und 1863 nahm man in Frankreich die Serienproduktion von Automobilen mit Gasmotor auf. 1862-66 entwickelte August Otto seinen Viertakt(gas)motor und 1886-88 rüsteten Carl Benz in Mannheim, Gottlieb Daimler und Wilhelm Maybach in Cannstatt, Siegfried Marcus in Wien und Albert F. Hammel in Kopenhagen die ersten Autos mit Benzinmotor aus. 1897 konstruierte Rudolf Diesel seinen Motor. Es folgte eine lebhafte Konkurrenz unterschiedlicher Antriebsarten, bis sich Benzin- und Dieselmotor in den 1920er Jahren durchsetzten. 1924 begannen mit dem Opel Laubfrosch zugleich Fließfertigung und Massenproduktion kleiner Wagen. Ein kontinuierlicher Strom an Innovationen steigerte Schnelligkeit, Verlässlichkeit, Sicherheit und Bequemlichkeit der Fahrzeuge. So gab es ab 1922 in Italien, 1935 auch in Deutschland selbsttragende Karosserien. Sie setzten sich in den 1960er Jahren vollständig durch. Die Zahl der Automobilhersteller ging über Jahrzehnte immer mehr zurück. Die deutschen Hersteller waren ab den 1970er Jahren besonders innovationsfreudig und wandten sich mehr und mehr dem Premiumsegment zu. Eine der wichtigsten Etappen auf diesem Weg war die Umstellung von Fertigungsbändern auf Roboter in den 1980er Jahren, die gleichzeitig rationell und flexibel montieren konnten.

Seetechnik: Während die Ostasienfahrer des 18. Jh.s mit ihrem Batteriedeck noch eine Mischung aus Kriegs- und Handelsschiff darstellten, war eine Armierung auf der Hauptroute des 19. Jh.s über den Atlantik nicht mehr nötig. Stattdessen trat die Schnelligkeit in den Mittelpunkt. Prototypisch waren ab 1845 die nordamerikanischen Clipper, die mit Längen-Breiten-Verhältnissen von 5:1 bislang unerreichbare Geschwindigkeiten von über 20 Knoten liefen. In Deutschland war dagegen die bauchigere, schwerfälligere Bark bis in die 2. H. d. 19. Jh.s der vorherrschende Schiffstyp. Sie wurde von der schlanken, schnellen, aber relativ kleinen Brigg abgelöst. Nachdem sich Dampfer auf Binnengewässern bewährt hatten, eroberten sie auch die offene See. Bereits 1838 fand die erste Atlantiküberquerung nur unter Dampf statt. Fast von Beginn an hatten Dampfer einen Rumpf voll aus Eisen. Metallrümpfe setzten sich ab den 1870er Jahren auch im Segelschiffbau durch, ermöglichten nochmals schlankere und schnellere Schiffe und verlängerten den Konkurrenzkampf zwischen Segel- und Dampfschiffen um einige Jahrzehnte. Er wurde in den 1880er und 90er Jahren entschieden, nachdem die Antriebe leichter geworden waren, die mitgeführten Kohlevorräte schrumpfen konnten und die Schiffsschraube für einen kontinuierlichen und effizienten Antrieb sorgte. Ab 1890 setzten sich Stahlrümpfe, ab 1900 Ölfeuerung und ab 1910 Dieselmaschinen durch. Bereits vor dem 1. Weltkrieg bestand bei Passagier- wie Fracht- und Kriegsschiffen eine Tendenz zu immer größeren und schnelleren Einheiten. Typisch ist die Entwicklung der Tanker. Hatte der weltweit erste Tanker – die deutsche „Glückauf" – 1886 eine Zuladefähigkeit von 3000tdw, so umfassten die größten Tanker 1914 12 000, 1953 48 000 und in den 1980er Jahren 565 000tdw. Seit den 1960er Jahren schreitet mit den Containerschiffen die Normung voran. 1956 an der US-Ostküste eingeführt, entfallen auf Container inzwischen ⅔ des grenzüberschreitenden Warenverkehrs.

Elektrotechnik: Seit 1809 wurde die Glühlampe schrittweise zu Praxistauglichkeit und Serienreife geführt. Ab den 1880er Jahren waren in Deutschland Kohlefadenglühlampen auch in Privathaushalten üblich. 1890 erhielt der Österreicher Carl Auer von Welsbach ein Patent auf die Herstellung von Drähten aus Osmium und Wolfram, auf dessen Basis er die Fa. Osram aufbaute. 1897 erfand Walther Nernst in Göttingen die Nernstlampe, bei der ein dünnes

Stäbchen als Glühkörper dient, der in normaler Umgebungsluft glüht. 1905 waren die ersten Glühlampen mit Tantalfäden käuflich, die nicht rußten. Bereits 1857 gab es mit der Leucht-stoffröhre eine Alternative zur Glühlampe. Sie wurden aber erst ab 1938 kommerziell zur Beleuchtung genutzt. Auch die Medizintechnik verwandte frühzeitig elektrotechnische Gerä-te. So gab es ab den 1890er Jahren Bohrmaschinen für Zahnärzte. Vor dem 1. Weltkrieg fanden die ersten Röntgengeräte in der Medizin Verwendung. In den 1960er bis 80er Jahren differenzierten die Geräte stark aus. Eine Revolution in der Diagnostik lösten seit den 1980er Jahren neue bildgebende Verfahren wie Computer-Tomografie und Magnet-Resonanz-Tomografie aus. Neben den USA und Japan ist Deutschland auch heute noch eine der füh-renden Nationen auf medizintechnischem Gebiet. Dasselbe gilt für Haushaltsgeräte. 1929 stellte man in Zschopau die ersten europäischen Kühlschränke her. Bereits 1901 wurde in den USA die erste elektrische Waschmaschine entwickelt. 1951 kam der erste deutsche Waschvollautomat auf den Markt. Zwar wurde der Staubsauger vermutlich bereits 1865 in den USA erfunden, bis zum 2. Weltkrieg waren die Geräte jedoch zu groß und teuer für einzelne Haushalte. Erst in den 1950er und 60er Jahren statteten sich die deutschen Haushal-te immer stärker mit Elektrohaushaltsgeräten und –werkzeugen aus.

Informationsverarbeitung: Bereits das 19. Jh. kannte Vorgänger moderner Rechner. So begann 1833 der Engländer Charles Babbage mit der Entwicklung seiner (zu Lebzeiten nicht fertig gestellten) Differenzenmaschine. 1886 erfand Hermann Hollerith für die amerikani-sche Volkszählung die erste elektromechanische Lochkartenapparatur. Auch in Deutschland wurden nach dem 1. Weltkrieg große Datenmengen mit solchen Maschinen verarbeitet. Das galt sogar für die Erfassung der europäischen Juden während des 2. Weltkriegs.[106] 1934-41 entwickelte Konrad Zuse in Deutschland die erste funktionsfähige Datenverarbeitungsanlage mit Programmsteuerung. Bereits beim amerikanischen Mark I übernahmen 1944 elektrome-chanische Schaltelemente das Zählen, 1946 Elektroröhren, 1955 Transistoren und 1970 in-tegrierte Schaltkreise. Damit konnten Großrechenanlagen ökonomisch sinnvoll immer mehr Aufgaben in Wissenschaft, staatlicher und privater Verwaltung übernehmen. Gleichzeitig begann die Miniaturisierung. Die ersten Personal Computer entstanden 1973-77. Sie leiteten den Siegeszug privater Computer in den 1980er und 90er Jahre ein; 2006 verfügten 77% aller deutschen Haushalte über einen Computer. Sie revolutionierten jedoch auch die Ar-beitswelt. Seit Beginn der 1990er Jahre gab es kaum noch Arbeitsplätze ohne Computerzu-gang. EDV und Maschine wachsen bereits seit Längerem zusammen. Seit den 1980er Jahren haben Werkzeugmaschinen, Automobile, Flugzeuge, Haushaltsgeräte, Telefone u.v.a.m. elektronische Bauteile, die sie steuern und ggf. mit anderen Einheiten vernetzen. Seit der Jahrtausendwende beginnen weitere Geräte wie Computer, Notizblock und Mobiltelefon zu Einheiten zu verschmelzen.

Kommunikation: Die ersten optischen *Telegrafenlinien* Deutschlands wurden 1813 zwi-schen Metz und Mainz und 1832 von Berlin nach Koblenz gebaut. 1809 entstand in Mün-chen der erste elektrische Telegraf, 1837 konstruierte Samuel Morse seinen Schreibtelegra-fen und 1866 wurde das erste dauerhafte Seekabel über den Nordatlantik verlegt. 1858-63 entwickelte Philipp Reis das erste funktionierende Telefon. Ab 1881 entstanden die ersten Ortsnetze in deutschen Großstädten, ab 1883 einzelne Fernverbindungen, 1900 die Verbin-dung von Berlin nach Paris. 1901-07 wurde in Deutschland die Bildtelegrafie entwickelt – Vorgängerin des Telefax. 1898 kam bei Strassburg die erste Funkverbindung der Welt zu

Stande. Bereits 1902 wurde ein Bild drahtlos von München nach Nürnberg und zurück übertragen. 1918 machte die Reichsbahn in Berlin und Umgebung Versuche mit Funktelefonen
und führte diese 1926 in Zügen zwischen Hamburg und Berlin ein. Die ersten deutschen
Autotelefone existierten 1958. Ab 1985 gab es in Deutschland kleinere Mobiltelefone, bevor
um 1990 eine Reihe dichter Netze entstanden. Ähnlich rasant war die Entwicklung der Mas-
senkommunikation. Mit der Erfindung der Schnellpresse durch die Würzburger König &
Bauer konnten ab 1812 die Auflagen der *Tageszeitungen* stark gesteigert und verbilligt wer-
den. Da in den folgenden Jahrzehnten auch die Nachrichtenübermittlung immer schneller
wurde, konnten Öffentlichkeit und Zivilgesellschaft ihre moderne Dynamik gewinnen. Die
Erfindung von Rotationsmaschine 1845 und Linotype-Setzmaschine 1884 verstärkten diesen
Trend noch. Neben Wochenblätter und Tageszeitungen trat ab 1842 die Illustrierte. Alois
Senefelder entwickelte 1796-98 die Steinlithografie, Godefroy Engelmann 1837 die erste
Farblithografie („Chromolithografie"). Der enorme Aufschwung der grafischen Künste, die
Bebilderung von Büchern und die moderne Plakatwerbung wären ohne diese Techniken
nicht möglich gewesen. 1854 wurden in Berlin die ersten Litfaßsäulen aufgestellt.

Ab 1826 entstand die *Fotografie* in Frankreich und war ab M. d. 1830er Jahre praxistaug-
lich. Farbfotografie gab es zwar bereits seit 1850, farbecht und -beständig wurde sie jedoch
erst 1935/36 mit den ersten Dreischichtfarbfilmen von Agfa und Kodak. Seit den 1880er
Jahren sind gerasterte Aufnahmen in Publikationen üblich. Mit Rollfilm und Kleinbildkame-
ra wurde ab 1924 private Fotografie möglich. A. d. 1970er Jahre entstanden die ersten digita-
len Kameras. Die Fotografie schuf um 1890 auch den *Film.* 1895 kam es in Berlin zur ersten
öffentlichen Filmvorführung. 1927 endete die Zeit des Stummfilms. Ab 1950 setzte sich der
Farbfilm allgemein durch. Mit dem Format Super 8 startete ab 1965 die Ära privater Filme.
Bereits 1969 stellten Phillips und Grundig ihr VCR-System vor, das sich in der Folge als
Video-Standard jedoch nicht gegen JVCs Format VHS durchsetzen konnte. Es wurde 2001
in den Verkaufszahlen durch DVD abgelöst, dessen Standard erst 1995 festgelegt worden
war. Parallel hat sich die Technik für *Tonaufzeichnungen* entwickelt. So wurde das Gram-
mophon 1887 in Deutschland erfunden. Waren die ersten Schallplatten noch aus Hartgummi,
so ging man 1896 zu Schellack und ab 1948 zu Vinyl über. Ab 1983 wurden sie durch CDs
abgelöst. CD-Playern läuft seit E. d. 1990er Jahre der programmierbare MP3-Player mehr
und mehr den Rang ab. Mit ihm wachsen zwei Entwicklungslinien zusammen, die sich 1935
mit dem ersten Tonbandgerät von Telefunken und dem ersten Tonband der BASF getrennt
hatten. Ein weiterer Meilenstein selbst bespielbarer Tonträger war die Kompaktkassette –
1963 von Philips auf den Markt gebracht. Sie machte selbst aufgenommene Musik mobil und
verpflanzte sie in Autos und an Strände.

# 4.5    Private Haushalte: Elend und Massenwohlstand

Ernährung: Die Ernährung der unteren Schichten verharrte in den ersten Jahrzehnten des
19. Jh.s auf dem prekären Niveau des ausgehenden Ancien Régime. Typisch dafür waren die
beiden Hungerkrisen 1816/17 im Gefolge des Ausbruchs des indonesischen Tambora und die
sog. Pauperismuskrise der 1830er Jahre. Krisen dieser Art traten seit M. d. 19. Jh.s nicht

mehr auf. Gleichzeitig änderte sich die Zusammensetzung der Nahrung. Während E. d. 18. Jh.s Getreideprodukte, Gemüse und Hülsenfrüchte den Speiseplan bestimmten, waren es M. d. 19. Jh.s vor allem Kartoffeln, Schwarzbrot und Haferbrei. Dagegen sah der Speiseplan der Unterschichten um 1900 sehr viel abwechselungsreicher aus: Butter, Reis, Wurst, Fleisch und Fisch, Milch, Obst, Zucker und Kaffee ergänzten nun den Speiseplan. Die Fortschritte schlugen sich deutlich in Körpergröße und Lebenserwartung nieder. Nach wie vor wandten Arbeiterfamilien allerdings mit 40-50% ihrer Einnahmen unverhältnismäßig viel für ihre Ernährung auf. Mit dem Aufblühen der Chemie enthielten Lebensmittel immer mehr Zusätze oder Verunreinigungen, vor allem Konservierungs- und Färbemittel. Bereits 1821 ging der in England lebende Friedrich Christian Accum in seinen Schriften daher gegen den „Tod in unseren Töpfen" vor. Hinzu kamen vor allem im Kaiserreich Nahrungsergänzungsmittel und -ersatzstoffe wie Ersatzkaffee, Laborwürze, Backpulver etc. Zur selben Zeit wurde aus Frankreich und der Schweiz die Grande Cuisine übernommen – schwer, raffiniert und reichhaltig. Mit dem 1. Weltkrieg kam dann der Hunger zurück.

Nachdem die staatlichen Stellen der Versorgung der Bevölkerung zunächst kaum Beachtung geschenkt hatten, brach die Lebensmittelversorgung nach dem Steckrübenwinter M. 1917 völlig zusammen und legte einen der wesentlichen Gründe für die Revolution 1918/19. In der 1. H. d. 19. Jh.s kehrte der Hunger periodisch zurück – Hyperinflation 1922/23, Weltwirtschaftskrise 1930-33, unmittelbare Nachkriegszeit („schlechte Zeit") 1945-47. Dazwischen und vor allem danach erfolgten jeweils Erholungen. Nachdem die Lebensmittelkarten 1950 abgeschafft waren, kam es zu einer „Fresswelle" kalorienreichen Essens; Currywurst (ab 1949), Wiener Schnitzel, Toast Hawaii (ab 1955) und dicke „Wirtschaftskapitäne" prägten die Epoche. Mit der Entdeckung ausländischer Reiseziele differenzierten die Ernährungsgewohnheiten aus. Um 1970 kam es zur „Edelfresswelle". Seitdem hat die mediterrane, später auch die ost- und südasiatische Küche Eingang in deutsche Restaurants und Haushalte gefunden. Gleichzeitig ging der Alkoholkonsum der Masse zurück. Später erfassten die Diät- und Ökowellen Mittel- und Oberschichten, während Übergewicht vornehmlich zum Problem ärmerer Kreise wurde.

Wohnen: Mit dem forcierten Städtewachstum der 1820er Jahre entstanden für Arbeiter zunächst nur Behelfsquartiere wie Au und Haidhausen in München. Auch der Beginn planmäßigen Städtebaus ab den 1830er Jahren änderte daran zunächst nichts, weil er vor allem gehobene Quartiere betraf. Dies wandelte sich ansatzweise erst in den 1870er Jahren, vor allem aber durch den „Kleinwohnungsbau" vor und nach dem 1. Weltkrieg. Während des gesamten 19. Jh.s jedoch bestimmte Wohnungsnot die Lebensverhältnisse der Arbeiter in den Industriestädten. Häufige Umzüge und steigende Verdichtung waren die Folgen – Hinterhöfe, Kellerwohnungen und Vermietung zeitweise freier Betten an „Schlafgänger". Erst der Rückgang des Bevölkerungswachstums und die Forcierung des (nunmehr kommunalen, genossenschaftlichen und unternehmenseigenen) Kleinwohnungsbaus in den 1920er Jahren brachten Entspannung und kurze Zeit später sorgten neue Stadtviertel mit genormten Siedlerhäusern für (Arbeiter-) Häuschen im Grünen. Auch die gehobenen Schichten wohnten im Biedermeier noch in kleinräumigen, niedrigen Wohnungen. Erst der Wohlstandsschub der Hochindustrialisierung führte ab den 1880er Jahren vermehrt zu „hochherrschaftlichen" Wohnungen mit Deckenhöhen von 3,50m und mehr. Die Wohnungsgröße differierte zwischen 4 und 6 Zimmern. Daneben wohnten höhere Schichten in Villen. Sie wurden zusam-

men mit gehobenen Reihenhäusern ab den 1890er Jahren zunehmend von Terraingesellschaften gebaut und bestimmten in Städten mit spätem Wachstum wie München bis heute
das Stadtbild. Technische Neuerungen hat man relativ schnell übernommen. So waren bereits
in den 1820er Jahren Petroleumlampen weit verbreitet, ab den 1830er kamen Gaslampen
hinzu, die in den 1890er Jahren zunehmend von elektrischen Lampen abgelöst wurden. Ab
M. d. 19. Jh.s wurden Kachel- immer häufiger durch eiserne Öfen, gemauerte Herdstellen
durch eiserne Sparherde ersetzt. Gleichzeitig erhielten die ersten Wohnungen eine separate
Wasserversorgung und ab den 1880er Jahren Wassertoiletten. In den 1920er Jahren entstanden die ersten Etagenheizungen und die heute übliche Form des Badezimmers setzte sich
durch.

Im Bombenkrieg des 2. Weltkriegs wurde selbst in vielen mittleren Städten ein hoher Prozentsatz des Wohnungsbestandes zerstört. Im Verein mit den Flüchtlingsbewegungen der
Nachkriegszeit entstand eine außerordentliche Wohnungsnot, die zunächst Wohnraumbewirtschaftung notwendig machte. Nach ersten Notsiedlungen – meist heimlich ohne Bauge-
nehmigung gebauten, aber behördlich geduldete „Mondscheinsiedlungen" – setzte der Woh-
nungsbau in den 1950er und 60er Jahren mit Macht ein. Er konzentrierte sich zunächst auf
die Schließung vorhandener, entstandener oder geschaffener Baulücken, schuf dann jedoch
vielfach Trabantenstädte von z.T. zweifelhafter Qualität wie ab 1963 das Märkische Viertel
in Berlin oder ab 1960 Hasenbergl und ab 1967 Neuperlach in München, die oft zu sozialen
Brennpunkten wurden. Immerhin hatten all diese Wohnungen eigene Bäder und Toiletten
und ab den 1960er Jahren auch Zentralheizung. 1971 beschloss die SED auf ihrem VI-
II. Parteitag, die „Wohnungsfrage als soziales Problem bis 1990" zu lösen. In der Folge entstanden in der DDR ausgedehnte Wohnungsbaugebiete wie 1976-79 Berlin-Marzahn. In den
1960er Jahren setzte in der Bundesrepublik in nahezu allen Schichten auch der Eigenheim-
bau in Vorstädten und Umlandgemeinden ein. Dieser „Zug ins Grüne" wurde seit den 1980er
Jahren dadurch konterkariert, dass jüngere und alleinstehende Personen von den Schlaf- in
die Innenstädte zurückzogen. Ihnen folgte seit den 1990er Jahren mehr und mehr junge Familien. Durch die Verbreitung von Singlehaushalten und Senioren, die seit den 1970er Jahren zunehmend in ihren alten, auf ganze Familien zugeschnittenen Wohnungen blieben, ist
der Flächenbedarf pro Person deutlich angestiegen.

Kleidung: Die unteren Schichten gaben auch Anf. d. 19. Jh.s kaum Geld für ihre Kleidung
aus. Sie bestand daher aus vielfach geflickten, selten gewaschenen, oft von den Wohlhabenden abgelegten Stücken. Seit M. d. 19. Jh.s bewirkte billige Konfektionskleidung einen deutlichen Wandel und seit dem 2. Weltkrieg näherte sich die schichtenspezifische Kleidung
weitgehend an. Während die Kleidungsform der unteren Schichten zunächst wenig Wandlungen aufwies, unterlag zumindest die Frauenkleidung der Oberschicht weiterhin ausgeprägten Moden. Waren im Empire weite, weiße, fließende, unter der Brust gebundene,
manchmal durchsichtige Kleider „á la grecque" üblich, so schlug das Pendel im anschließenden Biedermeier in Richtung bauschiger, viel Stoff verbrauchender, oft hoch geschlossener,
viel bunterer Kleidung aus, zu der meist Hauben und Hüte getragen wurden. Dieser Trend
zur bürgerlichen Mode zeigte sich bei der Männermode bereits E. d. 18. Jh.s. Bürgerliche
Röhrenhosen lösten die adeligen Kniehosen ab („sans culottes"). Dazu wurden lange, unifar-
bene, taillierte Jacken, meist in gedeckten Farben und Zylinderhüte getragen. Diese Kleidung
barg bereits den Nukleus der späteren Standardkleidung der Männer: Aus Halstüchern entwi-

ckelten sich Krawatten und die Schuhe nahmen moderne Formen an. Was noch im Biedermeier Alltagskleidung gehobener Kreise gewesen war, wurde allerdings immer festlicher: Frack und Zylinder waren im Kaiserreich Teile der Abendgarderobe, in der Weimarer Zeit staatsmännische und nach dem 2. Weltkrieg festliche Mode. Einen Trend zur Förmlichkeit machte im 19. Jh. auch die Damenmode mit. Bezeichnend dafür war die Wiedereinführung des Korsetts A. d. 1820er Jahre und das Vordringen schwarzer Damenkleidung ab M. d. 19. Jh.s.

Bereits in den 1860er Jahren kam es mit den Reformkleidern zu einer Gegenbewegung hin zur natürlichen, nicht einschränkenden Kleidung, die gegen E. d. 19. Jh.s vor allem in der Bohème Anhänger fand. In der Haute Couture zeigten sich erstmals 1908-12/13 in der eng anliegenden „nackten Mode" vergleichbare Tendenzen. In den 1920er Jahre brach sich eine ungeheure Kreativität Bahn mit Hemd- und Cocktailkleidern, weit und eng anliegenden Silhouetten, körperbetonten und sackartigen Kleidern und Männerkleidung für Frauen. Männer- wie Frauenkleidung differenzierte weiter nach Anlässen aus; neben Tages-, Abend-, Reit- und Jagdkleidung traten Cocktail-, Sport-, Tanz-, Automobil- und Freizeitkleidung. Insgesamt wurde die Kleidung dadurch individueller und weniger förmlich. Nach Rückschlägen im 3. Reich setzten sich diese Trends nach dem 2. Weltkrieg verstärkt fort. Zum Anzug des Herrn trat seine Kombination und es kam es zu einer „Sexualisierung" mancher Frauenmode – Miniröcke und transparente Blusen um 1970 sind eines von vielen Beispielen. Die Kleidung der verschiedenen Schichten unterschieden sich nunmehr nur noch hinsichtlich Qualität und Geschmack. Das galt trotz beschränkter Auswahl auch für die DDR. Kleidung war (und ist) ein wichtiges Ausdrucksmittel der Persönlichkeit und zog in Westdeutschland seit den 1970er Jahren einen höheren Anteil des Einkommens auf sich („Bekleidungswelle"). Seit den 1980er Jahren haben sich die klassischen Saisonkollektionen weitgehend aufgelöst. Stattdessen steuert der Käufer die Mode; Nachbestellung und -produktion erfolgen je nach Abverkauf. Der Trend zu Flexibilisierung und Individualisierung setzte sich dadurch weiter fort, obwohl Kleidung seit den 1960er Jahren aus Kostengründen ausschließlich „von der Stange" kommt.

Körperpflege: Nach einer Welle einschlägiger Schriften wurden die Wasserkuren des Schlesiers Vincenz Prießnitz ab den 1820er Jahren in ganz Europa populär. In der 2. H. d. 19. Jh.s waren Hausdampfbäder weit verbreitet. Gleichzeitig gewann die Medizin die Überzeugung, dass die von Zeit zu Zeit grassierende Cholera nur durch mehr Hygiene und Reinlichkeit zu besiegen sei. Im Kaiserreich führte man daher Duschen in Kasernen und für das Volk ein und manche hochherrschaftliche Wohnung erhielt ein Bad. Ab den 1890er Jahren fanden sich in Arbeiterwohnungen vielfach Wasserstellen, vereinzelt auch Toiletten auf dem Stock oder gar in der Wohnung. Wannenbäder konnten viele Arbeiter in den 1900er bis 60er Jahren nur in öffentlichen Einrichtungen nahmen; noch 1950 hatten 80% aller bundesdeutscher Wohnungen kein eigenes Bad. Immerhin sahen viele Neubauten seit den 1920er Jahren Bäder vor und das wöchentliche Bad verbreitete sich. Seit den 1970er Jahren wurde tägliches Duschen üblich. Parallel zum privaten kam die Mode des öffentlichen Bads auf; Strandbäder gab es ab den 1890er Jahren, öffentliche Badeanstalten ab 1900 und in der Zwischenkriegszeit wurde es allmählich Standard, Kinder das Schwimmen zu lehren.

Gleichzeitig spiegelte die Badekleidung den immer entspannteren Umgang mit dem eigenen Körper. Während zunächst Ganzkörperbekleidung insbesondere der Frau Pflicht war, zeigte diese ab den 1880er Jahren zumindest etwas Bein. 1903 gab es die ersten Badeanzüge aus Woll- und Baumwolltrikot. Sie setzten sich in den 1920er durch und wurden ab 1946 durch Bikinis ergänzt. Seit den 1970er Jahren sind „oben ohne" und seit den 1990er Jahren Strings nicht ungewöhnlich. Während Männer zunächst separat nackt oder in Unterwäsche badeten, kamen um 1900 einteilige Badeanzüge, in den 1920er Jahren „skandalös knappe" Dreiecksbadehosen und ab den 1980er Jahren Shorts auf. Zunächst mussten natürliche Öle wie Olivenöl als Sonnenschutz genügen; in den 1930er Jahren kam die erste Sonnencreme Delial aus den USA auf den Markt. Gegenüber der reichlich mit Parfüms, Salben und Pudern hantierenden „Zopf"zeit des Rokoko war deren Verwendung bereits in der revolutionären und napoleonischen Zeit deutlich zurück gegangen. Im Biedermeier sank der Gebrauch von Kosmetika weiter. Im Kaiserreich und den „wilden" 20er Jahren kam es zu deren Renaissance. So sollten die Gesichter in der Weimarer Republik müde und träumerisch wirken. Bubikopf und dunkelrote geschminkte Lippen rundeten das Bild ab. Die weitgehend kosmetikfeindliche Nazi- und Nachkriegszeit ging in den 1960er und 70er Jahren Schritt für Schritt in eine sehr locker mit Pflege- und Schönheitsmitteln aller Art umgehende Zeit über. Seit den 1990er Jahren ist Wellness ein ganz großes Thema und medizinische Hautcremes eroberten den Markt.

## 4.6    Weltliche Herrschaft: Markt und Rechtsstaat

Kriege, Herrschaft und Verwaltung: Staat und Verwaltung in Deutschland erhielten zu Beg. d. 19. Jh.s eine völlig neue, großteils bis heute gültige Form. Die Reichsstände beschlossen 1803 im Reichsdeputationshauptschluss die Aufhebung der übergroßen Mehrheit der Reichsstädte, weltlichen und geistlichen Fürstentümer durch Mediatisierung und Säkularisation. Ks. Franz II legte 1806 nach Bildung des Rheinbundes die Kaiserkrone nieder und erklärte das Heilige Römische Reich Deutscher Nation für aufgelöst. Unter dem wirtschaftlichen und politischen Druck der Napoleonischen Kriege kam in verschiedenen deutschen Staaten ein beispielloser *Reformprozess* in Gang. So verwirklichten Württemberg und Baden umfassende Verwaltungsreformen und schufen ein Berufsbeamtentum. Am wichtigsten wurden die Stein-Hardenbergschen Reformen 1807-19 in Preußen. Sie realisierten zum einen gesellschaftliche Vorhaben. Dazu gehörte – weit vor allen anderen deutschen Ländern – die Gewerbefreiheit (mit Ausnahme des Bergbaus), die schrittweise Bauernbefreiung gegen Entschädigung sowie die Judenemanzipation, die diesen allerdings nicht den Staatsdienst öffnete. Zum anderen wurden nahezu alle Bereiche staatlichen Handelns reformiert. Nach der Niederlage von Jena und Auerstedt 1806 hat man zuerst eine Heeresreform verwirklicht. In den folgenden Jahren folgten eine Städteordnung, die Trennung von Justiz und Verwaltung, die Einrichtung einer staatlichen Gerichtsverwaltung sowie das Organisationsgesetz über die Staatsverwaltung, das klare Zuständigkeiten, das Ressortprinzip und die Einteilung Preußens in Regierungsbezirke, Landkreise und Gemeinden festschrieb – letztere mit einer gewissen Selbstverwaltung. Hinzu kamen erste Grundsätze des Verwaltungshandelns und des Berufsbeamtentums incl. des Leistungsprinzips, Laufbahnvorschriften, Dienstpläne,

Einstellungsvoraussetzungen und Prüfungsordnungen. Zudem wurde das Steuer- und Abgabewesen neu geordnet mit einer Abschaffung der Binnenzölle, landesweiten Verbrauchssteuern, Gewerbe-, Einkommens- und Vermögenssteuern. Wichtig waren auch die bereits erwähnten Humboldtschen Bildungsreformen.

Noch weiter gingen 1803-17 die Reformen des in der Tradition der Aufklärung stehenden Grafen Montgelas in dem zuvor besonders zersplitterten neuen Königreich Bayern. Bereits 1808 erfolgte die erste deutsche Verfassung, in der die Freiheits- und Gleichheitsrechte festgeschrieben wurden und der König als bloßes Staatsorgan definiert war, der den Eid auf die Verfassung leisten musste. Damit verbunden war die Abschaffung gesetzlicher Standesprivilegien („Vor dem Gesetz sind alle gleich"), die Gleichstellung der christlichen Konfessionen, das Recht der Bauern auf Ablösung der grundherrschaftlichen Lasten sowie die Wehrpflicht. Der Staat setzte nach Innen seine alleinige Souveränität durch mit einer zentralistischen Verwaltungsreform, die die Abschaffung der Sonderrechte einzelner Städte und die bis heute bestehende dreistufige Verwaltungsgliederung brachte. Er schuf ein Berufsbeamtentum, allgemeine Grundsätze des Verwaltungshandelns sowie ein modernes öffentlich-rechtliches Beamtenrecht auf der Grundlage des Befähigungsprinzips mit fester Besoldung, Pensionen und Witwenrenten. Gewichte, Maße und Währungen wurden vereinheitlicht, sämtliche Binnenzölle beseitigt, das gesamte Land vermessen und katastriert, die Pockenschutzimpfung eingeführt und die Schulpflicht durchgesetzt. Nur die Justizreform blieb stecken. Zwar entwickelte sich ein Rechtsstaat, die Patrimonialgerichtsbarkeit blieb jedoch faktisch bestehen. Ein neues Strafgesetzbuch brachte die förmliche Abschaffung der Folter, das Zivilrecht aber blieb heillos zersplittert.

Der Aufbruch dieser Reformen blieb nach den Befreiungskriegen in der Reaktion konservativer Regierungen stecken. Was auf internationaler Ebene die Heilige Allianz von 1815 war, wurde innerhalb Deutschlands 1818 nach dreiwöchigen Ministerialkonferenzen in den *Karlsbader Beschlüssen* konkretisiert – „Demagogenverfolgung", Pressezensur, Verbot von Burschenschaften und Turnbewegung, Überwachung der Universitäten und Entlassung liberaler und nationaler Professoren. Die entstandene Pluralität der Meinungen ließ sich jedoch nicht auf Dauer unterdrücken. Selbst während der Hochzeit von Restauration und Polizeiregime „Metternichscher" Art im Vormärz kam es immer wieder zu Manifestationen abweichender Meinungen wie bei den Wartburgfesten 1817 und 48, dem Hambacher Fest 1832 und bei Protest und Entlassung der „Göttinger Sieben" 1837. Zwar wurde die Revolution von 1848/49 niedergeschlagen, die alten Eliten aus Adel, Beamten und Soldaten sahen sich danach jedoch gezwungen, neue Koalitionen mit Unternehmern und Bauern zu schließen. Die Bauernbefreiung wurde abgeschlossen, die Patrimonialgerichtsbarkeit aufgehoben und sogar formal die Pressefreiheit festgeschrieben. Vor allem aber hatten nun alle deutschen Staaten Verfassungen – mit Ausnahme Österreichs von 1851-61. Dementsprechend dauerte die „zweite Restauration" nur rd. 10 Jahre, bevor Otto von Bismarck 1862 zum preußischen Ministerpräsidenten ernannt wurde. Er arbeitete in den Deutschen Einigungskriegen – dem Deutsch-Dänischen 1864, Deutschen 1866 und Deutsch-Französischen Krieg 1870/71 – zielstrebig auf die Vereinigung der deutschen Länder unter der Führung Preußens und dem Ausschluss Österreichs hin.

Das 1871 proklamierte *Deutsche Kaiserreich* war ein Bundesstaat, bei dem nur Eisenbahn, Post, auswärtige Beziehungen und später Kriegsmarine und Kolonien zentralisiert waren. Es war eine konstitutionelle Monarchie, bei dem Bundesrat und Reichstag die Gesetze und alle 5-7 Jahre den Reichshaushalt festlegten. Wegen des Gesetzesvorbehalts konnte das Reich ohne Gesetze nicht regiert werden, der Reichskanzler jedoch war nur dem Kaiser verantwortlich. Bismarck stützte sich als Reichskanzler bis 1876 auf die Liberalen. In diese Zeit fiel auch sein Kulturkampf gegen die kath. Kirche (1872-78). In der Gründerkrise vollzog der Kanzler einen Politikwechsel hin zur Unterstützung durch die Konservativen. Damit einher gingen eine Reform des Steuerwesens, der schrittweise Übergang zu agrarischen und industriellen Schutzzöllen sowie die Sozialgesetze einerseits und die Sozialistengesetze andererseits. Bereits kurz nach der Revolution von 1848 war die Koalitionsfreiheit vor allem in Bezug auf die Arbeiter- und Gesellenvereine beschnitten worden. Erst in den 1860er Jahren wandte sich das Blatt erneut, so dass 1863 der Allgemeine Deutsche Arbeiterverein als Vorgängerin der SPD gegründet werden konnte. Trotz deren Verfolgung 1878-90 durch die Sozialistengesetze erhielten die Sozialdemokraten bereits 1890 von allen Parteien die meisten Stimmen (19,7%), wenn sie wegen des Dreiklassenwahlrechts im Reichtag auch nur 8,8% der Sitze einnahmen. Bismarcks Kalkül, die Arbeiterschaft durch ein „soziales Königtum" von sozialistischem Gedankengut abzubringen, hatte also keinen Erfolg gehabt. Die Arbeiterversicherungen legten jedoch 1883-89 die Grundlagen des deutschen Sozialversicherungssystems – Krankenversicherung (incl. Lohnfortzahlung), Unfall-, Alters- und Invaliditätsversicherung. Nach Bismarck Entlassung 1890 bestimmte der junge Ks. Wilhelm II. (reg. 1888-1918) die deutsche Politik. Der „Neue Kurs" seines „persönlichen Regiments" bestand in Arbeiterschutzgesetzen – Arbeitsverbot für Kinder unter 13 J. und an Sonntagen, Arbeitszeitbeschränkung für Jugendliche unter 16 J. auf 10, für Frauen auf 11 Std. täglich –, Handelsliberalisierung, Aufbau einer Kriegsflotte und eines Kolonialreiches und de facto der außenpolitischen Isolierung Deutschlands. Im Kaiserreich wurde der Staat vermehrt als Unternehmer tätig. 1871 entstand die Reichspost. Bereits ab 1838 wurde das Großherzogtum Baden als Eisenbahnunternehmer tätig. Verschiedene deutsche Staaten folgten vor allem im Kaiserreich, so dass der öffentliche Streckenanteil der Privatbahnen 1880-1900 von 34 auf 4% sank.

Der *1. Weltkrieg* schloss endgültig ein Jahrtausend Adelsherrschaft ab und legte gleichzeitig die Grundlagen für eine neue Ordnung, in der das Bürgertum auch nach Außen hin dominierte und – wenigstens zunächst – eine westliche Demokratie etabliert wurde. Er legte aber auch die Grundlagen für verschiedene Fehlentwicklungen. Die Kriegswirtschaft brachte u.a. Preisüberwachung und Mietstopp, die spätere Staatseingriffe in Inflation, Weltwirtschaftskrise und 3. Reich vorweg nahmen. Die Burgfriedenspolitik wurde de facto durch die Gründung des Spartakus 1916/17 aus der SPD konterkariert, die letztendlich zu einer Spaltung der Sozialdemokratie in ein sozialrevolutionäres und ein Reformlager (KPD vs. SPD) führte. Die Novemberrevolution 1918 beseitigte die Monarchie und begründete die Republik. Dass die Regierung der „Weimarer Koalition" aus SPD, Zentrum und Liberalen nach der überraschenden deutschen Niederlage Mitte 1919 den als schmachvoll empfundenen Versailler Vertrag akzeptierte, legte den Grundstein zur „Dolchstoßlegende" in den Rücken des „im Felde unbesiegten" deutschen Heeres, die die Fundamentalopposition weiter Teile des konservativen und rechten Bürgertums und Adels gegen das „Weimarer System" festigte. Dies führte dazu, dass staatliche Verwaltung, Justiz und Reichswehr eher auf der Seite der Republikgegner standen. Dazu trugen auch die wiederholt harten Zeiten in Hyperinflation und Weltwirtschaftskrise bei. So kam es zu immer neuen Parteigründungen und -abspaltungen, die staatstragenden Parteien wurden zwischen den Radikalen beider Flügel (DNVP/NSDAP, KPD) zerrieben, ein Kabinett löste das andere ab und der Reichspräsident regierte vor allem in Krisenzeiten über Notverordnungen.

Obwohl die NSDAP ab 30. Januar 1933 nur Teil einer Mehrparteienkoalition war, gelang ihr innerhalb weniger Wochen durch entschlossene Machtpolitik eine echte „*Machtübernahme*". Nach dem Reichstagsbrand Ende Februar wurden wesentliche Grundrechte außer Kraft gesetzt und die scheinlegale Basis für die Verfolgung politischer Gegner gelegt. Ende März wurden innerhalb weniger Tage mit dem ersten Konzentrationslager in Dachau, Heimtückeverordnung und Ermächtigungsgesetz weitere Voraussetzungen für die Gleichschaltung des gesamten Staates geschaffen. Im Mai und April folgten Maßnahmen gegen Juden, linke und liberale Intellektuelle, im Röhm-Putsch Mitte 1934 die Zerschlagung der innerparteilichen Opposition. Die Jahre bis zum 2. Weltkrieg standen ganz im Zeichen der Verfolgung von Juden und Regimegegnern und der systematischen Aufrüstung. Meilensteine für erstere waren die Nürnberger Gesetze 1935, die Arisierung und die Reichsprogromnacht 1938. Gleichzeitig ging das Regime zur Expansion über – Rückgliederung des Saarlandes und Rheinlandbesetzung 1936, „Anschluss" Österreichs und Münchner Abkommen 1938 sowie „Erledigung der Resttschechei" 1939.[107] Heinrich Himmler hat mit Gestapo, SS und Konzentrationslagern einen Repressionsapparat aufgebaut, der schließlich ganz Europa überzog.

Der 2. Weltkrieg wurde durch Deutschland von Beginn an als Weltanschauungskrieg mit dem Ziel der Vertreibung bzw. Ausrottung von Juden, slawischen u.a. „Untermenschen" und der Gewinnung germanischen „Lebensraums" im Osten geführt. SS- und Polizei-Einheiten wüteten im „Generalgouvernement" und im Osten gegen Juden, Polen, Russen und Kommunisten. Weitere Brennpunkte des so verstandenen „totalen Kriegs" waren Jugoslawien und Italien nach dessen Frontwechsel und Besetzung im Herbst 1943. Wie stark die Ideologie der „Rassenhygiene" verankert war, zeigte sich an der Euthanasie „lebensunwerten Lebens". Nachdem Hitler die offiziell angeordnete Aktion T4, der rd. 70 000 geistig und psychisch Kranke zum Opfer gefallen waren, wegen des Widerstandes kirchlicher, vor allem katholischer Kreise gestoppt hatte, flackerte ab Mitte 1944 eine „wilde Euthanasie" auf Initiative der Ärzte in Heilanstalten auf, die insgesamt 30 000 Tote forderte. Zwar litt auch die deutsche Bevölkerung durch Bombenkrieg, Tiefflieger und den zunehmenden Terror des Regimes nach Innen ab 1942, ihre Versorgung und die Kriegsproduktion war jedoch durch die systematische Ausplünderung der besetzten Gebiete und Millionen Arbeitssklaven weit besser gewährleistet als im 1. Weltkrieg. Das änderte sich in der anschließenden Zeit alliierter Besatzung. Zwar wurde das bislang bestehende System von Preiskontrollen und Bezugsscheinen aufrecht erhalten, der korrespondierende Polizeidruck ließ jedoch nach, so dass die Schwarzmärkte aufblühten und die Versorgung der Deutschen weit schlechter war als während des Krieges.

Trotz der Katastrophe des 3. Reiches ging die 1949 gegründete *Bundesrepublik Deutschland* von staatlicher Kontinuität aus. Ähnlich wie die Weimarer Republik ist sie ein Bundesstaat, dessen zweite Kammer von Vertretern der Landesregierungen gebildet wird. Die Politik war zunächst durch die drei Grundsätze der inneren Stabilität, der Westintegration und der sozialen Marktwirtschaft gekennzeichnet. Aus dem Scheitern der Weimarer Republik heraus sieht das Grundgesetz verschiedene stabilisierende Elemente vor. So kann ein Bundeskanzler nur mit einem konstruktiven Misstrauensvotum abgewählt werden. Der Zersplitterung der Parteienlandschaft wirken 5%-Klauseln entgegen. Verfassungsfeindliche Parteien – wie die KPD 1955 – können verboten werden. Bereits 1945 bildete sich die CDU als breite konservativ-christliche Partei. Gleichzeitig bemühte man sich darum, die alten Eliten zu gewinnen. So wurde in einem ersten gravierenden Konfliktfall mit den Alliierten das Berufsbeamtentum sogar im Grundgesetz festgeschrieben, die Entnazifizierung der Alliierten bereits 1951 beendet sowie die Verfolgung von Kriegsverbrechen nach 1958 und die von NS-Verbrechen 1951 bis zum Auschwitzprozess 1963 eingestellt. Andererseits hat man auch die Rechte der Menschen besonders geschützt. Dazu gehören Unveränderlichkeit der Menschenrechte und Einklagbarkeit von Menschen- und Bürgerrechten. Erstmals in der deutschen Geschichte wurde auf Bundes- und Länderebene eine Verfassungsgerichtsbarkeit geschaffen.

Die Westintegration als zweite Säule der Adenauerschen Politik zielte auf die Vermeidung einer erneuten deutschen Isolation. Das Petersberger Abkommen 1949, der Deutschlandvertrag 1952, die Pariser Verträge 1954 zur Beendigung des Besatzungsregimes mit den Westalliierten sowie das Luxemburger Abkommen 1952 mit Israel und der deutsch-französischer Freundschaftsvertrag 1963 markierten auf der Vertragsebene die ersten energischen Schritte. Die Beitritte der Bundesrepublik zum Europarat 1951, zu Montanunion und GATT 1952, WEU und NATO 1955 und EWG 1957 schrieben dies fest. Gleichzeitig suchte man sehr schnell eine sozial verantwortliche und ausbalancierte Marktwirtschaft aufzubauen. Bereits 1950 gab es keine Bezugsscheine mehr und die Wohnraumbewirtschaftung wurde in den 1950er und 60er Jahren schrittweise abgebaut. 1958 war die volle Konvertibilität der D-Mark erreicht. Seit 1957 sieht das Gesetz gegen Wettbewerbsbeschränkungen Kartellverbot, Überwachung marktbeherrschender Stellungen und von Unternehmenszusammenschlüssen vor. Nach der Ära von CDU/FDP-Regierungen 1949-67 und dem Intermezzo der großen Koalition kam es 1969-82 in der sozial-liberalen Koalition zunächst zu einem Ausbau des sozialen und Bildungsnetzes sowie der Demokratisierung auf vielen gesellschaftlichen Ebenen. Beispiele sind 1972 die Neufassung des Betriebsverfassungsgesetzes sowie 1976 die Mitbestimmungs- und Hochschulrahmengesetze. Es folgte die lange Ära Kohl, in die 1990 die Wiedervereinigung fiel, und nach einer rot-grünen Regierung von 1998-2005 erneut eine große Koalition. Alle drei Regierungen standen unter dem Reformdruck der internationalen Märkte, die Flexibilisierung, Privatisierung und Abbau staatlicher Fürsorge erzwangen. Sie standen aber auch in der Tradition kontinentaleuropäischer Konsenspolitik und gingen Probleme wie Höhe der Sozialabgaben und kalte Steuerprogression eher zögerlich an.

Ebenfalls 1949 wurde in der Sowjetischen Besatzungszone und Ostberlin die *Deutsche Demokratische Republik* ausgerufen. Sie verstand sich nach 1952 als erster deutscher „sozialistischer Staat der Arbeiter und Bauern". Auch die DDR-Verfassung von 1949 – und z.T. die von 1968 und 74 – sahen noch bürgerliche Freiheitsrechte und rechtsstaatliche Prinzipien wie Recht auf freie Meinungsäußerung und Freizügigkeit, Versammlungs- und Pressefreiheit, Gewaltenteilung und Unabhängigkeit der Gerichte vor. Sie wurden jedoch durch ihre mangelnde Einklagbarkeit und den formal festgeschriebenen Führungsanspruch der SED relativiert. Schwerpunkte der Rechtssetzung waren das Zivilgesetzbuch der DDR von 1976, Strafgesetzbuch und -prozessordnung sowie ein umfangreiches gesellschafts- und fachübergreifendes sozialistisches Arbeitsrecht. Im Alltag kam den Jahresvolkswirtschaftsplänen besondere Bedeutung zu, die ebenfalls Gesetzeskraft hatten. Föderale Elemente wurden eliminiert, die Verstaatlichung von Betrieben und die Kollektivierung der Landwirtschaft vorangetrieben. Eine Staatliche Plankommission erarbeitete, koordinierte und kontrollierte mittelfristige Perspektiven der Volkswirtschaft – Fünfjahrpläne – und leitete daraus detaillierte jährliche Volkswirtschaftspläne ab. Das System krankte jedoch an verschiedenen Rigiditäten - dem Mangel an Informationen und Flexibilität, der Beschneidung von Eigeninitiative und damit von Motivation und technischem Fortschritt. Es fehlten Marktpreise, so dass Fehlallokationen unvermeidbar waren. Hinzu kamen in den 1940er und 50er Jahren umfangreiche Reparationen und Demontagen an die Sowjetunion. Die DDR wuchs daher von Anfang an langsamer als die Bundesrepublik. Da das Regime zudem zunächst sehr repressiv war, wanderten bis zum Mauerbau 1961 2,6 Mio Menschen nach Westdeutschland aus.

Stand unter dem Staatsratsvorsitzenden Walter Ulbricht bis 1971 die Schwer- und Investitionsgüterindustrie im Blickpunkt der Staatsleitung, so rückte unter Erich Honecker ab 1974 die Versorgung der Bevölkerung stärker in den Mittelpunkt. Dazu gehörten ein umfangreiches Wohnungsbauprogramm, eine bessere Ausstattung mit Konsumgütern und die nahezu vollständige Einbeziehung der Frauen in den Arbeitsprozess. Gleichzeitig kam es zur Verstaatlichung fast aller noch verbliebener Mittel- und Kleinbetriebe. Diese Anstrengungen mussten mit einem weiteren Zurückfallen der internationalen Konkurrenzfähigkeit erkauft werden, so dass Devisenmangel spätestens E. d. 1970er Jahre zu einem ernsthaften Problem wurde. Zwar konnte sich der Staat A. d. 1980er Jahre durch einen Milliardenkredit der Bayerischen Landesbank noch einmal Luft verschaffen, die Verschlechterung der Terms of Trade im RGW, die Veralterung der Anlagen und Fehlinvestitionen wie der 15 Mrd DDR-Mark teuere, weitgehend gescheiterte Aufbau einer eigenen Mikroelektronikindustrie ließen die Lage in den 1980er Jahre jedoch immer prekärer werden. Kennzeichnend dafür war eine gravierende Auslandsverschuldung. Vor diesem Hintergrund schwoll der Flüchtlingsstrom in den Westen – vor allem über andere Ostblockstaaten – ab 1988 enorm an. Als im Herbst 1989 regelmäßige Massendemonstrationen in Leipzig u.a. Städten stattfanden und sich oppositionelle Bewegungen bildeten, öffnete die Regierung am 9. November d. J. die Grenze. Es folgten im März 1990 die ersten freien Volkskammerwahlen und am 3. Oktober die Vereinigung mit Westdeutschland.

Rechtsquellen: Bereits in der 2. H. d. 18. Jh.s wurden Grundlagen des modernen deutschen Rechts gelegt. Das galt besonders für das *Privatrecht*. Das erste einschlägige Gesetzeswerk war der Codex Maximilianeus Bavaricus Civilis von 1756. Er kodifizierte zwar primär älteres Recht, wirkte aber darüber hinaus durch seine bis 1768 erschienenen, naturrechtlich inspirierten 5-bändigen Anmerkungen. Noch in die Zeit Friedrichs d. Gr. (reg. 1740-72) reichte die Kodifikation des 1794 erlassenen Allgemeinen Landrechts für die preußischen Staaten zurück. Allerdings galt es nur subsidiär, war mit mehr als 19 000 Paragrafen eine Ansammlung von Einzelvorschriften und konservierte gesellschaftliche Zustände wie den Zunftzwang und die Adelsvorrechte. Lediglich im französisch besetzten linksrheinischen Deutschland sowie im bergischen Land, Baden und Teilen Hessens und Thüringens galt mit dem französische Code Civil von 1807/15 auch später ein modernes, systematisches Zivil-

recht. Trotz dieser Gesetzeswerke gab es bis E. d. 19. Jh.s in Deutschland eine große Rechts-
zersplitterung. Weiterhin galten einzelne Stadt- und Landrechte, ja sogar der hochmittelalterliche Sachsenspiegel. Erst das Sächsische Bürgerliche Gesetzbuch von 1865 führte im Kaiserreich eine gewisse Vereinheitlichung herbei, da es subsidiär als Reichsgesetz galt und
auch das bis heute geltende Bürgerliche Gesetzbuch von 1900 beeinflusste.

Die schnelle Entwicklung von Wirtschaft und Gesellschaft machte gerade im Bereich des
Zivilrechts etliche *Spezialgesetze* notwendig – etwa auf dem Gebiet des Gesellschaftsrechts.
Bereits 1843 erließ Preußen sein Gesetz über die Aktiengesellschaften, 1867 ein Genossen-
schaftsgesetz, 1870 der Norddeutsche Bund ein Gesetz betr. die Kommanditgesellschaften
auf Aktien und Aktiengesellschaften. 1892 folgte die Weltneuheit des GmbH-Gesetzes.
Auch das allgemeine Handels- und Kaufmannsrecht wurde im 19. Jh. gefasst. So beschloss
die Bundesversammlung des Deutschen Bundes 1861 nach 12-jähriger Diskussion das Allgemeine Deutsche Handelsgesetzbuch, das 1896 durch das HGB abgelöst wurde. Hinzu
kamen Spezialgesetze wie das Wechselgesetz des Deutschen Bundes von 1848, die Gewer-
beordnung des Norddeutschen Bundes 1869, die Vorschriften zu Arbeitsrecht und Gefahren-
abwehr enthielt, das Börsengesetz von 1897 und das Ladenschlussgesetz von 1900. Gleichzeitig entwickelten sich das Recht des gewerblichen Rechtsschutzes – Urheber-, Patent-,
Markenrecht -, Kartell-, Arbeits-, Liegenschafts- und Wertpapierrecht und eine Fülle traditioneller Rechtsgebiete, so dass das deutsche Rechtssystem E. d. 19. Jh.s im Kern seine heutige Gestalt angenommen hatte. Demgegenüber trat die Regelung öffentlich-rechtlicher, nicht-
ökonomischer Rechtsverhältnisse rein quantitativ zurück wie das Reichsstrafgesetzbuch von
1871 und die o.g. Sozialgesetze.

Die *Scheingesetzmäßigkeit des 3. Reiches* ordnete das gesamte Rechtssystem unter eine
einheitliche Ideologie und einen einheitlichen Willen. Dies führte dazu, dass wichtige
Rechtsgrundsätze nicht mehr beachtet wurden wie die Gleichheit vor dem Gesetz, die Gewaltenteilung, das Gebot der Veröffentlichung von Rechtsnormen oder die Grundsätze „in
dubio pro reo" und „nulla poena sine lege" im Strafrecht. Besonders gravierend waren dabei
die Gesetze und Maßnahmen, die die deutschen und später die europäischen Juden zuerst
ausgrenzten und entrechteten und später vernichteten. Das Führerprinzip führte dazu, dass
Gesetze gegenüber Verordnungen und Anordnungen zurücktraten. Ein besonders krasses
Beispiel waren die sog. Führererlasse, die ohne Einschränkungen materielles Recht setzen
und Rechtsetzungsvollmachten delegieren konnten. Himmler als Leiter des Reichssicher-
heitshauptamtes setzte sich teilweise selbst über die Minimalanforderungen des Regimes
hinweg und nutzte Randkompetenzen extensiv aus, wenn es um die Vernichtungs-, Polizei-
und Umsiedelungspolitik ging.[108] Hitler setzte für etliche Gebiete bewusst konkurrierende
Personen und Organisationen ein, um eine Machbalance herzustellen.

Im Laufe des 20. Jh.s – und selbst im 3. Reich gegenüber den deutschen „Volksgenossen"
– trat der fürsorgliche Staat immer mehr hervor. Das Sozial-, Bau-, Gesundheits- und Steuerrecht wurde stärker aus-, das Straßenverkehrs- und Mietrecht aufgebaut. *Nach dem
2. Weltkrieg* kamen völlig neue Rechtsgebiete hinzu wie das Lebensmittelrecht in den 1960er
und das Umweltrecht in den 1970er Jahren. Damit einher ging vielfach der Errichtung eigener umfangreicher Verwaltungen, Bürgerpflichten und -rechte. Viele der genannten Rechtsgebiete sind durch eine Fülle von Einzelvorschriften gekennzeichnet. Vereinheitlichungs-

und Reformbestrebungen blieben vielfach stecken wie beim Steuerrecht oder dem gescheiterten Umweltgesetzbuch. Wo sie in Angriff genommen wurden, zogen sie sich über längere Zeit hin wie beim Sozialgesetzbuch, das seit 1969 erarbeitet wird und dessen zwölftes Buch 2005 in Kraft trat.

Rechtspflege: Die aufklärerischen Gedanken der Gleichheit aller vor dem Gesetz und der Rechtsstaatlichkeit setzten sich in der 1. H. d. 19. Jh.s auch im Verfahrens- und Strafrecht allgemein durch. Mit der Aufhebung der Patrimonialgerichtsbarkeit verwirklichte der Staat bis zum Kaiserreich sein Monopol auch bei der Rechtspflege. Zu dessen Beginn trat durch Gerichtsverfassungsgesetz, Zivil- und Strafprozessordnung, Konkurs- und Rechtsanwaltsordnung eine Vereinheitlichung von Gerichtsverfassung und -verfahren hinzu, wenn die Justizhoheit auch formal in den Händen der Länder blieb. 1879 führte man mit dem Reichsgericht in Leipzig erstmals nach dem Ende des Reichkammergerichts 1806 wieder eine oberstrichterliche Rechtsprechung ein. Typisch für die moderne deutsche Rechtspflege ist die Aufspaltung in spezielle Gerichtszweige. Neben den ordentlichen Gerichten für Zivil- und Strafsachen wurden ab 1841 (Preußen) Disziplinargerichte, ab 1863 (Baden) Verwaltungsgerichte gestellt, aber erst 1960 bundesweit vereinheitlicht. 1890 bzw. 1926 kamen Arbeits-, nach dem 2. Weltkrieg Finanz- und Sozialgerichte hinzu. In einem Rechtsstaat kann jedes Rechtsgeschäft richterlich überprüft werden. Dabei wurden seit der 1. H. d. 19. Jh.s nach und nach fachlich vorgebildete Berufsrichter, ab 1848 in Straf- und ab 1861 in Handels- und Arbeitssachen auch Laienrichter eingesetzt. Im Zuge der seit dem 18. Jh. geforderten Gewaltenteilung waren diese Richter seit M. d. 19. Jh.s weisungsunabhängig und nicht absetzbar. Viele der genannten Maximen wurden im 3. Reich und besonders im 2. Weltkrieg aufgehoben (s.o.). Das galt besonders für diverse Ausnahmegerichte wie Stand- und SS-Gerichte oder den Volksgerichtshof, der 1934-45 erste und letzte Gerichtsinstanz für politische Strafsachen und überwiegend mit linientreuen Laienrichtern besetzt war. Allein der VGH hat 5200 Todesurteile gefällt. Auch die Rechtspflege der *DDR* zeichnete sich durch große Flexibilität aus. Im Strafrecht waren wesentliche Tatbestände unscharf formuliert und konnten daher ggf. nach konkreten Vorgaben der SED ausgelegt werden. Akteneinsicht und Mandantengespräche wurden teilweise verweigert. Daneben nutzte die SED gegen ihre Mitglieder interne Parteiverfahren vor der Zentralen Parteikontrollkommission. Rechtsschutz gegen staatliches Handeln war ausgeschlossen; eine Verwaltungsgerichtsbarkeit existierte nicht.

Steuern und Abgaben: Preußen führte 1820 im Zuge der Stein-Hardenbergschen Reformen eine Klassen*steuer* ein, die nach Ständen gestaffelt war. Sie wurde 1851 für höhere Einkommen durch eine klassifizierte und 1891 durch eine einheitliche progressive Einkommensteuer mit Erklärungspflicht ersetzt. Bis zum 1. Weltkrieg führten auch alle anderen Bundesstaaten allgemeine Einkommensteuern ein – zuerst Bremen 1848, Hessen 1869 und Sachsen 1874. Die Erzbergersche Finanzreform brachte 1920 eine einheitliche Reichseinkommensteuer. Seitdem wird die Einkommensteuer bei nichtselbständiger Arbeit in Form der sog. Lohnsteuer von den Arbeitgebern errechnet und abgeführt. 1920 wurden im Körperschaftsteuergesetz erstmals auch juristische Personen reichseinheitlich besteuert. Im Gegensatz zu Einkommen- und Körperschaftsteuer sind Formen der Gewerbesteuer bereits in den Städten des Hochmittelalters nachweisbar. Sie wurden vielfach umgestaltet und erst 1936 vereinheitlicht. Von den damals vorgesehenen Erhebungsformen ist nur noch die Gewerbeertragsteuer übrig geblieben, während Lohnsummen- und Gewerbekapitalsteuer 1978 bzw. 98

abgeschafft wurden. Auch Steuern und Abgaben auf Vermögen, im Erbfall und auf Grund und Boden lassen sich bereits im Hoch- und Spätmittelalter nachweisen. Moderne Erbschaftsteuergesetze erließen in Deutschland erstmals Preußen 1873, Hamburg 1894 und Baden 1899. 1906 folgte die Vereinheitlichung im Reichserbschaftsteuergesetz. Ehegatten und Kinder wurden allerdings erst 1920 steuerpflichtig. Eine KfZ-Steuer wird deutschlandweit seit dem 2. Weltkrieg erhoben.

Sie wie verschiedene Verbrauchssteuern erlangte immer größere Bedeutung. So gab es ab 1868 eine Brausteuer im Norddeutschen Bund und 1872 im Reich. An Stempelabgaben wurden seit 1881 die Börsensteuer, die Wechsel- und Spielkartenstempelsteuer erhoben. 1902 kam die Schaumwein-, 1909 die Zündwarensteuer hinzu. Bereits seit dem Spätmittelalter waren Akzisen als Verbrauchssteuern üblich. Generalkonsumakzisen bzw. allgemeine Umsatzsteuern gab es dagegen erst 1754/55 in Sachsen und 1863-84 in Bremen. 1916 kam es zu einer reichseinheitlichen Stempelsteuer auf Warenlieferungen und 1918 zu einer Allphasen-Bruttoumsatzsteuer. Sie wurde 1967 durch die heutige Mehrwertsteuer ersetzt. Seitdem hat sich der Regelsatz von 10 auf 19% fast verdoppelt. Das deutsche *Steuersystem* ist im Kern seit 1920 unverändert. Da Steuersysteme wegen der Umgehungstendenzen der Steuerpflichtigen die Tendenz bergen, in Einzelvorschriften auszuufern, ist ein an sich systematisches System sehr unübersichtlich und damit ungerecht geworden. Gleichzeitig beanspruchte der moderne Staat durch starke Steigerungen in der Zwischenkriegszeit wesentlich größere Teile des Volkseinkommens. Während die Steuerquote 1850 und 1900 noch 6 bzw. 5% betragen hatte, stieg sie bis 1950 und 2000 auf 24%. Die Abgabenquote erhöhte sich dagegen wegen stark steigender *Sozialversicherungsabgaben* auf 34,7% (2005). Diese waren zum einen auf eine überproportionale Zunahme des Gesundheitssektors zurückzuführen, vor allem aber auf die Umstellung der gesetzlichen Rentenversicherung 1957 vom Kapitalstock- auf das Umlageverfahren und deren Bindung an die Bruttolöhne („Dynamisierung"), was angesichts der Überalterung der Bevölkerung immer höhere Beitragsbelastungen mit sich brachte. Gleichzeitig verschoben sich wegen der Umgehungsmöglichkeiten von Unternehmen und Wohlhabenden die Anteile einzelner Steuern dramatisch. Während noch 1970 Umsatz-, Lohn-, Körperschafts- und veranlagte Einkommensteuer vergleichbare Aufkommen aufwiesen, steigen seitdem die Anteile der ersten beiden und die der beiden letzten schrumpfen, so dass die Belastung der lohnabhängigen Einkommen inzwischen 40-50% beträgt.

Bereits in napoleonischer Zeit fielen die Binnen*zölle* in den französisch besetzten Gebieten und in Bayern, danach meist auch im übrigen Deutschland. So schaffte Preußen mit dem Zollgesetz von 1818 alle innerstaatlichen Handelsschranken ab. 1828 kam es zu einer Reihe regionaler Zollvereine – dem preußisch-hessischen Zollverein zwischen Preußen und Hessen-Darmstadt, dem mitteldeutschen Handelsverein zwischen Sachsen, den übrigen hessischen und thüringischen Staaten, Hannover, Braunschweig, Oldenburg und Bremen sowie dem Süddeutschen Zollverein zwischen Bayern und Württemberg. Sie wurden 1834 abgelöst durch den Deutschen Zollverein, dem außer Österreich, Baden, Nassau, Luxemburg und den nordwestdeutschen alle deutschen Staaten angehörten. Nach der Reichsverfassung von 1871 wurde Deutschland ohnehin zu einem einheitlichen Zollgebiet. Während die Kontinentalsperre Napoleons den Warenaustausch mit Großbritannien fast gänzlich unterbunden hatte, sahen bereits die Zollgesetze der nachnapoleonischen Zeit meist sehr niedrige Schutzzölle vor. Der Cobden-Chevalier-Vertrag von 1860 zwischen England und Frankreich beinhaltete die Meistbegünstigung. Angesichts der Bedeutung der Vertragsparner entstand daraufhin ein Netzwerk an Freihandelsverträgen, dem außer Russland und den USA alle wichtigen Staaten angehörten. Zwar kam es ab 1878 durch billige russische und US-amerikanische Getreideimporte vereinzelt zu Handelskriegen – auch Deutschland schwenkte zur Schutzzollpolitik über –, erst mit dem 1. Weltkrieg brach das System der Meistbegünstigungsverträge jedoch zusammen. Einen weiteren Schlag erhielt der grenzüberschreitende Handel mit Abwertungswettlauf und Schutzzollrunden („Beggar-my-Neigbour-Policy") in und nach der Weltwirtschaftskrise sowie im 2. Weltkrieg.

Unmittelbar danach wurde das General Agreement on Tariffs and Trade (*GATT*) gegründet, dem die Bundesrepublik 1951 beitrat. Es schreibt den Grundsatz der Nichtdiskriminierung vor, der Meistbegünstigung, Gleichbehandlung von in- und ausländischen Wirtschaftssubjekten und Verbot mengenmäßiger Beschränkungen von Im- und Exporten beinhaltet. Allerdings gibt es davon eine Reihe gewichtiger Ausnahmen, die in acht Verhandlungsrunden ausgeräumt werden sollten. Das GATT besteht seit 1994 im Rahmen der World Trade Organization (WTO) fort. Seit seiner Gründung konnte der internationale Handel stärker wachsen als die beteiligten Volkswirtschaften. Noch erfolgreicher war die *europäische Handelspolitik*. Bereits die Römischen Verträge von 1957 sahen die Abschaffung von Zollschranken und Kontingentierungen und einen freien Dienstleistungs-, Personen- und Kapitalverkehr vor. 1987 trat die Einheitliche Europäische Akte in Kraft, die bis Ende 1992 einen gemeinsamen Binnenmarkt schuf durch Wegfall der Personen- und Warenkontrollen innerhalb der EG, Harmonisierung bzw. gegenseitige Anerkennung zahlreicher Produktnormen und Lebensmittelstandards, Harmonisierung der Verbrauchssteuern, Öffnung öffentlicher Beschaffungsmärkte und Ausschreibungen, Beseitigung von Staatsmonopolen u.a. weitreichende Marktöffnungen und -liberalisierungen. Nach dem Schengener Abkommen sind seit 1995 sämtliche Grenzkontrollen zwischen den Vertragsstaaten abgeschafft. Ihm gehören seit 2008 sämtliche EU-Länder, Norwegen, Island und die Schweiz an. UK, Irland, Rumänien und Bulgarien wandten die Bestimmungen auch 2009 noch nicht an. Seit 1994 besteht darüber hinaus der Europäische Wirtschaftsraum (EWR), der zwischen EU, Norwegen, Island und Liechtenstein eine Freihandelszone spannt, der sich de facto auch die Schweiz angeschlossen hat.

Geldwesen: Die Entwicklung des Geldwesens koinzidierte fast vollkommen mit der des Handelsverkehrs. In den Wirren der Koalitions- und Napoleonischen Kriege verfiel das Geldwesen zusehends. Auch nach den einzelstaatlichen Maßnahmen der Folgezeit und der Verdrängung alter und unterwertiger Münzen blieb das Problem einer starken Münzzersplitterung. Nach den negativen Erfahrungen der Napoleonischen Zeit, nach der die als Staatspapiergeld gedruckte erste „Wiener Währung" bis 1816 auf unter 20% ihres Nennwertes abgesunken war, wurde die Ausgabe von Papiergeld zunächst stark limitiert. Sie spielte daher in der Geldpolitik zunächst ebenso wenig eine Rolle wie die unterwertig ausgeprägten Scheidemünzen kleiner Denominationen. Dagegen setzten bei den höherwertigen *Handelsmünzen* schon bald Vereinheitlichungsbemühungen ein. Im Konventionsmünzfuß waren Bayern und Österreich 1753 zu einem 24-Gulden-Fuß übergegangen. Dem hatten sich große Teile des Reichsgebiets angeschlossen – außer Preußen, das 1750 den Graumannschen (14-Taler-) Münzfuß einführte, den der Münzkreis der Hansestädte, Schleswig-Holstein und Teile Mecklenburgs übernommen hatten. Beide Währungssysteme basierten auf der Kölner Mark. Mit

dem Münchener Münzvertrag wurde in Süddeutschland 1837 der 24½-Gulden-Fuß festgeschrieben und die Währungssysteme Preußens und Süddeutschlands in eine klare Relation
von 1¾:1 gesetzt. In Süddeutschland geprägte Kurantmünzen galten im gesamten Vertrags-
gebiet unabhängig von ihrem Prägeort. Der Dresdner Münzvertrag führte 1838 zudem eine
gemeinsame Vereinsmünze aller Zollvereinsmitglieder ein. Im Wiener Münzvertrag wurde
1857 sogar der (vergebliche) Versuch einer Einbeziehung Österreichs gemacht. Bei den
vollwertig ausgemünzten Kurantmünzen Deutschlands dominierte zwar das Silber, mit dem
preußischen bzw. norddeutschen Friedrich'or gab es aber bis 1855 auch eine wichtige Gold-
münze. Da ihr Wert jedoch nicht gesetzlich festgelegt war und mit der Ratio schwankte,
kann man nicht von bimetallistischer Währung sprechen.

*Banknoten* durften nur durch fürstliches Privileg nach strengen Regeln ausgegeben werden. Die bedeutendsten Notenbanken waren die Königliche Haupt-Bank (1765-1846), aus
der Preußische Bank (1847-76) und Reichsbank (1875-1945) hervorgingen. Mit ihr konkurrierten private Notenbanken wie die 1836 gegründete Bayerische Hypotheken- und Wechsel-
Bank. Der Banknotenumlauf wies in den 1840er bis 60er Jahren gegenüber der gesamten
Volkswirtschaft deutlich überproportionale Wachstumsraten auf. Dasselbe galt ab den
1870er Jahren für das *Giralgeld*, das in Deutschland durch frühzeitige Gironetze besonders
gefördert wurde. So nahm der Giroverkehr der Reichsbank über deren Zweiganstaltennetz
1877, der Postgiroverkehr über die Postämter 1909 seine Arbeit auf. Dadurch drängte die
Überweisung im Gegensatz zu den angelsächsischen Ländern die Schecks im bargeldlosen
Zahlungsverkehr frühzeitig zurück.

Mit dem Münzgesetz wurde die bisherige modifizierte Silberstandardwährung 1873 durch
die Mark abgelöst. Mit ihm verwirklichte Deutschland nicht nur erstmals eine einheitliche
Währung, es stellte ab 1876 auch auf den internationalen *Goldstandard* um. Ihm schlossen
sich A. d. 1870er Jahre alle wichtigen Handelsnationen an. Er hatte als Voraussetzungen die
volle Konvertibilität zwischen Geld und Gold, die ungehinderte Ein- und Ausfuhr von Gold
und die fixe Bindung der Geldmenge an die Goldreserven eines Landes. Der Goldstandard
hatte gewichtige Vor- und Nachteile. In den beteiligten Ländern glichen sich Konjunktur und
Preise tendenziell an und die Leistungsbilanzen tendierten zum Ausgleich (sofern alle wichtigen volkswirtschaftlichen Aggregate ausreichend flexibel reagierten). Allerdings konnte
das Wachstum der beteiligten Länder insgesamt nicht stärker sein als das ihrer Goldreserven
und eine aktive, binnenwirtschaftlich orientierte Wirtschaftspolitik war nicht möglich. Dies
war in jungen, stark wachsenden Industrieländern vertretbar, in denen Kosten und Preise
nach oben und unten noch flexibel auf Geldmengenänderungen reagierten. Je reifer eine
Volkswirtschaft wurde, je mehr ihre Flexibilität durch Normen, Gewohnheiten und Usancen
abnahm, desto stärker wurden jedoch die konjunkturellen Ausschläge. Hatte ein Land auf-
grund seines Entwicklungsstands oder seiner Konsumgewohnheiten ein strukturelles Leistungsbilanzdefizit, so versagte der Goldstandard völlig, da er die unterschiedlichen Anpas-
sungsgeschwindigkeiten des monetären und realwirtschaftlichen Sektors nicht berücksichtig-
te. Die herrschenden Rigiditäten führten dann vielmehr zum Abfließen der Goldreserve und
erzwangen schließlich das Ausscheren aus dem System, das Aussetzen der Goldeinlöse-
pflicht der Zentralbank oder auch strenge Export- und Kapitalverkehrskontrollen. Im Verkehr mit einigen Mittelmeerländern hat der Goldstandard daher allenfalls zeitweise funktio-

niert. Die Länder Süd- und Mittelamerikas hatten das System ohnehin nicht übernommen, Japan und Russland sehr spät.

Der Goldstandard löste sich mit dem ungehinderten Gelddruck des 1. Weltkriegs auf. Deutschland und viele andere Länder hoben ihre Deckungsvorschriften 1914 auf. Während des Krieges hatten sie ihre Geldmenge so stark ausgeweitet, dass Währungsreform oder Inflation unausweichlich wurden. Die Situation verschärfte sich in Deutschland nach Beendigung der Kampfhandlungen noch. Zum einen mussten kriegsbedingte Schäden beseitigt und Ablieferungen an das Ausland (Handelsflotte, Eisenbahnmaterial) ersetzt werden. Zudem waren die Investitionen während des Krieges stark zurückgegangen, so dass ein großer Nachholbedarf aufgelaufen war. Und schließlich schwoll der Konsum durch Kriegsheimkehrer, eine Heiratswelle und nach der Revolution stark gestiegene Löhne deutlich an. Einen großen Teil seiner Ausgaben deckte das Reich über die Notenpresse. Die *Inflation* uferte vollends aus, als durch den politischen Mord an Außenminister Walther Rathenau Mitte 1922 weitere Devisenzuflüsse ausblieben und der passive Widerstand im besetzten Ruhrgebiet ab Januar 1923 das Reich hohe Beträge kostete, die wiederum durch Gelddruck finanziert wurden. Mitte November 1923 ersetzte die Rentenmark, später die Reichsmark die (Papier-) Mark im Verhältnis 1: 1 Billion. Die Mark hatte nach und nach all ihre Funktionen verloren – zunächst die Wertaufbewahrungsfunktion, dann die als Wertmesser und schließlich als Zahlungsmittel. An ihre Stelle waren ab Mitte 1921 zunehmend wertbeständige Zahlungsmittel getreten wie „Edelvaluta" und Denominationen auf Gold oder Sachgüter. Es gab Inflationsgewinner wie die Besitzer größerer Sachvermögen, das Reich u.a. andere Geldschuldner, aber auch Verlierer wie die meisten Gläubiger. Die Empfänger von Transfereinkommen litten, die von Gewinneinkommen konnten im Allgemeinen zumindest ihre Position behaupten. Der Verlust ihrer Geldvermögen war eines der Grundtraumata der Deutschen.

Nach dem großen Krieg kehrten die meisten Länder nur zu einem *Gold-Devisen-Standard* zurück, der neben der Währungsdeckung durch Gold auch die durch konvertible Währung erlaubte. Dadurch waren die Paritäten nicht mehr eindeutig festgelegt. In der Folge standen überbewerteten Währungen wie dem Pfund unterbewertete wie Franc und Reichsmark gegenüber. Die deutsche Position war besonders verletzlich, weil seine Banken in großen Maße auf eine überwiegend kurzfristige Refinanzierung aus den USA u.a. Ländern zurückgriffen. Als diese in der *Weltwirtschaftskrise* ihre Mittel abzogen, verlor die Reichsbank durch die Verteidigung der Parität der Reichsmark binnen Kurzem so viele Devisen, dass die Regierung im Juli 1931 die Devisenbewirtschaftung verfügen musste; die Reichsmark war nicht mehr konvertibel. Gleichzeitig nahmen die deutschen Banken den Kredit der Reichsbank in einem Maße in Anspruch, dass diese ihre Deckungsvorschriften nicht mehr einhalten konnte und ab September 1931 den Inlandswechselankauf einschränkte. Damit endeten die Eingriffe der Reichsbank als Lender of Last Resort und die Wirtschaft war in der Depression auf sich selbst gestellt. Mit der Weltwirtschaftskrise griffen Devisenbewirtschaftung und Abwertungswettläufe um sich, so dass auch das internationale Handelsvolumen stark schrumpfte. Das galt besonders für Deutschland, dessen neues nationalsozialistisches Regime eine konsequente Autarkiepolitik durchsetzte. Während des 2. Weltkrieges betrieb das Regime aus Angst vor einem neuen „Dolchstoß" „lautlose Kriegsfinanzierung" durch Ausweitung der Geldmenge. Damit sich der entstehende Geldüberhang nicht in einer offenen Inflation niederschlagen konnte, entstand ein System von Bezugsscheinen, Höchstpreisen und Preisüberwachung, das auch die Alliierten übernahmen.

Bereits Mitte 1944 schlossen 44 spätere Siegerstaaten im amerikanischen *Bretton Woods* einen Vertrag über die Nachkriegswährungsordnung ab. Es sah neben einem Festkurssystem mit Goldbindung über den Anker des US-Dollars die Gründung von Weltbank und Internationalem Währungsfonds vor. Die Bundesrepublik schloss sich diesem System schon 1949 an. Die D-Mark erreichte bereits zehn Jahre nach der Währungsreform 1948 die volle Konvertibilität. Dagegen war die gleichzeitig eingeführte Mark der DDR nie konvertibel. Das zunächst zweistufige Notenbanksystem der Bank deutscher Länder wurde gleichzeitig in die Bundesbank überführt. Das Bretton-Woods-System arbeitete zunächst ohne größere Friktionen. Als jedoch E. d. 1960er Jahre mit der gleichzeitigen Finanzierung von Vietnamkrieg und Sozialprogrammen die USA erstmals seit vielen Jahrzehnten ein strukturelles Leistungsbilanzdefizit aufwiesen, mussten die bisherigen Kapitalexporte der USA durch Schaffung von internationaler Liquidität (Dollarnoten, Forderungen an die USA, Sonderziehungsrechte des IWF) ersetzt werden, was weltweit Inflation und Inflationsdifferenzen hervorrief und das Vertrauen in den Dollar u.a. wichtige Währungen schwinden ließ. Nach einer Periode außerordentlicher Turbulenzen wurde das bisherige Festkurssystem 1973 aufgegeben. Damit war auch der Werner-Plan der EWG von 1970 zur Schaffung einer einheitlichen europäischen Währung bis 1980 hinfällig. Stattdessen vereinbarten die EWG-Länder 1972, auf den Devisenmärkten gegenüber dem Dollar gemeinsam zu intervenieren. Diese „Währungsschlange" trat mit der Auflösung des internationalen Festkurssystems aus dem „Tunnel" heraus. Obwohl zahlreiche Währungsbei- und -austritte die Schwächen dieses Europäischen Wechselkursverbundes offen legten, schuf man auf diese Weise doch wenigstens zeitweise Währungsstabilität und hielt den Gedanken an eine Währungsvereinheitlichung in Europa wach, zumal nach der 1. Ölkrise Inflation und Inflationsunterschiede nochmals hochschossen, obwohl die Konjunktur gleichzeitig abgebremst wurde („Stagflation").

1979 wurde die Schlange durch das *Europäische Währungssystem* ersetzt, dem alle EU-Länder angehörten. Es wurde gleich zu Beginn durch die 2. Ölkrise auf eine Zerreißprobe gestellt, die mehrere Realigments nötig machte. Erst als die schrittweise Verdoppelung des Dollarkurses vor allem die Hartwährungen im EWS schwächte, kam das System zur Ruhe. Eine ähnlich turbulenzfreie Zeit eröffnete ab 1988 die Chance, die steckengebliebene *Währungsunion* voranzutreiben, zumal die europäischen Volkswirtschaften zunehmend konvergierten. Der Maastricht-Vertrag schrieb dieses Ziel einer Währungsunion 1991 fest. Sie lief in drei Stufen ab – (1) der Koordination der Wirtschafts- und Währungspolitiken bis E. 1993, (2) der Gründung des Europäischen Währungsinstitutes, der Schaffung der organisatorischen und institutionellen Voraussetzungen, der Bestimmung der Teilnehmerländer für die Währungsunion nach harten Konvergenzkriterien, der unwiderruflichen Festlegung der Paritäten sowie des Übergangs der Geldpolitik auf die Europäische Zentralbank und (3) ab Anfang 2002 der materiellen Einführung des Euro. Nicht alle EU-Länder haben sich bis 2009 dem Euro angeschlossen. Dänemark und die baltischen Staaten nehmen nur am Blockfloating des EWS II teil, Großbritannien, Schweden, Polen, Tschechien, Ungarn, Rumänien und Bulgarien lassen ihre Währungen sogar frei floaten. Mitte 1990 erfolgte die Währungsunion zwischen BRD und DDR im Wesentlichen zum Kurs 1:1. Dies bedeutete für DDR-Bürger zwar den Erhalt persönlicher Vermögen und auskömmlicher Löhne, es setzte ihre Betriebe jedoch

einem enormen Rationalisierungsdruck aus, deren Produktivität allenfalls 20% der bundes-
deutschen betrug, und ließ die ostdeutsche Arbeitslosigkeit in die Höhe schießen.[109]

# 4.7 Produktion und Dienstleistung: Konzerne und Großbanken

Landwirtschaft: Die *Bauernbefreiung* brachte im Laufe der 1. H. d. 19. Jh.s die Ablösung
der bäuerlichen Grundlasten gegen Abstandszahlungen. Dies hatte sowohl größere Flexibilität und Motivation der Bauern als auch größere Mobilität der Landarbeiter zur Folge. Nach
wie vor stand ländliche Arbeit als Beschäftigungspuffer für Wirtschaftskrisen zur Verfügung,
so dass Arbeitslosigkeit das gesamte 19. Jh. hindurch nur teilweise offen ausbrach („verdeck-
te Arbeitslosigkeit"). Per saldo jedoch wies die deutsche Landwirtschaft im 19. und 20. Jh.
stark steigende Produktivität auf. Dies ermöglichte es, die Versorgung der Bevölkerung mit
Nahrungsmitteln selbst in der steilsten Phase des demografischen Übergangs zu verbessern.
Während die Menschen in der Agrarkrise 1816/17 noch verhungerten, war dies in der Pauperismuskrise und erst recht 1848/49 nicht mehr der Fall. Seit A. d. 19. Jh.s förderte der Staat
die agrarischen Bildung durch Mustergüter und Landwirtschaftsschulen und prämierte auf
Landwirtschaftsfesten besonders fortschrittliche Bauern. Ausschlaggebend waren zum einen
Fortschritte bei der Bodenbearbeitung. Neue Pflüge steigerten ab der 1. H. d. 19. Jh.s die
Hektarerträge, indem sie die Bearbeitungstiefe erhöhten, die Ackerkrume wendeten und
dadurch Unkraut wirksam bekämpften. Ab 1850 setzten sich volleiserne, oft mehrscharige
Pflüge durch, die haltbarer und produktiver waren. Hinzu kam die mineralische Düngung.
1856 wurden die ersten großen Kali-Lagerstätten in Deutschland entdeckt. Gleichzeitig fanden Liebigs Überlegungen zur Agrochemie ihre wissenschaftliche Anerkennung und gingen
kurz darauf in die Agrarpraxis ein.

Dagegen erfolgte die *Mechanisierung* in Deutschland auf Grund geringer Hofgrößen vergleichsweise zögerlich. Erst die Gründung landwirtschaftlicher Kreditgenossenschaften seit
den 1860er Jahren konnte diese Nachteile wenigstens teilweise ausgleichen. Daneben gab es
vereinzelt Dampfdreschmaschinen-Genossenschaften. Erst in der Zwischenkriegszeit begann
die langsame Durchdringung mit Mähmaschinen und angetriebenen Dreschmaschinen. Seit
A. d. 1930er Jahre nahm die Zahl der multifunktionalen Elektromotoren stark zu, die durch
einen bemerkenswert hohen Elektrifizierungsgrad der deutschen Gehöfte von 85% ermöglicht wurden (F 65, S 50, USA 12%). Solche Motoren trieben neben Gebläsen, Transport-
bändern und Heuaufzügen vor allem Sägen, Pressen und Melkanlagen an. Die Mechanisierung auf dem Feld wurde jedoch nach wie vor durch geringe Hofgrößen sowie den Kapital-
mangel der größeren Betriebe behindert. Erst der Lanz-Bulldog von 1926 erreichte eine gewisse Popularität, weil er mit immerhin 28PS den schweren deutschen Böden gut angepasst
war und billiges Rohöl verbrauchte. Den ersten deutschen Mähdrescher stellte die Fa. Claas
ab 1937 her. Fortschritte gab es zwischen den Weltkriegen auch bei der Bekämpfung von
Tier- und Pflanzenkrankheiten. Die wichtigsten Tierkrankheiten wie Maul- und Klauenseu-
che und Tuberkulose konnten eingedämmt und die Hektarerträge durch Pflanzenschutzmittel
wie DDT und Auxin 2,4-D deutlich gesteigert werden. Das 3. Reich förderte seinen „Reichs-

nährstand" besonders, sollte doch die „Erzeugungsschlacht" gewonnen werden, um autark von Importen zu werden. So gelang bis 1939 immerhin ein Selbstversorgungsgrad von 85%. Mittel dazu waren ab 1933 die Erbhofgesetzgebung sowie ab 1936 ein Vierjahresplan.

*Seit dem 2. Weltkrieg* setzten sich mehrere Trends der voran gegangenen Jahrzehnte verstärkt fort – etwa zu intensiverer Mechanisierung, Agrarchemie und Spezialisierung. So sorgten auch in Deutschland Elektrozäune für einen Produktivitätsschub bei der Viehhaltung. Pferde wurden in den 1950er Jahren weitgehend von Traktoren verdrängt. Dies bedingte neue Heu-, Gülle- u.a. Wagen. Hinzu kamen Silos, Stallein- und -umbauten, Melkmaschinen und Milchkühlungen. Ab den 1970er Jahren stiegen Gewicht und Stärke landwirtschaftlicher Zugmaschinen enorm an und ermöglichten zuvor unerreichte Zugstärken und Bearbeitungsgeschwindigkeiten. Für größere Maschinen entstanden ab 1958 Maschinenringe. Hinzu kamen Lohnunternehmer und Kooperationen. Dennoch führte die Mechanisierung zu einer immer größeren Kapitalintensität, die zusammen mit der europäischen Subventionspraxis Großbetriebe begünstigte. Das daraus resultierende „Höfesterben" führte 1949-2000 dazu, dass sich die Zahl der landwirtschaftlichen Betriebe in Westdeutschland mehr als halbierte. Seit 1955 sind die deutschen Bauern in die Sozialversicherung einbezogen. Die herkömmliche Agrarwirtschaft kam seit einiger Zeit von mehreren Seiten in Bedrängnis. Seit den 1970er Jahren standen Rückstände in Lebensmitteln zunehmend in der Kritik, so dass neben der konventionellen eine biologisch arbeitende Landwirtschaft entstand. Die Überschüsse der Agrarindustrie wurden ab den 1980er Jahren mit erneuten Subventionen in Entwicklungsländer verkauft und bedrängten die dortige Landwirtschaft. Außerdem haben die Agrarsubventionen ein Ausmaß erreicht, das fiskalische Probleme bereitet. Die daraufhin in den letzten Jahren getroffenen Liberalisierungsmaßnahmen stießen jedoch auf den entschlossenen Widerstand der Bauern.

Die Landwirtschaft in der DDR war seit 1952 durch den Trend zu Großbetriebsformen gekennzeichnet – Volkseigene Güter, vor allem aber Landwirtschaftliche Produktionsgenossenschaften. Nachdem die Bauern zunächst eher widerstanden hatten und bis zum Mauerbau 1961 in großem Maße ausgewandert waren, akzeptierten sie die neue Betriebsform nach und nach vor allem wegen ihrer günstigeren Verdienstmöglichkeiten und Arbeitsbedingungen (Urlaub, Arbeitszeit). Nachdem die Produktivität der LPGs in den 1950er Jahren zurückgegangen war, stieg sie danach wieder an, zumal sie bei einem höheren Mechanisierungsgrad Skalenerträge realisieren konnten. Zwar erreichten sie im Durchschnitt weder bei der pflanzlichen noch bei der tierischen Produktion die westdeutsche Produktivität, die aus ihnen entstandenen ostdeutschen Großbetriebe sind den westdeutschen Bauern jedoch heute oft überlegen.

Bergbau und Metallindustrie: Bis in die 1820er Jahre stand die Ausbeutung der „alten" Montanregionen in Bergisch-Märkischem Raum, dem Harz und Sachsen im Mittelpunkt des Interesses. Als sie erschöpft waren, traten neue Montanreviere an der Saar, in Oberschlesien und vor allem im Ruhrgebiet hervor. Angesichts des Holznotstands wurde seit den 1820er Jahren zunehmend Braun- und Steinkohle abgebaut. So entstanden im Ruhrgebiet innerhalb weniger Jahre 220 Kohlezechen. Ab 1849 wurde der immer wichtiger werdende Stahl in Mülheim/ Ruhr erstmals mit Koks produziert. Hinzu kam die breite Einführung des Puddelverfahrens. Hier wie beim Steinkohlebergbau gab der stark forcierte Eisenbahnbau wichtige

Impulse. Bis in die 1830er Jahre waren Steinkohle- und Eisenpreise deutlich gefallen. Im Laufe der 1850er Jahre wurde die Produktion von Schienen so gesteigert, dass diese schließlich sogar exportiert werden konnten. Gleichzeitig begann sich die Arbeitsproduktivität des Steinkohlebergbaus bis M. d. 1880er Jahre sprunghaft zu erhöhen. Ab den 1830er Jahren stieß man beim Kohlebergbau in größere Tiefen vor. 1913 waren allein im Steinkohlenbergbau des Ruhrgebiets 444 000 Beschäftigte tätig. Bergbau und Metallurgie blieben während des gesamten 19. Jh.s Wachstumssektoren der deutschen Volkswirtschaft. Dies galt besonders für Metallerzeugung und -verarbeitung, deren Arbeitsproduktivität sich deutlich überdurchschnittlich entwickelte. Schnell bildeten sich Großunternehmen. So wurde 1856 die Harpener Berbau-AG gegründet. 1873 entstand die Gelsenkirchener Bergwerks-AG durch Fusion und expandierte in der Folgezeit stark durch weitere Übernahmen im Bergbau- und Stahlbereich. 1893 schlossen sich die meisten Ruhrkohlegesellschaften zum Rheinisch-Westfälischen Kohlensyndikat zusammen.

Nicht ganz so spektakulär, weil hinsichtlich der Produkte, Unternehmen und Produktionsregionen differenzierter, war die Entwicklung in der Metallverarbeitung. Hier wurde die Tendenz zu Großunternehmen wie Krupp ab 1850 und die 1890 gegr. Mannesmannröhren-Werke bis heute durch eine Vielzahl von Unternehmensneugründungen konterkariert. Damit einher ging eine immer stärkere Auffächerung der Sparten. Während noch 1871 die Textil-, Land- und Dampfmaschinenbauer jeweils mehr als 20% der Produktion des deutschen Maschinenbaus auf sich vereinigt hatten, gingen deren Anteile danach zu Gunsten immer neuer Spezialitäten kontinuierlich zurück. Ab 1891 baute August Thyssen einen vertikal integrierten Konzern auf von der Rohstoffbasis über die Metallurgie bis zum Endprodukt. Mit dem 1. Weltkrieg stagnierte die Nettoproduktion des Bergbaus per saldo bis M. d. 1960er Jahre, um danach kontinuierlich zurückzugehen. Ein kleines Zwischenhoch im 2. Weltkrieg musste durch einen überproportionalen Arbeitseinsatz erkauft werden. Seit 1965 sank der Output des deutschen Steinkohlebergbaus nahezu kontinuierlich, weil er auf Grund seiner tiefen Lagerstätten immer unwirtschaftlicher wurde. Dagegen ist die deutsche Stahlindustrie bis heute konkurrenzfähig. Sie konnte trotz großer Zyklizität ihre Produktion bis in die 1980er Jahre steigern, stellte sie in der anschließenden Stahlkrise auf Spezialstähle um und hatte 2007 fast wieder die Maximalstände erreicht. Auch der Maschinen- und Anlagebau ist trotz einiger Einbrüche eine starke Branche geblieben. Im Gegensatz zu Bergbau und Stahl, in denen jeweils ein Unternehmen – Ruhrkohle/RAG bzw. ThyssenKrupp – überwiegt, ist er überwiegend mittelständisch geprägt.[110]

Aus kleinen Anfängen stieg die Produktion der *Kraftfahrzeugindustrie* von der Jahrhundertwende bis zum 1. Weltkrieg auf das 40-fache und bis M. d. 1920er Jahre noch einmal um das 3-fache. Aufrüstung und Fördermaßnahmen des 3. Reiches, Wirtschaftswunder und Massenmobilisierung brachten ähnliche Zuwachsraten. Die Zahl der Automobilhersteller verminderte sich in der Zwischen- und Nachkriegszeit rapide, so dass ab den 1970er Jahren nur noch vier selbstständige Konzerne (VW, Daimler, BMW, Porsche) und drei Tochterfirmen (Audi, Opel, Ford) bestanden. Die meisten Produkte waren seit den 1980er Jahren im Premiumsegment angesiedelt. Die deutsche Automobilbranche konnte ihre Stellung per saldo weltweit behaupten, nachdem sie die Angriffe der damals sehr viel produktiveren japanischen Hersteller in den 1980er Jahren durch Automatisierung bei gleichzeitiger Flexibilisierung der Fertigung mit Hilfe von Robotern erfolgreich abgewehrt hatte. Auch die *Elektro-*

*industrie* ist seit ihrem Entstehen eine Domäne der deutschen Wirtschaft. Wie bei Lokomotiven u.a. Eisenbahnmaterial substituierte die deutsche Industrie die englische Telegrafietech-
nik in den 1840er innerhalb von nur 10 Jahren. In den 1880er Jahren kam es zu einer außerordentlichen Beschleunigungsphase der Elektrotechnik; Telefon, Starkstromtechnik, E-Loks
und Elektromotoren, Medizintechnik, Akkumulatoren und Generatoren verbreiteten sich
schnell und ermöglichten den Aufbau bedeutender Konzerne wie Siemens & Halske, AEG
und Schuckert. Sie konnte ihre Bedeutung dank Innovationsfreude und staatlicher Aufträge
bis heute wahren.

Das galt jedoch nicht für die *Elektronikindustrie*. Während die Unterhaltungselektronik
mit Firmen wie Grundig in den 1950er und 60er Jahren Weltgeltung errungen hatte, musste
sie in den 1970er und 80er Jahren der übermächtigen fernöstlichen Konkurrenz weichen, so
dass in den 1990er Jahren nur noch wenige Nischenanbieter bestanden. Die deutsche EDV-
Industrie hatte auch in den 1960er und 70er Jahren lediglich in Europa namhafte Marktanteile. Nixdorf wurde bereits 1990 durch Siemens übernommen. Letztere kooperierte seit
1998/99 mit der japanischen Fujitsu und verkaufte ihre PC-Sparte 2009 vollständig an sie.
Während sich die deutsche Elektroindustrie seit den 1990er Jahren auch bei öffentlichen
Ausschreibungen dem europäischen Wettbewerb stellen musste, waren die Gebietsmonopole
der vier großen deutschen *Energieversorger* trotz des seit Jahrzehnten bestehenden europäischen Energieverbunds und der Liberalisierungsbemühungen der EU-Kommission zur Jahrtausendwende de facto noch weitgehend unangetastet. Die deutsche Energiewirtschaft ist
nach wie vor durch eine zentrale Energieerzeugung und -verteilung und davon weitgehend
abhängige Stadtwerke gekennzeichnet. Dementsprechend hoch waren über Jahrzehnte die
Gewinne der Unternehmen.

Handwerk, Textil und Bekleidung: In der 1. H. d. 19. Jh.s nahm die Beschäftigung im
*Handwerk* absolut wie relativ zu. Dabei ging es ihm durchaus nicht gut. Es fungierte vielmehr als Reservoire und Puffer für den wachsenden industriellen Sektor. Die Lage entspann-
te sich ab der Jahrhundertmitte, so dass nach der Gründerkrise Schritt für Schritt ein Mangel
an gewerblichen Arbeitskräften entstand. Das Handwerk in Deutschland unterschied sich von
dem der meisten anderen Länder, als es flächendeckend an der traditionellen Ausbildung
durch eine betriebliche Lehre mit der Freisprechung zum Gesellen und der Bestellung zum
Meister festhielt. Aus den Zünften wurden in der 1. H. d. 19. Jh.s Innungen, denen primär die
Ausbildung ihres Nachwuchses oblag. In den 1840er Jahren wurden Gesellen-, später Meisterprüfungen üblich, ab den 1870er Jahren das heutige System der dualen Berufsausbildung.
Dieses System war zwar starrer als in anderen Ländern, garantierte aber eine einheitliche,
relativ hohe Qualität des Handwerks.

Entgegen intensiver Versuche gelang es in den ersten Jahrzehnten des 19. Jh.s nicht, die
*Textilindustrie* zum Leitsektor der Industrialisierung zu machen. Dies wurde stattdessen der
Eisenbahnbau und in seinem Gefolge Stahlindustrie und Maschinenbau. Vielmehr wuchs die
Textilindustrie etwa im Ausmaß der Gesamtwirtschaft. Die Verarbeitung von Baumwolle trat
nach und nach an die Stelle derjenigen von Leinen, während die Produktionsanteile von
Seide und Wolle stabil blieben. Gleichzeitig blühten bereits in den 1830er Jahren mechani-
sche Spinnereien auf. Diese Trends setzten sich das gesamte 19. Jh. hindurch fort. Aus dem
1. Weltkrieg ging die deutsche Textilindustrie bereits stark geschrumpft hervor. Dieser Pro-

zess wirkte ab den 1960er Jahren weiter, so dass lediglich einige Hersteller von Spezialge-
weben die 1990er Jahre überlebt haben. Zeitlich versetzt war die Entwicklung der *Bekleidungsindustrie.* Sie blühte im Kaiserreich zunächst mit Berufskleidung auf, bevor sie bis in
die 1960er Jahre auch bei Kinder-, Herren- und Damenoberbekleidung immer größere Teile
der Maßanfertigung ersetzte. Seit den 1970er Jahren litt die Branche unter der zunehmenden
Billigkonkurrenz aus Mittelmeeranrainern, Süd- und Fernost, so dass in den 1990er Jahren
primär Hersteller gehobener Kleidung überlebt haben wie Strenesse, Boss und Escada.

Optik, Glas und Feinmechanik: Von großer Kontinuität war dagegen die Entwicklung der
deutschen *optischen und Spezialglasindustrie* geprägt. Bereits ab 1807 fertigten die Fraunhoferschen Optische Werkstätten in München bzw. Benediktbeuern hochwertige optische Gläser und Fernrohre und exportierten sie in alle Welt. Die Herstellung solcher Spezialitäten
konzentrierte sich oft an bestimmten Orten. So produzierten in Jena Carl Zeiss ab 1866 Mik-
ro- und Teleskope, Schott ab 1884 technisches Spezialglas und Glaskeramik. Vielfach entstanden solche Unternehmen im deutschen Südwesten. Das galt auch für die Feinmechanik.
So stellt die Fa. Bizerba seit 1866 in Balingen Waagen her. *Uhren- und Schmuckindustrie*
konzentrierten sich ab 1767 in Pforzheim, wo es bereits um 1800 900 einschlägige Fabriken
gab. Ab M. d. 19. Jh.s wurden Uhren industriell gefertigt, hatten jedoch weiterhin einen
hohen Anteil an Handarbeit. Andere Fertigungszentren lagen in Furtwangen und Villingen
im Schwarzwald, ab 1829 in Glashütte im Erzgebirge. Mit dem Siegeszug fernöstlicher und
Schweizer Quarzuhren in den 1970er Jahren verschwand die deutsche Uhrenindustrie bis auf
wenige Hersteller hochwertiger mechanischer Uhren. In den 1920er Jahren blühte der *Bau
von Kleinkameras* auf; Leica, Agfa und Zeiss IKON nahmen 1924-26 die Fertigung auf.
Auch diese Industrie hat unter dem Druck fernöstlicher Importe in den 1970er und 80er Jahren bis auf geringe Reste aufgegeben.

Die *Spielzeugindustrie* konzentrierte sich bereits in vorindustrieller Zeit im Erzgebirge
und auf der Schwäbischen Alb. Beispiele sind Märklin ab 1859 in Göppingen und Steiff ab
1880 in Giengen/ Brenz. Ein weiteres Zentrum ist bis heute Nürnberg mit Firmen wie Trix
ab 1838, Fleischmann ab 1887 und Geobra ab 1908. Mit der Entwicklung moderner Kunststoffe kam es zu einer neuen Gründungswelle. Beispiele sind Wiking in Berlin ab den 1930er
Jahren, Siku in Lüdenscheid ab 1950 und Faller in Gütenbach im Schwarzwald ab 1946. Die
deutsche Spielwarenindustrie konnte ihren Platz trotz heftiger fernöstlicher Konkurrenz und
gelegentlicher Schwierigkeiten bis heute behaupten. Dasselbe gilt für den *Musikinstrumen-
tenbau.* Viele bis heute bestehende Unternehmen gehen auf die 1850er Jahre zurück – so
Blüthner in Leipzig und Bechstein in Berlin ab 1853 und Hohner in Trossingen ab 1857.

Chemie und Pharmazie: Auch die *Chemieindustrie* war ein ausgesprochener Schwerpunkt
der deutschen Wirtschaft. Sie steigerte ihre Produktion im Kaiserreich um das Zehnfache.
Kurz zuvor waren 1861-65 nach einander die Farbwerke Bayer, die späteren Farbwerke
Höchst und die BASF gegründet worden. Ab der 2. H. d. 19. Jh.s fanden wichtige chemische
Entdeckungen direkt Eingang in die Wirtschaft. Das galt vor allem für die Farbstoffchemie.
So wurde Rotes Fuchsin erstmals 1858 synthetisiert und bildete die wirtschaftliche Basis für
die späteren Farbwerke Hoechst. 1869 gelang die Synthese des roten Farbstoffs Alizarin und
1878 die des blauen Indigo. Beide wurden vor allem von der BASF gewonnen. Schwerpunkt
der Produktion waren daher ab den 1880er Jahren zunächst Farben. 1872 gelang die Be-

schreibung von Bakelit, des ersten, ab 1907 hergestellten Kunststoffs. In den 1930er Jahren konnten die ersten vollsynthetischen Kunststoffe wie PVC, Nylon und Perlon hergestellt werden. Seit 1910 hat man Ammoniak im Haber-Bosch-Verfahren aus Stickstoff und Wasserstoff synthetisch produziert. Klebstoffe kamen ab den 1890er Jahren hinzu und Viskose wurde ab 1910 in Deutschland hergestellt. Die Deutsche Gold- und Silber-Scheideanstalt (Degussa) entstand 1873, der Waschmittelproduzent Henkel 1876 und der Kosmetikhersteller Beiersdorf 1882. Die Produktion fächerte immer stärker auf; zur Farbchemie traten Fett-, Öl- und Rußchemie sowie die Herstellung von Sprengstoff und technischen Gasen. Durch große Forschungsintensität und enge Zusammenarbeit mit Universitäten errang die deutsche chemische Industrie auf vielen Gebieten Weltmarktstellung. Nach den Enteignungen durch den Versailler Vertrag folgte in der Zwischenkriegszeit ein deutlich verhalteneres Produktionswachstum. Erst in der Nachkriegszeit konnte sie wieder überproportional zunehmen, ihre alte Weltgeltung aber nicht mehr erringen. Einen ganz ähnlichen Zyklus wies die deutsche *Pharmaindustrie* auf. Mit ihr stieg Deutschland bis zum 1. Weltkrieg mit Unternehmen wie Merck (1827 gegr.), Bayer, Hoechst, Schering (1864-2006), Boehringer Mannheim (1859-1997) – dem Weltmarktführer bei Diagnostika – und Boehringer Ingelheim (gegr. 1885) zur „Apotheke der Welt" auf. Auch die deutsche Pharmaindustrie wurde durch die Enteignungen nach dem 1. Weltkriegs stark beeinträchtigt, auch sie nahm nach dem 2. zunächst einen deutlichen Aufschwung, bevor sie ab den 1980er Jahren international zurückfiel.

Branchenstruktur: Als durchgängig starke gewerbliche Branchen haben sich also seit dem 19. Jh. Maschinen- und Anlagebau, Feinmechanik/Optik, Elektrotechnik, Chemie- und Automobilindustrie erwiesen, also große Teile des Investitionsgütersektors, allenfalls zeitweise jedoch die konsumnahen Sektoren Pharmazie, Nahrungs- und Genussmittel, Textil und Bekleidung, Möbel und Kosmetik. Darin kommt eine gewisse Technologielastigkeit zum Ausdruck. Dennoch ist für Deutschland seit der 2. H. d. 19. Jh.s eine breite *Branchenstruktur* typisch. Es gibt kein anderes Land, das eine so breite Exportstruktur hat und in so vielen Produktgruppen Weltmarktführer ist – und das obwohl Deutschland weltweit nur von mittlerer Größe ist. Dies geht zum großen Teil auf das Festhalten an einmal aufgebauten Spezialisierungen zurück, das durch zwei Faktoren befördert wird. Zum einen führt die sehr breite, den größten Teil der Arbeiterschaft umfassende berufliche Bildung zu festen, oft auf einzelne Branchen festgelegten Berufsbildern. Zum anderen wird ein ungewöhnlich hoher Anteil der deutschen Exporte von mittelständischen Unternehmen getätigt, deren hohe Spezialisierung, Innovationsfreude und Qualität vielfach die Weltmarktführerschaft ermöglicht („hidden champions"), ein Umsteigen auf andere Felder aber fast unmöglich macht. Diese Eigenschaften der gewerblichen Wirtschaft haben dazu geführt, dass Deutschland dem Trend zur Dienstleistungsgesellschaft vergleichsweise zögerlich gefolgt ist und der wirtschaftliche Druck der Globalisierung ab den 1990er Jahren nur selten zum Verlust der Systemführerschaft, sondern allenfalls zum Bezug von Komponenten aus dem Ausland und der Verringerung der Fertigungstiefe in Deutschland geführt haben („verlängerte Werkbank im Ausland", „Basarökonomie"). Ähnliche Trends lassen sich – wegen der Beharrungstendenzen von Planwirtschaften – auch für die frühere DDR konstatieren, bei der der Trend zur Dienstleistungsgesellschaft noch wesentlich geringer ausgeprägt war als bei der Bundesrepublik.

Arbeitswelt und Rationalisierung: Die deutsche *Arbeitswelt* hat sich seit dem 19. Jh. gravierend gewandelt, sie weist aber auch durchgängige Trends auf. So wurden frühzeitig Sicherheitsstandards fixiert. Hier sind einmal die M. d. 19. Jh.s von den Betreibern gegründeten Dampfkessel-Überwachungsvereine zu nennen, deren Mitgliedschaft seit 1871 die staatliche Inspektion ersetzen konnte. Aus ihnen entwickelten sich die Technischen Überwachungsvereine (TÜV), die sehr schnell wichtige Aufgaben bei der Inspektion gefährlicher Anlagen (Chemieindustrie, KfZ etc.) übernahmen. Zum selben Zweck schuf Deutschland in der 2. H. d. 19. Jh.s ein engmaschiges Gewerberecht, dessen Einhaltung die verschiedensten Ämter von Gewerbe- und Gewerbeaufsichts- über Ordnungsämter bis hin zu den Ämtern für Arbeitsschutz und Sicherheitstechnik überwachten. Die als Träger der Bismarckschen Unfallversicherung 1885 geschaffenen Berufsgenossenschaften erließen seitdem Unfallverhütungsvorschriften.

Ein durchgängiger Trend des 20. Jh.s war auch die Verkürzung der Arbeitszeit. Sie wurde durch *Produktivitätsfortschritte* insgesamt mehr als ausgeglichen. Dies bedeutete u.a. die Verdichtung der Arbeit, die in immer neuen Rationalisierungswellen erreicht wurde. Bereits im Kaiserreich konnten in immer größeren Betrieben Massenfertigung und steigende Skalenerträge realisiert werden. Außerdem erfolgten bedeutende Technologiesprünge. Einen deutlichen Rationalisierungsschub erfuhr die Produktion durch den Übergang vom Dampf- zum Elektroantrieb, der zu Beg. d. 20. Jh.s auf breiter Basis erfolgte. In den 1920er Jahren hielten Fließfertigung und arbeitswissenschaftliche Optimierung nach den Prinzipien des Amerikaners Frederick W. Taylor Einzug in viele Großbetriebe. Breitenwirkung entfalteten solche Bemühungen u.a. durch das 1921 als „Reichskuratorium für Wirtschaftlichkeit in Industrie und Handwerk" gegründete RKW, das in kleinen und mittleren Betrieben berät und weiterbildet. In den 1960er und 70er Jahren folgte eine Welle der Automatisierung, die seit den 1970er Jahren durch zunehmende Computerisierung erstmals auch auf den Büro- und Verwaltungsbereich durchschlug. Diese Jahre sahen zudem den Übergang von der zentralen Produktionssteuerung zum weniger kapitalintensiven und flexibleren verbrauchsgesteuerten Kanban.

Seit den 1980er Jahren zogen sich mehrere rote Fäden durch die kontinuierlichen Bemühungen um Produktivitätssteigerungen. Ein solcher Faden war das Aufspüren und Nutzen aller denkbaren Rationalisierungsreserven. So konnten in den 1980er Jahren innerbetriebliche Lager durch optimierte Bestellung Just in Time weitgehend abgebaut und durch Outsourcing von Funktionen dort Kosten gespart werden, wo Externe billiger anboten (weil sie stärker spezialisiert bzw. nicht oder an andere Tarifverträge gebunden waren). Außerdem wurden seitdem sog. Leistungsträger ganz bewusst zum Ausgleich der Arbeitszeitverkürzungen der übrigen Beschäftigten genutzt. Diese Leistungsträger definierten sich überwiegend über Arbeitsvolumen und -erfolg, nicht über ihre gesellschaftliche Stellung. Die Methoden, Rationalisierungsreserven zu identifizieren, wurden immer ausgefeilter. Das galt nicht nur für die traditionellen betrieblichen Vorschlags- und Verbesserungssysteme, die vereinzelt bereits in der Zwischenkriegszeit auftauchten. Bereits in den 1950er Jahren waren die ebenfalls weit verbreiteten, aber wesentlich umfassenderen Methoden des Kaizen bzw. des kontinuierlichen Verbesserungsprozesses entstanden. Im Gegensatz dazu griffen Methoden wie Best Practice, Benchmarking oder Target Costing auf außerbetriebliche Quellen zurück. Das 1986 von Alfred Rappaport veröffentlichte Shareholder-Value-Prinzip trieb die alleinige Ausrichtung am Unternehmensgewinn – speziell der Eigenkapitalrendite – auf die Spitze. Es war ab den 1990er Jahren mit der Konzentration auf die Kernkompetenzen, Renditevorgaben für jede Geschäftssparte und einer Erfolgsbeteiligung der Organmitglieder über Optionen für immer neue Entlassungswellen, die Verlagerung an immer noch billigere Produktionsstandorte, exorbitante Vorstandsbezüge und ein deutliches Sinken der Mitarbeiterzufriedenheit verantwortlich.

Ein weiterer roter Faden der Bemühungen um Produktivitätssteigerungen stellte die zunehmende *Flexibilisierung* dar. Im Bereich des Personals bedeutete dies seit den 1980er Jahren eine zunehmende Geschmeidigkeit der Arbeitszeit über Arbeitszeitkonten oder sogar eine Beschäftigung auf Abruf und die Verpflichtung von Leiharbeitern, die kurzfristig gekündigt werden können. Auf dem Gebiet der Produktion waren bereits seit den 1980er Jahren individuell programmierbare CNC-Maschinen üblich und auf dem der Logistik immer flexiblere und kurzfristigere Disposition. Diese optimierten Teilsysteme mussten integriert werden. Dem dienten seit den 1980er Jahre CAx-Technologien wie Computer Aided Design (CAD) und Computer Aided Manufactoring (CAM) einerseits und Produktionsplanungs- und Steuerungssysteme (PPS) andererseits, das neben der Produktionssteuerung und -programmplanung betriebswirtschaftliche Aspekte wie Materialbedarfs- und Produktionsprozessplanung einbezieht. Die Bemühungen, ein abgestimmtes Gesamtsystem zu schaffen, wurden in den 1980er Jahren Computer Integrated Manufactoring (CIM), in den 1990er Fabrik der Zukunft genannt. Sie steht für die vertikale und horizontale Integration aller technischen und betriebswirtschaftlichen Anwendungen in der Produktion

Gastgewerbe: Das *Gastgewerbe* war im 19. und 20. Jh. ein Spiegel der gesellschaftlichen Entwicklung. Bereits die Biergärten, Brauerei- und Ausflugsgaststätten der 1. H. d. 19. Jh.s stellten einen neuen Typ der Gastronomie dar und zogen Massen an Menschen an. Hinzu kamen große Volks- und Landwirtschaftsfeste, die teilweise als Manifestationen der unter Napoleon stark erweiterten deutschen „Nationen" genutzt wurden. Mit dem Wachstum der Arbeiterquartiere M. d. 19. Jh.s breiteten sich Eckkneipen u.a. einfache Gastgewerbebetriebe in großer Dichte aus. Die entstandenen Großbrauereien bauten zudem vor dem 1. Weltkrieg eine Vielzahl von Großgaststätten. Für die Oberschicht etablierte sich im Laufe des 19. Jh.s – primär im Kaiserreich – Luxusrestaurants vor allem mit französischer Küche. Viele von ihnen waren mit luxuriösen Hotels verbunden, die in größeren Städten und Kurorten entstanden. Beispiele sind die Hotels Vier Jahreszeiten in München 1858 und in Hamburg 1897, 1907 das Hotel Adlon in Berlin und der Quellenhof in Aachen sowie in der Donaumonarchie das Grandhotel Pupp 1701/1913 in Karlsbad und das Hotel Sacher 1876 in Wien. Seit der Edelfresswelle der 1970er Jahre wächst die Zahl der gastronomischen Betriebe ständig. Die internationale Küche dringt seit langem vor und Ambiente und Stil werden immer wichtiger („Erlebnisgastronomie"). In der Hotellerie verbreiteten sich seit den 1960er Jahren Hotelketten, die wegen der Anlageintensität von Hotels über den Cash Flow bedeutende Skalenerträge realisieren können. Unter ihnen sind kleinere deutsche Ketten wie Kempinski ab 1897 und Maritim ab 1969. Bedeutender auf dem deutschen Markt sind seit den 1960er Jahren amerikanische und seit den 1970er Jahren französische Hotelketten.

Verkehr: Besonders stark erhöhten sich im 19. und 20. Jh. Verkehrsdienstleistungen. Das Netz befestigter Straßen wuchs ab 1820 im Deutschen Bund innerhalb von 50 Jahren fast um das 8-fache. Die Binnenschifffahrt verzeichnete von 1840-70 insgesamt einen Zuwachs an tkm von 54,4%. Die Tonnage aller einlaufender deutscher Seeschiffe vervierfachte sich in diesem Zeitraum sogar. Am lebhaftesten waren jedoch die Zuwächse bei der *Eisenbahn*. Bis 1850 wurden 7 123, bis 1870 24 769km Schienenstränge gebaut. Die Verkehrsleistung stieg 1840-70 im Personenverkehr um gut 15% p.a., im Güterverkehr der Bahn fast doppelt so schnell. Das Wachstum der neuen Verkehrsmittel gab auch den alten Impulse. So wuchsen die Fuhrunternehmen vor allem mit der Eisenbahn durch Anlieferung und Anschlussverkehr. Von Anfang an hatten die süddeutschen Staaten eher auf staatliche, die norddeutschen auf private Eisenbahnen gesetzt. Sicherheits- und Abstimmungsprobleme, aber auch finanzielle Begehrlichkeiten veranlassten im Laufe der 1870er Jahre die meisten Staaten, zumindest die größeren Gesellschaften zu verstaatlichen.

Nach lebhaften Leistungssteigerungen im Personen- und Frachtverkehr aller Verkehrsträger kam nach dem 1. Weltkrieg der große Einschnitt. Deutschland musste das rollende Material - wie auch die Kriegs- und Handelsflotte – abliefern und die Staatsbahnen der Länder wurden zur Reichsbahn vereinigt. Obwohl die Beförderungsleistung seitdem auf demselben Niveau verharrte, war die Eisenbahn bis E. d. 1950er Jahre durchweg profitabel. Danach sorgte die Konkurrenz der übrigen Verkehrsträger für Rentabilitätsprobleme, denen primär mit einem Ausdünnen des Angebots begegnet wurde. Seit den 1970er Jahren führten allerdings Angebotsverbesserungen wie S-Bahn-Netze und Hochgeschwindigkeitszüge dafür, dass die Bahn im Wettbewerb nicht weiter zurückfiel, moderat wachsen konnte und zeitweise Gewinn machte. Die Schwierigkeiten der Bahn haben einige strukturelle Gründe. Sie ist der einzige Verkehrsträger, der für seinen Fahrweg vollständig selbst aufkommen muss. Dadurch ergeben sich Investitionszyklen von einigen Jahrzehnten, die bei Innovationsschüben lange Verlustphasen bewirken. Außerdem widerspricht die starre Streckenführung der Flexibilität moderner Gesellschaften. Die Bahn leidet also besonders unter der Konkurrenz von Straßen- und Luftverkehr. So blieb die Zahl der Fahrten je Einwohner im kritischen Zeitraum von 1960-80 im öffentlichen Verkehr in etwa gleich, während er sich im Individualverkehr nahezu verdoppelte. Ähnliches lässt sich seit den 1960er Jahren im Frachtverkehr ausmachen. Zwar stieg die Beförderungsleistung 1950-2008 um das 2,3-, der Güterkraftverkehr jedoch um das 21-fache.

Dabei sind auch die Margen der deutschen *Frächter* seit den 1970er Jahren eher gering. Dies war zumindest im internationalen Verkehr auf die zunehmende Konkurrenz ausländischer Unternehmen zurückzuführen. Sie hatte bereits in den 1970er Jahren die Auflösung der meisten Werksverkehre zur Folge sowie Wachstum und Bildung großer Speditionen. Mit den Just-in-Time-Anforderungen der Produktionsunternehmen formten sie sich zu integrierten Logistikdienstleistern um. Kühne & Nagel und die bahneigene Spedition Schenker sind wichtige Beispiele, aber auch die von Paketdiensten kommende (posteigene) DHL sowie die amerikanischen Unternehmen UPS und FedEx. Neben der Konkurrenz auf der Straße machte auch die des Luftverkehrs der Eisenbahn seit den 1980er Jahren zu schaffen. Zwar wurde die Deutsche Lufthansa bereits 1926 gegründet, sie stieg aber erst nach ihrer Privatisierung 1994 und der Gründung der heute größten Luftallianz Star Alliance 1997 zu einer der größten *Airlines* der Welt auf. Daneben gibt es Charterfluggesellschaften wie seit 1955 Condor, Ferienflieger wie seit 1955 LTU, 1972 Hapag-Lloyd Flug und 1978 Air Berlin sowie Billigfluggesellschaft wie seit 1997 Germanwings. Die Flugpreise sanken seit der Deregulierung der IATA-Tarife in d. 1970er Jahren deutlich und entsprechend stiegen die Passagierzahlen in den 1980er und 90er Jahren vor allem im Fern- und Regionalverkehr stets deutlich über-

proportional. Große Flughäfen wie Frankfurt/M. und München haben sich zu Drehkreuzen
(„Hubs") und Dienstleistungszentren mit Zehntausenden von Beschäftigten entwickelt.

Die lebhafte Zunahme des Verkehrs während des gesamten 19. und 20. Jh.s war Ausdruck
der zunehmenden *Flexibilisierung* der Gesellschaft. Der Güterverkehr wuchs mit der zunehmenden Arbeitsteilung der Wirtschaft – wobei wechselseitige Impulse zu verzeichnen waren.
Der Personenverkehr nahm mit der Individualisierung der Gesellschaft zu. Bereits in den
1830er und 40er Jahren kam es zu größeren Binnenwanderungen in die neuen Ballungszentren. Die Städte dehnten sich aus und mit ihnen der innerstädtische und stadtnahe Verkehr.
Vor allem seit den 1960er Jahren bildeten sich weit entfernte Vorstädte, während die Arbeitsplätze meist in den Kernstädten blieben. Bereits im Biedermeier kam Ausflugsverkehr
hinzu, der im Kaiserreich durch Reisen der Oberschicht in Sommerfrische und Bäder sowie
eigene Land- und Wochenendhäuser ergänzt wurde. All diese Prozesse intensivierten sich im
Laufe des 19. und 20. Jh.s und sie demokratisierten sich in der Zwischenkriegszeit, vor allem
aber in der Zeit nach dem 2. Weltkrieg. Pauschalreisen wurden in den 1960er und 70er Jahren modern, der Trend zum 2. und 3. Urlaub in den 1970er und der zu Individual-, Erlebnis-,
Bildungs-, Fern- und Städtereisen in den 1980er Jahren. Seit den 1960er und 70er Jahren
wuchsen daher die Länder Europas, seit den 1980er Jahren auch die Kontinente zusammen.
Fernreisen wurden üblich, Fernpendeln zum Los vieler Angestellter und Fernbeziehungen
zum Schicksal vieler Paare. Dabei fahren die Deutschen nach wie vor vergleichsweise wenig
in Urlaub; sie gelten nur wegen ihres hohen Anteils an Auslandsreisen als „Reiseweltmeis-
ter". Hinzu kamen Bildungstrends wie das seit den 1970er Jahren angebotene Auslandsschul-
jahr und seit den 1980er Jahren Auslandssemester und -praktika.

Handel: Im 1. D. d. 19. Jh.s wurde der größere Teil des Umsatzes mit den Endverbrau-
chern sehr wahrscheinlich nicht über den professionellen Handel, sondern über Wochen- und
Jahrmärkte abgewickelt. Hinzu kamen Hausierer, Höker und Handwerkshandel, so dass der
professionelle stationäre Handel lediglich bei Tuchen, Kolonial- und Eisenwaren eine wichtige Rolle spielten. Dagegen kaufte man Lebensmittel auf den Wochenmärkten, Schuhbedarf
beim Schuster, Knöpfe beim Schneider, Büroutensilien beim Schreiner und all die kleinen
Dinge, die normalerweise in der Umgebung nicht zu erhalten waren, bei einem Hausierer.
Ab den 1830er Jahren nahm das Gewicht ladengebundener Einzelhändler jedoch dramatisch
zu. Ihre Zahl verdoppelte sich 1837-58. Dabei stieg die Zahl der Gebrauchsgüter- (Textil,
Eisen- und Galanteriewaren), vor allem aber der Materialwarenhändler stark an, während
sich die der Kurzwarenhändlerr halbierte. Auch in den nächsten Jahrzehnten wuchs der
Kleinhandel deutlich überproportional, so dass sich die Versorgung der Bevölkerung insgesamt spürbar verstetigte und verbesserte. Gerade in den Städten erfolgte eine zunehmende
Spezialisierung. Die Zahl der Warenhandelsbetriebe wuchs 1875-1914 insgesamt um rd.
130%. Einzelne Branchen wiesen jedoch weit höhere Raten auf – Drogerien +841%, Tabak-
+534% und Metallwaren +466%. Noch stärker als die Zahl der Betriebe stiegen die der Beschäftigten und die Umsätze.

Auch die *Betriebsformen* fächerten auf. 1850 entstand in Eilenburg in Reaktion auf über-
höhte Einzelhandelspreise die erste Konsumgenossenschaft. 1867 bestanden bereits 111,
1904 653 Vereine. 1898 wurde mit der „Einkaufgenossenschaft der Kolonialwarenhändler"
der erste größere Einkaufsverein mittelständischer Einzelhändler gegründet. Die Edeka baute

noch vor dem 1. Weltkrieg eigene Produktionsbetriebe auf, entwickelte Eigenmarken und gründete eine Bank. Auch die 1927 geschaffene Rewe ist eine solche Lebensmittel-Einkaufsgenossenschaft. Zu Beginn des Kaiserreichs bildeten sich in verschiedenen Branchen größere Filialbetriebe. Am häufigsten waren sie bei Kolonial-, Manufaktur- und Tabakwaren. Der größte Filialbetrieb war Kaiser's Kaffeegeschäft, 1885 gegründet und 1910 bereits mit 1250 Filialen. Emil Tengelmann hatte gleichzeitig 400 Filialen. Gegen Ende des Kaiserreichs kamen als weitere Großbetriebsformen Kauf- und Warenhäuser auf. Sie hatten sich aus den niedrigpreisigen Bazaren entwickelt. 1891 wurde mit dem Berliner Kaiser-Bazar das erste deutsche Warenhaus – mit umfassendem Sortiment – eröffnet. 1914 gab es in Preußen 132, in Bayern 1910/11 44 Warenhäuser. Die bekanntesten von ihnen waren Hermann Tietz in Berlin (Hertie) und Leonhard Tietz in Köln (Kaufhof). Sie verfügten 1910 über 12 bzw. 15 Filialen. Die Zahl der Kaufhäuser – mit 1-3 Warengruppen – verdoppelte sich bis 1914 innerhalb von nur 5 Jahren auf rd. 5000. Am bekanntesten war Rudolf Karstadt, 1910 mit 18 Filialen. Mit der Portoverbilligung des beginnenden Kaiserreichs wurde der Versandhandel lohnend. Zunächst verbreitete sich der Fabrikversand, vor allem für Textilien, Kolonial- und Genusswaren. Spezialisierte Versandhändler für Textilien, Kosmetika und Kolonialwaren, ja sogar Fahrräder, Uhren, Schmuck und technische Gebrauchsgegenstände entstanden ab den 1870er Jahren. Später richteten größere Kauf- und Warenhäuser eigene Versandabteilungen ein.

Der 1. Weltkrieg bedeutete auch für den Einzelhandel eine Zäsur. Die allgemeine Kaufkraft hatte gelitten und erholte sich nur zögerlich. Hinzu kamen zunächst jahrelang Preisvorschriften und -kontrollen bei immer schneller galoppierender Inflation. Durch den Siegeszug des Warenhauses in den Goldenen 20er Jahren bedrängt, wandte sich der mittelständische Einzelhandel gegen Ende der *Weimarer Republik* großenteils den Nationalsozialisten zu und profitierte danach von Boykott und Arisierung jüdischer Geschäfte. *Nach dem 2. Weltkrieg* kamen kleinere Geschäfte bereits im Laufe der 1960er Jahre zunehmend in Bedrängnis („Ladensterben"). Das lag einmal am Aufstieg des Versandhandels seit den 1950er Jahren, der sich bereits in der Zwischenkriegszeit angedeutet hatte (Otto 1925, Quelle 1927/46, Neckermann 1948, Baur 1949). Zum anderen entstanden neue Großbetriebsformen wie Supermärkte in den 1950er, SB-Großhandel M. d. 1960er Jahre und SB-Warenhäuser in den 1970er Jahren. Die Konkurrenz wurde härter und die Margen schrumpften, als die Herstellerpreisbindung 1974 unzulässig wurde. Damit gerieten auch die Warenhäuser mit ihrem veralteten Konzept „Alles unter einem Dach" in Schwierigkeiten, zumal die Kunden mobiler geworden waren. Der Siegeszug der Discounter (Nahrungsmittel: Aldi, Lidl, Plus; Drogerie: dm, Schlecker) setzte in den 1970er Jahren ein und bescherte Deutschland vergleichsweise niedrige Lebenshaltungskosten. Im Gegensatz zu ihnen setzten seit den 1980er Jahren Einzelhandelsketten auf Qualität und Einkaufserlebnis (Bekleidung, Nahrung, Schmuck/Uhren, Parfümerie, aber auch (Öko-) Nahrungsmittel). Seit den 1990er Jahren verbinden Factory-Outlets Qualität und Preisgünstigkeit (Kleidung, Schuhe, Koffer, Sport etc.) und es kam zu einer Renaissance der Nachbarschaftsläden in verdichteten Wohnvierteln. Seit der Jahrtausendwende entwickelte sich der Internethandel mit Macht. Dabei stehen der Direktabsatz der Hersteller, seltene Spezialbedarfe und Auktionen im Mittelpunkt.

Presse: Für eine lebhafte Entwicklung der Presse bestanden in Deutschland wichtige Vorraussetzungen oder wurden dort geschaffen. So war die Alphabetisierung besonders hoch und das politische und kulturelle Interesse stieg in der 1. H. d. 19. Jh.s spürbar an. Wichtige druck- und satztechnische Entwicklungen nahmen zudem von Deutschland aus ihren Anfang. Hier wurden 1812 die Schnellpresse und 1884 die Linotype-Setzmaschine erfunden. Hinzu kam 1845 die Rotationsmaschine, so dass die Druck- und Satzkosten ab den 1820er Jahren deutlich sanken und Presseerzeugnisse erstmals für breitere Schichten erschwinglich wurden. Wichtige Tageszeitungen waren seit A. d. 18. Jh.s die Vossische Zeitung und ab 1848 die National-Zeitung in Berlin sowie seit 1798 die Allgemeine Zeitung in Tübingen bzw. Augsburg. Bekannte Illustrierte waren ab 1844 die Fliegenden Blätter und ab 1896 der Simplizissimus in München sowie ab 1853 die Gartenlaube in Leipzig. Während diese Blätter Stiche enthielten, war die Berliner Illustrirte Zeitung das erste deutsche Blatt des Fotojounalismus. Durch die technischen Innovationen des Offset-Tiefdrucks, der Zeilensetzmaschine und fortschrittlicher Verfahren der Papierherstellung konnte die BIZ für 10 Pf. verkauft werden und zielte damit auch auf Arbeiter. Als zweite auflagenstarke Illustrierte wurde 1921 die Arbeiter Illustrierte Zeitung gegründet. Nach dem 2. Weltkrieg herrschten in der Bundesrepublik sehr bald bunte Bilder vor. Klassiker waren seit 1948 Quick und Constanze/ Brigitte und seit 1954 Bunte. Hinzu kamen Programmzeitschriften wie seit 1946 Hör zu und seit 1947 das Nachrichtenmagazin Spiegel. Der Markt der Presseerzeugnisse ist seit den 1970er Jahre hinsichtlich der Verlage und Periodika stark aufgefächert. Zu den Druckerzeugnissen kamen seit den 1920er Jahren das Radio, seit den 1950er Jahren das Fernsehen. Beide waren zunächst ausschließlich öffentlich-rechtlich organisiert. Ab 1985 gab es auch private Sender. Sie hatten von Beginn an mit wirtschaftlichen Schwierigkeiten zu kämpfen. Seit 1993 verbreitet sich das Internet geradezu explosionsartig und bereitet vor allem den Tageszeitungen zunehmend Probleme. In der DDR herrschte faktisch eine Zweiteilung der Medien. Während Druckmedien durch Strafdrohung und Nachzensur weitgehend linientreu gehalten wurden, sorgten die Empfangsmöglichkeiten westlicher Radio- und Fernsehprogramme faktisch für eine Westorientierung weiter Teile der Bevölkerung.

Banken: Das deutsche Bankwesen stand zu Beginn des 19. Jh.s vor einem Entwicklungsschub. Die traditionellen *Privatbankiers* stammten allesamt aus dem Handels-, Kommissions- oder Speditionsgeschäft und waren schon von daher eng mit den Kaufmannsfamilien verbunden. Sie pflegten das Girogeschäft am Ort, diskontierten Wechsel, wechselten Sorten, beliehen, kauften und verkauften Wertpapiere. Die Frankfurter und Wiener Privatbankiers emittierten und platzierten darüber hinaus Aktien, vor allem aber Staats- und Privatanleihen. Unter den deutschen Privatbankiers ragten Bankdynastien in Frankfurt (Rothschild, Bethmann, Hauck, Metzler), Köln (Schaaffhausen, Oppenheim, Herstatt, Stein) und Berlin (Bleichröder) hervor. Aus den 1770er Jahren stammten die ersten *Landschaften*, die zunächst in Preußen, später auch in anderen norddeutschen Ländern, Württemberg und Sachsen entstanden waren. Da sie Zwangskreditgenossenschaften waren, hafteten alle Rittergüter einer Provinz solidarisch für jeden einzelnen Kredit. Daher waren ihre Schuldverschreibungen quasi „öffentliche" Pfandbriefe. Erst in den 1860er Jahren bekamen diese Papiere Konkurrenz durch Pfandbriefe und Kommunalobligationen privater Hypothekenbanken, für die 1862-72 die wesentlichen normativen Grundlagen geschaffen wurden. Bis zur Reichsgründung folgte eine Welle von Neugründungen, die ein wesentliches Segment des deutschen Anleihemarktes schufen.

Daneben hatten verschiedene Länder *staatliche Banken* geschaffen, um die ihnen notwendigen Bankgeschäfte selbst abwickeln und ggf. lenkend in die Wirtschaft eingreifen zu können (Preußische Seehandlung 1772, Bayerische Staatsbank 1780/1806). Seit den 1830er Jahren entstanden in den deutschen Klein- und Mittelstaaten Landeskreditkassen als öffentlich-rechtliche Bodenkreditanstalten. Ihre Hauptaufgabe war zunächst die Finanzierung der Ablösung der bäuerlichen Lasten, später ganz allgemein der Bodenkredit. Auch *Notenbanken* waren vielfach staatliche Banken. Das wichtigste Beispiel war Preußen mit seiner 1765 gegründeten Königlichen Bank, die 1846 in die Preußische Bank und 1876 in die Reichsbank überführt wurde. Daneben gab es zunächst nur wenige private Notenbanken wie ab 1836 die Bayerische Hypotheken- und Wechsel-Bank und ab 1839 die Leipziger Bank, bevor der zunehmende Bedarf an flexiblen Zahlungsmitteln 1853-57 zu einer Gründungswelle von 20 Notenbanken führte. In derselben Zeit wurden auch mehrere *Aktienbanken* mit dem Ziel des gewerblichen Kredits geschaffen. Neben die überregional tätigen Institute Schaafhausenscher Bankverein (1848), Disconto-Gesellschaft (1851), Darmstädter Bank (1853) und Berliner Handels-Gesellschaft (1856) traten in Hamburg, Meiningen und Breslau Banken regionaler Bedeutung. Diese Banken pflegten zum großen Teil das gewerbliche Kreditgeschäft gegen bewegliche Sicherheiten nach dem Vorbild des Pariser Crédit Mobilier, nachdem den Kaufleuten Jahrzehnte lang im Wesentlichen nur der Wechselkredit zur Verfügung gestanden hatte. Im Gründerboom kam es 1869-72 zu einer zweiten Welle von Aktienbankgründungen (1869 Deutsche Bank, Bayerische Vereinsbank und Bayerische Handelsbank, 1872 Commerz- und Diskonto-Bank sowie Dresdner Bank). Diese Institute eröffneten in rascher Folge Filialen und verdrängten die Privatbankiers als führende gewerbliche Kreditgeber.

Nach einigen ähnlichen Einrichtungen wie Leihbanken, Waisenkassen und Humanitätsvereinen, die ab den 1730er Jahren immer wieder entstanden waren, wurden im letzten V. d. 18. Jh.s vor allem in Norddeutschland einige *Sparkassen* gegründet. Die erste von ihnen war 1778 die „Ersparungskasse" der Hamburger Patriotischen Gesellschaft. Nach der napoleonischen Zeit folgte eine Welle kommunaler Sparkassen, deren erste bereits 1801 in Göttingen errichtet worden war. Gerade solche Institute sollten die Ersparnisbildung ärmerer Schichten fördern. Dies gelang seit den 1840er Jahren immer besser. So verdreifachten sich Zahl und Einlagen preußischer Sparkassen in dieser Zeit. In Preußen bestanden 1850 243, in Bayern 170 Sparkassen. Die lebhafte Entwicklung setze sich bis zum Ende des Kaiserreiches fort. Das Reichsscheckgesetz ermöglichte den Sparkassen die passive Scheckfähigkeit und legte damit die Basis für ihre Entwicklung zu Universalbanken. In der Folge wurden sie neben genossenschaftlichen und privaten Banken eine der drei Säulen des deutschen Bankwesens mit starken Wurzeln in Mittelschicht und mittelständischer Wirtschaft. Dort fußen auch die in Deutschland besonders starken *Genossenschaftsbanken*. Bereits 1849 gründete Hermann Schulze-Delitzsch die erste gewerbliche Genossenschaft. Er propagierte Spar- und Konsumvereine, Vorschuss- und Kreditvereine, Absatz- und Produktionsgenossenschaften. 1862 schuf Friedrich Wilhelm Raiffeisen die erste landwirtschaftliche Kreditgenossenschaft. Beide Ideen verbreiteten sich in der Folge explosionsartig, so dass 1906 bereits 15 100 Kreditgenossenschaften nach Raiffeisen und Schulze-Delitzsch bestanden.

Nachdem die Aktienprimär- und -sekundärmärkte in der Takeoff-Phase eine zentrale Rolle bei der Finanzierung der aufblühenden Eisenbahnen und Banken gespielt hatten, gewann die durch Bankkredit ab den 1860er Jahren zunehmend an Bedeutung. An die Stelle der

Aktien- und Anleihefinanzierung trat das *Hausbankprinzip*. Deren Kehrseite war einerseits die intensive Beteiligung der Banken an den deutschen Unternehmen, die sich in zahlreichen Aufsichtsratsmandaten niederschlug und im Laufe der Zeit zu einer „Deutschland AG" führte, andererseits die Austrocknung der Aktienbörsen, die spätestens seit dem Börsengesetz 1896 in dem Ruf standen, von den Großbanken manipuliert zu werden. Dieser Ruf verfestigte sich im inoffiziellen Handel des 1. Weltkriegs, den Turbulenzen von Hyperinflation und Weltwirtschaftskrise, durch die Propaganda des 3. Reiches und den dünnen Handel der 1950er bis 70er Jahre, so dass die Aktienquote am deutschen Vermögen bis in die 1990er Jahre sehr niedrig blieb. Auch andere Trends verstetigten sich im Bankwesen des Kaiserreichs. Einerseits erstarkten Genossenschaftsbanken und Sparkassen mit Bankgeschäften für Mittelstand und -schicht und die Großbanken mit dem Wachstum größerer Unternehmen als ihrer Hauptkunden im In- und Ausland. Andererseits ging der Einfluss der Privatbankiers kontinuierlich zurück. Die Turbulenzen der Weimarer Republik beeinträchtigten auch die Banken gravierend. In der Hoch- und Hyperinflation und 1929 kam es zu etlichen Übernahmen und Fusionen, die die o.g. Trends fortsetzten. Bankensystem (und Volkswirtschaft) Deutschlands wurden je länger desto mehr dadurch gefährdet, dass dessen hohe Reparationszahlungen direkt und indirekt durch kurzfristige amerikanische Kredite finanziert wurden.[111] Als die US-Wirtschaft in der Weltwirtschaftskrise selbst Liquidität benötigte, zog sie diese Mittel ab und bewirkte im Juli 1931 den Zusammenbruch einer Großbank (der Danat-Bank) und die Verstaatlichung einer anderen (der Dresdner Bank). Diese hatte in der Folge eine wichtige Funktion bei der Finanzierung der Politik des Nazi-Regimes. Je länger das 3. Reich andauerte, desto wichtiger wurde die Rolle der Banken bei der Abschöpfung der volkswirtschaftlichen Überliquidität beim Publikum und der Weiterleitung der Mittel an den Staat zum Zweck der Rüstungs- und Kriegsfinanzierung.

Mit der *Dekonzentration* teilten die Alliierten 1947 die bestehenden drei Großbanken entlang der Grenzen der damals 11 deutschen Länder in 30 Nachfolginstitute auf. Bereits 1952 machte die Bundesrepublik diese Aufteilung teilweise und 1957 vollständig rückgängig. Im Zuge der allgemeinen Liberalisierung liefen auch die (seit 1928 bestehenden und allgemein verbindlich erklärten) Zinsabkommen 1967 aus. Wiederum folgten die großen deutschen Banken ihrer Industriekundschaft ins Ausland, bauten dort in den 1960er Jahren ein dichtes Netz von Korrespondenzbanken und in den 1970er Jahren ein solches von Niederlassungen, Filialen und Tochtergesellschaften auf. Das Aufblühen des internationalen Investment Banking führte ab den 1980er Jahren zu einem Bedeutungsverlust der deutschen Banken und ihres Hausbankprinzips. Die Folge war ein Erstarken der organisierten Finanzmärkte („*Disintermediation*"). Bereits in den 1970er/80er Jahren hatten internationale deutsche Konzerne dem Hausbankprinzip den Rücken gekehrt. In den 1990er Jahren wurden traditionelle Gebührenmodelle immer weniger tragfähig, so dass zeitweise Discount Banks den herkömmlichen Banken gerade im ertragreichen provisionsabhängigen Geschäft Marktanteile abnahmen. Hochpreispolitik war auch ein wichtiger Grund für jahrelange Marktanteilsverluste der Sparkassen. Gleichzeitig führten hohe Kreditausfälle im ostdeutschen Immobilienkreditgeschäft dazu, dass die Bayerische Hypotheken- und Wechsel-Bank 1998 von der Bayerischen Vereinsbank und diese 2005 von der italienischen UniCredit übernommen werden musste. Die Turbulenzen an den Finanzmärkten resultierten in der Finanzmarktkrise seit 2008 in umfangreichen staatlichen Hilfen und Übernahmen. U.a. verstaatlichte der Bund die Hypo Real Estate und beteiligte sich maßgeblich an der Commerzbank.

# 5 Kontinuität und Wandel: Blick zurück auf 1500 Jahre

## 5.1 Vielfalt: Polyzentrismus und Zweiteilung

Deutschland ist ein ungewöhnlich vielfältiges Land. Schon Geografie und Geologie sorgen für regional höchst unterschiedliche Lebens- und Wirtschaftsbedingungen. Das Land hat mit Bergen und Meer nur im Süden und Norden natürliche Grenzen, nicht jedoch im Westen und Osten, so dass sich seine Ausdehnung immer wieder verändert hat. Deutschland hatte nie ein klares *Zentrum*. Zunächst reisten die Herrscher sogar im Land herum und nahmen mit ihrem Gefolge in dieser Pfalz oder in jenem Kloster Quartier. Dieses Reisekönigtum endete M. d. 13. Jh.s mit dem Aussterben der Staufer. Zwar konzentrierten danach einzelne Könige oder Kaiser ihre Macht an einem Hof – wie Ludwig der Bayer in München, die Luxemburger in Prag oder die Habsburger in Wien –, auch sie reisten jedoch viel. Die Residenz des Kaisers – lange Zeit Wien – war das Machtzentrum des Reiches. Daneben nahmen andere Städte zentrale Funktionen des Reiches wahr. So fand die Königswahl in Frankfurt/M., die Krönung zum König oder Kaiser seit 936 in Aachen und seit 1562 in Frankfurt/M. statt. Reichtage wurden zunächst an wechselnden Orten einberufen. Bedeutende Reichstage gab es in Mainz, Worms und Augsburg. Als ihre Aufgaben mit der Entstehung des frühmodernen Staates immer umfangreicher wurden, richtete man 1663-1806 in Regensburg einen „Immerwähren-den Reichstag" als Gesandtenkongress ein. Die Reichsinsignien wurden bis ins 15. Jh. wech-selnden Reichsburgen oder Ministerialen übergeben, bevor sie 1423 in Nürnberg und 1800 in Wien dauerhafte Bleibe fanden. Während Königs- und Reichshofgerichte lange Zeit dem König folgten, schuf der Reichstag 1495 das Reichskammergericht, das zunächst in Speyer, 1689-1806 in Wetzlar residierte. Erst 1871 wurde Berlin zur offiziellen deutschen Hauptstadt und blieb es bis heute, auch wenn es 1949-90 de facto nur Hauptstadt der DDR war und Bonn das eigentliche Machtzentrum der Bundesrepublik.

Neben den zentralen Orten des Reiches gab es immer konkurrierende regionale Machtzent-ren. Da waren zunächst bis ins 13. Jh. die Stammesherzogtümer, die unabhängig von einer eventuellen Hauptpfalz oder –stadt wie Braunschweig oder Regensburg ebenfalls auf Reisen regiert wurden. Durch den durch das Interregnum beschleunigten Territorialisierungsprozess traten an Stelle der alten Herzogtümer Tausende von mehr oder weniger kleinen Fürsten und Städten. Die politische *Zersplitterung* zeigte sich auch in den Münz-, Maß-, Rechts-, Zoll-

und Steuerverhältnissen, die im Spätmittelalter völlig unübersichtliche Formen annahmen. Die Residenzen der größeren Fürstentümer bildeten jeweils ein eigenes Kristallisationszentrum, das im Zeitalter des Absolutismus schon allein wegen des wirtschaftlichen Gewichts von Hofhaltung und zentraler Verwaltung an Bedeutung gewann. Die größeren Städte waren vielfach Reichsstädte. Unter den „Großstädten" war lediglich Wien landsässig und unter den mittleren Städten nur eine Hand voll – wie Berlin, Hannover, Dresden, Leipzig, München, Stuttgart und Prag. Während des Alten Reichs gab es also immer auch unabhängige, relativ frei agierende große Städte wie Lübeck, Hamburg, Köln, Frankfurt, Straßburg, Augsburg und Nürnberg. Die Vielfalt der politischen Landkarte hatte auch den Effekt, dass in Deutschland von Region zu Region, ja von Ort zu Ort höchst unterschiedliche Lebensverhältnisse bestanden – und mit ihnen die Möglichkeit auszuweichen: Da gab es lutherische, reformierte, katholische und paritätisch verfasste Reichsstände, ständisch und absolutistisch verfasste Fürstentümer, Fürstbistümer und Reichsabteien, Reichsritter und Reichsdörfer, zünftisch und patrizisch verfasste Reichsstädte. Wenn diese enorme Vielfalt auch mit dem Reichsdeputationshauptschluss 1806 verschwand, wirkt sie doch im Selbstverständnis der Regionen bis heute fort. Die Namen alter Herrschaftseinheiten wie Ostfriesland, das bergische, märkische, hohenlohesche oder Werdenfelser Land sind auch heute noch gebräuchlich und mit Ausnahme des 3. Reiches hatten die deutschen Teilstaaten immer gewichtige politische Rechte – wenn sie nicht ganz souverän waren wie 1648 - 1871.

Bei aller Vielfalt bildeten sich über die Jahrhunderte immer wieder *Zweiteilungen* heraus. So hatten die ehemals römischen Gebiete links des Rheins und südlich der Donau im Frühmittelalter allein schon wegen der erhalten gebliebenen römischen Straßen, Städten und Fertigkeiten und den vergleichsweise guten Verbindungen zum weiter entwickelten Süden einen Entwicklungsvorsprung. Im Hoch- und Spätmittelalter kamen andere wirtschaftliche Schwerpunkte hinzu wie die Salz, Silber u.a. Metalle fördernden Gegenden Sachsens, Nordböhmens, der Oberpfalz, Tirols und der Steiermark, außerdem die Hansestädte an Ost- und Nordsee und die oberdeutschen Handelsmetropolen – allen voran Augsburg und Nürnberg. Außerdem bahnte sich eine Differenzierung an, die bis in die Industrielle Revolution wirken sollte – die Aufteilung in Realteilungs- und Anerbengebiete. In den Realteilungsgebieten im Westen, Südwesten und Thüringen wurden im Laufe der Zeit Hofgrößen erreicht, die viele Menschen zwangen, in gewerbliche, zunächst textile Produktion auszuweichen. Eine typische, flexible und doch stabile Mischung aus Nebenerwerbslandwirtschaft und Verlagswesen, später Kleinindustrie bildete sich aus und die Industrialisierung konnte auf eine breite Schicht erfahrener Handwerker zurückgreifen, wohingegen in Anerbengebieten zwar größere Höfe, daneben aber zunächst nur Ungelernte vorhanden waren. Während im Westen großenteils ein relativ freies Bauerntum bestand, dem sich immer wieder Alternativen eröffneten, bildeten sich östlich der Elbe mit Beginn der Neuzeit Gutswirtschaft und Bindung der Menschen an die Scholle aus. Ganze Dörfer wurden abgesiedelt, die Bauern zu Landarbeiter, an die Scholle gebunden. Die Resultate waren gravierend: Die Eigeninitiative wurde tendenziell behindert, die Bevölkerungsdichte blieb gegenüber der des Westens zurück. Das Resultat war eine sehr unterschiedliche Siedlungs- und Städtedichte westlich und östlich der Elbe. Betriebsgrößenvorteilen stand volkswirtschaftlich im Osten ein Verlust von Agglomerationsvorteilen gegenüber. Die Unterschiede der Siedlungsstruktur bestehen bis heute fort.

Das Gleiche gilt für die *konfessionelle Spaltung* seit der Reformation. Die Grenzen liegen im Wesentlichen seit M. d. 16. Jh.s fest: Die norddeutsche Tiefebene ist überwiegend evangelisch, im Mittelgebirge wechseln einander evangelische und katholische Gegenden ab und Altbayern ist katholisch. Nur im deutschsprachigen Österreich und in Böhmen, die Rom bereits weitgehend verloren waren, fand im 17. Jh. eine Rekatholisierung statt. Die Konfession spielte für die Entwicklung immer wieder eine wichtige Rolle. Die Alphabetisierung der evang. Bevölkerung schritt in der 2. H. d. 17. und im 18. Jh.s deutlich schneller voran, sie war flexibler und adaptiert kulturelle, technische und ökonomische Anregungen schneller. Dies mag allerdings auch an der kulturellen Affinität zu den ökonomisch führenden westlichen Nachbarn Holland und England und ihrem ökonomischen Sog gelegen haben. Wo Anregungen aus dem katholischen Lager kamen, wie der Julianische Kalender, stemmten sich umgekehrt die Protestanten zunächst gegen eine Übernahme. Dennoch ist unbestritten, dass katholische Gegenden bis nach dem 2. Weltkrieg konservativer waren. So haben Katholiken gesellschaftliche Trends wie den zu kleineren Familien durchweg später aufgegriffen und waren weniger anfällig für politische Moden wie die der NSDAP seit der späten Weimarer Republik. Max Webers These des größeren ökonomischen Erfolgs evang. Regionen und Bevölkerungsgruppen ist jedenfalls heute für lange Zeiträume unbestritten, obwohl seine Argumentation über die Rolle der calvinschen Prädestinationslehre wohl nicht zutrifft. Heute ist eine starke Aufweichung traditioneller konfessioneller Frontstellung zu erkennen. Zum einen ist Religion für die meisten Deutschen weniger wichtig. Durch Kirchenaustritte sind inzwischen 20-80% der Bevölkerung der einzelnen Bundesländer konfessionslos. Die Zunahme muslimischer und orthodoxer Bevölkerungsteile relativiert die Unterschiede ohnehin. Außerdem trat nach dem 2. Weltkrieg durch Wanderungsbewegungen eine Vermischung ein. So entfalten heute gerade die katholischen und gemischt-konfessionellen Regionen des Südens eine starke ökonomische Sogwirkung. Der Zuschnitt der Bundesländer nimmt auf traditionelle konfessionelle Grenzen ohnehin keine Rücksicht, so dass die christlichen Konfessionen in vielen von ihnen in einem Verhältnis von 1:1 (Baden-Württemberg), 3:2 (Nordrhein-Westfalen und Rheinland-Pfalz) oder 2:1 stehen (Bayern, Hessen, Niedersachsen und Thüringen).

Mit der Westorientierung der Weltwirtschaft verschoben sich im Laufe der Neuzeit die *wirtschaftlichen Gewichte* in Deutschland. Das Zurückfallen des Mittelmeerraums bedeutete auch ein Zurückfallen des dorthin orientierten Südens Deutschlands, während der Norden und Westen vom Aufblühen der westeuropäischen Länder und des Atlantikhandels profitierte. Allerdings betraf diese Entwicklung ab dem 19. Jh. nur die Breite, nie die Spitze. So hatte Bayern bereits in der 1. H. d. 19. Jh.s hervorragende wissenschaftliche und technische Resultate aufzuweisen. Joseph von Fraunhofer begründete ab 1807 den wissenschaftlichen Fernrohrbau und fand die Fraunhoferschen Linien der Lichtbrechung. In Würzburg baute die Fa. König & Bauer ab 1817 die ersten Schnellpressen und begründete damit die Druckindustrie. 1835 wurde die erste deutsche Dampfeisenbahn zwischen Nürnberg und Fürth eröffnet, 1840 eine der ersten Fernstrecken zwischen Augsburg und München. 1841 lieferte Maffei in München bereits seine erste Lokomotive aus. 1835 gründete man die Bayer. Hypotheken- und Wechsel-Bank als erste deutsche Aktienbank. Sie und der Ludwigskanal waren mit je 10 Mio fl. die ersten großen Aktienemissionen in Deutschland, der Ludwigskanal zudem die erste internationale Emission. Industrielle Kerne bildeten sich in Würzburg, Hof, München, vor allem aber in Augsburg und Nürnberg. Dennoch war Bayern bis zum 2. Weltkrieg vergleichsweise wenig industrialisiert. Die Industrie ballte sich stattdessen um Aachen, an Rhein und Ruhr, an Rhein und Neckar, in und um Berlin und Hamburg, in Sachsen und Oberschlesien. Dies änderte sich erst nach dem 2. Weltkrieg, als mit der Verlagerung des Frachtverkehrs auf die Straße neue Industriestandorte entstanden und die Weltmärkte alten Standorten von Bergbau und Schwerindustrie zusetzten. Seit den 1970er Jahren stehen angesichts weiter zunehmender Faktormobilität zunehmend weiche Faktoren wie der Freizeitwert einer Region im Mittelpunkt von Standortentscheidungen, so dass Städte wie Stuttgart und Düsseldorf und Regionen wie Rhein-Main und Oberbayern zu neuen Agglomerations- und Einkommensschwerpunkten werden, zumal sie kaum die Last alter Industrien tragen. Aus all diesen Entwicklungslinien resultiert heute eine doppelte Zweiteilung – ein Süd-Nord-Gefälle und ein West-Ost-Gefälle bei den Einkommen, hervorgerufen u.a. durch jeweils jahrzehntelange Abwanderung.

# 5.2       Der langsame Wandel: Denkweisen und Gesellschaft

Zivilisationsprozess: Norbert Elias hat 1939 erstmals im Gesamtzusammenhang einen Prozess dargestellt, der ab dem Hochmittelalter auf weiten Gebieten der westlichen Zivilisation zu einer immer stärkeren Disziplinierung und Verfeinerung führte. Dieser Prozess wurde von der jeweils tonangebenden Schicht vorangetrieben – in Mittelalter und Früher Neuzeit dem Adel, danach dem gehobenen Bürgertum – und sickerte im Laufe der Zeit in die übrigen gesellschaftlichen Gruppen und Schichten ein. Elias selbst führte die Entwicklung auf den Gebieten von Essen, Sprache, Kleidung, natürlichen Bedürfnisse, Umgang der Geschlechter und Aggressivität aus. Er konstatierte die Zunahme der Bevölkerung als Haupttriebfeder und sah parallel und interdependent zum Zivilisationsprozess die allmähliche Ausbildung des modernen Staates von der allgemeinen Machtkonkurrenz hin zum Machtmonopol des Staates. Dem entsprächen auf der individuellen Ebene Tendenzen zu Selbstzwang, Triebdämpfung, Psychologisierung und Rationalisierung, Scham und Peinlichkeit.[112] Elias' Argumentation wurde vielfach als vereinfachend oder gar unzutreffend angegriffen.[113] Dabei ist die Richtigkeit der von ihm behaupteten Tendenz unabhängig von Details bis zum 1. Weltkrieg gar nicht zu bestreiten. Komplizierter wird es danach. Zwar wirkt der Zivilisationsprozess bei Aggressivität – mit Ausnahme staatlicher Gewalt – und – mit Einschränkungen - bei den natürlichen Bedürfnissen weiter, in anderen Bereichen ist jedoch seit der Weimarer Republik eine zunehmende Liberalisierung eingetreten. So werden Essmanieren, Sprache und Kleidung, Umgang der Geschlechter und Sexualität zunehmend individueller und lockerer gehandhabt. Über die Gründe kann man nur spekulieren. Sie könnten in der Verunsicherung der Menschen im und nach dem 1. Weltkrieg oder/ und der weiter zunehmende Beschleunigung ihres Lebens liegen, die mit dem Rationalisierungsschub der 1920er durch Fließfertigung und Taylorismus eine kritische Schwelle überschritten hatte, jenseits derer nicht mehr alle bisherigen Regeln akribisch einzuhalten waren.

Norbert Elias hat im soziogenetischen Teil seiner Zivilisationstheorie das Frühmittelalter als Phase der feudalen Desintegration gekennzeichnet. Die Herrschenden jeder Ebene belohnten Gefolgschaft durch Geschenke – vor allem Grund und Boden. Durch Autorität und Aussicht auf weitere Belohnungen sicherten sie sich weiteren Gehorsam. Die Herrscher konnten wegen der schlechten Verkehrsverhältnisse kaum vor Ort eingreifen und mussten sich auf ihre regionalen Vertreter verlassen. Die Gefolgsleute saßen dagegen auf ihrem Land und verfügten über dessen Ressourcen. Im Frühmittelalter waren auch kleine Einheiten wirtschaftlich überlebensfähig. Da die Wege schlecht waren und es kaum Handel über weitere Strecken gab, erzwangen keine ökonomischen Gründe eine Zentralisierung. Daher waren die örtlichen Lehnsnehmer kaum auf den Herrscher angewiesen, so lange sie nicht bedroht wurden und dessen Schutz benötigten. War der Herrscher schwach, zu weit entfernt oder anderweitig beschäftigt, so schlug das Faktum dieser Verfügungsgewalt voll durch und sorgte für die Verselbständigung der Lehnsnehmer. Verstärkt wurde die Tendenz mit der allmählichen Vererbbarkeit der Lehen. Bereits in der Merowingerzeit wurden gerade die großen Lehen innerhalb der Familie weiter gegeben. Dieser Trend schritt in der Karolingerzeit fort und war am Ende der Stauferzeit abgeschlossen. Kaiser und Könige konnten sich immer nur auf kürzere Sicht gegen den dem frühen Feudalismus inhärenten Trend der Desintegration stemmen. Das gelang starken Herrschern naturgemäß besser als schwachen, in Kriegs- eher als in Friedenszeiten. Schon in der nächsten Generation jedoch schlugen Maßnahmen, die ursprünglich zur Stärkung der Zentralgewalt ergriffen worden waren, vielfach in das Gegenteil um. So schuf Karl d. Gr. eine Reihe von Pfalz- und Markgrafschaften, die ihrerseits zu Ausgangspunkten regionaler Machtzentren wurden. Ganz ähnlich führte die Zerschlagung der alten Stammesherzogtümer und Belehnung mehrerer Bischöfe mit Teilherzogtümern unter Friedrich II. Barbarossa im weiteren Verlauf zu einem größeren Einfluss Roms und einer erneuten Schwächung des Kaisertums. So gesehen zog also der Herrscher am besten in den Krieg. Nur dann waren seine Gefolgsleute auf ihn angewiesen und er konnte – einen glücklichen Ausgang vorausgesetzt – Land verteilen, um sich weitere Gefolgschaft zu sichern. Dem frühen Feudalismus wohnte also eine Tendenz zur Expansion inne. Sobald ein Staatsgebilde nicht mehr bedroht war, begann es zu zerfallen. Das war in Frankreich und Italien früher der Fall als in Deutschland, in dem Ungarn und Slawen im 10. Jh. eine ständige Bedrohung darstellten. Außerdem gelang es zu Beginn des Hochmittelalters, mit der deutschen Ostexpansion und kurz darauf mit den Kreuzzügen, weitere Tätigkeitsfelder für tatendurstige Adelige zu erschließen. Als diese Bewegungen jedoch im ausgehenden Hochmittelalter ausliefen, trat auch in Deutschland das Lehnswesen in sein letztes Stadium.

Sobald die lokalen und regionalen Herren die Aberkennung ihrer Lehen nicht mehr fürchten mussten und sie selbständig vererben konnten, machten sie sich an die Arrondierung ihres Gebietes. Dieser Prozess begann in Deutschland mit Macht nach der Zerschlagung der alten Stammesherzogtümer unter Friedrich II. Barbarossa. Gerade in der noch nicht verfestigten Welt der beginnenden Territorialisierung des 12. und 13. Jh.s lief dieser Prozess mit großer Geschwindigkeit ab. Bekannte Beispiele sind der Aufstieg der Habsburger in ihren Stammlanden[114] und der Übergang Bayerns vom Stammesherzogtum zum Territorialstaat, der durch eine Fülle von Heimfällen gelang. Da sich gleichzeitig die Verkehrsverhältnisse besserten und die aufkommende Geldwirtschaft eine effizientere Steuererhebung und Besoldung möglich machte, konnten immer größere Territorien zentral regiert werden. Das kam jedoch nicht dem Kaiser zu Gute, da die Fürsten in der entscheidenden Zeit der Territorialisierung zumeist schwache Könige wählten. Auch das Spätmittelalter und die Frühe Neuzeit waren daher durch Kämpfe zwischen einzelnen Territorialherren bestimmt, wenn sich auch die Herrschaftsgebiete zunehmend verfestigten. Daneben machte die Fundierung der territorialen Herrschaft und Verwaltung nach innen hin bis zum Ende des Hochmittelalters einen ersten großen Schritt. Man denke nur an die Entwicklung von Land-, Hof- und Lehnsrecht, des Stadt- und Handelsrecht sowie die Neufassung des herkömmlichen Rechts in den Rechtsspiegeln. Man denke auch an die ersten Ansätze einer neuzeitlichen Verwaltung, eines Berufsbeamtentums und einer systematischen Steuererhebung.[115] Folgt man Norbert Elias, so gab und gibt es zumindest in Europa ganz langfristige Schwankungen der Zentralität der politischen Autorität. Bis zum 5. Jh. bauten die Kernstaaten der Antike ihre Zentralgewalt aus, bevor diese bis zum 13. Jh. im frühen Feudalismus zunehmend verfiel und es danach bis heute zum Aufbau immer größerer Zentralgewalten kam. Elias führt dies auf die Herrschaftsmechanismen zurück. Wo – wie im frühen Feudalismus – die Belohnung von Gefolgschaft zur Schwächung der Zentralgewalt führt, hat dies langfristige Auswirkungen. Unter anderen Umständen führt der Konkurrenzkampf zwischen den Herrschenden im Laufe der Jahrhunderte zur immer stärkeren Monopolisierung der Macht. Diese Prozesse ziehen sich unter diversen Rückschlägen über etliche Jahrhunderte hin; sie sind nach Elias aber unaufhaltsam, weil sie einer inneren Zwangsläufigkeit gehorchen, die eng mit dem Zwang zur Disziplinierung des einzelnen Individuums bei zunehmender Bevölkerungsdichte korrespondiert.

Denkweisen: Deutschland ist in gesellschaftlichen Fragen von einem gewissen *Konservativismus*. Hier hielten sich germanische Rechtstraditionen in den Leges und Spiegeln besonders lang – teilweise bis E. d. 19. Jh.s. Ein Beispiel ist auch die äußerst zögerliche Einführung der Gewerbefreiheit – in einigen Teilen Deutschlands erst 1871 –, die zudem 1935 bzw. 1953 für den Bereich des Handwerks wieder zurückgenommen wurde und im Bereich der Freien Berufe stärkeren Einschränkungen unterlag als international üblich (Zulassungsbarrieren, Honorar-Ordnungen, Größenbeschränkungen, Filialverbote etc.). Ein weiteres Beispiel für gesellschaftliches Beharrungsvermögen war das besonders späte Abrücken der Deutschen von repressiver Erziehung. Dies ließ sich das gesamte 19. Jh. hindurch beobachten und noch A. d. 1970er Jahre befürworteten 70% der Deutschen das Schlagen von Kindern.[116] Auch bei der Frauenemanzipation ist Deutschland ein ausgesprochener Nachzügler. In kaum einem europäischen Land war der Anteil der Frauen an Führungspositionen – etwa in der Wirtschaft oder an den Universitäten – lange Zeit so gering wie hier. Und schließlich hielten die (West-) Deutschen den großen Kirchen lange die Treue. So waren noch 1980 95% aller Westdeutschen Mitglied einer Kirche und 2005 immerhin noch 80%.

Kerneuropa von England bis Norditalien und darunter Mitteleuropa in seinem Zentrum hat das moderne westliche Weltbild und Denken hervorgebracht. Es ist durch eine ganze Reihe von Eigenschaften und Überzeugungen der Menschen geprägt, die in dieser Kombination einzigartig, überaus erfolgreich und in alle Kontinente exportiert worden sind – wie ganz allgemein Expansionismus und Blick nach Außen Europa kennzeichnen. Weltbild und Denken der Europäer sind über viele Jahrhunderte in mehreren mentalen Revolutionen entstanden. Grundsätzlich ist dem Menschen divergentes Denken angeboren – kreativ und assoziativ. Er kann aber auch konvergentes, also systematisches, logisches, diszipliniertes Denken erwerben. Kerneuropa hat das eine entwickelt, ohne das andere zu verlieren (s kap.5.4). Bereits das *Hochmittelalter* brachte mit seinen breiten Bewegungen von Binnen- und Ostkolonisation, Kreuzzügen, Stadt- und Klostergründungswellen wichtige Impulse mit sich. Die Zahl der Führungspositionen stieg sprunghaft und förderte die Eigeninitiative und dem zunehmenden Bevölkerungsdruck wurde u.a. mit kreativen neuen Lösungen begegnet. Gleichzeitig förderte die Scholastik das logische Denken; Deduktion und Dialektik wurden für Jahrhunderte zum Ideal der Bildung und Argumentation. Bereits im 13. Jh. bildete sich jedoch in Oxford bzw. Paris eine Gruppe von empirisch arbeitenden Wissenschaftlern, die mit ihrer radikalen Unvoreingenommenheit die wissenschaftliche Revolution der Renaissance vorbereitete. Zu Beginn der Neuzeit ging es Schlag auf Schlag: Die *Reformation* förderte durch die Verbreitung von Schriftkenntnissen und den direkten Kontakt zwischen Gott und den Gläubigen die Selbstverantwortung – entgegen Luthers Grundsatz der „sola gratia". Der *Humanismus* betonte die Menschenwürde. Geschriebene wie ungeschriebene Regeln hoben sowohl die Disziplin als auch das Vertrauen zumindest zwischen Standes- oder Zunftgenossen. Die *Aufklärung* propagierte im 18. Jh. die Vernunft als Maßstab allen Handelns und Denkens und pflanzte die Idee der Gleichheit in die Köpfe der Menschen, die letztlich in die Demokratie mündete. Die enorme Beschleunigung durch die *Industrielle Revolution* verhalf zusammen mit der gleichzeitigen Explosion des technischen, wissenschaftlichen und organisatorischen Wissens dem Fortschrittsglauben zum Durchbruch und im 20. Jh. konnten sich Demokratie und Individualismus letztendlich gegen totalitäre Ideologien durchsetzen. All diese Bewegungen haben ihre Spuren in einer höchst komplexen Gesellschaft hinterlassen.

Individualisierung: Das mittelalterliche und neuzeitliche Kerneuropa mit Deutschland im Zentrum empfing von allen Seiten Anregungen, gab sie weiter und erstarrte daher nie im gleichen Maße wie andere Epochen und Regionen. So wurden einige sehr langfristige Entwicklungen auch in Stagnationsperioden nie ganz unterbrochen. Das gilt zunächst für das Phänomen der Individualisierung, die – nach ersten Ansätzen antiker Eliten – in breiteren Kreisen erstmals im hochmittelalterlichen Kerneuropa fassbar wird. Zwar sind Signierungen von Schwertern bereits im 8. und 9. Jh. und von Bronzetüren um die Jahrtausendwende nachweisbar, sie betrafen jedoch ausschließlich absolute Spitzenwerke. Mit Ausnahme einiger weniger herausragender Einzelpersonen hat sich der Mensch des Frühen und beginnenden Hohen Mittelalters vermutlich primär als Mitglied einer Gemeinschaft definiert („gebundene Individualität").[117] Erst im Laufe des Hochmittelalters häuften sich die Anzeichen dafür, dass sich weitere gesellschaftliche Gruppen ihrer Individualität bewusst wurden. Ab dem 11. Jh. schrieb man wieder Autobiografien, ab dem 12. bürgerten sich Ich-Erzählungen ein und im 13. thematisieren Minnesänger erstmals persönliche Erfahrungen. Erstmals seit der Antike blühte wieder eine Briefliteratur auf, die von ganz persönlichen Dingen berichtete. Kanonisten des 12. Jh.s verstanden nun unter „Recht" Freiheit und Gewalt des Einzelnen, das diesem als Naturrecht zustehe.[118] Zeitlich etwas versetzt lässt sich diese Entwicklung auch in der bildenden Kunst nachvollziehen; gegen E. d. 12. Jh.s wurden Selbstdarstellungen von Künstlern häufiger.[119] Ab dem 11. Jh. nahm der Adel, gegen E. d. 13. auch die Bürger der Städte Familiennamen an. Nunmehr begann man, sich nicht mehr nur innerhalb der eigenen Familie, sondern auch in einer größeren Gruppe von Menschen als unverwechselbar zu begreifen. Ab dem 11. Jh. wurden Adelige und hoher Klerus, ab dem 13. Jh. auch reiche Bürger in sichtbare Grabmäler bestattet. Aus der M. dieses Jh.s datieren die ersten Darstellungen der Verstorbenen selbst. Gegen E. d. Jh.s wurden entsprechende Darstellungen wesentlich häufiger. Sie bleiben allerdings zunächst höchsten Standespersonen vorbehalten.[120] Ab dem 2. V. d. 13. Jh.s nahmen Spitzenplastiken einen individuellen Ausdruck an. Man geht wohl nicht fehl, wenn man in dieser veränderten Einstellung zum Individuum – verbunden mit den größeren Chancen, die eben dieses Individuum in der gesellschaftlichen Umbruchsituation des 12. bis 14. Jh.s erreichte – einen wesentlichen Grund für das enorme Aufblühen nahezu aller künstlerischen, gesellschaftlichen, technischen und wirtschaftlichen Gebiete dieser Zeit begreift.[121]

Der Prozess setzte sich – immer wieder getrieben von Meinungsführern – auch in den folgenden Jahrhunderten fort. Prototypisch ist die Entwicklung des *künstlerischen Selbstverständnisses*, die besonders gut dokumentiert ist und daher hier pars pro toto steht. In der 2. H. d. 14. Jh.s traten ausgehend von Frankreich die ersten Hofkünstler auf, die sich ausschließlich über ihre individuelle Leistung definierten und nicht mehr über die Zugehörigkeit zu einer Zunftgemeinschaft.[122] Auch unter zunftgebundenen Künstlern wurden nun ausgeprägte Individualstile häufiger. Blieben individuelle Charaktere auch unter den Künstlern des gotischen Spätmittelalters noch absolute Einzelerscheinungen, so verstärkte sich der Individualisierungsprozess mit der Renaissance. Herausragende Künstler verstanden sich jetzt als einzigartig und den höchsten Würdenträgern ebenbürtig. Diese Entwicklung ging von Italien aus. Typisch war der Universalkünstler, der neben verschiedenen Künsten auch die Ingenieurskunst beherrschte. Filippo Brunelleschi (1377-1446), Leonardo da Vinci (1452-1519) und Michelangelo (1475-1564) sind bis heute geläufige Beispiele. Sie fanden in Deutschland in dem Nürnberger Albrecht Dürer (1471-1528) eine Entsprechung, der sich neben seinen Gemälden und Grafiken auch dem Festungsbau widmete. Noch 1564-89 bauten die Schaffhauser vermutlich nach seinem Entwurf ihren „Munot". Um 1500 kam es in Deutschland geradezu zu einer künstlerisch-individualistischen Explosion – man denke nur an Veit Stoß (~1445-1533), Hieronymus Bosch (~1450-1516), Tilman Riemenschneider (~1460-1531), Matthias Grünewald (1460/70-1528), Lukas Cranach d.Ä. (1472-1553), Albrecht Altdorfer (~1480-1538) und Hans Baldung, gen. Grien (1484/85-1545) – um nur einige wenige zu nennen. Bis zum Ende des Alten Reiches bestand der Gegensatz zwischen Hofkünstler und zunftgebundenem Künstler fort. Seitdem Dürer und Cranach ihre Stiche auf Märkten und Messen vermarktet hatten und der Luther-Freund Cranach den katholischen Süden Deutschlands mit Marienbildern überschwemmt hatte, verstanden sich Künstler immer wieder als Unternehmer, die sich selbst vermarkteten. Mit der kreativen Explosion des Rokoko setzte sich dieser Künstler-Unternehmer endgültig durch; er folgte jedoch nach wie vor den künstlerischen Konventionen der Zeit.

Dies endete bereits gegen Ende des Jahrhunderts. Vorbereitet durch die Aufklärung, die alle Autoritäten und Konventionen kritisch-rational hinterfragte, brach nun das Zeitalter der Stilvielfalt an, das bis heute anhält. Damit begann die Demokratisierung der Kunst, vor allem aber der Künstler. Begriffen sich zuvor nur hervorragende Einzelpersonen als unverwechselbare künstlerische Individuen, so wurde dieses Prädikat nunmehr allen Berufskünstlern, ja sogar den dilettierenden zugestanden. In der Geniebewegung der 1770er/80er Jahre setzte sich das Künstlerbild des „genialen" Einzelgängers durch, der in Verfolgung seiner Mission zum selbstquälerischen bis rücksichtslosen Grenzgänger zwischen Genie und Wahnsinn wird. Ein letztes Mal gelang es der gebildeten Gesellschaft, diese Maler, Bildhauer und

Dichter in gebildeten Zirkeln, neu gegründeten Kunstakademien und Museen einzufangen. Ein knappes Jahrhundert waren bildende Kunst, Musik und Architektur durch und durch „bürgerliche" Künste. Seit der Sezessionsbewegung des ausgehenden 19. Jh.s begreifen sich Künstler jedoch als radikale Individualisten, die immer wieder „Neues" schaffen und der Gesellschaft von Außen ihre Botschaften zurufen. Wenn auch – zumal herausragende – Künstler zu allen Zeiten individueller agierten als die meisten ihrer Zeitgenossen, so bildeten sie doch im Ganzen eine Avantgarde, deren Verhaltensweisen die Gesellschaft im Großen und Ganzen in einem gewissen Abstand folgte. So trat das individuell vereinbarte Dienstverhältnis spätmittelalterlicher Hofkünstler in der Renaissance auch unter Wissenschaftlern und Technikern auf, den aus Italien und Graubünden zugewanderten Architekten und Baukünstlern des Früh- und Hochbarock folgten bald italienische und Vorarlberger Werkleute und schließlich Tiroler Hütekinder und italienische Hausierer, Ziegeleiarbeiter und Eisverkäufer.

Jede der großen *Geistesbewegungen* beförderten die Individualität. So zeigte die Theologie von Fegefeuer und Ablass erstmals auf, wie die Menschen ihr individuelles Schicksal nach dem Tod beeinflussen könnten. Die Reformation weitete diese Aktionsmöglichkeiten aus, bedurfte der Einzelne doch zur Kommunikation mit Gott nun nicht mehr der Vermittlung der Kirche. Gleichzeitig betonte der Humanismus individuelle Werte wie Glück, Wohlergehen, Menschenwürde, Bildung, Freiheit und schöpferische Kraft jedes Menschen. In eine ähnliche Richtung zielte die Aufklärung, die Vernunft und Freiheit als Mittel ansah, die Menschen von Unterdrückung und Armut zu befreien. Bildung, Freiheit und Gleichheit jedes Individuums galten als die wichtigsten Instrumente. Bezeichnenderweise zielte auch die im 18. Jh. konkurrierende Bewegung der Empfindsamkeit auf ganz ähnliche Ideale. Da sie jedoch neben den Verstand das Gefühl stellte, gab sie wie der gleichzeitig ebenfalls aufblühende Pietismus auch den Impuls, die Psyche des Individuums zu erforschen. Individuelle Gleichheit und Vertragsfreiheit forderte auch der Liberalismus. Adam Smiths Hauptwerk „Der Wohlstand der Nationen" machte 1776 das Konzept des vollkommenen Wettbewerbs bekannt, in dem die individuellen Egoismen der Akteure „wie mit einer unsichtbaren Hand" zum Gemeinwohl beitragen. Aufklärung, Empfindsamkeit, Pietismus und Liberalismus wurden allesamt wesentlich von dem mit Macht aufstrebenden Bürgertum getragen. Seine zunehmende Bildung verlieh der Grundtendenz der Individualisierung ab E. d. 18. Jh.s mächtige Impulse. Dadurch hatte das 18. den Grundakkord des 19. Jh.s angestimmt, dem im 20. das Konzept der Selbstverwirklichung folgte, das bis heute zu einer immer stärkeren Auffächerung der Gesellschaft führt. Damit einher ging seit den 1920er Jahren die Befreiung der Menschen aus dem Korsett vieler bisheriger Konventionen, die sich mit Studentenrevolte und sexueller Revolution fortsetzte. Nahezu alle Bewegungen der letzten 100 Jahre haben in Nischen überlebt. Auch dadurch fächerte die Gesellschaft immer mehr auf („Deviation"). Die seit Jahrhunderten zunehmende Differenzierung der Vornamen in Deutschland beschreibt eindrücklich diesen anhaltenden Trend zum Individualismus.[123]

Beschleunigung: Während des Früh- und Hochmittelalters bestanden keineswegs einheitliche Auffassungen und Einstellungen zur Zeit. Vielmehr ging man je nach beruflichem oder gesellschaftlichem Umfeld von z.T. höchst unterschiedlichen Zeitbegriffen aus. Bei den Germanen dominierte ebenso wie in der Antike eine *zyklische Wahrnehmung der Zeit*. Sie war vor allem vom Rhythmus der Natur bestimmt, also dem Wechsel zwischen Tag und Nacht und den Jahreszeiten. Dadurch überwog die Überzeugung eines immer während Kreislaufs. Diese Auffassung von Zeit blieb bei den einfachen Menschen – zumal auf dem Land – noch viele Jahrhunderte bestimmend. Ihr Fortschrittspessimismus, nach dem einem Aufstieg der Menschheit ihr Abstieg folgte („Rad der Geschichte"), war zumindest bis zum 12. Jh. weit verbreitet. Man nahm an, dass die glücklichsten Zeiten der Menschheit längst vorbei seien und sich die Welt – begleitet von moralischem Verfall – ihrem Ende nähere. Bis ins Hochmittelalter herrschte daher die Überzeugung vor, dass jede Veränderung unvermeidlich zum weiteren Verfall führe. Zu dieser Kreisvorstellung trat mit der Einführung des Christentums eine *finalistische Konzeption der Zeit* – angefangen von der Schöpfung der Welt bis zum Ende aller Zeiten. Im Gegensatz zum pessimistischen Kreislaufdenken vertrat die christliche Geschichtsphilosophie also seit den Kirchenvätern im Wesentlichen die Auffassung von Fortschritt zumindest im geistigen Bereich. Der weltliche Bereich war dagegen im Großen und Ganzen statisch und unbeweglich. Erst das Bewusstsein der schnellen Vergänglichkeit menschlichen Lebens führte seit der Jahrtausendwende zu dem Versuch breiter gesellschaftlicher Schichten, aus dieser „statischen" Zeit auszubrechen. Hier sind vor allem die Bemühungen vieler Stadtbewohner zu nennen, durch eigene Anstrengungen ihr materielles Los zu verbessern. Deutlich wird die veränderte Einstellung zur Zeit auch in der höfischen Literatur des 12. und 13. Jh.s. Ihre Helden waren von einem Gefühl der Ungeduld beherrscht und vom Bestreben, keine Zeit zu verlieren und möglichst sofort mit ritterlichen Taten zu beginnen.

Mit der Einstellung zur Zeit hängt ihre Messung eng zusammen. Über Jahrtausende hatte die Menschheit ihre Zeit – wenn überhaupt – in Temporalstunden gemessen, deren Länge außerhalb der Tropen mit den Jahreszeiten wechselt. Die *Zeitberechnung* in Stunden gleicher Länge hatte jedoch ebenfalls eine sehr lange Tradition. Allerdings war sie auf Astronomen und Mathematiker beschränkt. Im Mittelalter und in der Frühen Neuzeit war die Stundenzählung jedoch nicht einheitlich geregelt. So zählten astronomische Uhren 24 Stunden ab Mittag; das Datum wechselte also während des Tageslichts. Die „Deutsche" und die „Griechische Uhr" legten den Tagesanfang auf Mitternacht. Erstere zählte 2x12, letztere 1x24 Stunden. Das gleiche galt auch für die „Italienische" oder „Böhmische Uhr", die für den Tagesanfang jedoch das Ave-Maria-Läuten bestimmten. Neben diesen relativ weit verbreiteten Zeitsystemen führten einzelne Städte ihre eigenen Maße ein. So teilte die „Nürnberger Uhr", die auch in Rothenburg o.d.T., Schwabach und Regensburg galt, Tag und Nacht je nach ihrer aktuellen Dauer in 8 bis 16 gleich lange Stunden ein. In Basel begann die Tageszeiteinteilung von 2x12 Stunden jeweils eine Stunde nach Mitternacht. Spätestens im 13. Jh. wurde das Bedürfnis immer größer, die Zeit auch *exakt zu messen*. Dies traf zum einen für Teile der sich nun mit Macht entwickelnden scholastischen Wissenschaft zu. Zum anderen kam es den Bedürfnissen der nun überall neu entstehenden Städte entgegen. Handwerkliche Produktionszyklen waren z.T. zeitlich determiniert, Arbeitszeiten vieler Gesellen und Lehrlinge wurden exakt festgelegt – und dies sowohl hinsichtlich des täglichen Arbeitsbeginns und -endes und der Arbeitspausen, als auch in Bezug auf die freien Tage im Jahr. Besonders wichtig war die exakte Zeiteinteilung in Stunden und Tage für die Kaufleute, für die Zeit Geld bedeutete. Die Fälligkeit vereinbarter Zahlungen war auf einen bestimmten Tag des Jahres gelegt und die Zeiten, an denen Markt abgehalten werden durfte, lagen sogar auf die Stunde genau fest. Kurz nach der Erfindung der *Räderuhr* tauchten A. d. 14. Jh.s auch in Deutschland die ersten Turmuhren auf. Die Kirche stand dieser Bewegung mit wenigen Ausnahmen von Anfang an mit Skepsis gegenüber. Die Zeit war Eigentum Gottes; der Mensch hatte keine Macht über sie. Uhren waren allenfalls zulässig, um zu Gottesdiensten zu rufen.

In der 2. H. d. 15. Jh.s begann die Uhr allmählich in den privaten Bereich einzudringen. Mit Beginn der Neuzeit war ein Markt für Tisch- und Sackuhren entstanden. Dienten solche Uhren auch trotz der Erfindung der Antriebsfeder primär der Repräsentation, so trugen sie doch die Idee der exakten Zeitmessung in einen weiteren Bereich. In der Renaissance wurden Uhren daher zum Symbol dafür, dass hinter der Fassade unsichtbare Antriebskräfte wirken und vielfach zusammenwirken – für Kontinuität, Fortwirken, Emsigkeit und Gottes Schöpfung. Das mechanistische Weltbild war geboren, wie es sich in astronomischen Uhren und Automaten niederschlug. Waren Uhren im 15.-17. Jh. noch sehr teuer und daher nur in wohlhabenden Haushalten zu finden, so machten wichtige technische Fortschritte (Pendel, Unruhspirale etc.) und steigende Nachfrage Kleinuhren zu Beg. d. 18. Jh.s kostengünstig genug, dass sie auch für Handwerksmeister erschwinglich waren. Weitere Stationen auf dem Weg der Popularisierung der Uhr war die massenhafte Verbreitung von Bodenstanduhren in der 2. H. d. 18. Jh.s, die Produktion von Wand- und Schilderuhren mit fabrikgefertigten Werken in der 2. H. d. 19. Jh.s, die massenhafte Herstellung von Weckern und Taschenuhren A. d. 20. Jh.s, die Armbanduhren der 1920er Jahre und die Quarzuhren der 1970er Jahre. Die Uhr wurde vom öffentlichen Gut zum privaten Luxusgut, von der Lebensanschaffung zum Modeartikel, vom Symbol zum allgegenwärtigen Instrument.

Parallel stiegen die Anforderungen an die Messgenauigkeit. Bereits im 16. Jh. gaben die Erfordernisse der Astronomie wichtige Anstöße zur Verbesserung der Ganggenauigkeit wissenschaftlicher Uhren. Mit den weiten Reisen über den freien Ozean wurde im 17. Jh. die Lösung eines weiteren Problems dringlich. Die Bestimmung von Breitengraden war über den Sonnen- oder Sternenstand möglich, die von Längengraden erforderte jedoch die exakte Zeitmessung. Da Pendeluhren auf See unbrauchbar waren, musste man die bisherigen mobilen Uhren verbessern. Die Anforderungen an wissenschaftliche Uhren stiegen auch in der Folgezeit kontinuierlich. Als das eher nüchterne Bürgertum im Laufe des 18. Jh.s eine höhere Nachfrage nach Kleinuhren entfaltete, flossen diese Erkenntnisse auch in den normalen Uhrenbau ein. Der nächste Impuls kam aus dem Verkehrssektor. Vor allem die Eisenbahn erforderte seit 1835 einheitliche Ortszeiten. Die Gesellschaften behalfen sich zunächst mit der Einführung eigener „Eisenbahnzeiten", die der jeweiligen Ortszeit gegenüber gestellt wurden. Je dichter das Streckennetz wurde, desto größer wurde dagegen das Bedürfnis nach genereller Vereinheitlichung. Mit der Einführung von Telegraf und Telefon mündeten die Bemühungen 1884 in das heutige System weltweiter Zeitzonen. Das Zusammenwachsen der Ortszeiten machte einen verlässlichen Gleichgang der Uhren erstrebenswert und die zunehmende Verdichtung des Lebens stellte immer größere Ansprüche an Genauigkeit und Verfügbarkeit der Uhren. Uhren sind heute ubiquitär; ihre Genauigkeit ist selbstverständlich und der Fokus ihrer TrägerInnen wandte sich daher vor einigen Jahrzehnten wieder Design und Luxus zu.

Mit der weitgehenden Verschränkung von Leben und Zeiteinteilung weitete sich im 18. Jh. der Blick über die Gegenwart hinaus. So hat die Aufklärung eine Reihe bedeutender *Geschichtsphilosophen* hervorgebracht. Während Rousseau auf die menschliche Geschichte noch sehr pessimistisch blickte, betonte Herder die fundamentale Bedeutung historischer

Perspektive ebenso wie die Zeit- und Kulturgebundenheit menschlichen Handelns. Damit war der Grundstein zur klassischen Hermeneutik gelegt. Auch die Ausrichtung der Menschen auf die Zukunft setzte sich im 18. Jh. im Zuge der Aufklärung durch. Mit ihr einher gingen die Ausbildung eines großen Zukunftsoptimismus und die Idee eines stetigen, von Naturwissenschaften und Technik getragenen Fortschritts. Turgot, Leibnitz u.a. verliehen ihr Ausdruck und das Erdbeben von Lissabon 1755 wurde gerade auch unter diesem Aspekt diskutiert. Die Idee des Fortschrittsglaubens erfuhr im Laufe des 19. und 20. Jh. eine enorme Popularisierung durch Techniker, Naturwissenschaftler und „Fachleute" aller Art, während Geisteswissenschaftler immer noch den Blick zurück auf das klassische Ideal der Antike als Korrektiv vor zu großer Zukunftsgläubigkeit hatten, wenn sie nicht den Ausweg des Kulturpessimismus ergriffen. Er war durch Rousseau von Anfang an angelegt und zog sich das gesamte 18.-20. Jh. über Kneipp, die Reform- und Wandervogel- bis zur Hippiebewegung. Wie langsam die Durchdringung aller Lebenswelten durch Beschleunigung und Pünktlichkeit vor sich ging, mussten die Betreiber von Manufakturen und frühen Fabriken im 18. und frühen 19. Jh. an Hand der Probleme erfahren, die ihre Arbeiter mit Arbeitsbeginn, Abwesenheit und Pausen hatten. Scheint die generelle Tatsache der Beschleunigung marktwirtschaftlichen Systemen inhärent, so gibt es doch durchaus Unterschiede in der Geschwindigkeit. Vergleicht man aktuelle Arbeitsgeschwindigkeiten, so kann man trotz aller Einschränkungen, die aus den Schwierigkeiten der Erhebung resultieren, eine ordinale Skala zwischen „langsam" (Mexiko, Griechenland, USA) und „schnell" (Schweiz, Deutschland, Japan) aufspannen. Innerhalb der Volkswirtschaften wächst die Geschwindigkeit mit der Ortsgröße.[124]

## 5.3    Zyklizität: Konjunktur und lange Wellen

In der Geschichte Deutschlands wechselten sich Phasen von Stagnation und Beschleunigung ab. Letztere waren meist Aufhol-, selten Ausreißprozesse. Dies mag mit der Größe des Landes zusammenhängen; große Länder sind schwieriger in Bewegung zu setzen und flächendeckend zu erfassen. Nach einem Absturz oder bei genügendem Anpassungsdruck hat Deutschland jedoch immer wieder starke Beschleunigungsphasen erlebt. Da war einmal die Zeit des hochmittelalterlichen Aufbruchs zwischen 1150 und 1250/1300 mit Binnen- und Ostkolonisation und einer zuvor nicht gesehenen Städtegründungs- und Innovationswelle. Dieser Aufbruch endete in der großen Pest. Da war zum anderen das Zeitalter des Frühkapitalismus und des Silberbooms, das der Fugger und der Reformation – erstickt in der Verlagerung der Handelsströme zum Atlantik und den Religionskriegen, von dessen schrecklichstem – dem 30-jährigen Krieg – sich das Land über viele Jahrzehnte nicht erholen sollte. Da war auch der geistige Aufbruch des 18. Jh.s mit Reformuniversitäten und Akademien, Aufklärung und Empfindsamkeit, Pietismus und Gegenreformation. All das war flankiert durch die wirtschaftliche Erholung des Landes spätestens ab 1730, die sich zumal in Süddeutschland und Österreich in der unerhörten künstlerischen Blüte des Rokoko Ausdruck verschaffte. Die zunehmende Alphabetisierung bereitete bereits dem schnellen Aufholen Deutschlands in der Industrialisierung den Weg, die in den 1830er Jahren mit dem Eisenbahnboom mit Macht einsetzte und in der Hochindustrialisierung des Kaiserreichs ihren Abschluss fand. Jüngere

Bescheunigungsbewegungen waren – jeweils nach tiefen Einschnitten durch die Weltkriege – der Rüstungsboom des 3. Reiches sowie das Wirtschaftswunder der 1950er Jahre.

Allerdings beinhalten die Aussagen nur Trendmeldungen. *Ökonomische Datenreihen* weisen ihre speziellen Probleme auf. Bis zum Ende des Hochmittelalters gibt es meist überhaupt keine Daten, die dicht genug wären, um sich ein klares Bild zu machen. Danach fällt vielfach die Bereinigung der Daten um Währungs-, Steuer- u.a. Einflüsse schwer; oft ist nicht klar, ob zu den tradierten Preisen oder Kursen überhaupt Umsätze stattgefunden haben, oder ob sie reine Taxkurse waren. Die vorhandenen Daten sind also „schmutzig" im mathematischen Sinn. Zudem wiesen bis ins 19. Jh. nur wenige Zeitreihen einen Gleichlauf auf; dafür waren die Verhältnisse der Regionen und Branchen zu unterschiedlich. Bei der Zusammenfassung dieser Daten hat die Forschung ein Gewichtungsproblem. Damit hält Subjektivität in einem gewissen Maße bereits beim Datenmaterial Einzug. Ein gutes Beispiel für die daraus erwachsenden Probleme ist die lang anhaltende Diskussion über die sog. Preisrevolution des 16. Jh.s. Dennoch lassen sich einige grobe Aussagen treffen.

Wirtschaftliche Zyklen waren in der vormodernen Zeit eng an *Bevölkerungsentwicklung* und Nahrungsmittelspielraum gekoppelt. Bereits das Frühmittelalter sah sehr wahrscheinlich ein deutliches Bevölkerungswachstum. Es setzte spätestens im 7. Jh. nach Abflauen der Justinianischen Pest ein. Um 700 lebte vermutlich weniger als 1 Mio Menschen in Deutschland. Angriffe der Normannen und Ungarn ließen die Bevölkerungszahl M. d. 9. bis M. d. 10. Jh.s stagnieren, bevor eine Periode beschleunigten Wachstums einsetzte, dessen Höhepunkt M. d. 12. bis M. d. 13. Jh.s lag, die die Bevölkerung Altdeutschlands in den letzten zwei Jahrhunderten des Hochmittelalters nahezu verdoppelte. In der 1. H. d. 14. Jh.s machten sich bereits Versorgungskrisen bemerkbar und die Bevölkerung verharrte bei rd. 14 Mio, bevor die große Pest ab M. d. Jh.s für einen deutlichen Einschnitt sorgte. Erst um 1500 war wieder ein Stand von 9 Mio erreicht und um 1600 nach den lebhaften Wachstumsraten der ersten 2/3 d. 16. Jh.s ein solcher von 16 Mio. Der 30-jährige Krieg sorgte für einen erneuten Einschnitt; die Einwohnerzahl Deutschlands sank 1620-50 vermutlich von 17 auf 10 Mio. Der Vorkriegsstand konnte wahrscheinlich erst um 1750 erreicht werden. Danach nahmen die Zuwachsraten wieder langsam zu, bevor es im demografischen Übergang 1830-95 zu einer Bevölkerungsexplosion kam, die bis 1930 ausklang. Danach erfolgten Bevölkerungsänderungen im Wesentlichen durch Wanderungen und Kriege. Auch in vormodernen Zeiten kamen Wachstums- und Produktivitätsimpulse jedoch teilweise bereits aus dem *gewerblichen und Dienstleistungssektor*, weil diese Ausdruck einer fortschreitenden Arbeitsteilung waren. Arbeiteten zu Beginn der hochmittelalterlichen Beschleunigungsphase schätzungsweise 95% aller Erwerbstätigen in der Landwirtschaft, so war dieser Anteil am Ende des Alten Reichs auf 62% zurückgegangen.[125]

Die *Pro-Kopf-Einkommen* in Deutschland haben sich lange Zeit nur ganz langsam erhöht – nach einer groben Schätzung zwischen 800 und 1800 insgesamt um nicht mehr als 50%. Produktivitätssteigerungen im landwirtschaftlichen, gewerblichen und Dienstleistungsbereich sind also im Wesentlichen von Bevölkerungszuwächsen absorbiert worden. Die Entwicklung war nicht gleichmäßig. Gesamtwirtschaftliche Produktivitäts- und Einkommenszuwächse entfielen wesentlich auf drei Zeiträume: M. d. 12. bis M. d. 13. Jh.s, das 16. und 18. Jh., scharfe Gegenbewegungen auf die 2. H. d. 14. und die 1. H. d. 17. Jh.s. Im Zusammenhang mit diesen Mustern schwankten auch (Getreide-) Preise und (Real-) Löhne langfristig. So stiegen die Getreidepreise zumindest im 13. Jh. deutlich an und sanken nach der großen Pest bis um 1500. Im 16. Jh. und ab M. d. 18. Jh. s erfolgte jeweils ein scharfer Anstieg, ab dem 30-jährigen Krieg ein Rückgang. Preisbereinigt bewegten sich die Löhne meist gegenläufig; Anstiegen im 15. Jh. sowie M. d. 17. bis M. d. 18. Jh.s standen Rückgänge im 16. und in der 2. H. d. 18. Jh.s gegenüber.

Mit dem 19. Jh. stehen Schritt für Schritt auch *Einkommensdaten* zur Verfügung. An ihnen lassen sich hohe volkswirtschaftliche Wachstumsraten ablesen. Parallel zum demografischen Übergang führte die Industrielle Revolution zum ersten Mal in der Menschheitsgeschichte zu einem Abkoppeln des langfristigen Wirtschaftswachstums von den säkularen Trends der landwirtschaftlichen Produktion und der Bevölkerung. Bereits ab den 1770er Jahren ließ sich in manchen deutschen Ländern eine Beschleunigung wichtiger Kennzahlen der Produktion und des Verkehrs feststellen. Diese Entwicklung verbreitete und beschleunigte sich ab den 1820er Jahren merklich. Sie brachte 1800-70 im Schnitt ein reales NSP-Wachstum von 1,3% p.a., das sich 1850-70 auf Raten von 2,0% beschleunigte.[126] Im Kaiserreich wurde das Wachstum nochmals lebhafter; das Volkseinkommen stieg jährlich um durchschnittlich 3,1%. Dabei war eine relativ kontinuierliche Beschleunigungsbewegung zu konstatieren.[127] Die Zeit der Weltkriege brachte jeweils tiefe Einschnitte und die zwischen ihnen waren von einem Wechsel zwischen Krisen und Erholungsphasen gekennzeichnet, so dass das BSP pro Kopf real von 1913-50 keine Fortschritte machte. Umso stärker war der Wiederaufbauboom, der bereits 1947 mit Macht einsetzte und 1960 sein Ende fand. Seitdem gehen die Wachstumsraten trendmäßig wieder moderat zurück – von gut 3 auf zuletzt nur noch knapp 1,5% p.a.[128] Einer der Gründe könnte das Nachlassen der Nettoinvestitionsquote seit 1964 sein. Mit dem Zusammenbruch des Bretton-Woods-Systems und der Ersten Ölpreiskrise trat Deutschland seit 1973 in eine Phase ausgesprochener Wachstumsschwäche ein, die zunächst sogar mit hohen Preissteigerungsraten verbunden war („Stagflation"). Gleichzeitig nahm spätestens seit 1980 die Zahl der Erwerbspersonen stärker zu als das Bruttoinlandsprodukt: alte BRD 1970-80 27, 1990 30, Gesamt-Dtl. 1990 37, 2000 39, 2008 41 Mio Personen. Das Resultat war der schrittweise Aufbau einer relativ hohen Arbeitslosigkeit, obwohl die durchschnittliche Arbeitszeit seit 1950 nahezu kontinuierlich sank und die Stundenproduktivität seit 1974 langsamer als das BIP stieg.

Seit Schumpeter wird insbesondere den *Basisinnovationen* immer wieder eine Schlüsselrolle bei langfristigen Wachstumsimpulsen zugeschrieben.[129] Eine Häufung solcher Basisinnovationen wurde den 1770er, 1820/30er und 80er und 1930er Jahren zugeschrieben.[130] Erfolgreiche Basisinnovationen ziehen ganze Cluster spezifischer kleinerer Innovationen nach sich. Ein Nachlassen der Innovationskraft kommt als Begründung für das Nachlassen der deutschen Wachstumsdynamik gegenüber weltweiten Konkurrenten wohl nicht in Frage; zumindest ist das Land bei der Patentgewährung weder absolut noch relativ zurückgefallen. Nur die Zuwachsraten gingen zurück. Wie das vieler anderer wirtschaftlicher und technischer Einzelindikatoren ließ auch das Wachstum der Patentanmeldungen seit Beginn der Industriellen Revolution nach. Es betrug bis zum Kaiserreich durchschnittlich 9,1, in ihm 6,7 und danach 0,26% p.a.[131] Ähnliche, allerdings meist deutlich früher abflachende Kurven lassen sich für wissenschaftliche Publikationen konstatieren.[132]

Langfristige Zyklizität ergab sich auch aus *Schwankungen der Konsumpräferenz*. Obwohl der Konsum der adeligen, klerikalen und bürgerlichen Oberschichten immer mehr ausdifferenzierte, ist zumindest im Hochmittelalter, vermutlich jedoch bereits im ausgehenden Frühmittelalter, eine gesamtwirtschaftliche Verschiebung vom Konsum zur Investition und damit zu einem wachsenden Kapitalstock nicht zu übersehen. Das gilt auch für Wohnbauten und haushaltsnahe Produktion. Die Dörfer wurden im 8. und 9. Jh. endgültig ortsfest, die Gebäude immer solider und kunstvoller gebaut. Im Hochmittelalter beschleunigte sich dieser Prozess nochmals deutlich, als eine Vielzahl von Städten und Klöstern gegründet, ihre Häuser und Gewerbebetriebe größer und solider wurden. Dass das Hochmittelalter vergleichweise viel investierte, zeigte sich auch im Vergleich mit der folgenden Zeit. Zu Beginn des Spätmittelalters trat die deutsche wie die europäische Wirtschaft in eine neue Phase ein. Das hatte sowohl ökonomische wie auch psychologische Gründe. Im Laufe der großen Pest wurde der Anreiz weiter zu investieren immer geringer, überstiegen doch die aufgebauten Kapazitäten immer mehr den Bedarf. Zudem machte es keinen Sinn, für die ferne Zukunft zu sorgen, wenn der Schwarze Tod jeden Moment zurückkehren konnte. In der Folge wandte man sich verstärkt dem Konsum zu. Das galt nicht nur für die Oberschicht mit ihrer spätmittelalterlichen Prachtentfaltung, sondern gerade auch für die einfachen Leute. Arbeiter waren knapp, so dass die Löhne stiegen. Da gleichzeitig weniger Esser zu versorgen waren, konzentrierte man sich auf die fruchtbaren Böden. Die Viehzucht nahm zu und der Fleischkonsum stieg in einem historisch einmaligen Ausmaß. Gleichzeitig erstarrte die Gesellschaft. Ihre horizontale Durchlässigkeit nahm deutlich ab und das europäische Heiratsmuster bildete sich aus. Der Nürnberger Ökonom Manfred Neumann hat 1990 die Theorie aufgestellt, dass Volkswirtschaften langfristig zwischen einer Betonung von Konsum und Investitionen hin und her pendeln.[133] Das hat weit reichende Konsequenzen: Konsumbetonte Gesellschaften suchen den Status quo zu erhalten und erstarren. Investitionsbetonte Gesellschaften dagegen blicken in die Zukunft, sind flexibler und eröffnen initiativen Individuen größeren Handlungsspielraum. Der Wechsel zwischen Konsum und Investition ist nach Neumann ein Mentalitätsproblem: Jeder Generation stellt sich die Entscheidung zwischen Konsum und Ersparnis, also zwischen sofortigem und späterem, höherem Konsum. Die Entscheidung ist eine Frage der Bewertung, wie hoch die Wirtschaftssubjekte die Erfolgsaussichten möglicher Investitionen einschätzen[134] Da die Zukunft ungewiss ist, schlagen sich in der Antwort höchst subjektive Faktoren nieder; die Investitionsquote wird zur Resultante der Grundstimmung, weil die Entscheidung für Investitionen Zukunftsglauben und größere Flexibilität voraussetzen.[135]

Um die beschrieben langfristigen Trends legten sich *kürzerfristige Ausschläge* wirtschaftlicher Tätigkeit. In vormodernen Zeiten waren sie wesentlich von agrarischen Zyklen bestimmt, die wiederum den Wechsel von reichen und armen Ernten, Krieg und Frieden abbildeten. Ab dem 2. V. d. 19. Jh.s lässt sich gewerblich bedingte konjunkturelle Zyklizität identifizieren. Danach kam es von 1820-1914 in Deutschland zu acht Konjunkturzyklen, wobei deren Länge zunächst größer und die Einschnitte tiefer waren als später. Im Kaiserreich wurden die Wachstumszyklen dagegen immer gleichmäßiger und weniger ausgeprägt. Gerade das änderte sich im und nach dem 1. Weltkrieg. Im Gegensatz zum 2., in dem die deutsche Produktion durch rücksichtslose Ausbeutung der sachlichen und humanen Ressourcen der besetzten Länder zunächst deutlich anstieg, führten kriegs- und revolutionsbedingte Ausfälle im und direkt nach dem 1. Weltkrieg vermutlich Jahr für Jahr zu deutlichen realen Rückgängen des NSP. Die Inflationszeit beflügelte die Konjunktur zunächst, bevor Kapitalflucht, Ruhrkampf und Hyperinflation zu einem erneuten Einbruch führten. Die „Goldenen 20er Jahre" sahen ebenfalls ein hektisches Auf und Ab der Wachstumsraten mit einem scharfen Einschnitt 1926, bevor die Wirtschaft in der Weltwirtschaftskrise 1929-32 erneut zusammenbrach und die Rüstungs- und Kriegskonjunktur des 3. Reiches 1933-43 Wachstumsraten von vielfach über 10% p.a. erbrachte. Nur 1938 war ein kurzer Einschnitt zu konstatieren. Erst 1943 führten Bombenkrieg und zunehmende Auflösung zu einem scharfen NSP-Rückgang, der sich in den beiden Folgejahren fortsetzte. Seit dem 2. Weltkrieg kam es bis 2009 zu insgesamt neun Konjunkturzyklen. Nach dem ersten, 8-jährigen Zyklus spielte sich über 20 Jahre ein Muster 4-5-jähriger Zyklen ein, deren untere Wendepunkte tendenziell bei immer geringeren Wachstumsraten lagen. Seit 1975 kam es dagegen zu vier längeren, 7-11-jährigen Zyklen – meist mit einer Wachstumsdelle in der Mitte. Es muss dahingestellt bleiben, ob und inwieweit die langfristige Erholung der Unternehmensgewinne und die Modernisierung von Notenbankpolitik und –instrumentarium bei dieser Veränderung des Zyklusmusters eine Rolle gespielt haben.

# 5.4     Innovationsfähigkeit: Kreativität und Tüftlertum

Das Frühmittelalter war durch außerordentlich langsame Adaptionskurven und eine geringe Durchdringung technischer Innovationen in der Fläche gekennzeichnet. Dennoch kam es zu gewissen Fortschritten in Landwirtschaft (Räderpflug, Dreifelderwirtschaft, Kummet), Baukunst (Aachen, Fulda), Wehr- (Steigbügel) und Energietechnik (Wassermühlen) sowie Metallverarbeitung (Stahl), gegen Ende der Epoche auch beim Bergbau. Bereits in dieser Zeit zeigte sich eine später ausgesprochene Stärke Deutschland, die sich als Technikorientierung bezeichnen lässt. Im Hochmittelalter, das in Deutschland durch die Ostkolonisation besonders viele Chancen eröffnete, kam eine Tendenz zur sozialen Durchlässigkeit und mit der Reformation eine gewisse Bildungsorientierung hinzu. Diese Stärken begründeten Pfadabhängigkeiten, die Deutschland bis heute bestimmen. Die im Folgenden beschriebenen Entwicklungen und Mechanismen galten im Grundsatz für das gesamte Kerneuropa, das sich wie eine Sichel von England nach Norditalien zog. In seiner Mitte liegt Deutschland, das nach allen Seiten Anregungen gab und von dort erhielt. Spätes Mittelalter und Frühe Neuzeit stehen zwischen Hochmittelalter und Industrieller Revolution, die beide von ungleich höherer Dynamik und Innovationskraft waren. Die hochmittelalterliche Wachstumsphase wurde zunächst geprägt durch die Erschließung vorhandener Ressourcen. Das waren zum einen reine Kapazitätserweiterungen im Zuge der Binnen- und Ostkolonisation sowie der schrittweisen Verdrängung der Fleischwirtschaft. Es waren vielfach aber auch erhaltende Innovationen auf der Basis bestehender Technologien wie bei Mühlenrevolution, Dreifelderwirtschaft und einer ersten Welle der Arbeitsteilung. Das Wachstumspotential dieser Maßnahmen war E. d. 13. Jh.s weitgehend ausgeschöpft, zumal sich das Klima verschlechterte. Gleichzeitig entwickelte sich binnen Kurzem in vielen Lebensbereichen eine erstaunliche innovative Kreativität – Ansätze moderner Staatlichkeit, eines verlässlichen Stadt- und Gewerberechts sowie eine Fülle technischer und organisatorischer Innovationen. Hinzu kamen geänderte Einstellungen zu Individualität, Zeit und Zweckrationalismus, zu Kindern und Frauen usw. Solche disruptiven Innovationen brechen mit bestehenden technischen und organisatorischen Grundlagen und sind mit verschiedenen Lock-in-Effekten verbunden. Sie treffen auf größeren Widerstand der bisherigen Marktteilnehmer, haben aber das Potential, alte Kapazitätsgrenzen zu sprengen. Disruptive benötigen jedoch meist eine Reihe erhaltender Innovationen, bis sie ausgereift sind und ihr Potential befriedigend ausschöpfen können. Sie konnten daher die Wachstumsgrenzen im Hochmittelalter noch nicht hinausschieben. Erhaltende Innovationen fußen auf bestehenden Techniken. Typisch ist die Förderung durch spezialisierte Institutionen wie die Zünfte mit genügend Stabilität, Wissen und Fertigkeiten, um eine Technik längere Zeit fortzuentwickeln. Die psychologischen und organisatorischen Entstehungsfaktoren disruptiver und erhaltender Innovationen unterscheiden sich grundlegend. Disruptive Innovationen erfordern insbesondere kreativitätsfördernde Faktoren – solche der Selbstbestimmung, Unterstützung und Anregung. Erhaltende Innovationen fußen dagegen wesentlich auf disziplinfördernden Faktoren.

Die Wachstumsgrenzen konnten auch in Spätmittelalter und Früher Neuzeit nur ganz allmählich erweitert werden, weil einige wesentliche Prozesse sehr viel Zeit beanspruchten – die Bildung des modernen Staates und seines Rechtswesens, die der modernen Wissenschaft, der westlichen Mentalität mit seiner Kombination aus Tempo, Disziplin und Individualität, der Massenbildung, einer leistungsfähigen Infrastruktur etc. Selbst technische Innovationen benötigten oft Jahrhunderte bis zur Reifephase. In dieser langen Zeit verhaltenen Wachstums gelang es, statische mit dynamischen Elementen so zu kombinieren, dass die Dynamik prinzipiell erhalten blieb, ohne die Stabilität des Gesamtsystems zu gefährden. Das Ergebnis war ein fein ausbalanciertes Gefüge gebremster Dynamik. Das ist vor allem im Vergleich zu anderen Kulturen wie dem islamischen Raum und China höchst bemerkenswert, aber auch zu den Ländern Peripherie-Europas wie der Iberischen Halbinsel, des Balkans und Russlands, deren Dynamik ebenfalls mit der großen Pest abbrach, dort aber einer lang anhaltenden Erstarrung wich. Ein wesentlicher Grund für diesen „europäischen Sonderweg" liegt in der geografischen Kleinteiligkeit Europas. Sie führte zur Bildung vieler Völker und Staaten, die auf relativ engem Raum lebhaft konkurrierten. Dies begünstigte die Spezialisierung der Länder und Regionen mit positiven Folgen für die ökonomische Effizienz. Die Konkurrenzsituation schlug sich auch in relativ vielen Kriegen nieder sowie der Suche nach außereuropäischen Alternativen. Diese Außenkontakte sicherten stets neue Anregungen. Durch die territoriale Aufsplitterung hatten unruhige, tendenziell kreativere Geister fast immer die Möglichkeit auszuweichen. Geistesströmungen konnten sich weder völlig durchsetzen, noch gingen sie gänzlich unter. Dadurch erhielt das europäische Geistesleben eine außerordentliche Offenheit und Vielfalt. Die Konkurrenzsituation führte auch zu einem relativ hohen Bildungsniveau größerer Bevölkerungskreise sowie einem hohen Maß an technischen und organisatorischen Innovationen. Das „System gebremster Dynamik" wurde durch institutionelle Verankerung innerhalb der Territorien und Städte noch gefördert. Wichtige Institutionen wie das europäische Heiratsmuster waren durch eine auffällige Janusköpfigkeit gekennzeichnet. Auch die Zünfte nahmen bei kreativitätsfördernden Faktoren von Fall zu Fall wechselnde Positionen ein. Disziplinfördernde Faktoren verstärkten sie jedoch durchweg. Sie begünstigten also erhaltende Innovationen, während sie disruptiven ambivalent gegenüber standen. Einzelne Bereiche wie Wissenschaft, Militär, Post, Hofkünstler, Handel oder Manufakturen genossen größere Freiheit und unterlagen einem schnelleren Wandel. Die Mobilität war zwar geringer als im Hochmittelalter, im Vergleich zu anderen Kulturen jedoch quer durch alle Bevölkerungsschichten hoch. Auch auf individueller Ebene lassen sich einige Charakteristika „gebremster Dynamik" erkennen. So unterlagen kreativitäts- wie disziplinfördernde Faktoren der Innovation im Zeitablauf einigen typischen Wandlungen. Disziplinfördernde Faktoren wurden in Mittelalter und Neuzeit durchgehend gestärkt. Während die kreaviätsfördernden Faktoren in Hochmittelalter und Industrieller Revolution ebenfalls gefördert wurden, trat bei vielen von ihnen in Spätmittelalter und Früher Neuzeit eine Verschlechterung des Umfeldes ein. Keines der drei Gebiete, die die nach der Innovationspsychologie die Voraussetzungen für Kreativität darstellen – Selbstbestimmung, Unterstützung und Anregung –, wurden jedoch ganz vernachlässigt. Vielmehr erfuhren einzelne kreaviätsfördernde Faktoren auch in dieser Zeit eine Verstärkung. Es waren dies solche Faktoren, deren Optimierung eine sehr lange Zeitspanne benötigt, weil sie ohne historisches Vorbild Mentalitätsänderungen der breiten Masse voraussetzten. Davon gab es nur eine Ausnahme: Fremde Kultureinflüsse verstärkten sich mehr oder weniger kontinuierlich, obwohl dies kurzfristig änderbar gewesen wäre. Die Vermutung liegt nahe, dass es sich bei ihnen um einen Katalysator der Gesamtentwicklung handelte.[136]

Der deutsche und ganz allgemein der kerneuropäische Mensch des Ancien Régime war in vielfältiger Weise in Zünfte, Gilden, Genossenschaften, Einungen, studentische Landsmannschaften etc. eingebunden. Diese Institutionen bildeten ein wichtiges soziales Umfeld, gaben wirtschaftliche, soziale und emotionale Sicherheit. Gleichzeitig vermittelten die Satzungen, aber auch Überzeugungen und praktische Übung bestimmte Ideale im Umgang mit einander. Dies war die Voraussetzung für die Bildung von Vertrauen, das wiederum Informationssuche und Kontrolle überflüssig machte, die die Transaktionskosten in die Höhe treiben. Zünfte und Einungen wurden vielfach als flexibles Instrument genutzt, durch Neugründungen auf Änderungen im Umfeld zu reagieren. Daher ging die Anzahl solcher Institutionen im schrittweisen Modernisierungsprozess des 18. Jh.s in Deutschland nicht zurück. Das galt selbst nach Aufhebung der Zünfte M. d. 19. Jh.s. Während in anderen Ländern der Organisationsgrad der Menschen im 18. und 19. Jh. deutlich absank, wurden bestehende Institutionen in Deutschland vielfach in neue Formen überführt und neue gegründet. So bildeten sich weitere Berufs-, Standes- und Branchenorganisationen; Studenten sammelten sich in Burschenschaften, Lokomotivführer oder Gas- und Wasserfachleute in Berufsverbänden, Sportbegeisterte in Vereinen und aus Zünften wurden Innungen und obwohl die Mitgliedschaft nun meist freiwillig war, kam es im 19. und 20. Jh. zum sprichwörtlich hohen Organisationsgrad der Deutschen in Vereinen. Auch wenn die Individualisierung seit einigen Jahrzehnten in eine andere Richtung drängt, ist Deutschland auch heute noch vergleichsweise stark korporativ organisiert. Jede dieser Institutionen hat nach wie vor eine Satzung, die grundlegende Regeln und Ideale im Umgang mit einander festlegt. Hinzu kommen vergleichbare Ethiken in einer Vielzahl von Bereichen – von den freien Berufen über den ehrbaren Kaufmann bis hin zum Beamten. Diese ethischen Regeln haben durchaus juristische Qualität– man denke nur an Disziplinar-, Sport- und Standesgerichte. Sie dürften ein wichtiger Grund dafür sein, dass Mitteleuropäer einem unbekannten Landsmann/ –frau signifikant mehr Vertrauen entgegen bringen als andere Völker.

Im Vergleich mit konkurrierenden Volkswirtschaften ergaben sich im Zeitablauf retardierende wie beschleunigende Momente. Während die reichen Silbervorkommen Deutschlands um 1500 einen regelrechten Boom auslösten und die Reformation das Land auch zu einem geistigen Zentrum machte, wurde es durch die Katastrophe des 30-jährigen Krieges auf längere Sicht geschädigt. Das 17. und die 1. H. d. 18. Jh. s sah daher Deutschland bei Technik und Wissenschaften im Allgemeinen zurückfallen. Im Laufe des 18. Jh. wurden jedoch die Grundlagen für die spätere Führungsrolle Deutschlands in der Bildung gelegt – und damit die Voraussetzung für seinen schnellen Industrialisierungsprozess. E. d. 17. und in d. 1. H. d. 18. Jh.s wurden allenthalben Reformuniversitäten, Akademien und spezialisierte Hochschulen gegründet und in der 2. H. d. 18. Jh.s kam es schrittweise zur Einführung der allgemeinen Schulpflicht, so dass die Alphabetisierung um 1800 in Deutschland so hoch war wie in keinem anderen Land. Mit der allmählichen Beseitigung institutioneller Hemmnisse in der 1. H. d. 19. Jh.s und dem weiteren Ausbau der Führungsposition bei Bildung und Wissenschaft konnte es daher zu einem raschen Aufholwettbewerb kommen – vor allem bei Eisenbahn, Bergbau, Metallindustrie und Banken. In der Hochindustrialisierung des Kaiserreichs traten ausgesprochene Stärken wie Feinmechanik/Optik, Elektroindustrie, Chemie und Pharmazie hinzu, die z.T. bis heute die Exportstärke Deutschlands ausmachen. Trotz der gravierenden Einschnitte des 20. Jh.s mit jeweils zwei Weltkriegen und Geldentwertungen und der Weltwirtschaftskrise fand (oder findet) die deutsche Volkswirtschaft letztendlich zu ihren jahrhundertealten Stärken zurück - Technik- und Bildungsorientierung, Vertrauen und eine gewisse soziale Durchlässigkeit.

# Literaturverzeichnis

## Die Rahmenbedingungen

*Flohn, Hermann*: Das Problem der Klimaänderungen in Vergangenheit und Zukunft, Wissenschaftliche Buchgesellschaft, Darmstadt 1988.
*Glaser, Rüdiger*: Klimageschichte Mitteleuropas: 1000 Jahre Wetter, Klima, Katastrophen, Primus Verlag, Darmstadt 2001.
*Lamb, H. H.*: Klima und Kulturgeschichte – Der Einfluss des Wetters auf den Gang der Geschichte, rororo, Reinbek 1989.
*Pfister, Christian*: Wetternachhersage – 500 Jahre Klimavariationen und Naturkatastrophen, Haupt Verlag, Bern etc. 1999
*Schönwiese, Christian-Dietrich*: Klima im Wandel, DVA, Stuttgart 1992.
*Schwatzbach, Martin*: Das Klima der Vorzeit – Eine Einführung in die Palöoklimatologie, 5. Aufl., Enke Verlag, Stuttgart 1993.

## Die Epochen: Mittelalter, Neuzeit und Moderne

### Übergreifende Darstellungen

*Ambrosius, Gerold et al.* (Hg.): Moderne Wirtschaftsgeschichte, Oldenbourg, München 1996.
*Ambrosius, Gerold/ Hubbard, William H.*: Sozial- und Wirtschaftsgeschichte Europas im 20. Jahrhundert, C.H. Beck, München 1986.
*Aubin, Hermann/ Zorn, Wolfgang* (Hg.): Handbuch der deutschen Wirtschafts- und Sozialgeschichte, 2 Bde., Klett-Cotta, Stuttgart 1971-76.
*Auty, Robert et al.* (Hg.): Lexikon des Mittelalters, 9 Bde., Metzler, Stuttgart 2002-03.
*Böhme, Helmut*: Europäische Wirtschafts- und Sozialgeschichte Bd. 1: Morgenland und Abendland – Staatsbürokratie, Völkerwanderung und römisch-christliches Reich (300-750), Fischer TB, Frankfurt/M. 1977.
*Böhme, Helmut*: Prolegomena zu einer Wirtschafts- und Sozialgeschichte Deutschlands im 19. und 20. Jahrhundert, 4. Aufl., Suhrkamp, Frankfurt/M. 1972.
*Borchardt, Knut*: Grundriss der deutschen Wirtschaftsgeschichte, Vandenhoeck, Kleine Reihe, Göttingen 1978.

*Braudel, Fernand*: Sozialgeschichte des 15.-18. Jahrhunderts, 3 Bde., Kindler Verlag, München 1986-87.

*Brunner, Otto*: Sozialgeschichte Europas im Mittelalter, Vandenhoeck, Kleine Reihe, Göttingen 1978.

*Buchheim, Christoph*: Einführung in die Wirtschaftsgeschichte, C.H. Beck, München 1997.

*Cipolla, Carlo M./ Borchardt, Knut* (Hg.): Europäische Wirtschaftsgeschichte, 5 Bde., Gustav Fischer Verlag, Stuttgart 1978-80.

*Dinzelbacher, Peter*: Europa im Hochmittelalter. Eine Kultur- und Mentalitätsgeschichte, Wissenschaftliche Buchgesellschaft, Darmstadt 2003.

*Feldenkirchen, Wilfried*: Die deutsche Wirtschaft im 20. Jahrhundert, Enzyklopädie deutscher Geschichte 47, Oldenbourg, München 1998.

*Feldman, Gerald D.*: The Great Disorder – Politics, Economics, and Society in the German Inflation, 1914-1924, Oxford University Press, New York/ Oxford 1993.

*Fischer, Wolfram* (Hg.): Wirtschafts- und sozialgeschichtliche Probleme der frühen Industrialisierung, Colloquium Verlag, Berlin 1968.

*Fischer, Wolfram*: Wirtschaft und Gesellschaft im Zeitalter der Industrialisierung, Kritische Studien zur Geschichtswissenschaft 1, Vandenhoek & Ruprecht 1, Göttingen 1972.

*Gömmel, Rainer*: Die Entwicklung der Wirtschaft im Zeitalter des Merkantilismus 1620-1800, Jahrhundert, Enzyklopädie deutscher Geschichte 46, Oldenbourg, München 1998.

*Grimm, Claus et al.* (Hg.): Aufbruch ins Industriezeitalter, 3 Bde., Veröffentlichungen zur Bayerischen Geschichte und Kultur 3, Oldenbourg, München 1985.

*Grundmann, Herbert* (Hg.): Handbuch der deutschen Geschichte, 4 Bde., Ernst Klett Verlag, Stuttgart 1970-76.

*Henning, Friedrich-Wilhelm*: Handbuch der Wirtschafts- und Sozialgeschichte Deutschland, 3 Bde., Schöningh, Paderborn 1991-2003.

*Henning, Friedrich-Wilhelm*: Wirtschafts- und Sozialgeschichte Deutschland 800-1992, 3 Bde., 4. bzw. 8. Aufl., Schöningh, Paderborn 1985/93.

*Holtfrerich, Carl-Ludwig*: Die deutsche Inflation 1914-1923 – Ursachen und Folgen in internationaler Perspektive, de Gruyter, Berlin 1980.

*Kulischer, Josef*: Allgemeine Wirtschaftsgeschichte des Mittelalters und der Neuzeit, 2 Bde., 6. Aufl., Wissenschaftliche Buchgesellschaft, Darmstadt 1988.

*Meier, Dirk*: Seefahrer, Händler und Piraten im Mittelalter, Thorbecke Verlag, Ostfildern 2004.

*Müller, Rainer A.* (Hg.): Unternehmer – Arbeitnehmer: Lebensbilder aus der Frühzeit der Industrialsierung in Bayern, Oldenbourg, München 1985.

*Nipperdey, Thomas*: Deutsche Geschichte 1800-1918, 3 Bde., C.H. Beck, München 1983-92.

*North, Michael* (Hrsg.): Deutsche Wirtschaftsgeschichte – ein Jahrtausend im Überblick. C.H. Beck, München, 2005.

*Pirenne, Henri*: Sozial- und Wirtschaftsgeschichte Europas im Mittelalters, 4. Aufl., Francke Verlag, München 1976.

*Rovan, Joseph*: Geschichte der Deutschen, Hanser, München 1995.

*Sandgruber, Roman*: Ökonomie und Politik – Österreichische Wirtschaftsgeschichte vom Mittelalter bis zur Gegenwart, Österreichische Geschichte, Ueberreuther, Wien 1995.

*Spindler, Max* (Hg.): Handbuch der Bayerischen Geschichte, IV Bde., C.H. Beck, München 1967-2007.

*Spree, Reinhard* (Hg.): Geschichte der deutschen Wirtschaft im 20. Jahrhundert, Becksche Reihe, C.H. Beck, München 2001.

*Tilly, Richard*: Kapital, Staat und sozialer Protest in der deutschen Industrialisierung Gesammelte Aufsätze, Vandenhoeck & Ruprecht, Göttingen 1980.

*Walter, Rolf*: Einführung in die Wirtschafts- und Sozialgeschichte, Schöningh Verlag, Paderborn 1994.

*Walter, Rolf*: Einführung in die Wirtschafts- und Sozialgeschichte, Böhlau Verlag, Köln/ Wien 2008.

*Walter, Rolf*: Wirtschaftsgeschichte vom Merkantilismus bis zur Gegenwart, Böhlau Verlag, Köln etc. 1995.

*Wehler, Hans-Ulrich*: Deutsche Gesellschaftsgeschichte 1700-1990, 5 Bde., C.H. Beck, München 1987-2008.

### Gesellschaft und Soziales

*Alt, Kurt W./ Kemkes-Grottenthaler, Ariane*: Kinderwelten: Anthropologie, Geschichte, Kulturvergleich, Böhlau, Köln 2002.

*Alt, Robert*: Bilderatlas zur Schul- und Erziehungsgeschichte, Bd. 1: Von der Urgesellschaft bis zum Vorabend der bürgerlichen Revolution, Berlin 1966.

*Ariès, Philippe/ Duby, Georges* (Hg.): Geschichte des privaten Lebens, 5. Bde., S. Fischer: Frankfurt/M. 1989-93.

*Ariès, Philippe*: Geschichte der Kindheit, Hanser, München 1975.

*Ariès, Philippe*: Geschichte des Todes, Hanser, München 1980.

*Arnold, Klaus*: Kindheit und Gesellschaft in Mittelalter und Renaissance. Beiträge und Texte zur Geschichte der Kindheit, Paderborn/ München 1980.

*Beck, Rainer*: Unterfinning – Ländliche Welt vor Anbruch der Moderne, C.H. Beck, München 1993.

*Beuys, Barbara*: Familienleben in Deutschland, Rowohlt, Reinbek 1980.

*Borscheid, Peter*: Geschichte des Alters – Vom Spätmittelalter bis zum 18. Jahrhundert, Coppenrath Verlag, Münster 1987.

*Borst, Otto*: Alltagsleben im Mittelalter, Insel, Frankfurt/M. 1983.

*Burguière, André et al.* (Hg.): Geschichte der Familie, 4 Bde., Campus, Frankfurt/M./ New York 1996-98.

*Dannheimer, Hermann/ Dopsch, Heinz* (Hg.): Die Bajuwaren – Von Severin bis Tassilo 488-788, Katalog der gemeinsamen Landesausstellung, München/ Salzburg 1988.

*Delumeau, Jean*: Angst im Abendland – Die Geschichte kollektiver Ängste im Europa des 14. bis 18. Jahrhunderts, rororo, Reinbek 1985.

*deMause, Lloyd* (Hg.): Hört ihr die Kinder weinen – Eine psychogenetische Geschichte der Kindheit, Suhrkamp, Frankfurt/M. 1977.

*Duby, Georges* (Hg.): Geschichte des privaten Lebens, Bd. 2: Vom Feudalzeitalter zur Renaissance, 3. Aufl., Frankfurt/M. 1990, S. 299-587.

*Duby, Georges*: Krieger und Bauern: Die Entwicklung von Wirtschaft und Gesellschaft im frühen Mittelalter, 2. Aufl. Frankfurt/M. 1981.

*Dülmen, Richard van*: Kultur und Alltag in der Frühen Neuzeit, 3 Bde., C.H. Beck, München 1992-95.

*Elias, Norbert*: Über den Prozess der Zivilisation, 2 Bde., Suhrkamp, Frankfurt/M. 1997.

*Ennen, Edith*: Frauen im Mittelalter, 5. Aufl., C.H. Beck, München 1994.

*Fischer, Wolfram*: Armut in der Geschichte, Vandenhoek & Rupprecht, Göttingen 1982.

*Fuhrmann, Horst*: Überall ist Mittelalter, C.H. Beck, München 1997.

*Gélis, Jacques*: Die Geburt – Volksglaube, Rituale und Praktiken von 1500-1800, Diederichs, München 1989.

*Geremek, Bronislaw*: Geschichte der Armut . Elend und Barmherzigkeit in Europa, Artemis, München/ Zürich 1988.

*Gestrich, Andreas*: Geschichte der Familie im 19. und 20. Jahrhundert, Enzyklopädie deutscher Geschichte 50, Oldenbourg, München 1999.

*Goetz, Hans-Werner*: Leben im Mittelalter – vom 7. bis zum 13. Jahrhundert, 6. Aufl., C.H. Beck, München 1996.

*Gurjewitsch, Aaron J.*: Das Weltbild des mittelalterlichen Menschen, C.H. Beck, München 1980.

*Hartinger, Walter*: ..denen Gott genad!" Totenbrauchtum und Armen-Seelen-Glaube in der Oberpfalz, Pustet, Regensburg 1979.

*Hippel, Wolfgang von*: Armut, Unterschichten, Randgruppen in der Frühen Neuzeit, Enzyklopädie deutscher Geschichte 34, Oldenbourg, München 1995.

*Kaschuba, Wolfgang*: Lebenswelt und Kultur der unterbürgerlichen Schichten im 19. und 20. Jahrhundert, Enzyklopädie deutscher Geschichte 5, Oldenbourg, München 1990.

*Kocka, Jürgen*: Die Angestellten in der deutschen Geschichte 1850-1980, Vandenhoeck, Göttingen 1981.

*Kuczynski, Jürgen*: Geschichte des Alltags des deutschen Volkes 1600-1945, 5 Bde., Akademie-Verlag, Berlin 1981 ff.

*Mathis, Franz*: Die deutsche Wirtschaft im 16. Jahrhundert, Jahrhundert, Enzyklopädie deutscher Geschichte 11, Oldenbourg, München 1992.

*Metken, Sigrid* (Hg.): Die letzte Reise, Sterben, Tod und Trauersitten in Oberbayern, Münchner Stadtmuseum, München 1984.

*Mollat, Michel*: Die Armen im Mittelalter, 2. Aufl., C.H. Beck, München 1987.

*Moore, Robert I.*: Die erste europäische Revolution – Gesellschaft und Kultur im Hochmittelalter, C.H. Beck, München 2001.

*Nyssen, Friedhelm*: Neubeginn und Wiederholungszwang – Kindheit und Christentum in der Vergangenheit, Frankfurt/M. 1993.

*Pierenkämper, Toni*: Angestellte und Arbeitsmarkt im Deutschen Kaiserreich 1880-1913. Interessen und Strategien als Instrumente der Integration eines segmentierten Arbeitsmarktes, Gustav Fischer, Stuttgart 1987.

*Reinalter, Helmut* (Hg.): Demokratische und soziale Protestbewegungen in Mitteleuropa 1815-1848/49, Suhrkamp, Frankfurt/M. 1986.

*Reinhard, Wolfgang*: Lebensformen Europas – Eine Kulturanthropologie, 2. Aufl., C.H. Beck, München 2004.

*Schulz, Günther*: Die Angestellten seit dem 19. Jahrhundert, Enzyklopädie deutscher Geschichte 54, Oldenbourg, München 2000.

*Schwarzer, Doris*: Arbeitsbeziehungen im Umbruch gesellschaftlicher Strukturen – Bundesrepublik Deutschland, DDR und neue Bundesländer im Vergleich, Diss. Nürnberg, Beiträge zur Wirtschafts- und Sozialgeschichte 67, Steiner Verlag, Stuttgart 1996.

*Seibt, Ferdinand*: Glanz und Elend des Mittelalters, Siedler, Berlin 1987.

*Shahar, Shulamith*: Kindheit im Mittelalter, Artemis & Winkler, München 1991.

*Speier, Hans*: Die Angestellten vor dem Nationalsozialismus, Kritische Studien zur Geschichtswissenschaft 26, Vandenhoek & Ruprecht, Göttingen 1977.

*Waas, Adolf*: Der Mensch im deutschen Mittelalter, Böhlau, Graz/ Köln 1964.

*Weber-Kellermann, Ingeborg*: Die Familie, Suhrkamp, Frankfurt/M. 1974.

*Weber-Kellermann, Ingeborg*: Die Kindheit – Eine Kulturgeschichte, Insel Verlag, Frank-furt/M. 1972.

*Zischka, Ulrike et al.* (Hg.): Die Anständige Lust – Von Esskultur und Tafelsitten, edition spangenberg, München 1993.

## Bildung und Kultur

*Berg, Christa et al.* (Hg.): Handbuch der deutschen Bildungsgeschichte, 6 Bde., C.H. Beck, München 1987-2005.

*Bosl, Karl*: Gesellschaft im Aufbruch: Die Welt des Mittelalters und ihre Menschen, Pustet, Regensburg 1991.

*Budde, Rainer*: Köln und seine Maler 1300-1500, DuMont, Köln 1986.

*Bumke, Joachim*: Höfische Kultur: Literatur und Gesellschaft im hohen Mittelalter, dtv, 2 Bde., München 1986.

*Carozzi, Claude*: Weltuntergang und Seelenheil: Apokalyptische Visionen im Mittelalter, Fischer TB, Frankfurt/M. 1996.

*Castelfranchi Vegas, Liana*: Italien und Flandern – die Geburt der Renaissance, 2. Aufl., Belser, Stuttgart/ Zürich 1994.

*DaCosta Kaufmann, Thomas*: Höfe, Klöster und Städte – Kunst und Kultur in Mitteleuropa 1450-1800, DuMont, Köln 1998.

*Eckert, Michael/ Schubert, Helmut*: Kristalle, Elektronen, Transistoren – Von der Gelehrten-stube zur Industrieforschung, Kulturgeschichte der Naturwissenschaften und der Technik, rororo, Reinbek 1986.

*Ehrmann, Angelika* (Hg.): In Tal und Einsamkeit: Die Zisterzienser im alten Bayern, Fürs-tenfeldbruck 1988.

*Fried, Johannes*: Aufstieg aus dem Untergang – Apokalyptisches Denken und die Entste-hung der modernen Naturwissenschaften, C.H. Beck, München 2001.

*Gierer, Alfred*: Die gedachte Natur – Ursprung, Geschichte, Sinn und Grenzen der Naturwis-senschaft, Piper, München 1998.

*Goertz, Hans-Jürgen*: Religiöse Bewegungen in der Frühen Neuzeit, Enzyklopädie deutscher Geschichte 20, Oldenbourg, München 1993.

*Gombrich, E.H.*: Die Geschichte der Kunst, 16. Aufl., Phaidon Verlag, Berlin 2002.

*Hale, John*: Die Kultur der Renaissance in Europa, Kindler, München 1994.

*Hauser, Arnold*: Sozialgeschichte der Kunst und Literatur, C.H. Beck, München 1953.

*Heidelberger, Michael/ Thiessen, Sigrun*: Natur und Erfahrung: Von der mittelalterlichen zur neuzeitlichen Wissenschaft, Kulturgeschichte der Naturwissenschaften und der Technik, Rheinbeck 1981.

*Held, Jutta/ Schneider, Norbert*: Sozialgeschichte der Malerei – Vom Spätmittelalter bis ins 20. Jahrhundert, 2. Aufl., DuMont, Köln 1998.

*Issing, Otmar* (Hg.): Geschichte der Nationalökonomie, 3. Aufl., Vahlen, München 1994.

*Joas, Hans/ Knöbl, Wolfgang*: Sozialtheorie, Suhrkamp, Frankfurt/M. 2004.

*Kershaw, Ian*: Der Hitler-Mythos – Führerkult und Volksmeinung, DVU, Stuttgart 1999.

*Kieckhefer, Richard*: Magie im Mittelalter, C.H. Beck, München 1992.

*Kintzinger, Martin*: Wissen wird Macht – Bildung im Mittelalter, Thorbecke, Ostfildern 2003.

*Krätz, Otto*: 7000 Jahre Chemie, Callwey, München 1990.

*Le Goff, Jacques*: Die Geburt des Fegefeuers – Vom Wandel des Weltbildes im Mittelalter, C.H. Beck, München 1990.

*Leroux-Dhuys, Jean-Francois*: Die Zisterzienser – Geschichte und Architektur, Könemann, Köln 1998.

*Lutz, Heinrich*: Reformation und Gegenreformation, Grundriss der Geschichte 10, Oldenbourg, München 1991.

*North, Michael*: Das Goldene Zeitalter – Kunst und Kommerz in der niederländischen Malerei des 17. Jahrunderts, Böhlau, Köln etc. 2001.

*Ring, Malvin E.*: Geschichte der Zahnmedizin, Könemann, Köln 1997.

*Roth, Helmut*: Kunst und Handwerk im Frühen Mittelalter, Theiss Verlag, Stuttgart 1986.

*Schindling, Anton*: Bildung und Wissenschaft in der Frühen Neuzeit 1650-1800, Enzyklopädie deutscher Geschichte 30, Oldenbourg, München 1994.

*Schrader, Fred E.*: Die Formierung der bürgerlichen Gesellschaft 1550-1850, Fischer TB, Frankfurt/M. 1996.

*Schwaiger, Georg* (Hg.): Mönchtum, Orden, Klöster – Von den Anfängen bis zur Gegenwart, 2. Aufl., C.H. Beck, München 1994.

*Suckale, Robert*: Kunst in Deutschland – Von Karl dem Großen bis Heute, DuMont, Köln 1998.

*Tarnas, Richard*: Idee und Leidenschaft – Die Wege des westlichen Denkens, dtv, München 1997.

*Teichmann, Jürgen*: Wandel des Weltbildes, 3. Aufl., Teubner, Stuttgart/ Leipzig 1996.,

*Toch, Michael*: Die Juden im mittelalterlichen Reich, Enzyklopädie deutscher Geschichte 44, Oldenbourg, München 1998.

*Volkov, Shulamit*: Die Juden in Deutschland 1780-1918, Enzyklopädie deutscher Geschichte 16, Oldenbourg, München 1994.

*Warnke, Martin*: Hofkünstler: Zur Vorgeschichte des modernen Künstlers, 2. Aufl., DuMont, Köln 1996.

*Woll, Helmut*: Menschenbilder in der Ökonomie, Oldenbourg, München 1994.

*Ziegler, Bernd*: Geschichte des ökonomischen Denkens – Paradigmenwechsel in der Volkswirtschaftslehre, Oldenbourg, München 1998..

*Zimmermann, Moshe*: Die deutschen Juden 1914-1945, Enzyklopädie deutscher Geschichte 43, Oldenbourg, München 1997.

*Zirnstein, Gottfried*: Ökologie und Umwelt in der Geschichte, Metropolis-Verlag, Marburg 1994.

## Bevölkerung und Umwelt

*Bergdolt, Klaus*: Der Schwarze Tod in Europa – Die große Pest und das Ende des Mittelalters in Europa, 2. Aufl., C.H. Beck, München 1994.

*Bork, Hans-Rudolf et al.*, Landschaftsentwicklung in Mitteleuropa, Klett-Perthes, Gotha/ Stuttgart 1998.

*Cipolla, Carlo M./ Russell, Josiah C./ Mols, Roger*: Bevölkerungsgeschichte Europas – Mittelalter bis Neuzeit, Piper, München 1971.

*Czarnetzki, Alfred et al.*: Menschen des Frühen Mittelalters im Spiegel der Anthropologie und Medizin, 2. Aufl., Württembergisches Landesmuseum, München/ Speyer 1985.

*Echart, Wolfgang U.*: Geschichte der Medizin, 2. Aufl., Springer, Heidelberg etc. 1994.

*Engel, Evamaria*: Die deutsche Stadt des Mittelalters, C.H. Beck, München 1993.

*Fumagalli, Vito*: Mensch und Umwelt im Mittelalter, Wagenbach, Berlin 1992.

*Gräf, Holger Th./ Pröve, Ralf*: Wege ins Ungewisse – Reisen in der Frühen Neuzeit 1500-1800, S. Fischer, Frankfurt/M. 1997.

*Herbert, Ulrich*: Geschichte der Ausländerpolitik in Deutschland – Saisonarbeiter, Zwangsarbeiter, Gastarbeiter, Flüchtlinge, C.H. Beck, München 2001.

*Imhof, Arthur E.*: Einführung in die historische Demographie, C.H. Beck, München 1977.

*Imhof, Arthur E.*: Lebenserwartung in Deutschland vom 17. bis 19. Jahrhundert, Acta humaniora, VHC Verlagsgesellschaft, Weinheim 1990.

*Jetter, Dieter*: Das europäische Hospital: Von der Spätantike bis 1800, 2. Aufl., DuMont, Köln 1987.

*Klemm, Volker/ Darkow, Claus/ Bork, Hans-Rudolf* (Hg.): Geschichte der Landwirtschaft in Brandenburg, Verlag Mezõgazda, Budapest 1998.

*Küster, Hansjörg*: Geschichte der Landschaft in Mitteleuropa, C.H. Beck, München 1995.

*Küster, Hansjörg*: Geschichte des Waldes, C.H. Beck, München 1998.

*Livi Bacci, Massimo*: Europa und seine Menschen – Eine Bevölkerungsgeschichte, C.H. Beck, München 1999.

*Ohler, Norbert*: Reisen im Mittelalter, Artemis & Winkler, Zürich/ München 1986.

*Pfister, Christian*: Bevölkerungsgeschichte und historische Demographie, 1500-1800, Enzyklopädie deutscher Geschichte 28, Oldenbourg, München 1994.

*Planitz, Hans*: Die deutsche Stadt im Mittelalter, 5. Aufl., Böhlau, Wien 1954.

*Postel, Verena*: Die Ursprünge Europas: Migration und Integration im Frühen Mittelalter, Kohlhammer, Stuttgart 2004.

*Radkau, Joachim*: Natur und Macht – Eine Weltgeschichte der Umwelt, C.H. Beck, München 2000.

*Ruffié, Jacques/ Sournia, Jean-Charles*: Die Seuchen in der Geschichte der Menschheit, dtv, München 1992.

*Schipperges, Heinrich*: Die Kranken im Mittelalter, 3. Aufl., Beck, München 1993.

*Seibt, Ferdinand*: Glanz und Elend des Mittelalters, Siedler, Berlin 1987.

*Wilderotter, Hans* (Hg.): Das große Sterben – Seuchen machen Geschichte, Deutsches Hygiene-Museum, Berlin 1995.

Zirnstein, Gottfried: Ökologie und Umwelt, Metropolis, Marburg/ L. 1996.

## Technik

*Bayerl, Günter/ Pichol, Karl*: Papier – Produkt aus Lumpen, Holz und Wasser, Kulturgeschichte der Naturwissenschaften und der Technik, rororo, Reinbek 1986.

*Bergier, Jean-Francois*: Die Geschichte vom Salz, Campus, Frankfurt/M./ New York 1989.

*Binding, Günther et al.*: Kleine Kunstgeschichte des deutschen Fachwerkbaus, Wissenschaftliche Buchgesellschaft, Darmstadt 1975.

*Binding, Günther*: Baubetrieb im Mittelalter, Wissenschaftliche Buchgesellschaft, Darmstadt 1993.

*Binding, Günther*: Deutsche Kaiserpfalzen – Von Karl dem Großen bis Friedrich II (765-1240), Wissenschaftliche Buchgesellschaft, Darmstadt 1996.

*Blumtritt, Oskar*: Nachrichtentechnik – Sender, Empfänger, Übertragung, Vermittlung, Deutsches Museum, München 1988.

*Brachner, Alto*: Von Ellen und Füßen zur Atomuhr – Geschichte der Messtechnik, Deutsches Museum, München 1996.

*Centrum Industriekultur/ Münchner Stadtmuseum* (Hg.): Unter Null – Kunsteis, Kälte, Kultur, C.H. Beck, München 1991.

*Conrad, Dietrich*: Kirchenbau im Mittelalter – Bauplanung und Bauausführung, Edition Leipzig, Leipzig 1990.

*Dolgner, Dieter* (Hg.): Stadtbaukunst im Mittelalter, Verlag für Bauwesen, Berlin 1990.

*Eckermann, Erik*: Vom Dampfwagen zum Auto – Motorisierung des Verkehrs, Kulturgeschichte der Naturwissenschaften und der Technik, rororo, Reinbek 1981.

*Eckoldt, Carl*: Kraftmaschinen I – Muskelkraft, Wasserkraft, Windkraft, Dampfkraft, Deutsches Museum, München 1996.

*Ganzhorn, Karl/ Walter, Wolfgang*: Die geschichtliche Entwicklung der Datenverarbeitung, IBM Deutschland, Stuttgart 1975.

*Gimpel, Jean*: Die Kathedralenbauen, Deukalion Verlag, Holm 1996.

*Glocker, Winfrid*: Glastechnik, C.H. Beck, München 1992.

*Götschmann, Dirk*: Oberpfälzer Eisen, Bergbau- und Industriemuseum Ostbayern, Schriftenreihe 5, Theuern 1985.

*Heinrich, Bert*: Brücken – Vom Balken zum Bogen, Kulturgeschichte der Naturwissenschaften und der Technik, rororo, Reinbek 1983.

*Herrmann, Klaus*: Pflügen, Säen, Ernten – Landarbeit und Landtechnik in der Geschichte, Kulturgeschichte der Naturwissenschaften und der Technik, rororo, Reinbek 1985.

*Hill, Donald*: A History of Engineering in Classical and Medieval Times – Important technological achievements 600 B.C. to A.D. 1450, Barnes & Nobles Books, New York 1984.

*Humpert, Klaus/ Schenk, Martin*: Entdeckung der mittelalterlichen Stadtplanung – Das Ende vom Mythos der "gewachsenen Stadt", Theiss Verlag, Stuttgart 2001.

*James, Peter/ Thorpe, Nick*: Keilschrift, Kompass, Kaugummi – Eine Enzyklopädie der frühen Erfindungen, Sanssouci Verlag, Zürich 1998.

*Jaschke, Brigitte*: Glasherstellung – Produkte, Technik, Organisation, Deutsches Museum, München 1986.

*Katzinger, Willibald/ Mayrhofer, Fritz* (Hg.): Kaiser Friedrich III. – Innovationen einer Zeitenwende, Stadtmuseum Nordico, Linz 1993.

*Klemm, Friedrich*: Geschichte der Technik – Der Mensch und seine Erfindungen im Bereich des Abendlandes, Kulturgeschichte der Naturwissenschaften und der Technik, rororo, Reinbek 1983.

*König, Wolfgang* (Hg.): Propyläen Technikgeschichte, Propyläen Verlag, Berlin 1990-92.

*Krankenhagen, Gernot/ Laube, Horst*: Werkstoffprüfung – Von Explosionen, Brüchen und Prüfungen, Kulturgeschichte der Naturwissenschaften und der Technik, rororo, Reinbek 1983.

*Kroker, Werner/ Westermann, Ekkehard* (Hg.): Montanwirtschaft Mitteleuropas vom 12. bis 17. Jahrhundert, Der Anschnitt Beih. 2, Bochum 1984.

*Kuisle, Anita*: Brillen – Gläser, Fassungen, Herstellung, Deutsches Museum, München 1985.

*Lindgren, Uta*: Alpenübergänge von Bayern nach Italien 1500-1850, Hirmer Verlag, München 1986.

*Lippert, Hans-Georg*: Das Haus in der Stadt und das Haus im Hause, Deutscher Kunstverlag, München 1992.

*Maurice, Klaus/ Mayr, Otto* (Hg.): Die Welt als Uhr – Deutsche Uhren und Automaten 1550-1650, Deutscher Kunstverlag, München 1980.

*Müller, Werner*: Grundlagen gotischer Bautechnik, Deutscher Kunstverlag, München 1990.

*Osteroth, Dieter*: Soda, Teer und Schwefelsäure – Der Weg zur Großchemie, Kulturgeschichte der Naturwissenschaften und der Technik, rororo, Reinbek 1985.

*Paulinyi, Akos*: Industrielle Revolution – Vom Ursprung moderner Technik, Kulturgeschichte der Naturwissenschaften und der Technik, rororo, Reinbek 1989.

*Reith, Reinhold*: Lexikon des alten Handwerks – Vom späten Mittelalter bis ins 20. Jahrhundert, 2. Aufl., C.H. Beck, München 1991.

*Roth, Paul-Werner* (Hg.): Grubenhunt & Ofensau – Vom Reichtum der Erde, Beitragsband zur Kärntner Landesausstellung, Klagenfurt 1995.

*Schletzbaum, Ludwig*: Eisenbahn, C.H. Beck, München 1990.

*Schneider, Reinhard*: Hinter den Kulissen des Rundfunks, Buchendorfer Verlag, München 1994.

*Stehen, Jürgen*: Die zweite industrielle Revolution – Frankfurt und die Elektrizität 1800-1914, Kleine Schriften des Historischen Museums 13, Frankfurt/M. 1981.

*Steuer, Heiko/ Zimmermann, Ulrich* (Hg.): Alter Bergbau in Deutschland, Theiss Verlag, Stuttgart 1993.

*Suhling, Lothar*: Aufschließen, Gewinnen und Fördern – Geschichte des Bergbaus, Kulturgeschichte der Naturwissenschaften und der Technik, rororo, Reinbek 1983.

*Treml, Manfred et al.*: Salz macht Geschichte, Veröffentlichungen zur Bayerischen Geschichte und Kultur 29, Haus der Bayerischen Geschichte, Augsburg 1995.

*Varchmin, Jochim/ Radkau, Joachim*: Kraft, Energie und Arbeit – Energie und Gesellschaft, Kulturgeschichte der Naturwissenschaften und der Technik, rororo, Reinbek 1981.

*Weber, Wolfhard*: Arbeitssicherheit, Kulturgeschichte der Naturwissenschaften und der Technik, rororo, Reinbek 1988.

## Private Haushalte

*Boehn, May von*: Die Mode – Eine Kulturgeschichte vom Mittelalter bis zum Jugendstil, 2 Bde., 4. Aufl., Bruckmann, München 1989.

*Dirlmeier, Ulf et al.* (Hg.): Geschichte des Wohnens 5 Bde., DVA, Stuttgart 1996-99.

*Giedion, Sigfried*: Geschichte des Bades, EVA, Hamburg 1998.

*Hirschfelder, Gunther*: Europäische Esskultur – Geschichte der Ernährung von der Steinzeit bis heute, Campus, Frankfurt/M./ New York 2001.

*Loschek, Ingrid*: Mode- und Kostümlexikon, Reclam, Stuttgart 1987.

*Maurer, Michael* (Hg.): Neue Impulse der Reiseforschung, Akademie Verlag, Berlin 1999.

*Montanari, Massimo*: Der Hunger und der Überfluss – Kulturgeschichte der Ernährung in Europa, Europa bauen, C.H. Beck, München 1993.

*Orland, Barbara*: Wäsche waschen – Technik und Sozialgeschichte der häuslichen Wäschepflege, Kulturgeschichte der Naturwissenschaften und der Technik, rororo, Reinbek 1991.

*Pierenkämper, Toni* (Hg.): Haushalt und Verbrauch in historischer Perspektive – Zum Wandel des privaten Verbrauchs in Deutschland im 19. und 20. Jahrhundert, Scripta Mercaturae Verlag, St. Katharinen 1987.

*Roeck, Bernd*: Lebenswelt und Kultur des Bürgertums in der Frühen Neuzeit, Enzyklopädie deutscher Geschichte 9, Oldenbourg, München 1991.

*Thiel, Erika*: Geschichte des Kostüms – Die europäische Mode von den Anfängen bis zur Gegenwart, Henschel Verlag, Berlin 1997.

**Staat und Herrschaft**

*Ambrosius, Gerold*: Staat und Wirtschaft im 20. Jahrhundert, Jahrhundert, Enzyklopädie deutscher Geschichte 7, Oldenbourg, München 1990.

*Angermeier, Heinz*: Die Reichsreform 1410-1555, C.H. Beck, München 1984.

*Baring, Arnulf*: Außenpolitik in Adenauers Kanzlerdemokratie, Oldenbourg, München 1969.

*Bauer, Leonhard/ Matis, Herbert*: Geburt der Neuzeit – Vom Feudalsystem zur Marktgesellschaft, dtv, München 1988.

*Benz, Wolfgang* (Hg.): Deutschland unter alliierter Besatzung 1945-1949/55 – Ein Handbuch, Akademie Verlag, Berlin 1999.

*Boldt, Hans*: Deutsche Verfassungsgeschichte, 2 Bde., dtv, München 1984-90.

*Bösselmann, Kurt*: Die Entwicklung des deutschen Aktienwesens im 19. Jahrhundert, de Gruyter, Berlin 1939.

*Coing, Helmut*: Europäisches Privatrecht 1500-1914, 2 Bde., C.H. Beck, München 1985-89.

*Demandt, Alexander* (Hg.): Deutschlands Grenzen in der Geschichte, C.H. Beck, München 1990.

*Deutsche Bundesbank* (Hg.): Währung und Wirtschaft in Deutschland 1876-1975, Knapp Verlag, Frankfurt/M. 1976.

*Dreitzel, Hans*: Absolutismus und ständische Verfassung in Deutschland, Veröffentlichungen des Instituts für europäische Geschichte Mainz, Abt. Universalgeschichte, Beih. 24, Ph. v. Zabern, Mainz 1992.

*Duffy, Christopher*: Friedrich der Große – Ein Soldatenleben, Benzinger Verlag, Zürich 1986.

*Ehrenberg, Richard*: Die Fondsspekulation und die Gesetzgebung, Springer, Berlin 1883.

*Elster, Karl*: Von der Mark zur Reichsmark – Die Geschichte der deutschen Währung in den Jahren 1914 bis 1924, Gustav Fischer, Jena 1928.

*Frerich, Johannes/ Frey, Martin*: Handbuch der Geschichte der Sozialpolitik in Deutschland, 3 Bde., 2. Aufl., Oldenbourg, München 1993-96.

*Friedensburg, Ferdinand*: Münzkunde und Geldgeschichte der Einzelstaaten des Mittelalters und der neueren Zeit, Oldenbourg, München 1972.

*Hinkeldey, Chr.* (Hg.): Justiz in alter Zeit, Schriftenreihe des mittelalterlichen Kriminalmuseums Rothenburg o.d.T., Rothenburg 1984.

*Jeserich, Kurt G.A./ Pohl, Hans/ Unruh*, Georg-Christoph von: Deutsche Verwaltungsgeschichte, 6 Bde., DVA, Stuttgart 1983-88.

*Klippel, Diethelm*: Deutsche Rechts- und Gerichtskarte, Keip Verlag, Goldbach 1896.

*Köbler, Gerhard*: Lexikon der europäischen Rechtsgeschichte, C.H. Beck, München 1997.

*Kolb, Eberhard*: Die Weimarer Republik, Grundriss der Geschichte 16, 2. Aufl., Oldenbourg 1988.

*Kölner, Lutz*: Chronik der deutschen Währungspolitik 1871-1991, 2. Aufl., Knapp Verlag, Frankfurt/M. 1991.

*Mitteis, Heinrich/ Lieberich, Heinz*: Deutsche Rechtsgeschichte, 19. Aufl., C.H.Beck München 1992.

*North, Michael* (Hg.): Von Aktie bis Zoll – Ein historisches Lexikon des Geldes, C.H. Beck, München 1995.

*North, Michael*: Das Geld und seine Geschichte vom Mittelalter bis zur Gegenwart, C.H. Beck, München 1994.

*Nützenadel, Alexander/ Strupp, Christoph* (eds.): Taxation, State, and Civil Society in Germany and the United States from the 18<sup>th</sup> to the 20<sup>th</sup> Century, Nomos Verlag, Baden-Baden 2007.

*Ritter, Gerhard A.* (Hg.): Wahlgeschichtliches Arbeitsbuch, Materialien zur Statistik des Kaiserreichs 1871-1918, Statistische Arbeitsbücher zur neueren deutschen Geschichte, C.H. Beck, München 1980.

*Ritter, Ulrich Peter*: Die Rolle des Staates in den Frühstadien der Industrialisierung – Die preußische Industrieförderung in der ersten Hälfte des 19. Jahrhunderts, Duncker & Humblott, Berlin 1961.

*Rüping, Hinrich*: Grundriss der Strafrechtsgeschichte, 2. Aufl., C.H. Beck, München 1991.

*Schlosser, Hans*: Grundzüge der Neueren Privatrechtsgeschichte, 6. Aufl., UTB/ C.F. Müller, Heidelberg 1988.

*Schomburg, Walter*: Lexikon der deutschen Steuer- und Zollgeschichte – Von den Anfängen bis 1806, C.H. Beck, München 1992.

*Schwarz, Hans-Peter*: Adenauer, 2 Bde., DVU, Stuttgart 1986/91.

*Sprandel, Hans*: Verfassung und Gesellschaft im Mittelalter, 3. Aufl., UTB/ Schöningh, Paderborn etc. 1988.

*Stahleder, Erich et al.*: „Gerechtigkeit erhöht ein Volk" – Recht und Rechtspflege in Bayern im Wandel der Geschichte, Bayerisches Hauptstaatsarchiv, München 1990.

*Stolleis, Michael*: Geschichte des öffentlichen Rechts in Deutschland, 3. Bde., C.H. Beck, München 1988–99.

*Tilly, Richard* (Hg.): Geschichte der Wirtschaftspolitik – Vom Merkantilismus zur Sozialen Marktwirtschaft, Oldenbourg, München 1993.

*Voß, Reimer*: Steuern im Dritten Reich, C.H. Beck, München 1995.

*Webb, Steven B.*: Hyperinflation and Stabilization in Weimar Germany, Oxford University Press, New York/ Oxford 1989.

*Wesel, Uwe*: Geschichte des Rechts – Von den Frühformen bis zum Vertrag von Maastricht, C.H. Beck, München 1997.

*Willoweit, Dietmar*: Deutsche Verfassungsgeschichte, 3. Aufl., C.H. Beck, München 1997.

**Produktion und Dienstleistung**

*Abelshauser, Werner*: Deutsche Wirtschaftsgeschichte seit 1945, C.H. Beck, München 2004.

*Achilles, Walter*: Landwirtschaft in der Frühen Neuzeit, , Enzyklopädie deutscher Geschichte 10, Oldenbourg, München 1991.

*Aschhoff, Gunther et al.* (Hg.): Deutsche Börsengeschichte, Knapp Verlag, Frankfurt/M. 1992.

*Ashauer, Günter et al.* (Hg.): Deutsche Bankengeschichte, 3 Bde., Knapp Verlag, Frankfurt/M. 1982/83.

*Beyrer, Klaus* (Hg.): Zeit der Postkutschen – Drei Jahrhunderte Reisen 1600-1900, Braun Verlag, Karlsruhe 1992.

*Borchardt, Knut*: Realkredit- und Pfandbriefmarkt im Wandel von 100 Jahren, in: 100 Jahre Rheinische Hypothekenbank, Knapp Verlag, Frankfurt/M. 1971, S. 105-196.

*Bosenick, Alfred*: Neudeutsche gemischte Bankwirtschaft – Ein Versuch zur Grundlegung des Bankwesens, Schweitzer Verlag, München/ Berlin 1912.

*Denzel, Markus A.*: „La Practica della Cambiatura" – Europäischer Zahlungsverkehr vom 14. bis zum 17. Jahrhundert, Beiträge zur Wirtschafts- und Sozialgeschichte 58, Steiner Verlag, Stuttgart 1994.

*Deutsche Bundesbahn* (Hg.): 150 Jahre Deutsche Eisenbahnen, Eisenbahn-Lehrbuch Verlagsges., München 1985.

*Deutsche Bundesbank* (Hg.): Fünfzig Jahre Deutsche Mark - Notenbank und Währung in Deutschland seit 1948, C.H. Beck, München 1998.

*Gall, Lothar/ Pohl, Manfred* (Hg.): Die Eisenbahn in Deutschland – Von der Anfängen bis zur Gegenwart, C.H. Beck, München 1999.

*Glaser, Hermann/ Werner, Thomas*: Die Post in ihrer Zeit – Eine Kulturgeschichte menschlicher Kommunikation, Decker Verlag, Heidelberg 1990.

*Hahn, Hans-Werner*: Die Industrielle Revolution in Deutschland, Enzyklopädie deutscher Geschichte 49, Oldenbourg, München 1998.

*Hammel-Kiesow, Rolf*: Die Hanse, Beck Wissen, C.H. Beck, München 2000.

*Hardach, Karl*: Wirtschaftsgeschichte Deutschlands im 20. Jahrhundert (1914-1970), 3. Aufl., Vandenhoeck, Kleine Reihe, Göttingen 1993.

*Henning, Friedrich-Wilhelm*: Landwirtschaft und ländliche Gesellschaft in Deutschland 800-1986, 2 Bde., Schöningh, Paderborn 1978/79.

*Holtfrerich, Carl-Ludwig*: Finanzplatz Frankfurt – Von der mittelalterlichen Messestadt zum europäischen Bankenzentrum, C.H. Beck, München 1999.

*James, Harold*: Deutschland in der Weltwirtschaftskrise 1924-1936, DVA, Stuttgart 1988.

*James, Harold*: Familienunternehmen in Europa – Haniel, Wendel und Falck, C.H. Beck, München 2005.

*Kiehling, Hartmut*: Kursstürze am Aktienmarkt, 2. Aufl., dtv, München 2000.

*Kirchhoff, Friedrich-Wilhelm*: Impulse aus Mitteldeutschland 1800-1945, Verlag Werner Dausien, Hanau 1992.

*Kleinschmidt, Christian*: Rationalisierung als Unternehmensstrategie – Die Eisen- und Stahlindustrie des Ruhrgebiets zwischen Jahrhundertwende und Weltwirtschaftskrise, Bochumer Schriften zur Unternehmens- und Industriegeschichte 2, Klartext Verlag Essen 1993.

*Lansburgh, Alfred*: Das deutsche Bankwesen, Bank-Verlag, Berlin 1909.

*Lotz, Walther*: Geschichte der deutschen Notenbanken bis zum Jahre 1857, Duncker & Humblot, Leipzig 1888.

*Lotz, Wolfgang* (Hg.): Deutsche Postgeschichte, Nicolai, Berlin 1989.

*Mura, Jürgen*: Entwicklungslinien der deutschen Sparkassengeschichte, Sparkassen in der Geschichte Abt. 3, Bd. 2, Sparkassenverlag, Stuttgart 1994.

*Nutz, Andreas*: Unternehmensplanung und Geschäftspraxis im 16. Jahrhundert – Die Handelsgesellschaft Felix und Jakob Grimmel zwischen 1550 und 1560, Scripta Mercaturae Verlag, St. Katharinen 1996.

*Pierenkämper, Toni*: Gewerbe und Industrie im 19. und 20. Jahrhundert, Enzyklopädie deutscher Geschichte 29, Oldenbourg, München 1994.

*Pierenkämper, Toni*: Umstrittene Revolutionen – Die Industrialisierung im 19. Jahrhundert, Fischer TB, Frankfurt/M. 1996.

*Reininghaus, Wilfried*: Gewerbe in der Frühen Neuzeit, Jahrhundert, Enzyklopädie deutscher Geschichte 3, Oldenbourg, München 1990.

*Rösener, Werner*: Bauern im Mittelalter, 4. Aufl., C.H. Beck, München 1991.

*Ruppert, Wolfgang*: Die Fabrik – Geschichte von Arbeit und Industrialisierung in Deutschland, 2. Aufl., C.H. Beck, München 1993.

*Schultz, Helga*: Handwerker, Kaufleute, Bankiers: Wirtschaftsgeschichte Europas 1500-1800, Fischer TB, Frankfurt/M. 1997.

*Schulz, Knut* (Hg.): Handwerk in Europa vom Spätmittelalter bis zur Frühen Neuzeit, Schriften des Historischen Kollegs 41, Oldenbourg, München 1999.

*Spiekermann, Uwe*: Basis der Konsumgesellschaft – Entstehung und Entwicklung des modernen Kleinhandels in Deutschland 1850-1914, Schriftenreihe zur Zeitschrift für Unternehmensgeschichte 3, C.H. Beck, München 1999.

*Spufford, Peter*: Handel, Macht und Reichtum – Kaufleute im Mittelalter, Wissenschaftliche Buchgesellschaft, Darmstadt 2002.

*Strieder, Jakob*: Studien zur Geschichte kapitalistischer Organisationsformen – Monopole, Kartelle und Aktiengesellschaften im Mittelalter und zu Beginn der Neuzeit, Duncker & Humblot, München/ Leipzig 1914.

*Tilly, Richard*: Financial Institutions and Industrialization in the Rhineland 1815-1870, University of Wisconsin Press, Madison etc. 1966.

*Tilly, Richard*: Geld und Kredit in der Wirtschaftsgeschichte, Grundzüge der modernen Wirtschaftsgeschichte 4, Steiner Verlag, Stuttgart 2003.

*Tilly, Richard*: German Banking, 1850-1914: Development Assistance for the Strong, Journal of European Economic History 15 (1986) 1, pp. 113-152.

*Tilly, Richard*: Vom Zollverein zum Industriestaat – Die wirtschaftlich-soziale Entwicklung Deutschlands 1834 bis 1914, Deutsche Geschichte der neuesten Zeit, dtv, München 1990.

*Trossbach, Werner*: Bauern 1648-1806, Enzyklopädie deutscher Geschichte 19, Oldenbourg, München 1993.

*Unterstell, Rembert*: Mittelstand in der Weimarer Republik – Die soziale Entwicklung und politische Orientierung von Handwerk, Kleinhandel und Hausbesitz 1919-1933, Europäische Hochschulschriften III/ 408, Peter Lang, Frankfurt/M. / Bern 1989.

*Volckart, Oliver*: Wettbewerb und Wettbewerbsbeschränkung in Politik und Wirtschaft – Deutschland in Mittelalter und Früher Neuzeit, Institutionelle und Evolutorische Ökonomik 19, Metropolis Verlag, Marburg 2002.

*Wandel, Eckhard*: Banken und Versicherungen im 19. und 20. Jahrhundert, Enzyklopädie der deutschen Geschichte 45, Oldenbourg, München 1998.

*Wengenroth, Ulrich* (Hg.): Prekäre Selbständigkeit – Zur Standortbestimmung von Handwerk, Hausindustrie und Kleingewerbe im Industrialisierungsprozess, Steiner Verlag, Stuttgart 1989.

*Winkler, Heinrich August*: Zwischen Marx und Monopolen – Der deutsche Mittelstand vom Kaiserreich zur Bundesrepublik Deutschland, Fischer TB, Frankfurt/M. 1991.

*Zunkel, Friedrich*: Der Rheinisch-Westfälische Unternehmer 1834-1879, Westdeutscher Verlag, Köln/ Opladen 1962.

# Kontinuität und Wandel

### Vielfalt und Wandel

*Ambrosius, Gerold*: Wirtschaftsraum Europa – Vom Ende der Nationalökonomien, Fischer TB, Frankfurt/M. 1996.

*Borscheid, Peter*: Das Tempo-Virus – Eine Kulturgeschichte der Beschleunigung, Campus, Frankfurt/M./ New York 2004.

*Demandt, Alexander* (Hg.): Deutschlands Grenzen in der Geschichte, 2. Aufl., C.H. Beck, München 1991.

*Dohrn-van Rossum, Gerhard*: Die Geschichte der Stunde – Uhren und moderne Zeitordnungen, Hanser, München 1992.

*Friedell, Egon*: Kulturgeschichte der Neuzeit, 2 Bde., C.H. Beck, München 1931.

*Hölscher, Lucian*: Die Entdeckung der Zukunft, Fischer TB, Frankfurt/M. 1999.

*Jenzen, Igor A.* (Hg.): Uhrzeiten – Die Geschichte der Uhr und ihres Gebrauchs, Jonas Verlag: Marburg/L. 1989.

*Kiesewetter, Hubert*: Das einzigartige Europa, Vandenhoeck & Ruprecht: Göttingen 1996.

*North, Douglass C.*: Institutionen, institutioneller Wandel und Wirtschaftsleistung, Die Einheit der Gesellschaftswissenschaften 76, Mohr Siebeck, Tübingen 1992.

*Ottomeyer, Hans et al.* (Hg.): Geburt der Zeit, Edition Minerva, Wolfratshausen 1999.

*Polanyi, Karl*: The Great Transformation – Politische und ökonomische Ursprünge von Gesellschaften und Wirtschaftssystemen, Suhrkamp, Frankfurt/M. 1967.

*Roberts, J.M.*: Der Triumph des Abendlandes, Econ Verlag, Düsseldorf/ Wien 1986.

*Schultz, Uwe* (Hg.): Die Hauptstädte der Deutschen – Von der Kaiserpfalz in Aachen zum Regierungssitz Berlin, C.H. Beck, München 1993.

*Tarnas, Richard*: Idee und Leidenschaft – Die Wege des westlichen Denkens, dtv, München 1997.

*Whitrow, Gerald James*: Die Erfindung der Zeit, Junius Verlag, Wiesbaden 1991.

**Zyklizität und Statistiken**

*Baur, Karl*: Zeitgeist und Geschichte, Callwey, München 1978.

*Borchardt, Knut*: Wachstum, Krisen, Handlungsspielräume der Wirtschaftspolitik, Kritische Studien zur Geschichtswissenschaft 50, Vandenhoeck & Ruprecht, Göttingen 1982.

*Bry, Gerhard*: Wages in Germany 1871-1945, Princeton University Press, Princeton 1960.

*Burhop, Carsten/ Wolff, Guntram B.*: A Compromise Estimate of German Net National Product, 1851-1913 and its Implications for Growth and Business Cycles, in: Journal of Economic History, Vol. 65 (2005) 3, pp. 613-657.

*Deutsche Bundesbank*: 40 Jahre Deutsche Mark – Monetäre Statistiken 1848-1987, Fritz Knapp Verlag: Frankfurt/M. 1988.

*Deutsche Bundesbank*: Deutsches Geld- und Bankwesen in Zahlen 1876-1975, Knapp Verlag, Frankfurt/M. 1976.

*Donner, Otto*: Die Kursbildung am Aktienmarkt – Grundlagen zur Konjunkturbeobachtung an den Effektenmärkten, Vierteljahrshefte zur Konjunkturforschung, Sonderheft 36, Berlin 1934.

*Engel, Ernst*: Die erwerbstätigen juristischen Personen im preußischen Staate, insbesondere Actiengesellschaften, in: Zeitschrift des Kgl. preußischen Statistischen Bureaus 15 (1875), S. 449-536.

*Fischer, Wolfram et al.*: Sozialgeschichtliche Arbeitsbücher I-III – Materialien zur Statistik Deutschlands 1815-1945, C.H. Beck, München 1982, 1975-78.

*Fremdling, Rainer*: Eisenbahnen und deutsches Wirtschaftswachstum 1840-1879 – Ein Beitrag zur Entwicklungstheorie und zur Theorie der Infrastruktur, 2. Aufl., Ardey Verlag, Hagen 1985.

*Glismann, Hans H./ Rodemer, Horst/ Wolter, Frank*: Zur empirischen Analyse langer Zyklen wirtschaftlicher Entwicklung in Deutschland. Datenbasis und Berechnungsmethoden, Kieler Arbeitspapiere 72, Institut für Weltwirtschaft, Kiel 1978.

*Grabas, Margrit*: Konjunktur und Wachstum in Deutschland von 1895 bis 1914, Schriften zur Wirtschafts- und Sozialgeschichte Bd. 39, Duncker & Humblot, Berlin 1992.

*Grupp, Hariolf et al.*: Das deutsche Innovationssystem seit der Reichsgründung – Indikatoren einer nationalen Wissenschafts- und Technikgeschichte in unterschiedlichen Regierungs- und Gebietsstrukturen, Schriftenreihe des Fraunhofer-Instituts für Systemtechnik und Innovationsforschung ISI 48, Physica-Verlag, Heidelberg 2002.

*Hoffmann, Walther G.*: Das Wachstum der deutschen Wirtschaft seit der Mitte des 19. Jahrhunderts, Springer, Berlin/ Heidelberg/ New York 1965.

*Hohorst, Gerd*: Nationale und regionale Konjunkturen – Probleme der Aggregation, in: Schröder, W.H./ Spree, R. (Hrsg.): Historische Konjunkturforschung, Historisch-sozialwissenschaftliche Forschungen Bd. II, Klett-Cotta, Stuttgart 1981, S. 234-254.

*Holtfrerich, Carl-Ludwig*: The Growth of Net Domestic Product in Germany 1850-1913, in: Fremdling, R./ O'Brian, P. (eds.): Productivity in the Economies of Europe, Klett-Cotta, Stuttgart 1983, S. 124-132.

*Kaiserliches Statistisches Amt* (Hg.): Statistisches Handbuch für das Deutsche Reich, 2 Bde., Heymanns Verlag, Berlin 1907.

*Königliches Statistisches Bureau* (Hg.): Jahrbuch für die amtliche Statistik des preußischen Staats, 1. Jg., Decker, Berlin 1863, 2. Jg., Verlag von Ernst Kühn, Berlin 1867.

*Ligeti, Paul*: Der Weg aus dem Chaos – eine Deutung des Weltgeschehens aus dem Rhythmus der Kunstentwicklung, Callwey, München 1931.

*Mensch, Gerhard*: Das technologische Patt – Innovationen überwinden die Depression, Umschau Verlag, Frankfurt/M. 1975.

*Moll, Ewald*: Die Rentabilität der Aktiengesellschaften – Ihre Feststellung in amtlichen und privaten Statistiken auf Grund der Bilanzen, Gustav Fischer, Jena 1908.

*Ritschl, Albrecht*: Deutschlands Krise und Konjunktur 1924-1934 – Binnenkonjunktur, Auslandsverschuldung und Reparationsproblem zwischen Dawes-Plan und Transfersperre, Jahrbuch für Wirtschaftsgeschichte Beih. 2, Akademieverlag, Berlin 2002.

*Ritschl, Albrecht/ Spoerer, Mark*: Das Bruttosozialprodukt in Deutschland nach den amtlichen Volkseinkommens- und Sozialproduktsstatistiken 1901-1995, in: Jahrbuch für Wirtschaftsgeschichte 1997/2, S. 53/54.

*Rytlewski, Ralf/ Opp de Hipt, Manfred*: Die Bundesrepublik Deutschland in Zahlen 1945/49-1980, C.H. Beck, München 1987.

*Rytlewski, Ralf/ Opp de Hipt, Manfred*: Die Deutsche Demokratische Republik in Zahlen 1945/49-1980, C.H. Beck, München 1987.

*Schneider, Jürgen et al.* (Hg.): Währungen der Welt (Wechsel- und Devisenkurse), 11 Bde., Beiträge zur Wirtschafts- und Sozialgeschichte, Steiner Verlag, Stuttgart 1991-99.

*Schneider, Jürgen et al.* (Hg.): Statistik der Geld- und Wechselkurse in Deutschland und im Ostseeraum (18. und 19. Jahrhundert), Historische Statistik von Deutschland XII, Scripta Mercaturae Verlag, St. Katharinen 1993.

*Schumpeter, Joseph Alois*: Konjunkturzyklen, Neuausg., Vandenhoeck & Ruprecht, Göttingen 2008.

*Spengler, Oswald*: Der Untergang des Abendlandes, 2 Bde., C.H. Beck, München 1923.

*Spiethoff, Arthur*: Die wirtschaftlichen Wechsellagen. Aufschwung, Krise, Stockung. Bd. II., Lange Reihen über die Merkmale der wirtschaftlichen Wechsellagen, J.C.B. Mohr, Tübingen/ Zürich 1955.

*Spree, Reinhard*: Die Wachstumszyklen der deutschen Wirtschaft von 1840 bis 1880, Schriften zur Wirtschafts- und Sozialgeschichte Bd. 29, Duncker & Humblot, Berlin 1977.

*Spree, Reinhard*: Wachstumstrends und Konjunkturzyklen in der deutschen Wirtschaft von 1820 bis 1913, Vandenhoeck & Ruprecht, Göttingen 1978.

*Statistisches Bundesamt* (Hg.): Lange Reihen der Wirtschaftsentwicklung, Kohlhammer, Stuttgart/ Mainz 1988.

*Streb, Jochen/ Baten, Jörg*: Ursachen und Folgen erfolgreicher Patentaktivitäten im Deutschen Kaiserreich: Ein Forschungsbericht, in: Walter, Rolf (Hg.): Innovationsgeschichte, Erträge der 21. Arbeitstagung der Gesellschaft für Sozial- und Wirtschaftsgeschichte, 30. März bis 2. April 2005 in Regensburg, VSWG-Beihefte 188, Franz Steiner, Stuttgart 2007, S. 249-275.

*Voye, Ernst*: Über die Höhe der verschiedenen Zinsarten und ihre wechselseitige Abhängigkeit – Die Entwicklung des Zinsfußes in Preußen von 1807 bis 1900, Gustav Fischer, Jena 1902.

*Wagemann, Ernst*: Einführung in die Konjunkturlehre, Quelle & Meyer, Leipzig 1929.

*Wagemann, Ernst*: Struktur und Rhythmus der Weltwirtschaft, Hobbing Verlag, Berlin 1931.

*Wagenblass, Horst*: Der Eisenbahnbau und das Wachstum der deutschen Eisen- und Maschinenbauindustrie 1835 bis 1860, Gustav Fischer, Stuttgart 1973.

*Wagner-Döbler, Roland*: Wachstumszyklen technisch-wissenschaftlicher Kreativität – Eine quantitative Studie unter besonderer Beachtung der Mathematik, Campus-Verlag, Frankfurt/M./ New York 1997.

*Wirth, Max*: Geschichte der Handelskrisen, 2. Aufl., Sauerländer's Verlag, Frankfurt/M. 1874.

**Innovationsfähigkeit**

*Baechler, Jean/ Hall, John A./ Mann, Michael* (eds.): Europe and the Rise of Capitalism, Oxford/ Cambridge, MA, 1989.

*Braudel, Fernand*: Die Dynamik des Kapitalismus, 3. Aufl., Klett-Cotta, Stuttgart 1997.

*Buchheim, Christoph*: Industrielle Revolutionen, dtv, München 1994.

*Butschek, Felix*: Europa und die Industrielle Revolution, Böhlau, Wien/ Köln/ Weimar 2002.

*Fontana, Joseph*: Europa im Spiegel – Eine kritische Revision der europäischen Geschichte, C.H. Beck, München 1995.

*Hardtwig, Wolfgang*: Genossenschaft, Sekte, Verein in Deutschland – Vom Spätmittelalter bis zur Französischen Revolution, C.H. Beck, München 1997.

*Jones, Eric Lionel*: Das Wunder Europa. Umwelt, Wirtschaft und Geopolitik in der Geschichte Europas und Asiens, Einheit der Gesellschaftswissenschaften 72, 2. Aufl., Mohr-Siebeck, Tübingen 1991.

*Lederer, Emil*: Technischer Fortschritt und Arbeitslosigkeit – Eine Untersuchung der Hindernisse des ökonomischen Wachstums, EVA, Frankfurt/M. 1981.

*Mitterauer, Michael*: Warum Europa? Mittelalterliche Grundlagen eines Sonderwegs, 2. Aufl., C.H. Beck, München 2003.

*Mokyr, Joel*: The Lever of Riches – Technological Creativity and Economic Progress, Oxford University Press, New York/ Oxford 1990.

*Moore, Robert I.*: Die erste europäische Revolution – Gesellschaft und Kultur im Hochmittelalter, C.H. Beck, München 2001.

*Neumann, Manfred*: Zukunftsperspektiven im Wandel, Einheit der Gesellschaftswissenschaften 66, Mohr-Siebeck, Tübingen 1990.

*Roberts, J.M.*: Der Triumph des Abendlandes – Eine neue Deutung der Weltgeschichte, Econ Verlag, Düsseldorf/ Wien 1986.

*Schremmer, Eckart*: Technischer Fortschritt an der Schwelle zur Industrialisierung – Ein innovativer Durchbruch mit Verfahrenstechnologie bei den alpenländischen Salinen, C.H. Beck, München 1980.

# Index

# Anmerkungen

[1] Genannt sind jeweils die Wendepunkte.

[2] Vgl. Lamb, H. H.: Klima und Kulturgeschichte – Der Einfluss des Wetters auf den Gang der Geschichte, rororo, Reinbek 1989, S. 181-185.

[3] Vgl. Glaser, Rüdiger: Klimageschichte Mitteleuropas: 1000 Jahre Wetter, Klima, Katastrophen, Primus Verlag, Darmstadt 2001, S. 58ff.

[4] Vgl. ebd. S. 209f.

[5] Vgl. Keys, David: Als die Sonne erlosch – 535 n. Chr.: Eine Naturkatastrophe verändert die Welt, Blessing Verlag, München 1999.

[6] Vgl. Fischer, Wolfram: Armut in der Geschichte, Vandenhoek & Rupprecht, Kleine Vandenhoek-Reihe 1476, Göttingen 1982, S. 29-32; Frerich, Johannes/ Frey, Martin: Handbuch der Geschichte der Sozialpolitik in Deutschland, Bd. 1, Oldenbourg, München 1993, S. 6-10.

[7] Vgl. Mauss, Marcel: Die Gabe – Form und Funktion des Austauschs in archaischen Gesellschaften, suhrkamp, Frankfurt/ M. 1990.

[8] Vgl. Gurjewitsch, Aaron: Die Tugend der Vergeudung, in: Beck, Rainer (Hg.), Das Mittelalter. Ein Lesebuch zur deutschen Geschichte 800-1500, Beck'sche Reihe 4009, München 1997, S. 38-41.

[9] Vgl. Klemm, Friedrich: Geschichte der Technik – Der Mensch und seine Erfindungen im Bereich des Abendlandes, Kulturgeschichte der Naturwissenschaften und der Technik, rororo, Reinbek 1983, S. 56.

[10] Nach dem einflussreichsten Aristoteleskommentator Averroes/ Ibn Ruschd, 1126-1198.

[11] Vgl. Fried, Johannes, Aufstieg aus dem Untergang: Apokalyptisches Denken und die Entstehung der modernen Naturwissenschaft im Mittelalter, C.H. Beck, München 2001.

[12] Vgl. Wurster, Herbert W.: Christentum und Kirche im frühmittelalterlichen Bayern, Hefte zur Bayerischen Geschichte und Kultur Bd. 8, München 1989.

[13] Dies konnte erst nach dem relativen Niedergang des Kaisertums im 11. Jh. die Cluny folgende Hirsauer Reform werden.

[14] Vgl. Eickhoff, Ekkehard: Die Bedeutung der Kreuzzüge für den deutschen Raum , in: Haussherr, Reiner (Hg.): Die Zeit der Staufer: Geschichte – Kunst – Kultur, Bd. III., Stuttgart 1977, S. 239-247.

[15] Vgl. Bergdolt, Klaus: Der Schwarze Tod in Europa – Die große Pest und das Ende des Mittelalters in Europa, 2. Aufl., C.H. Beck, München 1994, S. 107-119.

[16] Vgl. Seibt, Ferdinand, Glanz und Elend des Mittelalters, Siedler, Berlin 1987, S. 423-435.

[17] Vgl. Le Goff, Jacques: Die Geburt des Fegefeuers – Vom Wandel des Weltbildes im Mittelalter, C.H. Beck, München 1990, S. 157-284 u. 350-406.

[18] Vgl. Ariès, Philippe: Geschichte des Todes, Hanser, München 1980.

[19] Vgl. Sage, Walter: Kirchenbau, in: Dannheimer, Hermann/ Dopsch, Heinz (Hg.): Die Bajuwaren – von Severin bis Tassilo 488-788, Katalog der gemeinsamen Landesausstellung, München/ Salzburg 1988, S. 293-299.

[20] Vgl. Schindler, Herbert: Große bayerische Kunstgeschichte, Bd. 1 Frühzeit und Mittelalter, 3. Aufl., Süddeutscher Verlag, München 1978, S. 79-86; Pevsner, Nikolaus: Europäische Architektur, Prestel Verlag, München 1973, S. 36-45; Dehio, Georg: Handbuch der Deutschen Kunstdenkmäler, 19 Bde., Deutscher Kunstverlag, München 1977-2000.

[21] Vgl. Sedlmayr, Hans: Die Entstehung der Kathedrale, Zürich 1950, Reprint Graz 1988.

[22] Vgl. Kirmeier, Josef (Hg.): Schreibkunst: Mittelalterliche Buchmalerei aus dem Kloster Seeon, Veröffentlichungen zur bayerischen Geschichte und Kultur 28, Augsburg 1994.

[23] Vgl. Feuchtmüller, Rupert: Kunst in Österreich, Bd. 1: Vom frühen Mittelalter bis zur Gegenwart, Wien etc. 1972, S. 94.

[24] Vgl. Borchard, Knut: Grundriß der deutschen Wirtschaftsgeschichte, Vandenhoek & Ruprecht, Göttingen 1978, S. 9.

25   Bei den männlichen Grundbesitzern Englands von 27,2 Jahren (1326-48) auf 17,3 Jahre (1348-75). Vgl. Cipol-
     la, Carlo M./ Borchardt, Knut (Hg.): Europäische Wirtschaftsgeschichte, Bd 1, Gustav Fischer Verlag, Stuttgart
     1983, S. 27.
26   Vgl. Bork, Hans-Rudolf et al., Landschaftsentwicklung in Mitteleuropa, Klett-Perthes, Gotha/ Stuttgart 1998,
     S. 199 u. 226-251.
27   Vgl. Humbert, Klaus/ Schenk, Martin: Entdeckung der mittelalterlichen Stadtplanung: Das Ende vom Mythos
     der „gewachsenen Stadt", Stuttgart 2001.
28   Vgl. Christaller, Walther: Die zentralen Orte in Süddeutschland - Eine ökonomisch-geographische Untersu-
     chung über die Gesetzmäßigkeit der Verbreitung und Entwicklung der Siedlungen mit städtischer Funktion,
     Wissenschaftliche Buchgesellschaft, Darmstadt 1980.
29   Vgl. zu diesen Faktoren Borchard, Knut: Grundriß, a.a.O., S. 20.
30   Vgl. Döbereiner, Manfred: Die Wirtschaftsstruktur der fünf kleinen Reichsstädte Frankens in Mittelalter und
     Früher Neuzeit, in: Müller, Rainer A. (Hg.): Reichsstädte in Franken, Veröffentlichungen zur Bayer. Geschich-
     te und Kultur 15,2, Haus der Bayer. Geschichte, München 1987, S. 10-12.
31   Vgl. Störmer, Wilhelm: Die Gründung von Kleinstädten als Mittel herrschaftlichen Territorienaufbaus, gezeigt
     an fränkischen Beispielen, in. Zeitschrift für bayerische Landesgeschichte 36 (1973), S. 561-585.
32   Vgl. Vahrenhold-Huland, Uta: Grundlagen und Entstehung des Territoriums der Grafschaft Mark, Diss. Müns-
     ter, Verlag des Histor. Vereins Dortmund, Dortmund 1968, S. 150-170.
33   Zwar häufen sich die Indizien dafür, dass Wölbackerfluren bereits in der vorrömischen Eisenzeit bekannt
     waren. Eindeutig belegt sind sie jedoch erst für das frühe Mittelalter und fanden im Laufe der „Mittelalterlichen
     Agrarrevolution" weitere Verbreitung. Vgl. Küster, Hansjörg: Geschichte der Landschaft in Mitteleuropa: Von
     der Eiszeit bis zur Gegenwart, C.H. Beck, München 1996, S. 127-130.
34   Vgl. Cipolla, Carlo M./ Borchardt, Knut (Hg.): a.a.O., Bd. 1, S. 96f., Klemm, Friedrich: a.a.O., S. 50.
35   Vgl. Garbsch, Jochen: Mann und Roß und Wagen: Transport und Verkehr im antiken Bayern, München 1986,
     S. 103; Hägermann, Dieter: Technik im frühen Mittelalter zwischen 500 und 1000, in: König, Wolfgang (Hg.):
     Propyläen Technikgeschichte, Bd. 1, Berlin 1991, S. 439.
36   Vgl. Küster, Hans-Jörg: Kulturpflanzenanbau in Südbayern seit der Jungsteinzeit, in: Gäubodenmuseum Strau-
     bing: Bauern in Bayern (Hg.): von den Anfängen bis zur Römerzeit, Straubing 1992, S. 137-155. Hägermann,
     Dieter: a.a.aO., S. 394
37   Vgl. Mitterauer, Michael, Warum Europa? Mittelalterliche Grundlagen eines Sonderwegs, 2. Aufl., C H. Beck,
     München 2003, S. 26; Henker, Michael, (Hg.): Bauern von der Römerzeit bis zu Gegenwart, Gäu-
     bodenmuseum Straubing 19, München 1992, S. 63.
38   Vgl. Mitterauer, Michael: a.a.O., S. 21.
39   Vgl. Herrmann, Klaus: Pflügen, Säen, Ernten: Landarbeit und Landtechnik in der Geschichte, Kulturgeschichte
     der Naturwissenschaften und der Technik, Reinbek 1985, S. 79-82; Hägermann, Dieter:  a.a.O., S. 392-397;
     Mitterauer, Michael: a.a.O., S. 21.
40   Vgl. Hägermann, Dieter: a.a.O., S. 351- 355.
41   Die Existenz dieser sogenannten „Biermühlen" zur Gewinnung von Maische ist jedoch nach wie vor umstritten.
     Vgl. dafür Cipolla, Carlo M./ Borchardt, Knut (Hg.): a.a.O., Bd. 1. S. 99; dagegen Hägermann, Dieter:  a.a.O.,
     S. 355.
42   Vgl. Ludwig, Karl-Heinz: Technik im Hohen Mittelalter zwischen 1000 und 1350/1400, in: König, Wolfgang
     (Hg.): a.a.O., Bd. 2, Berlin 1992, S. 88-98.
43   Vgl. Ludwig, Karl-Heinz: a.a.O., S. 85 - 88.
44   Sie stammte an sich aus dem Ostpersien des 10. Jh.s.
45   Vgl. Ludwig, Karl-Heinz: a.a.O., S. 98-106; Varchim, Jochim/ Radkau, Joachim, Kraft, Energie und Arbeit:
     Energie und Gesellschaft, Reinbek 1981, S. 37-50.
46   Vgl. Paar, Werner/ Freh, Wilhelm: Zum Bergbau Salzburgs und seiner Nachbargebiete, in: Dopsch, Heinz et al.
     (Hg.): Das älteste Kloster im deutschen Sprachraum: St. Peter in Salzburg, Salzburg 1982, S. 206-210; Lehr-
     berger, Gerhard: Goldlagerstätten und historischer Goldbergbau in Bayern, in: Wolf, Helmut (Hg.): Gold im
     Herzen Europas, Schriftenreihe des Bergbau- und Industriemuseums Ostbayern Bd. 34, 2. Aufl., Amberg 1996,
     S. 17-63.
47   Vgl. Hägermann, Dieter: a.a.O., S. 408-422; Suhling, Lothar: Aufschließen, Gewinnen und Fördern: Geschichte
     des Bergbaus, Reinbek 1983, S. 68-71; Koller, Fritz: Salzproduktion und Salzhandel, in: Dannheimer, Her-
     mann/ Dopsch, Heinz (Hg.): a.a.O. S. 220-222; Bergier, Jean-Francois: Die Geschichte vom Salz, Campus,
     Frankfurt/M./ New York 1989, S. 62f u. 72-76.
48   Vgl. Ludwig, Karl-Heinz: a.a.O., S. 62-64.
49   Vgl. Ziegenbalg, Michael: Aspekte des Markscheidewesens mit besonderer Berücksichtigung der Zeit von 1200
     bis 1500, in: Der Anschnitt, Beiheft 2 (Montanwirtschaft Mitteleuropas vom 12. bis 17. Jh.), Bochum 1984,
     S. 40-49.

[50] Das Laugverfahren bei der Gewinnung von Salz haben evt. auch die Zisterzienser des Stiftes Rein in Aussee entwickelt.

[51] Vgl Palme, Rudolf: Das Salzbergwerk Berchtesgaden, in: Treml, Manfred et al. (Hg.): Salz macht Geschichte, Veröffentlichungen zur Bayerischen Geschichte und Kultur 29, Augsburg 1995, S. 74-77; Koller, Fritz: St. Peter als Salzproduzent, in: Dopsch, Heinz et al. (Hg.): Das älteste Kloster im deutschen Sprachraum: St. Peter in Salzburg, Salzburg 1982, S. 104-108; Dopsch, Heinz: Salzgewinnung und Salzhandel unter den Erzbischöfen, in: Dopsch, Heinz et al. (Hg.): Salz, Salzburg 1994, S. 130-133.

[52] Vgl. Suhling, Lothar: a.a.O., S. 83-89; Ludwig, Karl-Heinz: a.a.O., S. 53-55 u. 70-75; Stromer, Wolfgang von: Wassersnot und Wasserskünste im Bergbau des Mittelalters und der frühen Neuzeit, in: Der Anschnitt Beiheft 2, (Montanwirtschaft Mitteleuropas vom 12. bis 17. Jh.), Bochum 1984, S. 50-72.

[53] Vgl. Klemm, Friedrich: a.a.O., S. 56.

[54] Vgl. Schmidtchen, Volker: Technik im Übergang vom Mittelalter zur Neuzeit zwischen 1350 und 1600, in: König, Wolfgang (Hg.): a.a.O., Bd. 2, Berlin 1992, S. 422-434.

[55] Vgl. Suckale, Robert, Kunst in Deutschland, DuMont, Köln 1998, S. 44-47.

[56] Vgl. Ludwig, Karl-Heinz: a.a.O., S. 183-193.

[57] Vgl. Fröschel, Karl/ Mattl, Siegfried/ Werthner, Hannes: Symbolverarbeitende Maschinen, Steyr 1993, S. 6-9; Haber, Francis C.: Zeit, Geschichte und Uhren in: Maurice, Klaus/ Mayr, Otto (Hg.): Die Welt als Uhr: Deutsche Uhren und Automaten 1550-1650, München/ Berlin 1980, S. 12f.; Ludwig, Karl-Heinz: a.a.O., S. 28-31; Cipolla, Carlo M./ Borchardt, Knut (Hg.): a.a.O., Bd. 1 S. 101f; Reith, Reinhold: Lexikon des alten Handwerks, 2. Aufl., C.H. Beck, München 1991, S. 246f; Jenzen, Igor A.: Uhrzeiten: Die Geschichte der Uhr und ihres Gebrauches, Frankfurt/M. 1989, S. 13-23 u. 31-36; Jenzen, Igor A.: Räderuhr und Uhrzeit, in: Ottomeyer, Hans/ Lüken, Sven/ Röhring, Micha (Hg.):Geburt der Zeit, Edition Minerva, Wolfratshausen 1999, S. 245-254; Kindler, Fintan: Die Uhren: Ein Abriß der Geschichte der Zeitmessung, Benzinger, Einsiedeln etc. 1905, Reprint Leipzig o.J., S. 18ff.

[58] Vgl. Cipolla, Carlo M./ Borchardt, Knut (Hg.): a.a.O., Bd. 1, S. 102f.

[59] Vgl. Klemm, Friedrich: a.a.O., S. 51.

[60] Vgl. Ludwig, Karl-Heinz: a.a.O.,, S. 152. Vgl. zur Entwicklung der Schiffstechnik auch Klemm, Friedrich: a.a.O., S. 51; Cipolla, Carlo M./ Borchardt, Knut (Hg.): a.a.O., Bd. 1, S. 106- 110; Hägermann, Dieter: a.a.O., S. 468-478.

[61] Vgl. Ahrens, L.: Frühe Holzkirchen im nördlichen Europa, München 1981; Dannheimer, Hermann: Frühe Holzkirchen aus Bayern, München 1985; Binding, Günther et al.: Kleine Kunstgeschichte des Fachwerkbaus, Wissenschaftl. Buchgesellschaft, Darmstadt 1975, S. 40-47. Dannheimer, Hermann: Auf den Spuren der Bajuwaren: Archäologie des frühen Mittelalters in Altbayern, München 1987.

[62] Vgl. Binding, Günther: Baumeister und Handwerker im Baubetrieb, in. Legner, Anton (Hg.): Ornamenta Ecclesiae: Kunst und Künstler der Romanik, Bd. 1, Köln 1985, S. 171-183; Springer, Peter: Modelle und Muster, Vorlage und Kopie, Serien, in: ebd., S. 301-314.

[63] So auch die kognitive Stresstheorie von Lazarus - Bedrohung vs. Herausforderung je nach Einschätzung der eigenen Kompetenzen: Lazarus, R.S., Emotion and Adaptation, Oxford University Press, New York 1991.

[64] Die Dynamik ist sogar so augenscheinlich, dass sie im Mittelpunkt des abschließenden Kapitels steht, umfasst sie doch neben den technischen auch institutionelle und mentalitätsmäßige Aspekte.

[65] Vgl, Brunner, Karl: Wovon lebte der Mensch? Zur Wirtschaftsgeschichte der Baiern im Frühmittelalter, in: Dannheimer, Hermann/ Dopsch, Heinz (Hg.): a.a.O., S. 192-197.

[66] Vgl. Le Goff, Jacques: Das Hochmittelalter, Fischer Weltgeschichte Bd. 11, Fischer, Frankfurt/M. 1984, S. 285.

[67] Zwischen 1277 und 1342 hat man für Florenz und sein Umland 34 Hungerjahre errechnet. Vgl. Montanari, Massimo: Der Hunger und der Überfluss: Kulturgeschichte der Ernährung in Europa, C.H. Beck, München 1993, S. 86.

[68] Für den ärmeren Adel wurde Fensterglas erst im 15. Jh. erschwinglich.

[69] Vgl. Geisler, Hans: Haus und Siedlung, in: Dannheimer, Hermann/ Dopsch, Heinz (Hg.): a.a.O., S. 179-184; Finke, Walter: Frühmittelalterliche Siedlungen im Münsterland, in: Hellenkemper, Hansgerd et al. (Hg.): Geschichte im Herzen Europas: Archäologie in Nordrhein-Westfalen, Schriften zur Bodendenkmalpflege in Nordrhein-Westphalen 1, Mainz 1990, S. 282-285; Spacek, Ladisav: Grubenhäuser als eine Form einfacher Bauten im mittelalterlichen Prag, in: Dolgner, Dieter (Hg.): Stadtbaukunst im Mittelalter, Berlin 1990, S. 238-240; Zeune, Joachim: Burgen: Symbole der Macht, Regensburg 1996; Krahe, Friedrich-Wilhelm: Burgen des deutschen Mittelalters, Augsburg 1996; Piper, Otto: Burgenkunde: Bauwesen und Geschichte der Burgen, 3. Aufl., München 1912; Meckseper, Cord: Städtebau in: Haussherr, Reiner (Hg.): Staufer Bd. III, a.a.O., S. 75-86.

[70] Vgl. Reith, Reinhold: a.a.O., S. 17-22; Ariès, Philippe/ Duby, Georges (Hg.): Geschichte des privaten Lebens, 2. Bd., S. Fischer: Frankfurt/M. 1990., S. 341-348 u. 484-490.

71  Vgl. Henning, Friedrich-Wilhelm: Handbuch der Wirtschafts- und Sozialgeschichte Deutschland, Bd. 1, Schöningh, Paderborn 1991, S. 285.

72  Dieses Modell hat der österreichische Sozialhistoriker Otto Brunner entworfen.

73  Vgl. Reinhard, Wolfgang: Lebensformen Europas – Eine Kulturantropologie, 2. Aufl., C.H. Beck, München 2004., S. 447f.

74  Vgl. Dülmen, Richard van: Probst Franziskus Töpsl (1711-1796) und das Augustiner Chorherrenstift Polling, Kallmünz 1967; Eckert, Michael: Nützliche Patrioten: Anstöße zur Wissenschaftsentwicklung in Bayern im 18. Jh., in: Kultur&Technik 3/1989, S. 178-184; Firneis, Maria G.: Barocke Wissenschaft und Klosterkultur, in: Feuchtmüller, Rupert/ Kovács, Elisabeth (Hg.): Welt des Barock, Wien 1986, S. 204-225; Müller, Winfried: Abt Karl Klocker von Benediktbeuren – Wissenschaftsorganisator und Repräsentant des Prälatenstandes, in: Kirmeier, Josef/ Treml, Manfred (Hg.): Glanz und Ende der alten Klöster: Säkularisation im bayerischen Oberland 1803, München 1991, S. 62-69.

75  Vgl. Horský, Zdenek⊃: Die Wissenschaft am Hofe Rudolfs II. in Prag, in: Kulturstiftung Ruhr Essen (Hg.): Prag um 1600: Kunst und Kultur am Hofe Rudolfs II., Freren/Emsland 1988, S. 69-74; Maurice, Klaus: Jost Bürgi oder über die Innovation, in. Maurice, Klaus/ Mayr, Otto (Hg.): Die Welt als Uhr: Deutsche Uhren und Automaten 1550-1650, München 1980, S. 90-104.

76  Vgl. zur Entwicklung der Physik im 18. Jh.: Eckert, Michael/ Schubert, Helmut, Kristalle, Elektronen, Transisitoren: Von der Gelehrtenstube zur Industrieforschung, rororo, Reinbek 1986, S. 19-28.

77  Vgl. Hale, John: Die Kultur der Renaissance in Europa, München 1994, S. 629-676.

78  Vgl. Baltzarek, Franz: Johann Joachim Becher - Zwischen Kameralwissenschaft, Technokratie und Entwicklungspolitik, in: Frühsorge, Gotthardt/ Strasser, Gerhard F. (Hg.): Johann Joachim Becher (1635-1682), (Wolfenbütteler Arbeiten zur Barockforschung 22), Wiesbaden 1993, S. 13-21; Witthöft, Harald: Ansätze zu merkantilistischem Denken um Mitte des 16. Jh.s - Gregorius Agricola, in: Naumann, Friedrich (Hg.): 500 Jahre Gregorius Agricola, Basel etc. 1994, S. 423-429.

79  Vgl. Henning, Friedrich-Wilhelm: a.a.O., S 394-397.

80  Vgl. Pfister, Christian: Bevölkerungsgeschichte und historische Demographie, 1500-1800, Enzyklopädie deutscher Geschichte 28, München 1994, S 8-15, 39f. u. 73-80.

81  Vgl. Imhof, Arthur E.: Lebenserwartung in Deutschland vom 17. bis 19. Jahrhundert, Acta humaniora, VHC Verlagsgesellschaft, Weinheim 1990, S. 164.

82  Vgl. Pfister, Christian: a.a.O., S 23f; Imhof, Arthur E.: Lebenserwartungen in Deutschland vom 17.-19. Jh., Weinheim 1990.

83  Vgl. Imhof, Arthur E.: a.a.O., S. 298f, 333f, 408f, 462f.

84  Vgl. Ruffié, Jacques/ Sournia, Jean-Charles: Die Seuchen in der Geschichte der Menschheit, C.H. Beck, München 1992, S. 28-64.

85  Vgl. Ruffié, Jacques/ Sournia, Jean-Charles: a.a.O., S 78f.

86  Vgl. Ruffié, Jacques/ Sournia, Jean-Charles: a.a.O., S 83-96.

87  Vgl. Pfister, Christian: a.a.O., S 24f, 35 u. 45-58.

88  Vor allem Friedrich August Ludwig von Burgsdorf (1747-1802), Heinrich Cotta (1763-1844), Georg Ludwig Hartig (1764-1837) und Joseph Friedrich Enderlin (1732-1808), die schwerpunktmäßig in Preußen, Sachsen und Baden wirkten. Vgl. Zirnstein, Gottfried: Ökologie und Umwelt, Metropolis, Marburg/ L. 1996, S. 74f.

89  Vgl. Freyberg, Pankraz Frhr. v. (Hg.): 200 Jahre Englischer Garten München 1789-1989, 2. Aufl. München 1989; Bechtoldt, Frank-Andreas/ Weiss, Thomas (Hg.): Weltbild Wörlitz: Entwurf einer Kulturlandschaft, Ostfildern 1996; Sommer, Claudia et al.: Potsdamer Schlösser und Gärten: Bau- und Gartenkunst vom 17. bis 20. Jahrhundert, Potsdam 1993.

90  Vgl. Küster, Hans-Jörg: Landschaft, a.a.O., S 270-278; Zirnstein, Gottfried: a.a.O., S. 79-81.

91  Vgl. Sturm, Heribert (Hg.): Ortslexikon der Böhmischen Länder 1910-1965, München/ Wien 1983; Hadam, Hans: Geschichte der ehemaligen Herrschaft Neuhaus, Stuttgart 1979; Zirnstein, Gottfried: a.a.O., S. 47.

92  Vgl. Herrmann, Klaus: a.a.O., S. 95.

93  Vgl. Mumford, Lewis: Technics and Civilisation, New York 1934, p. 14.

94  Vgl. Pfister, Ulrich: Zünfte und technologischer Wandel dDie Bandmühle im europäischen Seidenbandgewerbe, 17. und 18. Jahrhundert, in: Walter, Rolf (Hg.): Innovationsgeschichte, a.a.O., S. 135-162.

95  Stoffe, Waffen, Glasperlen von Europa nach Afrika, Sklaven von Afrika nach Lateinamerika, Zucker von Lateinamerika nach Europa.

96  Vgl. Hirschfelder, Gunther: Europäische Esskultur – Geschichte der Ernährung von der Steinzeit bis heute, Campus, Frankfurt/M./ New York 2001, S. 118.

97  Vgl. Roeck, Bernd: Lebenswelt und Kultur des Bürgertums in der Frühen Neuzeit, Enzyklopädie deutscher Geschichte 9, Oldenbourg, München 1991, S. 28.

[98] Vgl. North, Oliver (Hg.): Von Aktie bis Zoll – Ein historisches Lexikon des Geldes, C.H. Beck, München 1995, S. 332.

[99] Vgl. North, Oliver (Hg.): Lexikon des Geldes, a.a.O., S. 98f u. 313f.

[100] Fichte, Johann Gottlieb: Grundlage des Naturrechts nach Prinzipien der Wissenschaftslehre, 1796, Nachdruck Hamburg 1960, S. 300f. Zit. nach: Gestrich, Andreas: Geschichte der Familie im 19. und 20. Jahrhundert, Enzyklopädie deutscher Geschichte 50, Oldenbourg, München 1999, S. 28.

[101] Vgl. Schneider, Christian/ Stillke, Cordelia/ Leineweber, Bernd: Das Erbe der Napola – Versuch einer Generationengeschichte des Nationalsozialismus, 2. Aufl., Hamburger Edition, Hamburg 1996; Klönne, Arno: Jugend im Dritten Reich – Die Hitlerjugend und ihre Gegner, PapyRossa Verlag, Köln 2003; Frei, Norbert (Hg.): Karrieren im Zwielicht – Hitlers Eliten nach 1945, 2. Aufl., Campus, Frankfurt/M./ New York 2002.

[102] Die Ausführungen dieses Kapitels beziehen sich nach dem 2. Weltkrieg fast ausschließlich auf die Bundesrepublik, da die DDR technologisch je länger desto mehr hinter dieser her hinkte.

[103] Vgl. Metz, Rainer/ Watteler, Oliver: Historische Innovationsindikatoren - Ergebnisse einer Pilotstudie, in: Historical Social Research 2002, S. 63-71.

[104] Vgl. Streb, Jochen/ Baten, Jörg: Ursachen und Folgen erfolgreicher Patentaktivitäten im Deutschen Kaiserreich: Ein Forschungsbericht, in: Walter, Rolf (Hg.): Innovationsgeschichte, Erträge der 21. Arbeitstagung der Gesellschaft für Sozial- und Wirtschaftsgeschichte, 30. März bis 2. April 2005 in Regensburg, VSWG-Beihefte 188, Franz Steiner: Stuttgart 2007, S. 262.

[105] Das Konzept der Kondratieff-Zyklen ist umstritten. Unstrittig ist jedoch, dass disruptive wie kontinuierliche Innovationen clustern.

[106] Vg. Black, Edwin: IBM und der Holocaust - Die Verstrickung des Weltkonzerns in die Verbrechen der Nazis, Propyläen, München 2001.

[107] Die decouvrierende Sprachregelung des 3. Reiches ist jeweils in Anführungsstriche gesetzt.

[108] Vgl. Longerich, Peter: Heinrich Himmler – Biografie, Siedler, München 2008, u.a. S. 485-505.

[109] Vgl. Schwarzer, Oskar: Sozialistische Zentralplanwirtschaft in der SBZ/DDR - Ergebnisse eines ordnungspolitischen Experiments (1945-1989), VSWG Beih. 143, Steiner Verlag, Stuttgart 1999, S. 215-28

[110] Hier wie im weiteren Verlauf des Kapitels wird aus mehreren Gründen meist nicht gesondert auf die Entwicklung in der DDR eingegangen: Zum Einen haben sich Industriestruktur und Produktionsweise im Allgemeinen sehr viel langsamer gewandelt als in der Bundesrepublik, zum anderen hatten DDR-Besonderheiten kaum noch Einfluss auf heutige Strukturen und schließlich betrug die Wirtschaftskraft der DDR nur rd. ein Zwanzigstel derjenigen der BRD, so dass eine Darstellung in einem Buch zu weit führen würde, in dem für 1500 Jahre deutscher Wirtschafts- und Sozialgeschichte nur 180 Seiten zur Verfügung stehen.

[111] Vgl. Ritschl, Albrecht: Deutschlands Krise und Konjunktur 1924-1934, Jahrbuch für Wirtschaftsgeschichte, Beih. 2, S. 17ff.

[112] Vgl. Elias, Norbert: Über den Prozeß der Zivilisation, 2 Bde., suhrkamp, Frankfurt/M. 1997.

[113] Vgl. Duerr, Hans Peter: Der Mythos vom Zivilisationsprozess, 5 Bde., suhrkamp, Frankfurt/M. 1988-2002.

[114] Österreich und die Steiermark 1283, Böhmen vorübergehend 1306, Kärnten und Krain 1335.

[115] Vgl. Elias, Norbert: a.a.O. 2. Bd.

[116] Vgl. deMause, Lloyd (Hg.): Hört ihr die Kinder weinen? suhrkamp, Frankfurt/M. 1980, S. 70 u. 593f.

[117] Vgl. Meyer, Peter: Europäische Kunstgeschichte, Bd. 2, München 1986, S. 19. Vgl. zur Anonymität früh- und hochmittelalterlicher Kunst Hauser, Arnold, Sozialgeschichte der Kunst und Literatur, C.H. Beck, München 1990, S. 180-183.

[118] Vgl. Tierney, Brian: The Crisis of Church and State, 1050-1300, Englewood Cliffs, NJ, 1964, reprint: University of Toronto Press, Toronto, 1988, pp. 62, 65.

[119] Vgl. Legner, Anton: Illustres Manus, in: Legner, Anton (Hg.): Ornamenta Ecclesiae: Kunst und Künstler der Romanik, Bd. 1, Köln 1985, S. 187-230. Ein solches Beispiel ist das Selbstporträt in actu des Freskenmalers in St. Johann in Taufers um 1230. Vgl. Dinzelbacher, Peter: Europa im Hochmittelalter 1050-1250: Eine Kultur- und Mentalitätsgeschichte, Wissenschaftliche Buchgesellschaft, Darmstadt 2003, S. 121-123.

[120] Beispiele sind die Tumben Werners von Eppstein, Erzbischof von Mainz (†1284, Kopf im Mainzer Dommuseum), Ks. Rudolfs von Habsburg (1273-1291) im Dom zu Speyer (um 1290), Königin Margarethas von Dänemark in der Stiftskirche Doberan (E. d. 13. Jh.) sowie Graf Ulrichs mit dem Daumen von Württemberg (um 1250-1265) und seiner Gemahlin Agnes von Liegnitz in der Stiftskirche Stuttgart (vor 1300). Einige Figuren dieser Zeit bleiben allerdings ohne Porträtähnlichkeit im Formelhaften stecken - wie etwa die Grabmäler der Grafen Otto I. (um 1306) und Heinrich IV. von Waldeck (†1344) in der St. Nicolai-Kapelle in Netze - oder sie bildeten überhaupt schon lange verstorbene Personen ab - wie die hochbedeutende Gruppe im 13. und 14. Jh. gestifteter Grabmäler von Herrschern und Heiligen aus karolingischer und ottonischer Zeit in St. Emmeram, Regensburg, das Grabmal Papst Clemens' II. (1046/47) im Bamberger Dom (um 1230) oder das Gunthergrab im Stift Kremsmünster (1304). (Angaben nach Dehio)

[121]  Vgl. Keller, Harald: Künstlerstolz und Künstlerdemut im Mittelalter, Festschrift der Wissenschaftlichen Gesellschaft an der Johann-Wolfgang-Goethe-Universität, Frankfurt/M., Wiesbaden 1981, S. 191ff.; Hauser, Arnold: a.a.O., S. 255; Barral i Altet, Xavier: Höfische Kunst (1280-1400), in: Duby, Georges/ Daval, Jean-Luc (Hg.): Skulptur – von der Antike bis zur Gegenwart, Taschen, Köln etc. 2002, S. 403.

[122]  Vgl. Warnke, Martin: Hofkünstler: Zur Vorgeschichte des modernen Künstlers, 2. Aufl., DuMont, Köln 1996, S. 29-38; Duby, Georges: Die Kunst des Mittelalters, Bd. III: Das Europa der Höfe und Städte 1280-1440, Klett-Cotta, Stuttgart 1984, S. 11-20.

[123]  Vgl. Wolffsohn, Michael/ Brechenmacher, Thomas: Die Deutschen und ihre Vornamen – 200 Jahre Politik und öffentliche Meinung, Diana Verlag: München/ Zürich 1999.

[124]  Vgl. Levine, Robert: Eine Landkarte der Zeit – Wie Kulturen mit Zeit umgehen, 6. Aufl., Serie Piper: München 2001.

[125]  2006 waren es nur noch 2,2%.

[126]  Vgl. Fischer, Wolfram et al.: Sozialgeschichtliches Arbeitsbuch I – Materialien zur Statistik des Deutschen Bundes 1815-1870, C.H. Beck, München 1982, S. 101.

[127]  Vgl. Burhop, Carsten/ Wolff, G. B.: A Compromise Estimate of German Net National Product, 1851-1913 and its Implications for Growth and Business Cycles, in: Journal of Economic History, Vol. 65 (2005) 3, pp. 613-657.

[128]  Vgl. Metz, Rainer: Säkulare Trends der deutschen Wirtschaft. In: North, Michael (Hrsg.): Deutsche Wirtschaftsgeschichte – ein Jahrtausend im Überblick. C.H. Beck, München, 2005.

[129]  Vgl. Schumpeter, Joseph Alois: Konjunkturzyklen, Neuausg., Vandenhoeck & Ruprecht: Göttingen 2008.

[130]  Vgl. Mensch, Gerhard: Das technologische Patt – Innovationen überwinden die Depression, Umschau Verlag: Frankfurt/M. 1975, S. 141ff.

[131]  Vgl. Grupp, Hariolf/ Dominguez-Lacasa, Icíar/ Friedrich-Nishio, Monika: Das deutsche Innovationssystem seit der Reichsgründung – Indikatoren einer nationalen Wissenschafts- und Technikgeschichte in unterschiedlichen Regierungs- und Gebietsstrukturen, Schriftenreihe des Fraunhofer-Instituts für Systemtechnik und Innovationsforschung ISI 48, Physica-Verlag: Heidelberg 2002, S. 82f.

[132]  Vgl. Wagner-Döbler, Roland: Wachstumszyklen technisch-wissenschaftlicher Kreativität. Eine quantitative Studie unter besonderer Beachtung der Mathematik, Campus-Verlag: Frankfurt/M./ New York 1997.

[133]  Für das von Neumann untersuchte 18. bis 20. Jh. ergibt sich ein Wechsel mit dem von Kondratieff geforderten 50-Jahres-Abstand.

[134]  Ersparnis und Investition sind in jeder Volkswirtschaft ex post immer gleich hoch.

[135]  Vgl. Neumann, Manfred: Zukunftsperspektiven im Wandel: Lange Wellen in Wirtschaft und Politik (Die Einheit der Gesellschaftswissenschaften Bd. 66), Mohr-Siebeck, Tübingen 1990.

[136]  Dieses Kapitel folgt einem Vortrag des Verfassers. Vgl. Kiehling, Hartmut: Korreferat zu Ulrich Pfister, Zünfte und technologischer Wandel: Die Bandmühle im europäischen Seidenbandgewerbe 17./ 18. Jahrhundert, in: Walter, Rolf (Hg.): Erträge der 21. Arbeitstagung der Gesellschaft für Sozial- und Wirtschaftsgeschichte 30. März-2. April 2005 in Regensburg, VSWG-Beiheft 187, Franz Steiner, Stuttgart 2006, S. 153-165.

www.ingramcontent.com/pod-product-compliance
Lightning Source LLC
Chambersburg PA
CBHW081739270326
41932CB00020B/3326